경계를
넘어서는
문학

김성곤

경계를 넘어서는 문학

민음사

책머리에

　정치적 격변기였던 1980년 초, 해외 유학에서 돌아와 서울대학교에 부임해 보니 국내의 문단과 학계는 리얼리즘과 모더니즘, 또는 민족 문학과 서양 문학으로 분열되어 대립하고 있었다. 그러한 답답한 상황에서 나는 서울대학교에서 당시로서는 거의 혁신적인 사조였던 포스트모더니즘 문학을 강의하기 시작했다. 포스트모던적 시각은 세상이 리얼리즘과 모더니즘으로만 이루어져 있는 줄 알았던 서울대생들에게 또 다른 세계가 있음을 알려 주었고 사물을 보는 제3의 시각을 갖도록 도와주었다. 예컨대 토머스 핀천의 『제49호 품목의 경매』를 읽으면서 학생들은 절대적 진리라고 믿었던 것에 대한 회의, 이분법적 구분의 극복과 양극의 포용, 그리고 제3의 길이 제시하는 새로운 가능성에 대해 배우게 되었으며, 핀천의 또 다른 작품 『브이를 찾아서』를 통해서는 비서양의 극단적 민족주의 또한 서양 제국주의만큼이나 정신 생태계를 파괴하고 인간성을 황폐하게 만들 수도 있다는 사실을 깨닫게 되었다. 『제49호 품목의 경매』에 나오는 "산업자본주의나 마르크시즘은 둘 다 똑같이 소름 끼치는 공포일 뿐이다."라는 구절이나, 『브이를 찾아서』에 나오는 "우리는 20세기의 유산인 좌파와 우파의 대립 속에서 살아왔다. 좌파는 성난 군중을 조종해 거리에서 정치적 이념을 실현해 왔고, 우파는 거리를 외면한 채 과거의 온실에서 칩거해 왔다."라는 구절은 오직 양극의 선택만을 강요받던 1980년대의 학생들에게는 충격적이면서도 신선하게 다가오는 가르침이었다. 민음사에서 출간된 내 첫 저서 『미로 속의 언어』는 바로 그러한 암울한 시대적 상황에서 벗어나 새로운 세계를 탐색해 보려는 지적, 학문적 시도였다.

그로부터 어느덧 30여 년의 세월이 흘러 나도 곧 정년 퇴임을 맞이하게 되었다. 하지만 용어만 '보수와 진보'로 바뀌었을 뿐, 유감스럽게도 한국 사회는 아직도 20세기의 어두운 유산인 자본주의와 마르크스주의의 이분법적 대립과 투쟁에서 벗어나지 못하고 있는 것처럼 보인다. 그동안 나는 부단히 학생들에게 "시대는 급속도로 변하고 있다. 시대의 변화에 따라, 우리도 이제는 자신만 옳다는 독선을 버리고, 철 지난 이념 논쟁을 종식해야 한다. 그건 문학도 마찬가지다."라고 가르쳤다. 그러고 보니, 그동안 출간된 내 주요 저서의 제목에는 언제나 '시대'라는 말이 들어 있었다. 『포스트모던 시대의 작가들』, 『탈모더니즘 시대의 미국 문학』, 『뉴미디어 시대의 문학』, 『다문화 시대의 한국인』, 『글로벌 시대의 문학』. 학술서 제목에 '시대'라는 용어가 따라붙으면 시사서 같은 인상을 주어 책의 무게를 손상한다는 주위의 조언도 있었지만, 그래도 나는 '시대'라는 말을 넣고 싶었다. 시대의 변화를 그 누구보다도 먼저 감지하고, 거기에 대비하며, 문학도와 작가들이 나아가야 할 길을 예시해 주는 것이 지식인과 문학평론가의 소명이라고 믿었기 때문이었다.

그러나 이제 현역 교수로서 학문의 길을 정리하는 마지막 저서의 제목에서 나는 드디어 '시대'라는 말을 빼고, 대신 '경계 넘기'라는 말을 넣기로 했다. 그동안 새로운 시대를 맞을 때마다 우리가 해 왔던 일이 결국은 한 시대에서 다른 시대로 넘어가는 '경계 넘기'였다는 생각이 들었기 때문이다. 과연 지난 30년의 내 학문 생활을 돌이켜 보면, 시대의 변화를 감지하고 문학과 타 장르, 그리고 인문학과 타 학문의 경계를 넘는 작업의 연속이었다는 생각이 든다. 사실 시대의 변화에 대응해 과감히 변화를 시도하는 것과 관습적인 경계를 넘어 새로운 영역을 탐색하는 것은 결코 시류에 영합하는 것이 아니라, 오히려 시대에 도전하고 변화를 두려워하지 않으며 부단히 새로운 분야를 개척하고 연구하는 것을 의미한다.

경계를 넘는다는 것은 곧 자신의 한계를 초월한다는 것, 새로운 세계로 모험을 떠난다는 것, 그리고 핀천이 지적했듯이, 자신을 얽어매는 중력의 무지개를 뚫고 그 너머에 있는 무한한 가능성을 향해 과감히 비상하는 것을 뜻한다. 은퇴 전, 마지막 학문적 저서의 제목을 내가 『경계를 넘어서는 문학』이라고 붙이는 이유도 바로 여기에 있다. 지금 우리는 순수문학과 대중문학(또는 장르 문학), 활자 문학과 영상 문학, 종이 책과 전자책, 그리고 인문학과 과학의 경계가 급속도로 무너져 가는 시대에 살고 있다. 나는 이런 시대일수록, 우리의 영역을 사수해야 한다는 소극적이고 부정적인 태도에 찬성하지 않는다. 대신 과감히 경계를 넘어서 열린 마음으로 타자를 포용하는 적극적이고 긍정적인 태도를 지지한다. 물론 쉬운 작업은 아니다. 어쩌면 나도 내 첫 저서의 제목처럼 '미로' 속에서 평생을 헤매다가, 마지막 저서의 제목처럼 이제 겨우 '경계'를 넘으면서 내 학문적 삶을 마감하고 있는지도 모른다. 그래도 여한은 없다. 비록

나 자신은 길을 찾기 위해 미로에서 방황했을지라도, 내가 찾은 길을 후학들에게 추천하고 제시해 줄 수만 있다면, 학자로서의 소명을 다한 것이라고 생각하기 때문이다.

    그동안 많은 것을 가르쳐 주신 주위의 여러분들, 늘 새로운 것을 깨우쳐 주던 영민하고 소중한 제자들, 그리고 첫 저서와 마지막 저서를 출간해 주신 민음사 박맹호 회장님께 감사를 드리며, 편집과 제작 관련 실무를 맡아 주신 민음사 장은수·박상준 대표에게도 고마움을 전한다. 수많은 깨우침과 소중한 가르침을 주시다가 타계하신 은사 레슬리 피들러와 에드워드 사이드 두 분 교수께 이 책을 헌정한다. 이 책의 출간으로 지난 46년간의 학문적 방황을 마치고 휘트먼이 말한 "rondure complete.(큰 원을 이루는 완성)"을 이룰 수 있다면 더 이상 바랄 것이 없겠다.

                                                     2013년 12월
                                                         김성곤

차례

책머리에   4

1부 외국 문학 연구와 교육의 관습적 경계를 넘어서   13

자국 문학 연구와 외국 문학 연구의 이분법적 경계를 넘어서   15
외국 문학자의 한계와 극복 방안   15
영문과의 교과 과정 개편과 교수 방법의 변화   20
대학에서의 영어 강의 문제   31
국내 외국 문학 연구자가 나아가야 할 길   35

리얼리티의 확장과 인식의 변화: 문학과 게임   37
게임으로서의 문학: 사물의 경계 해체   37
현실, 가상현실, 증강 현실   41
리얼리티와 사이버 리얼리티의 경계를 넘어서   43
인터넷, 사이버 민주주의인가, 사이버 전체주의인가?   46
문학과 과학기술 사이의 경계 해체   49

문학과 이념의 경계를 넘어서: 문학과 이데올로기   53
문학과 정치 이데올로기의 경계   53
영화에 나타난 정치 이념   59
좌우 이데올로기의 경계를 넘어서   63

동양과 서양의 경계를 넘어서: 해양소설에 나타난 제국주의 담론과 편견   68
대니얼 디포의 『로빈슨 크루소』   69
윌리엄 셰익스피어의 『태풍』   71
조셉 콘래드의 『암흑의 핵심』   74
에드거 앨런 포의 『아서 고든 핌의 모험』   77
허먼 멜빌의 『모비 딕』   81
동양과 서양의 만남을 위해   86

2부 순수문학과 대중문학의 경계를 넘어서   89

순수문학과 장르 문학 또는 활자 매체와 전자 매체의 경계 해체   91
문학은 어떻게 변하고 있는가?   91

새로운 형태의 소설들	96
역사 추리소설의 현실 비판: 『다빈치 코드』와 『단테 클럽』	99
장르 소설의 등장과 의미	104
호러 픽션의 문명 비판: 『나는 전설이다』	108
추리소설의 사회 비판: 『살인의 해석』	112
테러 소설의 정치 비판: 『아프간』, 『원티드 맨』, 『레인보우 식스』, 『탈주자』	116

문학과 정치의 경계를 넘어서   121
프레더릭 포사이스의 『어벤저』와 이문열의 『호모 엑세쿠탄스』	121

'중간 문학'의 시대적 필요성과 새로운 가능성   136
중류 문화와 중간 문학의 등장	136
한국과 일본의 '중간 문학'	142
중간 문학의 문제와 전망	145

모더니티와 포스트모더니티의 경계를 넘어서   148
모더니즘의 기원과 정의	148
문학과 문화, 그리고 예술에서의 모더니티, 모더니즘	150
포스트모더니티와 포스트모더니즘	155

포스트모더니즘과 존 바스의 『미로에서 길을 잃고』   160
포스트모던 작가로서의 존 바스	160
『미로에서 길을 잃고』의 문학사적 의의	162
작품의 문학사적 맥락	170

베스트셀러를 어떻게 볼 것인가?   173
베스트셀러를 둘러싼 일화들	173
베스트셀러는 작가와 출판사의 합작품인가?	177
시대정신과 베스트셀러	180
법의학 소설, 스파이 소설, 미래 소설은 왜 베스트셀러가 되는가?	182

순수문학과 대중문학의 경계를 넘어서   184
매릴린 로빈슨의 『홈』	175
필립 로스의 작품 세계	197
알리 스미스의 『우연한 방문객』	201
존 핍킨의 『우즈 버너』와 소로의 불: 정화와 재생의 상징	205

손턴 와일더	213
내 인생을 바꾸어 놓은 네 권의 책	217

3부 문학과 과학의 경계를 넘어서: 융합 시대의 문학 — 221

인간과 기계의 경계를 넘어서: 포스트휴머니즘과 트랜스휴머니즘 — 223
포스트휴머니즘 시대의 문학 — 223
트랜스휴머니즘: 인간과 기계의 조화와 합일 — 227
디지털 휴머니즘과 디지털 인문학 — 230
영상 매체에 나타난 포스트휴머니즘과 트랜스휴머니즘 — 232
인간과 기계의 조화 — 235

융합 시대의 문학 — 238
영화에 나타난 과학기술의 윤리 문제 — 241

4부 학문과 문화 매체, 그리고 동서양의 경계를 넘어서 — 247

영미 문화 매체에 나타난 한국인의 이미지 — 249
서양 미디어에 나타난 한국인의 이미지 — 256
미국 내 한국인의 이미지, 어떻게 업그레이드할 것인가? — 260
스크린에 나타난 한국의 이미지: 부정적 측면과 긍정적 측면 — 264
『크래쉬』에 나타난 한국계 미국인의 이미지 — 266
동양인의 올바른 재현을 위하여 — 269

문학과 심리학의 경계를 넘어서: 영화를 통한 심리적 상처 치유 — 273
치유로서의 종교, 문학, 음악, 영화 — 273
영화 텍스트의 치유 기능 — 275
좋은 영화 선별의 중요성 — 288

변경의 지식인: 피들러, 사이드, 손탁, 맥퍼슨 — 289
레슬리 피들러 — 289
에드워드 사이드 — 293
수전 손탁 — 296
제임스 앨런 맥퍼슨의 작품 세계 — 299

5부 문학비평과 문학 기행의 경계를 넘어서 303

캘리포니아 버클리와 한국 시 308
버클리에서 만난 한국 시 308
분단국가의 시인 313
비무장지대 판문점에서: 하이분 315
시를 통한 교류와 한국문학의 세계화 316

버클리와 한국 문학: 젊은이여, 동양으로 가라! 319
버클리와 한국 문화 319
김광규 시인의 시 낭송회 321
고은의 시 낭송회 326
젊은이여, 동양으로 가라! 330

비트 문학의 메카 샌프란시스코 332
비트 문학의 산실 샌프란시스코 336

미국 내 아시아 문화: 두 도시 이야기 341
차이나타운, 저팬타운, 코리아타운 341
샌프란시스코: 아시아계 미국 문학의 본산지 344

시애틀: 일본계 미국 문학의 요람 348

존 스타인벡의 몬터레이와 살리나스 351
존 스타인벡의 작품 세계 353
『찰리와의 여행』: 아메리카의 의미를 찾아서 357

마크 트웨인과 시인 김명미의 도시: 뉴욕 주 버펄로 361
자유주의, 진보주의의 도시 버펄로 361
마크 트웨인의 도시 버펄로 364
시인 김명미의 도시 버펄로 369

미국 문학의 요람: 보스턴과 뉴욕 373
미국 역사 속의 보스턴과 하버드 373
『단테 클럽』의 도시 보스턴과 케임브리지 376
포의 도시 뉴욕과 볼티모어 381

프로스트와 샐린저의 뉴햄프셔 주 384
로버트 프로스트의 도시: 뉴햄프셔 주 해노버 384
샐린저가 은둔했던 뉴햄프셔 주 390

스웨덴 스톡홀름과 한국문학 394

호놀룰루 하와이 대학교와 한국문학 399

경계를 넘어 문학은 어디로 가고 있는가? 405
찾아보기 409

1부
외국 문학 연구와 교육의 관습적 경계를 넘어서

자국 문학 연구와 외국 문학 연구의 이분법적 경계를 넘어서

외국 문학자의 한계와 극복 방안

한국인 영문학자가 당면하는 가장 근본적인 문제는, 영미 학자들과의 경쟁에서 외국인 학자가 과연 그들과 동등하거나 그들을 앞지를 수 있는가 하는 문제일 것이다. 과연 최근 정년 퇴임한 한 원로 영문학자는 자신의 학문적 인생을 회상하는 고별 강연에서, 자신이 전공을 잘못 선택한 것이 아닌가 하는 생각이 든다고 고백하기도 했다. 사실, 외국인으로서 영문학을 전공하는 데 따르는 어쩔 수 없는 태생적 한계가 있음을 부인할 수는 없을 것이다. 우선은 넘기 힘든 언어의 장벽이 있고, 그 다음으로는 문화적 이해의 부족이라는 문제가 있다. 그러므로 모국어로 된 문학, 태어나면서부터 몸과 마음에 젖어 있는 자기네 문화, 그리고 초중고 시절 이미 다 읽고 배운 작품을 전공하는 영미 학자들과 벌이는 경쟁에서 외국인은 근본적으로 불리할 수밖에 없다. 그래서 국내 최고의 자질과 능력을 갖춘 학자라 할지라도 영미 학자들과의 경쟁에서는 필연적으로 불리하고, 국제 학계에서 자신의 역량만큼 인정받지 못하며, 학자로서 충분히 빛을 발하기도 어려운 현실이 부인할 수 없는 사실이다.[1] 그 원로 교수의 회한은 아마도 그런 맥락에서 이해할 수 있을 것이다.

사실, 영미 대학교의 영문과 교수들 중에는 외국인, 특히 아시아인은 영문학을 전공해서는 성공할 수 없다는 편견을 가진 사람들도 여럿 있다. 예컨대 얼마 전, 프린스턴 대학교의 한 영문학 교수는 영문학을 전공하고 싶다는 한국의 교환학생에게, "너는 영어가 유창하지 못해서 영문학을 할 수 없다."라고 말해 상처를 주었으며, 뉴욕 주립 대학교에 있다가 다른 대학교로 옮겨 간 또 다른 영문학 교수는 "외국 학생들은 영미 문화를 잘 모르기 때문에 시대적 배경에 대한 이해와 지식이 필수적인 영미 문학 전문가가 되기 어렵다."라고 말하기도 했다. 35년 전, 내가 미국에서 유학하던 시절에도 한 백인 학생이 수업 발표 도중에, "기독교 국가가 아닌 지역에서 온 사람은 밀턴의 『실락원』을 제대로 이해할 수 없고, 미시시피 강을 모르는 중국 학생은 『허클베리 핀의 모험』을 제대로 이해할 수 없을 것"이라고 심각하게 말한 적이 있었다. 중국인은 아니었지만 비슷하게 생긴 나에게 좌중의 시선이 집중되는 것 같아서, 나는 그 학생에게 "한국인들 중에도 성서를 읽으며 눈물을 흘리는 사람들이 많고, 기독교도가 아니어도 얼마든지 『실락원』을 읽고 감동받을 수 있으며, 한국의 어린아이들도 『허클베리 핀의 모험』과 유사한 『15소년 표류기』를 읽고 무인도로 탐험을 떠난 적이 있다."라고 반박해 주었다. (무인

---

1 우리의 국문학자들이나 한국학 전공자들은 비록 영어가 안되더라도, 한국학을 전공하는 외국 학자들이 그들의 글을 한국어로 읽을 수 있기 때문에 적어도 자기 분야에서는 나름 국제적으로 알려지고 인정받는 것이 가능하다. 그러나 한국인 영문학자들은 그런 것이 원천적으로 불가능해서 해외에 알려질 수 있는 기회가 거의 없다. 그런 면에서 보면, 아이러니하게도 영문학자들은 국제 학계에서 국문학자들보다도 더 불리한 입지에 처해 있다고 할 수 있다.

도로 간 어린이들 실종 신고 사건은 당시 한국 신문의 헤드라인을 장식하고 있었다.) 담당 교수였던 비평가 레슬리 피들러도 그것은 대단히 잘못된 생각이라며 그 학생의 잘못을 바로잡아 주었지만, 사실 그러한 편견을 가진 사람들은 언제 어디에나 존재할 것이라는 생각이 들었다. 당시 또 어떤 미국인 영문학 교수는 내가 포스트모더니즘을 공부하고 있다고 하자, 참으로 어려운 분야를 선택했다고 걱정하면서 미국 학생들보다 뛰어나려면 현대 미국 문학보다는 미국 학생들이 잘 모르고 또 잘 선택하지 않는 청교도 시대 문학을 전공하는 것이 유리하지 않겠느냐는 우정 어린 충고를 해 주기도 했다. 놀라운 것은, 한국 교포들 중에도 그런 생각을 가진 사람들이 있다는 사실이다. 2012년 가을, 내가 조지 워싱턴 대학교에 갔을 때, 한국 교포 한 사람이 나를 찾아와 서울대학교에서 무엇을 가르치느냐고 묻기에 미국 문학을 가르친다고 했더니 깜짝 놀라면서, "한국 학생들이 도대체 『허클베리 핀의 모험』 같은 미국 문학을 어떻게 이해할 수 있겠느냐."라고 물어서 나를 당황하게 했다.

한국의 영문학자들은 현지에서뿐 아니라 국내에서도 여러 가지 부당한 편견에 부딪힌다. 예컨대 국문학자는 무엇을 써내도 당당하게 독창적인 이론가로서 그 분야 세계 최고의 석학이라고 불리지만, 영문학자는 아무리 창의적인 해석 방법을 제시하고 또 새로운 시각의 논문을 발표해도, 여전히 외국 문학의 소개자 겸 해외 이론의 수입상으로밖에 인정받지 못한다.[2] 이는 평생을 영문학 연구에 헌신하고 은퇴하는 영문학자가 탄식할 수밖에 없는 한심하고 부당한 대우가 아닐 수 없다. 심지어는 같은 영문학자들조차도 무의식적으로 그러한 편견에 편승하게 된다. 나 역시 강연을 하러 단상에 올라갈 때마다 동료 영문학자의 소개에서 그러한

---

2 국내에 포스트모더니즘 선풍이 불던 1980년대 후반과 1990년대 초반 포스트모더니즘 논쟁을 벌이는 일부 학자들을 지칭해 국내 일간지 기자들과 텔레비전 기자들은 "외국 이론의 수입상"이라고 매도했다.

서글픈 현상을 대한다. "오늘 이 자리에는 포스트모더니즘과 에드워드 사이드의 '오리엔탈리즘'을 국내에 처음 '소개'한 분이 나오셨습니다." 46년 동안이나 그것들을 연구해 왔고 우리의 상황에 맞게 원용하는 학문적 작업을 해 왔음에도 불구하고 서글프게도 영문학자는 여전히 외국 이론의 '소개자'로 제시될 뿐이다. 더구나 외국 문학자를 마치 자신의 이론이 없는, 외국 사조의 '수입상'처럼 생각하는 사람을 만날 때마다, 영문학자들은 힘이 빠지고 자신의 전공 분야에 회의를 느끼게 된다. 다른 분야를 전공했더라면 세계적인 석학이 되었을 인재들이 단지 외국 문학을 전공했다는 이유만으로 그런 반열에 오르지 못하고 서양의 모방이나 하는 삼류 학자 취급받는 것이 너무도 부당하고 서글프기 때문이다. 사실 영문학을 공부하다가 어려워 다른 분야로 전공을 바꾼 사람들이 많은데도, 참고 견디며 온갖 어려움을 극복하고 박사 학위를 취득해 영문학자가 되었는데, 그런 식의 대접을 받는 것은 참으로 맥 빠지는 일이 아닐 수 없다.

그러나 외국 문학자들이 국가를 위해 꼭 필요한 외국 문화의 전문가들일 뿐 아니라, 비교문학적 시각을 통해 자국 문학의 수준을 현저하게 끌어올리는 역할을 하는 중요한 사람들이라는 데에는 의심의 여지가 없다. 더욱이 요즘에는 시대가 변해서, 자신의 영어 능력과 학자적 역량에 따라 외국 문학자도 얼마든지 해외 저널에 글을 실을 수 있게 되었고 자신의 독창적 이론도 펼칠 수 있게 되었다. 유럽 중심의 백인 문명이 지배 문화였던 예전에는 외국 이름을 가진 사람은 아예 영미 유명 학술지에 글을 발표하기도 어려웠다. 그러나 다문화주의, 민족 연구, 소수 인종 연구, 문화 연구, 포스트식민주의의 영향으로 지금은 오히려 소수 인종 학자나 작가들의 시각이 경우에 따라 더 존중되고 부상하는 시대가 되었다. 실례로 타계한 석학 에드워드 사이드를 이어 컬럼비아 대학교의 석좌교수가 된 가야트리 스피박이나, 위스컨신 대학교의 이합 하산, 하버드 대학교의 호미 바바, 캘리포니아 대학교 어바인의 응구기 와 시옹오, 그리고 나이지리아 출신 노벨상 수상 작가 월 소잉카는 모두 미국에서 활동하고 있는 외국 출신 학자나 작가들이다. 또 인도의 라나지트 구하는 '서발턴 연구(Subaltern Studies)'의 창시자로서 오늘날 영문학 이론에 중요한 공헌을 했다.

그래서 요즘은 외국 문학자라는 이유만으로 좌절할 필요는 전혀 없어졌다. 예컨대 외국인 영문학자들은 아웃사이더의 독특한 시각으로 오히려 영미 학자들이 보지 못하는 독창적이고도 참신한 시각을 제공할 수도 있기 때문이다. 예컨대 아시아계 미국 문학은, 미국인 학자나 교포 학자들이 보는 시각과는 또 다른 시각을 한국의 미국 문학자들이 제시할 수도 있으며, 또 백인 작가들의 작품이라 해도 영미 백인들이 보지 못하는 측면을 아시아의 영문학자들이 주창할 수도 있다. 그러므로 중요한 것은, 기존에 나와 있는 서양식 해석의 반복이나 모방이 아니라, 우리 시각으로 바라보고 해석하는 독창적인 시각을 만들어 내며, 새롭고 참신한 논문을 부지런히 해외 저널에 발표하고 국제 학계에 알리는 것이다. 그렇게 되면 우리의 독특한 해석과 접근법에 영미 학계가 관심을 보일 것이고, 따라서 외국 문학자라고 해서 부당한 대접을 받거나 낙담할 필요도 없게 될 터이다.

식민지 시대나 광복 직후에는 시대적 상황으로 인해 국내의 영문학자들이 영미 문학과 문화를 '소개'해야만 하는 위치에 있었다. 그러나 지금은 시대가 달라져, 더는 영미 문학이나 사조를 소개만 하는 국내 학자들은 없다고 해도 과언이 아니다. 즉 외국인이기 때문에 우리는 어떤 식으로든지(때로는 무의식적으로) 아웃사이더의 시각으로 영미 문학과 현대 문학 이론을 바라보고 해석하며, 우리의 관점으로 논문을 쓰고 있을 것이다. 예컨대 포스트모더니즘이나 포스트식민주의, 또는 페미니즘이나 문화 연구는 우리의 상황과도 자연스럽게 연결되는 문예사조들이다. 우리의 삶과 사회와도 밀접한 관계를 맺고 있는 그런 사조들을 어떻게 단순히 외국 것으로만 치부할 수 있으며, 우리와는 전혀 무관한 것처럼 글을 쓸 수 있겠는가? 물론 일차적으로는 외국 문학으로서 연구를 해야겠지만, 그다음 단계로는 우리 시각으로 바라보고 우리 것과 비교하는 작업도 필요하다. 만일 우리가 아직도 해외의 연구 결과를 답습만 하고 있다면 지금이라도 연구 방향을 틀어 우리의 시각으로 영미 문학을 바라보고 해석하는 접근을 시도해야 한다. 그러면 외국 문학자라고 해서 독창적이지 못할 것이라는 오해와 편견을 불식시킬 수 있을 것이며, 더 나아가 국제 학회나 국제 학계에서도 합당한 주목을 받을 것이다. 한국의 영문학자들은 그때 비로소 외국 문학자로서의 보람을 느끼게 될 것이다. 이는 비단 영문과 교수뿐 아니라 영문학을 전공하는 우리나라의 학생들에게도 마찬가지로 적용된다. 그런 의미에서, 영문학을 전공하는 학생들, 특히 대학원생들을 격려하며 그들이 나아가야 할 연구 방향을 제시해 주어야 할 교수들은 그들 앞에서 좌절하는 모습이 아니라, 새로운 가능성을 보여 주어야만 할 것이다.

영문과의 교과 과정 개편과 교수 방법의 변화

한국의 대학 영문과가 당면하고 있는 두 번째 문제는 교과 과정과 교수 방법의 문제일 것이다. 예전과 달리 지금은 영어를 잘해서 혹은 문학이 좋아서 영문과에 들어오는 학생은 거의 없다고 해도 과언이 아니다. 여학생들은 그저 수능 성적이 뛰어나, 남학생들은 법대나 경영대에 가려다 여의치 않아 영문과에 들어오는 경우가 많기 때문이다.[3] 그렇기 때문에 이제 학부에서 어려운 수준의 영문학 전공 과목의 강좌 설치가 바람직하지 않게 되었다. 학부의 교육 목적은 전문 영문학자의 양성이 아니라, 영문학 공부를 통한 타 문화의 이해와 교양의 증진, 그리고 심도 있는 인문학적 사고방식을 기르는 데 있기 때문이다. 그러므로 문학이나 어학 전공은 대학원에서 하도록 하고, 학부에서는 문학 입문 과목이나 어학 입문 같은 교양과 인격 함양을 증진시키는 과목을 설강하는 것이 바람직할 것이다. 예컨대 미국 펜실베이니아 주립 대학교의 코어 과목 중 하나는 "문학에 나타난 인종, 젠더, 정체성(Race, Gender, Identity in Literature)"인데, 학생들은 졸업을 위한 이 필수 과목을 수강하면서 문학 작품을 통해 인종적 편견이나, 성적 편견, 그리고 정체성 문제 등을 성찰하고 세계인으로서 필요한 교양과 인성을 쌓게 된다. 한국 영문과에서도 막연한 문학 강좌가 아니라, 인격을 수양하는 데 도움이 되는 그런 류의 구체적인 주제의 문학 과목을 개발하고 설강하면 좋을 것이다.

다음으로 영문과에서는 학생들에게 국제적 안목과 사야를 제공해 주는 과목, 그리고 국제사회에서 글로벌 시민으로 사는 데 필요한 영어 실력을 높일 수 있는 실용적인 과목을 설강해 가르치는 것이 바람직할 것이다. 예컨대 영미 문화 연구, 미국 대중문화 연구, 영작문, 영어 회화, 영어 원서 강독, 시사 영어 등이다. 문학이 싫은 학생들에게 영문학 공부만을 강요할 수는 없으며, 사회에 나가서 활용할 수 있는 영어 능력의 배양과 영미 문화에 대한 전문성의 함양도 중요하기 때문이다. 그런데 현재

---

[3] 실제로 서울대학교 영문과의 경우에도 3분의 1 정도가 사법 고시 준비를 하고 있으며, 문학이 좋아서 공부하는 학생은 겨우 한두 명에 불과하다. 그러나 1980년대 초만 해도 많은 학생이 문학이 좋아서 영문과에 왔고, 문예지를 구해 열심히 읽었으며, 문학에 대해 열정적으로 토론하는 광경을 볼 수 있었다. 그러나 지금 그런 풍경은 사라지고 없으며, 대학 구내 서점에도 아예 문예지를 들여놓지 않는다. 문예지를 사는 학생이 없기 때문이다.

국내 대학 교육의 현실은 인성 교육도 어설프고 전공 교육도 제대로 안 되어, 미숙하고 설익은 졸업생들을 사회로 배출하고 있으며, 그 결과는 곧 우리 사회의 낮은 수준의 민도로 나타나고 있다.

또 한 가지 문제는, 우리가 과연 학생들이 영문학에 관심을 가질 수 있도록 재미있게 가르치고 있는가 하는 점이다. 학부에서도 마찬가지지만, 대학원에서도 학생들에게 문학을 재미있게 가르쳐야지, 괜히 난해하고 문학이라면 진저리 치게 만드는 것은 결코 바람직하지 않다. 물론 학생들에게 엄격한 학문적 훈련을 시키는 것은 필요하다. 그러나 문학은 원래 재미있게 배울 수 있는 분야다. 문학에는 진한 감동이 있고, 커다란 깨달음이 있으며, 재미있게 읽을 수 있는 스토리가 있다. 또 문학은 현실과는 별개의 지고하고 순수한 예술이 아니라, 삶의 이야기이며, 우리의 문화와 사회, 그리고 우리의 정치와 역사하고도 긴밀한 관련을 맺고 있다. 그런데 우리는 학생들에게 문학을 어렵게만 가르쳐, 학생들을 좌절케 하거나 스트레스성 학습 장애를 겪게 만드는 경우가 많은데, 이는 후학 양성과 독려에 치명적인 해악을 끼치고 있는 셈이다.[4] 좋은 스승이란 자신이 어렵게 발견한 지름길을 제자들에게는 제대로 명료하게 가르쳐 주는 사람이다. 그러나 자기도 길을 잘 모르는 스승은 제자들과 함께 길을 찾아 헤매기 마련이다. 그러므로 좋은 스승을 만난 사람은 그렇지 못한 사람보다 고생을 덜 하고 훨씬 더 빨리 목표에 이르게 된다. 학생들에게 문학은 아무나 하는 것이 아닌, 난해한 것이라는 식의 겁을 주어 좌절

---

[4] 영미 대학에서는 학부 때 학생들에게 엄청난 양의 과제를 내주어 혹독하게 훈련을 하지만, 대학원에 들어오면 예비 학자로서 대접해 자율적이고 자발적으로 공부하도록 해 준다. 그러나 우리나라 대학에서는 이상하게 학부 학생들에게는 느슨하게 대하면서도, 대학원생들에게는 혹독한 과제를 내주고 닦달하는 것을 자주 목격한다. 이는 대학원생들에게 문학 공부에 자신감을 잃게 하고 결국 학자의 길을 포기하게 하는 바람직하지 못한 결과를 초래한다. 대학원생들은 특히 문학 연구 방법론이나 프로세미나 같은 과목을 듣다가 문학에 대한 흥미를 잃어버리는 경우가 많기 때문에, 이들 과목을 운용하는 데 특히 신경을 써야 한다.

시키는 사람은 결코 좋은 스승이 아니다.

학생들의 관심사에 부응하면서도 유익한 강좌의 한 구체적인 예는 현재 서울대학교에서 설강하고 있는 '영미 대중소설 읽기'와 '영미 문화 읽기'다. 서울대학교에는 오랫동안 교양과목으로 '영미 단편소설 강독'과 '영산문 강독'이 개설되어 있는데, 영문과가 아닌 학생들은 영미 단편소설이나 영산문에 별 관심이 없어서 그동안 선호도가 낮았다. 그래서 2000년대 초, 그 두 과목을 '영미 대중소설 읽기'와 '영미 문화 읽기'로 강의 이름을 바꾸자, 이후 학생들의 호응이 대단히 좋아서 교양과목의 성공 사례로 꼽히고 있다. 단순한 영미 단편이나 산문 대신 학생들의 관심사인 '(영미) 대중소설'과 '(영미) 문화'로, 그리고 강독이라는 용어를 젊은 세대에게 친숙한 '읽기'로 바꾼 것이 주효한 것이다.

그리고 담당 교수들의 연령대가 낮아지면서 강의 내용도 본질적으로 바뀌었다. 즉 단순히 영문 교재를 강의실에서 우리말로 번역해 주던 과거와 달리, 이제는 학생들의 토론과 발표, 그리고 파워포인트나 영화 같은 전자, 영상 매체의 활용으로 수업이 훨씬 더 재미있어진 것이다. 만일 교수가 강의실에 들어와 예전처럼 작품 번역만 해 주거나 학생들에게 번역을 시키는 것이 수업 내용이라면, 요즘 학생들은 즉시 강의를 취소하거나 인터넷에 올려 신랄하게 비판할 것이다. 그래서 요즘은 컴퓨터를 능숙하게 활용하지 못하는 교수나, 대중문화나 영화를 잘 모르는 교수는 수업을 운용하는 데 많은 어려움을 겪게 되었다.

서울대학교에서 내가 담당했던 '영미 대중소설 읽기'를 사례로 들어 보면, 우선 다양한 학과에서 예순 명의 학생들이 수강했으며, 그중에는 외국 학생들과 교포 학생들도 상당수 있었다. 교재는 묶어서 패킷(packet)으로 만들었으며, 각 문학작품 외에 참고 자료(reference)로 영화 텍스트를 사용했는데 대단히 효과적이었다. 왜냐하면 영화는 당대 영미인들의 꿈과 두려움, 그리고 영미 문화와 사고방식을 잘 반영하고 있는 훌륭한 문화 텍스트이기 때문이다.[5] 요즘은 순수소설과 대중소설의 경계가 모호해 명확한 선을 긋기가 어려워졌다. 따라서 '대중소설'이라 함은 '당대의 문화를 잘 반영하고 있는 대중적 인기를 누리는 소설'로 그 의미를 확대했으며, 저급한 통속소설은 제외했다.[6]

개강 초에는 우선 '미국이란 무엇인가?(What is America?)'라는 제목으로 왜 청년 문화/대중문화가 미국의 주류 문화가 되었는가를, 건국 초기 미국 역사와, 세인트 장 드 크레브쾨르(1735~1813)의 「미국인은 누구인가?」, 「미국 농민의 편지」, 그리고 D. H. 로런스의 『미국 고전문학 연구』와 연관해서 읽고 설명했다. 이때 영화 텍스트로는 미국의 문제점을 은유적으로 잘 보여 주는 『터미널』을 사용했으며, 존 윈스럽(1588~1649)의 『기독교 사랑의 모델(A Model of Christian Charity)』에서 「산 위의 도시(A City upon a Hill)」 부분을 발췌해서 읽고 토론했다. 다음으로는 「문화 민주주의와 대중문화(Cultural Democracy & Pop Culture)」와 「미국 문화의 이해

---

[5] 샌디에이고 주립 대학교의 제리 그리스월드는 이렇게 말한다. "영화는 한 민족의 희망과 두려움을 나타내는 공동의 꿈이다. 만일 여러분이 오늘날 미국을 이해하기 원한다면 어디에서부터 시작할 것인가? 예컨대 극장에서 미국인들이 좋아하는 영화를 보는 것은 그 한 방법이다. 왜냐하면 영화는 우리가 공유하고 있는 꿈이자, 우리 문화의 꿈이기 때문이다."(제리 그리스월드, 『영어의 평행 우주(The Parallel Universe of English)』(1994), 62쪽)
마이클 우드는 영화가 사회를 반영해 주는 문서라고 말한다. "사실상 모든 할리우드 영화는 다소 특별한 사회사를 위한 텍스트다. 영화가 아무리 하찮은 것이든지 또는 어떤 의도를 갖고 있든지 간에, 영화는 어떤 것을 미국적 정신의 이면이라고 부를 것인지에 대한 연구를 가능하게 해 준다. 적어도 영화는 우리가 살고 있는 환경의 일부이며 우리가 숨 쉬고 있는 도덕적인 분위기의 한 요소가 된다." (마이클 우드, 『영화에 나타난 미국(America at the Movies)』(1982), 26쪽)

[6] 대중문학을 옹호했던 레슬리 피들러도 저급한 통속문학은 비판했으며, 진정한 의미에서의 대중소설은 순수소설과 통속소설 사이에 위치해 있는 중간 문학(middlebrow literature)이라고 보았다. "나는 나의 이런 논의가 대중문화 속에 깃들어 있는 진부하고 무미건조하고 둔한 덕에 대한 옹호로 받아들여지기를 원하지는 않는다. 나는 다만 그러한 진부함과 둔함을 이용해서 모든 가치 있는 문학의 원동력이 되는 것을 비난하는 이들을 비판하기 위한 것뿐이다."(레슬리 피들러, 『문학이란 무엇이었는가(What Was Literature)』(1972), 23쪽)

(Understanding American Culture)」에 대한 PPT 프레젠테이션을 통해 미국 대중문화에 대한 다양한 시각을 학생들과 함께 탐색했다.[7] 평론가이자 나의 은사인 피들러가 덴마크 국영 텔레비전에도 출연해 미국 대중문화의 본질을 설명하는 DVD「미국의 발명(The Invention of America)」도 대단히 유용한 참고 교재가 되었다.

미국의 대중문화에 대한 소개가 끝나고, 본격적인 텍스트 읽기에 들어가면서부터는 다음과 같이 주제별 논의를 시작했다.

1 과학소설/유전공학/변종 인간/과학과 기술
2 삶의 아이러니
3 입문: 오만과 편견
4 호러 픽션과 판타지 문학
5 아메리칸드림과 미국의 악몽

1 "과학소설/유전공학/변종 인간/과학과 기술"에서는 테크놀로지를 다룬 과학소설을 읽어 나가면서, 과학기술의 문제점이 어떻게 대중문학 작품과 영화에 나타나 있는가를 고찰하고 논의했다. 먼저 아이작 아시모프의 『바이센테니얼 맨(The Bicentennial Man)』을 읽고 동명의 영화(참고로 영화 제목에는 The가 없다.)에서 선별한 장면을 보면서 두 장르를 비교 논의했다. 이 작품은 미래 사회의 가정용 로봇이 감정과 지성을 갖추게 되어 점차 인간이 되어 가는 과정을 그린 것으로, 인간다운 기계와, 비인간적인

---

[7] 미국의 대중문화를 문화적 제국주의로 보는 견해와 그러한 의견에 비판적 견해를 모두 제시해 주고 학생들에게 나름대로 토론 시간을 주었는데, 존 톰린슨의 『문화 제국주의(Cultural Imperialism)』와 마이클 스코브맨드의 『미디어 문화(Media Cultures)』를 참고 문헌으로 제시해 주었다. 또한 문화가 어떻게 정치에 이용되는가에 대해서는 더글러스 켈너의 『미디어 문화(Media Cultures)』의 일부도 읽고 논의했다.

기계 같은 인간 중 과연 누가 더 나은가 하는 문제를 성찰하게 해 주었으며, 동시에 아시모프가 미국의 200주년(Bicentennial)을 기념해 쓴 소설이기 때문에 '미국이란 무엇인가?'라는 문제와도 연관해서 토론했다. 이 작품은 또한 사찰에서 마당을 쓸며 날마다 독경 소리를 듣던 로봇이 어느 날 도를 깨우쳐 보살이 되어 승려들에게 설법한다는 내용의 박성환의 SF 소설『레디메이드 보살』(제1회 동아 사이언스 SF 대상)과도 좋은 비교가 되었다. 그리고『바이센테니얼 맨』을 읽으면서 기계와 인간의 조화를 긍정적으로 보는 사조인 트랜스휴머니즘도 살펴보았으며, 그 과정에서 영화 터미네이터의 몇 장면(예컨대 인간을 충실하게 보호하는 사이보그의 모습, 그리고 인간을 위한 기계의 자살 장면 등)을 보았는데 아주 효과적이었다.

이어서 유전자조작의 문제점을 다룬 마이클 크라이턴의 소설『넥스트(Next)』의 일부를 읽었으며, 관련 영화 텍스트로는 돌연변이를 인종적 편견이라는 측면에서 다룬「엑스맨」, 전사한 병사를 되살려 인간 병기로 만드는「유니버설 솔저」그리고 인간 복제의 문제점을 제기한「여섯 번째 날」의 몇몇 장면을 본 다음, 과학기술이 초래할 수도 있는 장단점에 대해 토론했다. 그리고 커트 보네거트의「해리슨 버저론(Harrison Bergeron)」을 읽으면서는 이른바 유토피아적 평등 사회가 어떻게 필연적으로 디스토피아 통제 사회로 변질되어 가는가를 성찰했는데, 이때「이퀼리브리엄(Equilibrium)」,「브이 포 벤데타(V for Vendetta)」같은 영화 텍스트와「돌하우스(Dollhouse)」같은 텔레비전 드라마를 활용했다.

2 "삶의 아이러니"에서는 '삶의 아이러니'라는 주제를 놓고 오 헨리의 단편소설을 읽었다.「마몬과 궁수(Mammon and the Archer)」에서는 '돈과 사랑의 대립'이라는 주제를 '기계와 목가적 꿈의 대립과 조화'라는 주제로 확대해 그 두 극단 사이를 오가는 미국 문학과 문화의 특성을 토론했다. 그 과정에서 리오 마르크스의『정원 속의 기계(The Machine in the Garden)』

의 개념을 소개했고, 관련 영화 텍스트로는 톰 크루즈와 더스틴 호프만이 각각 기계와 목가적 꿈을 상징하는 인물로 등장하는 「레인 맨(Rain Man)」을 사용했다. 오 헨리의 또 다른 단편 「마녀의 빵(Witches' Loaves)」에서는 법정스님의 유언과 스님이 스스로 절판시키려 했던 『소유』의 경우를 연결해 좋은 의도가 나쁜 결과를 가져올 수도 있다는 교훈에 대해 논의했다. 이어 「어느 바쁜 주식 중개인의 로맨스(The Romance of a Busy Broker)」에서는 인간을 기계처럼 만드는 도시 생활의 문제점을 찰리 채플린의 영화 텍스트인 「모던 타임스(Modern Times)」와 연결시켜 공부했으며, 「펜둘럼(The Pendulum)」에서는 역시 시계추처럼 체제에 순응하며 살아가는 현대 도시인의 삶과 "제 버릇 남 못 준다.(Old Habits Die Hard.)"라는 속담처럼 오랜 습관을 떨쳐 버리지 못하고 다시 일상으로 돌아가는 소시민의 생활에 대해 고찰하면서 삶의 여러 양태를 성찰했다. 그리고 오 헨리의 「붉은 추장의 몸값(The Ransom of Red Chief)」을 읽으면서는 미국 동부와 서부의 특성과 정신을 연구했으며, 미국 동부와 서부의 혼을 잘 드러내 주고 있는 영화 「흐르는 강물처럼(A River Runs Through It)」을 보조 교재로 사용했다.

3 "입문: 오만과 편견"에서는 인간의 정치적 이념과 편견의 문제를 다루었다. 우선 리처드 코넬의 「가장 위험한 사냥감(The Most Dangerous Game)」에서 학생들은 타자의 입장에 서 보는 것, 남을 배려하는 것, 양육강식의 세상에서 인간성을 유지하는 것, 그리고 인종적 편견에 대한 활발한 토론을 벌였다. 그러한 토론은 곧 다원주의와 제국주의에 대한 논의로 확대되었다. 서머싯 몸의 「미스터 노올(Mr. Know-All)」에서는 진정한 용기란 무엇이며, 누가 진정한 신사인가, 그리고 타자에 대한 편견이나 인종적 편견이 사실 얼마나 근거 없는 것인가를 배웠다. 관련 자료로는 필립 로스의 「휴먼 스테인(The Human Stain)」을 영화 텍스트로 사용해 정치적 올바름(Political Correctness)까지 다루었는데, 학생들은 영화 「휴먼 스테

인」을 아주 좋아했고 감동 깊게 보았다. 학생들은 또한 댄 브라운의 『다빈치 코드(The Da Vinci Code)』와 『천사와 악마(Angels and Demons)』를 아주 좋아했는데, 이 두 소설을 읽으면서 학생들은 팩션의 특성, 역사 다시 보기, 경직된 종교적 신념의 무서움, 독선(Self-righteousness)의 해악, 이분법적 사고방식의 문제, 그리고 바티칸과 프리메이슨의 대립 등을 연구했다. 위 두 작품은 이미 영화 텍스트가 DVD로 나와 있어서 그것을 활용했다. 프레더릭 포사이스의 『어벤저(Avenger)』를 읽으면서는 테러리즘과 반미주의, 그리고 대의명분(Grand Cause)과 덜 중요한 것(Lesser Good)(또는 개인적 복지) 같은 문제를 점검했는데, 동시에 민족주의와 반미주의에 대해서도 다각도의 토론이 있었다.

4 "호러 픽션과 판타지 문학"에서는 호러 픽션과 판타지 소설이 어떻게 현실 비판과 사회 비판 기능을 훌륭하게 수행하고 있는가를 토론했다. 예컨대 스티븐 킹이 「때로 그들은 돌아온다(Sometimes They Come Back)」를 통해 한 편의 호러 픽션을 어떻게 강력한 정치 비판과 사회 비판으로 바꾸어 놓고 있는가를 이야기해 주면서, 학생들 스스로 그 작품에서 정치적 은유를 찾아보라고 했다. 학생들은 연구 보고서를 통해 결국, 이 작품이 1950년대 대통령 선거 때 있었던 민주당 후보 애들라이 스티븐슨과 공화당 후보 드와이트 D. 아이젠하워의 대결, 미국인들의 잘못된 선택, 그리고 그 필연적인 귀결인 워터게이트 사건을 한 편의 호러 픽션을 통해 은유적으로 비판하고 있다는 것을 찾아내고 자신들의 발견에 크게 기뻐했다. 한편 브람 스토커의 『드라큘라(Dracula)』는 정통과 이단, 흡혈과 착취, 문명과 야만, 성적 억압, 사라져 가는 귀족 계급과 신흥 중간 계급, 봉건주의와 자본주의의 대립을 다각도로 고찰할 수 있는 텍스트였다. 관련 영화 텍스트로는 「트와일라잇(Twilight)」, 텔레비전 드라마로는 「문라이트(Moonlight)」를 보면서 오늘날 미국의 가정 문제, 현대인의 고립

과 고독, 그리고 서로 다른 종족 간의 사랑과 교감과 의리 등을 논의했다.

판타지는 특히 학생들에게 많은 인기를 끌었는데, 유명 판타지 소설을 읽으며 학생들은 판타지란 궁극적으로 동전의 양면처럼 현실과 불가분의 관계를 맺고 있으며, 마치 거울처럼 현실을 비추어 보고 비판하는 역할을 한다는 것을 깨달았다. 예컨대 저자 C. S. 루이스의 부정과는 달리, 『사자, 마녀 그리고 옷장(The Lion, the Witch, and the Wardrobe)』은 여전히 2차 세계대전과 히틀러에 대한 은유적 비판으로 읽을 수 있고, 필립 풀먼의 『황금나침반(The Golden Compass)』 역시 평행 우주 이론을 통해 또 다른 세계와의 교류, 종교의 독선, 영혼의 소중함, 타자를 위한 희생 등 우리가 당면하고 있는 절실한 문제를 비판적으로 성찰하고 있다는 것을 배웠다. 조앤 롤링의 『해리 포터와 아즈카반의 죄수(Harry Potter and the Prisoner of Azkaban)』를 통해서는 변신 모티프를 중심으로, 인간의 편견이 초래하는 문제를, 그리고 겉만 보고 사물을 판단하는 것의 오류에 대해 배우고 토론했다.

5 "아메리칸드림과 미국의 악몽"에서는 대중소설에 나타난 미국의 꿈과 미국의 악몽을 탐색했다. 로버트 스콜스의 지적대로, 미국은 원래 건국의 아버지(Founding Fathers)의 꿈으로 세워진 나라였다. 그러나 꿈은 악몽이 되기 쉽고, 부서지기 쉬워서 꿈으로 세워진 나라는 자칫 허상의 나라로 전락할 수도 있다.[8] 이 세상을 거대한 정신병원으로 본 켄 키지의 『뻐꾸기 둥지 위로 날아간 새(One Flew Over the Cuckoo's Nest)』를 통해서는 인간을 통제하고 억압하는 조직과 이에 저항하는 것의 중요성을, 조지 오웰의 『1984』와 올더스 헉슬리의 『멋진 신세계(The Brave New World)』를 참고

---

[8] "미국인들은 아마도 콜럼버스, 허슨, 존 스미스 같은 사람들의 꿈이 세운 환상적인 소설 같은 나라에서 살고 있기에 2세들의 역사에 대해 강박관념을 갖고 있다. 미국은 페인과 제퍼슨과 프랭클린 같은 사람들의 이상과 희망에 의해 사회 정치 제도가 만들어졌고, 그들의 환상적인 꿈에 의해 세워진 나라다. 그래서 미국은 늘 신화가 리얼리티보다 강했고, 리얼리즘보다는 낭만주의가 더 강했던 나라다."(로버트 스콜스, 『우화와 메타픽션(Fabulation and Metafiction)』(1979), 208~209쪽)

로 토론했더니 대단히 효과적이었다. 아카데미상을 수상한 영화 텍스트 『뻐꾸기 둥지 위로 날아간 새』도 학생들의 흥미를 유발하는 데 아주 좋은 작품이었다. 하퍼 리의 『앵무새 죽이기(To Kill A Mockingbird)』를 통해서는 타자(타 인종, 빈자, 비정상인 등)에 대한 편견 문제를 집중적으로 토론했다. 학생들은 흑백영화였지만 그레고리 펙이 애티커스 핀치 역을 맡은 동명의 영화 텍스트도 대단히 감동적으로 보고 각자의 의견을 제시하고 토론했다. 이때 학생들은 미국의 꿈과 악몽을 문화인류학적으로 접근한 레슬리 피들러의 『미국 소설에 나타난 사랑과 죽음』 같은 비평서와 「헉 핀이여, 다시 뗏목으로 돌아와 다오!」 같은 평론에 비추어 위에 언급한 문학작품을 분석했다.

'영미 대중소설 읽기'는 매 작품마다 서너 명의 학생들이 팀을 짜서 발표했는데, 학생들이 준비해 온 PPT의 내용이 다양해서 유익하고도 재미있었으며, 그 결과물은 서울대학교 홈페이지의 'My ETL'에 올려 모두가 공유하도록 했다. 그냥 작품을 읽고 발표하라고 하면 학생들은 언제나 작가 소개에 너무 많은 시간을 할애하는 경향이 있어서, 작가 소개보다는 작품 분석과 주제 자체에 대한 집중적이고 다양한 접근을 하라고 지시하는 것이 필요했다.

한국의 대학 영문과들은 원래 영미 대학의 커리큘럼을 그대로 들여왔는데, 영국이나 미국의 영문과는 우리로 말하면 국문과여서 외국어 학과인 우리나라 영문과와는 현실적으로 많이 다를 수밖에 없다. 예컨대 미국 영문과의 경우는 자기네 언어라서 당연히, 영어 능력 검증이 없지만, 미국 대학의 외국어 학과는 해당 외국어에 대한 상당한 실력이 없으면 아예 졸업을 하지 못하도록 되어 있다. 필수적으로 수강해서 학점을 취득해야만 하는 주요 강의가 전제 조건으로, 해당 외국어의 언어 능력 시험 점수나, 해당 외국어의 고급 코스를 마쳤다는 증서를 요구하기 때문이다. 그러나 국내 대학의 영문과에는 학생들의 영어 능력을 검증하는 장치가 전혀 없어서 영어를 못하더라도 얼마든지 입학하고 졸업할 수 있도록 되어 있다. 사실 영문과를 졸업하려면 TEPS나 TOEFL 같은 공인 인증 영어 시험 점수를 제출하거나, 그것을 대체할 수 있는 해당 수준의 영어 강의를 수강하도록 해야만 할 것이다.

영미 대학의 영문과와 우리나라 대학의 영문과가 달라야 하는 또 한 가지 이유는, 전자가 문학 텍스트의 분석 자체에 비중을 둔다면, 비영어권 국가의 영문과인 후자는 영미 문학 텍스트 연구와 더불어 영미 문화의 이해에도 큰 비중을 두어야 한다는 것이다. 예컨대 영미 대학의 불문과나 독문과, 또는 서문과나 노문과는 해당 국가의 문학 텍스트와 문화 텍스트를 통해 그 나라의 문화를 이해하는 데 중점을 두고 있다고 보아도 크게 틀리지 않는다.

내가 서울대학교에서 담당했던 '영미 문화의 이해'는 바로 문학 텍스트와 문화 텍스트를 접목해, 영미 문화에 대한 이해를 높이기 위한 강좌였다.

그 강좌에서는 특히 영미 문화를 주제와 사조별로 나누어, 각각 그에 해당되는 문학작품과 영화 텍스트를 읽고 분석함으로써 영문화권 국가를 보다 심도 있게 이해하는 것을 강의 목표로 정했다. 이 과목에 대한 학생들의 호응도는 대단히 좋았는데, 그 이유는 아마도 학생들이 좋아하는 문화 텍스트, 즉 장르 소설, 영화, 팝송 등을 부교재로 사용했기 때문이었으리라고 사료된다.

대학에서의 영어 강의 문제

요즘 많은 대학이 대학 평가에 대비해서, 그리고 국제 랭킹을 올리기 위해서, 또는 급증하는 외국 유학생들을 위해서 영어 강의를 늘리고 있다. 영어 강의가 많아지는 한국 대학교의 국제화를 위해서 분명 바람직한 일이다. 그러나 그에 따른 문제 또한 심각한 것으로 알려져 있다.[9]

우선 영어로 강의하는 경우, 필연적으로 강의의 질이 떨어진다는 점이다. 교수가 원어민이 아닌 경우에는 자기가 아는 지식을 백 퍼센트 전달하기 어렵고, 학생들 또한 청취력이 떨어질 경우나 교수의 영어가 유창하지 못할 때는 백 퍼센트 알아들을 수 없기 때문이다. 더욱이 질문이나 답변, 토론이 영어로 진행될 경우에는 한국어로 진행하는 것과는 비교가 안 될 정도로 수준이 낮아지고 내용이 부실해질 수 있다. 그래서 원어민 수준의 영어 구사가 가능하지 않은 교수나, 영미 대학에서 영어로 강의해 본 적이 없는 교수는 국내 대학의 영어 강의를 맡기에 별로 적합하지 않다. 자칫 영어가 약한 교수는 학생들의 신망과 존경을 잃을 수도 있고, 단지 좋은 학점을 바라고(서울대학교의 경우 영어 강좌는 상대평가의 제약을 받지 않는다.) 과목을 이수하겠다고 등록한, 영어가 짧은 학생들은 답답하고 불행한 한 학기를 보내게 될 터이다. 그래서 영어 강의는 원어민 교수를 많이 뽑아서 되도록 그들에게 맡기고, 한국인 교수들은 한국어로 강의하도록 하는 것이 최선의 방법일 것이다.

영어로 강의를 한다고 자랑스럽게 말하면서 미리 프린트 아웃해 온 영문 원고를 읽는 교수도 있고, 원어민 학생의 질문을 이해하지 못해 답변을 해 주지 못하는 교수도 있으며, 영어가 짧아 영어 토론에는 아예 참

---

[9] 최근 포항공과대학교는 앞으로 영어만 사용하는 캠퍼스를 만들겠다고 발표했다. 우선 교양과목은 금년부터 영어로만 강의하고, 학생들의 페이퍼도 영어로만 쓰게 할 것이며, 교내 문서나 게시문도 영어로 작성하고, 교수 회의도 영어로 진행하겠다는 것이다. 현재 포항공과대학교의 외국인 학생 비율은 2.2퍼센트이고 외국인 교수 비율은 7.2퍼센트인데, 영어만 사용하는 3년 후에는 외국인 학생 비율을 10퍼센트, 외국인 교수 비율을 25.6퍼센트로 상향하겠다는 것이 포항공과대학교의 계획이다. 공과대학의 경우에는 영어 사용이 가능할 것이고, 또 바람직하기도 할 것이다. 그러나 인문대학의 경우에는 그렇게 쉬운 문제가 아니다.

여하지 못하는 교수도 있다. 그러나 영어 강의를 하려면, 적어도 한 시간이나 두 시간 정도는 원고 없어도 유창하게 영어로 말할 수 있어야 하고, 추상적 내용을 학문적 영어로 전달할 줄도 알아야 하며, 영어 질문에 대한 즉각적인 답변은 물론, 학생들과 자유롭게 토론할 수도 있어야 한다. 그리고 영어 발음과 억양, 강세도 정확해야 한다. 이공계는 교수의 언어 능력이 꼭 중요하지 않을 수도 있겠지만, 주로 언어 매체를 통해 학문을 가르쳐야 하는 인문 사회계는 언어에 서투르면 강의 자체의 생명력을 잃을 수 있기 때문이다. 그런데도 우리는 단지 대학 국제화 항목의 랭킹을 올리는 데 급급한 나머지, 영어 강의를 너무 쉽게 생각하는 경향이 있다.

또 한 가지 잘못된 것은, 영문과 교수들의 경우에는 영어로 강의하는 것이 당연하다고 생각해서인지, 영문과에서 설강하는 영어 강의에는 인센티브를 제공하지 않는다. 대학 당국자들은 영문과 교수는 모두 영어 선생들이고 따라서 영어의 달인이라고 착각하는 경향이 있는데 이는 전혀 사실과 다르다. 대학 영문과는 사실 영어를 가르치는 곳이 아니라, 영문학과 영미 문화를 가르치는 곳이기 때문이다. 그리고 자랑스러운 일은 아니지만, 영문과 교수가 다 영어(특히 말하기)를 잘하는 것은 아니기 때문이다. 이뿐 아니라, 영문과 교수가 영어 강의하는 것에 인센티브를 제공하지 않겠다는 발상에는 영문과에서 영어를 영어로 가르치는 것은 너무 쉬워서 굳이 인센티브가 필요 없다는 잘못된 선입관이 들어 있다. 그러나 사실 영문학이야말로 영어로 강의하기에 가장 어려운 분야 중 하나다. 사실을 이야기하는 역사나 정치나 경제와 달리, 문학은 추상적 내용을 어려운 어휘와 수준 높은 표현을 사용해 제시하고 토론해야 하기 때문이다.

서울대학교 기초교육원에서는 지난 학기에 한 같은 이름의 강의를 이번 학기에도 하면 인센티브를 제공하지 않는다. 두 번째 영어 강의는 쉽게 할 수 있다고 생각하는 모양인데, 이 역시 잘못된 발상에서 나온 그릇된 정책이다. 강의를 듣는 학생이 전혀 다르고, 강의 계획서가 전혀 다르면 비록 강의명이 같더라도 그것은 이미 같은 강의가 아니다. 더구나 교수가 영어 강의를 진행하는 데에는 강의명이 같거나 다르거나 간에 똑같이 힘이 든다. 그런데도 관료주의적인 대학교 행정자들은 그 점을 이해하지 못한다. 만일 새로 개발하는 영어 강의에만 인센티브를 준다면 그건 그럴 수도 있겠다. 문제는 같은 과목을 두 학기 계속하는 경우에만 인센티브를 주지 않고, 한 한기만 건너뛰면 같은 과목을 또 맡아도 인센티브를 준다는 점이다. 그러다가 서울대학교는 최근 영어 강의 인센티브 제도를 폐지했다.

　대학이 영어 강의를 맡는 교수에게 인센티브를 주는 이유는 영어 강의를 권장하고, 보다 많은 교수들이 영어 강의에 참여하도록 하기 위해서일 것이다. 그런데 교수 중에는 도저히 영어 강의 능력이 안 되는데도 단지 인센티브를 받기 위해 영어 강의를 하겠다고 나서는 경우도 있다. 그러면 그 반의 학생 수는 겨우 폐강을 피할 정도의 소수가 된다. 때로는 폐강을 피하기 위해 같은 제목의 강의를 맡은 동료 교수들이 학생을 빌려 주는 경우도 있다. 대학 당국은 그런 경우와, 교수의 영어가 뛰어나 수강생이 오륙십 명이 넘는 본격 영어 강의를 똑같이 취급해서는 안 될 것이다. 대학이 권장하고 지원해야 할 것은 전자가 아니라, 바로 후자이기 때문이다. 때로는 교수가 자신의 영어가 많이 부족하다는 사실을 전혀 모르고 선의에서 영어 강의를 맡겠다고 자원하는 경우도 있다. 보고할 숫자 늘리기에 급급한 대학 당국자로서는 대단히 고마운 일이기는 하겠지만, 그 경우는 자칫 대학의 이미지 실추로 이어질 위험도 있는 만큼 영어 강의 위촉과 설강에 신중해야 할 것이다.[10]

---

10 최근 서울대학교 교수학습개발센터가 영어 강의를 하고 있는 교수들에게 보낸 설문 중에는, "영어 강의 중

국내 외국 문학 연구자가 나아가야 할 길

미국 대학교에 설치된 제2외국어 학과들은 대부분 그 일차적 목적이 그 나라의 문학 전문가 양성이라기보다는, 그 나라의 언어 전문가와 문화 전문가의 양성이라고 알려져 있다. 예컨대 미국의 러시아어문학과는 톨스토이나 도스토옙스키 전문가보다는 러시아어와 러시아 문화 전문가를 양성하는 것이 일차적 목적이다. 그래서 미국이 소련과 대립하던 냉전 시대에는 그렇게 번창하던 러시아어문학과(정치적 이유로 러시아 전문가가 많이 필요했으므로)가, 냉전이 끝나자 대폭 축소되어 지금은 소규모의 동아시아학과에 편입되어 있는 경우가 많다. 물론 문학작품은 외국 문화를 이해하는 데 필수적이고 일차적인 텍스트라 할 수 있고 문학의 중요성 또한 폄하해서는 안 되겠지만, '문화 연구'라는 새로운 사조로 인해 요즘은 문학도 크게는 '문화' 속에 포함시켜 논의되고 있는 것이 세계적 추세다. 앤터니 이스트호프가 『문학에서 문화 연구로(*Literary in to Cultural Studies*)』에서 지적한 것도 바로 그런 변화다.

그래서 우리도 학부 영문과의 경우에는 영어와 영미 문화에 능통한 영미 전문가를 길러 낼 필요가 있다고 생각한다. 물론 대학원은 학자 양성소이기 때문에 문학 전문가를 배출해 내야겠지만, 학부의 일차적 목적은 학자 양성이라기보다는 교양인의 육성이기 때문에, 영문과에서 미래의 외교관, 국제기구 직원, 영미 문화 전문가 등 국제사회에 공헌할 수 있는 다양한 사람을 양성해 내는 것이 바람직할 것이다.(어학 실력이 뛰어나 통역사나 번역가가 되고 싶은 사람들은 각 대학에 설치되어 있는 통번역 대학원에 진학하면

가장 심각한 문제는 무엇인가?"라는 항목이 있었고, 선택지에는 "1) 학생들이 내 억양과 발음을 못 알아들을까 봐 걱정이 된다. 2) 내 과목에는 영어를 못 알아듣는 학생들이 많아서 수업하기가 어렵다."라는 항목이 들어 있었다. 문제가 이 정도로 심각하다면 아예 영어 강의를 할 준비가 안 되어 있다는 얘기다.

될 것이다.) 그러기 위해서는 광복 이후 끊임없이 반복되어 온 오래된 교과 과정을 과감히 개편해 새로운 시대의 요구에 부응하는 참신한 교과목을 신설하고 또 가르쳐야만 할 것이다. 그리고 졸업 조건으로 학생들에게 높은 수준의 영어 능력을 요구해 학생들의 영어 실력이 획기적으로 높아지도록 특단의 조치를 취해야 할 것이다.

영어 강의의 확대를 위해서는, 돈 들이지 않고 기존의 교수를 이용하려고 하기보다는 다소 비용이 들더라도 원어민 교수와 영어가 모국어이거나 모국어 수준인 교포 출신 교수를 대거 영입해 그들에게 영어 강의를 맡기는 것이 가장 이상적일 것이다. 기존의 교수 중에서는 영미 대학 교수 출신이거나, 아니면 정말 영어 강의를 자유롭게 할 수 있는 사람에게만 영어 강의를 위촉하는 것이 영어 강의의 질을 위해서나 학교 이미지를 위해서도 바람직할 것이다.

한국의 대학 영문과도 이제는 변해야 할 때가 되었다. 변화는 언제나 불편과 고통을 수반하지만, 종국에는 언제나 더 새롭고 더 좋은 결과를 가져다준다. 사실 아픔 없이 번데기가 어찌 아름다운 나비로 비상할 수 있겠는가? 2010년 12월 대전에서 열렸던 한국영어영문학회 국제 학술대회의 대주제도 "언어, 문학, 그리고 영어로 쓰인 세계 문화: 글로벌 및 통문화적 맥락에서 경계 넘기와 다리 놓기"였으니, 늦었지만 우리도 한국에서 그리고 아시아에서 영문학을 연구하고 가르치는 것의 의미와 문제점을 돌이켜 볼 때가 되었다. 외국 문학자로서 우리도 이제는 얼마든지 독창적일 수 있고, 학계에 공헌할 수 있다는 사실을 널리 알리고, 또 스스로 자랑스럽게 생각할 때가 충분히 되었기 때문이다.

리얼리티의 확장과 인식의 변화: 문학과 게임

게임으로서의 문학: 사물의 경계 해체

모더니즘이 쇠퇴하고 포스트모더니즘이 시작되던 20세기 후반에 전 지구적으로 일어난 가장 중요한 변화는 아마도 사물의 경계 해체일 것이다. 엘리트와 대중, 전문가와 아마추어, 예술과 일상, 순수문학과 대중문학, 진실과 거짓, 선과 악, 동양과 서양, 문학과 게임, 그리고 현실과 허구(가상현실) 사이의 경계 소멸은 그 대표적인 예다. 그 결과 오늘날 사람들은 모든 것을 양분하여 옳고 그름으로 나누는 이분법적 단순 논리에서 벗어나 두 겹의 복합적인 시각으로 사물을 바라보게 되었다. 그리고 그러한 현상은 우리의 사고와 인식의 지평을 현저하게 넓혀 주었다.

모든 매체를 문화 텍스트로 보는 문화 연구가 부상함에 따라, 우리는 지금 게임도 문학과 동등한 위치에 놓인 시대에 살고 있다. 그러나 순수문학을 주장하는 사람들은 여전히 게임이 문학 반열에 오르는 것을 용납하지 않는다. 워렌 로비넷은 이렇게 말한다.

모두들 바이올린 연주자와 지휘자와 작곡가만이 진정한 예술가이고, 소설가와 시인과 극작가만이 진정한 작가이며, 화가와 사진작가와 영화 제작자만이 진정한 예술가라고 알고 있다. 그런데 비디오게임 디자이너? 그게 과연 예술이기나 한 것인가? 제도권 예술에는 유명한 상도 있고(그래미상, 풀리처상, 아카데미상) 대학의 전문 학부도 있다.(음대, 미대, 영문과) 또 그들에게는 신적인 존재도 있고(베토벤, 셰익스피어, 피카소) 대천사나 살아 있는 거장도 있다.(매카트니, 보네거트, 스필버그)

그러나 너드(nerds)들이여, 아직 절망할 필요는 없다. 때로는 쥐 같은 하찮은 존재가 공룡을 이길 수도 있다. 시대는 변하고 있다. 새로운 형태의 예술이 등장하고 있다. 예전에 시인이나 소설가나 극작가가 없었고, 다만 스토리텔링과 음유시인만 있던 시절도 있었다. 그때 새로운 테크닉이자 새로운 문학 형태인 글쓰기가 등장하자, 음유시인들은 그것도 문학이냐며 비웃었다. 그러나 그 후 어떻게 되었는가.[1]

과연 시대는 변하고 있고, 앞으로는 문학과 게임이 혼합되고 심지어는 3D와 AR(증강 현실) 테크놀로지가 적용된 새로운 형태의 문학작품이 등장할지도 모른다.

우리는 흔히 문학과 게임은 전혀 상관이 없는 두 개의 각기 다른 장르라고 착각한다. 그러나 문학은 기본적으로 게임의 속성을 갖고 있다. 특히 다소간 추리소설적 성향을 띠고 있는 문학작품은 시대를 막론하고 거의 예외 없이 게임의 법칙을 원용하고 있다고 보아도 크게 틀리지 않는다. 예컨대 19세기 초중반 작가 에드거 앨런 포의 단편이나, 19세기 말

---

[1] Mark J. P. Wolf and Bernard Perron, ed., *The Video Game Theory Reader*(London: Routledge, 2003), viii.

20세기 초 작가 헨리 제임스의 작품(『나사의 회전』), 또는 20세기 중반 작가 블라디미르 나보코프의 소설들(『세바스천 나이트의 진짜 인생』 등)이나 20세기 후반 작가인 로버트 쿠버의 소설(『우주의 야구 협회』)은 모두 게임의 기법을 차용하고 있다. 그래서 체스를 잘하는 사람들이나, 컴퓨터게임에 익숙한 세대는 이러한 문학작품을 더욱더 흥미 있게 읽을 수 있다. 문학 작품과 게임에는 언제나 언어의 유희와, 고도의 두뇌 회전, 그리고 수수께끼를 풀어 나가는 재미와 모험 등이 들어 있기 때문이다.

노아 워드립프루인과 팻 해리건은 『퍼스트 퍼슨: 스토리로서의 뉴미디어, 공연과 게임』에서 다음과 같이 말하고 있다.

> 문학과 게임은 비전자 시대에도 늘 같이 잘 지내 왔지만, 요즘은 컴퓨터를 기본으로 서로 긴밀한 관계를 구축하고 있다. 그것들은 현실 세계에서 '새로운 미디어'로 공존하고 있다. 오늘날 컴퓨터게임 시장(휴대폰, 아케이드 게임, PC 게임, 콘솔 게임)은 관습적인 게임(카드 게임, 보드 게임, 테이블 탑 롤 플레잉 게임)을 누르고 크게 부상했다. 반면 컴퓨터 문학 시장은 존재하지 않는 것처럼 보인다. 그러나 과연 그럴까? 가장 인기 있는 컴퓨터게임(비컴퓨터게임 시장보다 수입 규모가 훨씬 클 뿐 아니라, 인기 영화 시장과도 당당하게 경쟁하는)은 분명히 스토리에 의존하고 있다. 2000년대에 히트한 컴퓨터게임은 더 이상 추상적 게임인 '테트리스'의 후예가 아니라, 교외에 사는 사람들의 이야기인 「심스(The Syms)」였다.[2]

위 두 학자의 주장에 의하면, 컴퓨터게임은 오늘날 종전의 문학이 하

---

[2] Noah Wardrip-Fruin and Pat Harrigan, ed., *First Person: New Media as Story, Performance, and Game* (Cambridge: The MIT Press, 2004), xi.

던 일을 대체하고 있거나, 그 자체가 또 다른 형태의 문학이 되어 가고 있다. 그래서 이제 게임과 문학은 서로 밀접하게 연관되는 불가분의 관계를 맺게 되었다.

　문학과 게임의 접목은 오늘날 교육 현장에서도 활발히 일어나고 있다. 사람들은 엄숙해야 할 교육과 경박한 놀이인 게임은 별 상관이 없다고 생각하기 쉽다. 그러나 게임과 놀이가 교육에 대단히 효과적이라는 것을 모르는 교육자는 없다. 아이들은 게임과 놀이를 통해 어려운 것을 쉽고 재미있게 배운다. 더욱이 컴퓨터게임이 보편화됨에 따라, 요즘은 성인들도 게임에 익숙하기 때문에, 현대인의 그러한 성향을 이용하면 대학의 어문학과에서 문학 교육을 보다 더 효과적으로 수행할 수 있다는 것이 정설이 되었다. 예컨대 게임에 익숙한 요즘 학생들은 과제와 도전과 모험(원정), 그리고 성공적인 임무 성취 후 주어지는 보상과 레벨 업이라고 부르는 단계 격상을 당연시하는데, 그러한 과정은 사실 교육 과정과 크게 다르지 않다. 그래서 게임 스터디스 전문가이자 대학 글쓰기 주임 교수인 뉴욕 주립 대학교의 알렉산더 리드는「글쓰기와 게임」이라는 글에서 다음과 같이 말한다.

　　그러나 완성된 '도전(과제)'마다 학생들에게 '점수'를 부여함으로써, 학생들이 충분한 점수를 얻었을 때 그들을 '레벨 업(보다 나은 학점을 얻는 것)'해 주는 것 또한 글쓰기 과목의 '게임화'라고 볼 수 있는 것이다.[3]

　그와 동시에 내용 면에서도, 문학과 게임을 접목하거나, 학생들에게 문학작품 속에 내재해 있는 게임의 속성을 발견하도록 유도하면 두 배

---

3 Alexander Reid, "Composing Games: An Object-Oriented Approach",《21세기문학》, 2011. 겨울.

의 교육 효과를 얻을 수 있을 것이다. 특히 신화를 가르칠 때는 더욱 게임과의 연관성이 두드러지는데, 예컨대 올림포스 신들의 게임에 의해 좌우되는 트로이전쟁을 다룬 「일리아드」나 10년 동안의 항해와 방랑 끝에 고향에 도착하는 모험담을 다룬 「오디세이」는 그 자체가 하나의 훌륭한 게임이라고 할 수 있을 것이다. 또한 황금 양모를 찾아 원정을 떠나는 제이슨과 아르고 전사들의 이야기, 헤라클레스의 열두 개의 시련, 테세우스와 크레타의 미궁 이야기, 페르세우스와 메두사의 이야기, 괴수 키마이라를 퇴치하는 벨레로폰 이야기 등은 모두 게임의 속성을 갖고 있으며 게임의 법칙과 긴밀하게 연관되어 있다.

'사이버 드라마'라는 용어를 처음 만들어 낸 재닛 머리는 「게임-스토리에서 사이버 드라마로」라는 글에서, 게임과 스토리는 두 가지 내용상의 공통점을 갖고 있는데, 하나는 적수와의 경쟁이고 또 하나는 퍼즐이라고 말하며, 그것이 곧 인간 경험의 기본이라고 말한다. 그녀는 또 게임-스토리는 현실 세계가 아닌 온라인상에서 이루어지고 있으며, 그것이 영화나 연극과도 닮았기 때문에 컴퓨터게임을 '사이버 드라마'로 격상시킨다. 그녀에 의하면 사이버 드라마는 온라인 스크린 속에서 스토리를 통해 우리의 삶을 다각도로 다루고 있다.[4]

현실, 가상현실, 증강 현실

AI(인공지능, artificial intelligence)라는 용어와 함께, 요새는 리얼리티에 대한 새로운 개념인 AR(augmented reality) 또는 AV(augmented virtuality)라는 용

---

4 *First Person*, 2~3쪽.

어가 부상하고 있다. 조종사가 야간 비행 시 리얼리티와는 다른 착시 현상을 일으킨다는 점에 착안해 1990년 보잉 항공사의 토머스 코델이 처음 만들어 낸 이 용어는 우리말로는 '증강 현실' 정도 된다. 야간 비행 시 조종사는 간혹 바다를 하늘로 착각해 추락하기 때문에, 눈에 보이는 리얼리티를 증강해 보여 주거나, 리얼리티의 보이지 않는 부분을 보여 주기 위해 만들어진 것이 바로 '증강 현실(AR)'이다. 다시 말해 현재 보이는 리얼리티에다, 주위 환경에 대한 인공 정보를 오버랩해서 한 단계 업그레이드된 리얼리티를 창출해 낸다는 것이다.

'증강 현실'은 텔레비전의 스포츠 중계에 이미 사용되고 있다. 예컨대 미식축구에서 마지막 라인을 넘어 터치다운을 했는지, 또는 유럽식 축구에서 골인을 했는지가 카메라가 보여 주는 앵글로는 보이지 않을 때, 불완전한 리얼리티를 컴퓨터 이미지로 보강하는 증강 현실 프로그램이 사용된다. 증강 현실은 또한 플레이스테이션 3나 닌텐도의 3D 게임에서도 활발히 원용되고 있다. 그래서 요즘에는 아예 AR 카드가 내장된 컴퓨터게임기가 출시되고 있다. 증강 현실은 우리의 현실 인식을 보다 더 선명하게(enhance)해 주는 역할을 하고 있다. 그러므로 가상현실이 현실을 대체하는 개념이라면, 증강 현실은 현실을 보완하는 개념이라고 할 수 있다.

증강 현실 개념은 1997년 로널드 아주마가 『증강 현실의 개관』에서 학문적으로 정리했으며, 이후 브라운 대학교의 마크 스쿠워렉(Mark Skwarek)에 의해 활발하게 발전해 나가고 있다. 마크 스쿠워렉은 최근 증강 현실 기법을 사용해 판문점의 살벌한 분단 풍경을 평화로운 통일 한국의 모습으로 바꿔 보여 주어 주목을 받기도 했다.

증강 현실은 그것이 불완전한 리얼리티를 지우고 감춘 후, 컴퓨터 이미지나 그래픽, 사운드를 이용해 보다 나은 리얼리티로 바꾸기 때문에,

결국은 리얼리티를 조작하는 것이 아닌가라는 비판을 받을 수도 있다. 그러나 증강 현실 옹호자들은 문학이라는 것도 결국은 불완전하고 모호한 리얼리티를 보다 선명하고 보다 나은 리얼리티로 바꿔 보여 주는 것이기 때문에, 궁극적으로는 증강 현실도 문학이 하는 일을 수행하는 셈이라는 반론을 편다. 사실 리얼리티와 허구 사이를 오가는 문학 창작에서 가상현실을 넘어서는 또 다른 리얼리티로의 확장 가능성이 '증강 현실' 테크닉을 통해 가능해졌기 때문이다. 앞으로 문학, 특히 소설 장르는 증강 현실 개념에 크게 의존하게 될 것이며, 그 결과 새로운 형태의 소설 문학이 태동하리라는 것이 시대를 앞서 가는 비평가들의 예시적 견해다. 과연 AR은 요즘 AI 및 3D와 더불어 텔레비전과 게임 기기의 필수 사양으로 자리 잡아 가고 있으며, 머지않아 문학 창작에도 적극 원용될 전망이어서, 새로운 양식의 소설 출현이 기대되고 있다.

리얼리티와 사이버 리얼리티의 경계를 넘어서

필립 딕의 『블레이드 러너』가 그 대표적인 예지만, SF 작가들은 장차 머지않은 미래에 인간과 똑같은 사이보그가 인간 사이에 섞여 살게 될 것이며, 인간과의 구분이 거의 불가능하리라고 예견하고 있다. 그러나 그 이전 요즘에는 우선 컴퓨터가 걸어오는 전화 목소리가 인간과의 실제 전화 대화와 구분이 되지 않고 있다. 요즘 홈 디포 같은 미국의 대형 마트에서 물건을 주문하면, 중간중간 컴퓨터가 휴대폰으로 전화를 걸어 언제 그 물건이 점포로 들어올 예정인지, 또 물건이 언제 들어왔다든지 하는 등의 정보를 알려 준다. 문제는 그 목소리가 기계적인 컴퓨터 합성어가 아니라 실제 인간의 목소리이기 때문에, 전화를 받는 사람은 사람이

전화를 거는 줄로 착각하고 말대꾸를 하며 짧은 대화를 나누게 된다는 것이다. 그러면 그 녹음된 목소리가 잠깐씩 정지되면서, 마치 그 상점 직원이 이쪽 말을 듣고 있는 것 같은 느낌을 준다. 예컨대 물건 배달 1시간 30분 전이면, 컴퓨터는 자동으로 소비자에게 전화를 걸어 배달 시간을 알려 주게 프로그램되어 있다. 그래서 오전 8시 30분부터 배달이 시작되면 컴퓨터는 오전 7시에 소비자에게 전화를 거는 것이다. 미국 사회에서는 아침 7시에 남의 집으로 전화를 하지 않는 것이 통례다. 그러나 컴퓨터는 미국인이 아니기에 시간에 구애받지 않고 전화를 걸어, 이러한 메커니즘을 잘 모르는 사람들을 놀라게 한다.

인터넷은 세계를 하나로 연결하는 놀라운 세상을 창조했으며, 사이버 공간이라는 또 하나의 현실 공간을 제공해 주었다. 그러나 인터넷은 편리함에 따른 부작용도 초래했다. 예컨대 인터넷은 전 세계로 통하는 커뮤니케이션의 수단이면서, 동시에 삽시간에 전 세계로 펴져 나가 다른 컴퓨터를 마비시키는 수많은 바이러스의 통로를 마련해 주었다. 컴퓨터 바이러스의 존재는 인터넷의 효용 가치와 문제점을 논할 때 대단히 설득력 있는 상징으로 다가온다. 왜냐하면, 인터넷은 잘 사용하면 더없이 유용한 문명의 이기지만, 반대로 남용하거나 오용하면 인류에게 치명적인 해악을 끼칠 수도 있다는 것을 컴퓨터 바이러스가 은유적으로 보여 주고 있기 때문이다. 우리가 이메일을 하지 않고 인터넷을 열지 않으면 바이러스로부터 안전할 수도 있을 것이다. 그러나 그러기 위해서는 외부와의 교류 단절이라는 극단적인 상황을 감내해야 한다.

인터넷은 또 아무나 글을 쓰게 하고 익명을 허용함으로써, 여과되지 않은 표현이나 검증되지 않은 소문, 또는 중상모략이나 허위 사실 유포 등이 가능하다. 모름지기 글에는 책임이 따르는 법이며, 자신이 비판하는 상대방의 인격을 모독하는 글은 써서는 안 되는데도, 인터넷에는 익명으로 올리는 무책임한 글이 난무하여, 충격을 받은 사람들에게 자살까지 하게 만드는 해악을 끼치는 경우도 적지 않다. 아무리 90퍼센트가 칭찬이라 해도, 10퍼센트의 비판이 감정적이고 인격 모독적이면, 사람들은 기분이 나쁘고 마음에 상처를 입는 법이라서 그 10퍼센트의 해악은 이루 다 말할 수 없다. 그런데도 사람들은 언론의 자유를 들어 인터넷 실명제에 반대한다. 그러나 자기 이름을 떳떳하게 밝히지 못할 정도의 무책임한 글이라면 차라리 쓰지 않는 편이 나을 것이다.

인터넷의 또 다른 문제는 신분 노출과 도용이다. 인터넷 쇼핑몰이나 각종 홈페이지는 우리의 개인 정보를 수집하는데, 때로는 해킹을 통한 사고로, 때로는 돈을 받고 고객의 정보를 넘겨주는 일부 부도덕한 직원들에 의해 신분 도용을 가능케 하는 문제점이 있다. 제프리 디버의 최근 소설『브로큰 윈도(The Broken Window)』에서는 컴퓨터에 능한 범법자가 컴퓨터 정보를 조작해 다른 사람의 신분으로 강도와 강간, 살인을 저지른 다음, 그 사람에게 모든 죄를 덮어씌운다. 우리는 날마다 인터넷을 신뢰하고 우리의 사적인 정보를 입력한다. 그러나 컴퓨터 윈도가 깨지고, 불순한 의도를 가진 사람이 우리의 사적인 공간으로 들어온다면 심각한 문제가 생긴다. 정보가 그런 사람의 손에 넘어간다면 끔찍한 일이 일어날 수도 있기 때문이다.

한국 사회에서 특히 인터넷이 문제가 되는 것은 인터넷게임 중독 때문이다. 통계에 의하면 한국 청소년의 12.4퍼센트가 인터넷게임 중독인데, 그들은 현실을 떠나 판타지 속에서 며칠씩 게임을 하는 것으로 드러났다. 이는 대략 열 명 중 한 명이 게임 중독이라는 것이어서 참으로 우려할 만한 심각한 상황이 아닐 수 없다. 그래서 장난기 많은 외국인이 세계 지도를 그린 다음, 각 나라에 별명을 붙이면서 우리나라는 '스타크래프트 좀비,' 북한은 '그냥 좀비(regular zombie)'라고 붙이기도 했다. 과연,

한국 사회의 젊은이들 중에는 현실에서는 무능력자이지만, 인터넷상에서는 엄청 유능한 사람으로 변신하는 사람들이 상당수 있다. 또 중독 증상이 심하기 때문에 현실과 환상을 구분하지 못하는 사람도 생겨났다. 김민영의 소설 『팔란티어』는 바로 현실과 게임을 착각한 사람이 저지르는 살인 사건을 다루고 있다.

인터넷, 사이버 민주주의인가, 사이버 전체주의인가?

『포스트모던 모험(The Postmodern Adventure)』에서 저자인 스티븐 베스트와 더글러스 켈너는 인터넷을 사이버 민주주의가 가능한 바람직한 공간으로 제시하고 있다. 그들은 인터넷을 통해 사람들을 모으고, 결집되고 조직된 그룹을 동원해 대중의 집합적 저항을 불러올 수 있다고 말한다. 그런 의미에서 그들에게 인터넷은 지배 문화를 전복할 수 있는 민주적 힘을 갖고 있는 아크로폴리스 같은 곳이다. 베스트와 켈너는 "인터넷은 사람들의 근본에 관계없이 다문화주의의 정치적 상승을 허용한다."라고 말하며, 인터넷의 유용성을 높이 평가한다. 그들은 또 인터넷은 테크노 자본주의에 의해 극단적으로 물화된 이 세상에서 그래도 아직은 비물화된 공간이라고 말하며, 인터넷을 찬양한다. 그러나 사실은 인터넷이야말로 동시에 자본주의 광고와 쇼핑몰로 가득 찬 테크노 자본주의의 본산이라고 할 수 있다.

좌파 학자들답게 그들은 자본주의와 포스트모더니즘을 비판하며, 다음과 같이 포스트모더니즘의 대부격 작가인 토머스 핀천을 비판한다.

그러나 다른 많은 포스트모던 작가처럼, 핀천 또한 조직된 그룹과 사회

> 운동을 통해서보다는, 개인적 저항과 단절된 반발을 통해 사회 변혁을 추구한다.(『포스트모던 모험』, 27쪽)

아마도 철학자인 저자들은 잘 모르겠지만, 문학에서는 집단이나 사회보다는 개인의 고뇌와 저항을 중요시하는 것이 기본이자 상식이다. 공산주의 국가에서 이데올로기에 복무하고 있는 작가나 정치 선동가가 아니라면 그 어느 위대한 작가가 개인의 깨달음과 고뇌가 아닌, 집단 연대와 단체 시위를 통한 사회 변화를 추구하겠는가? 그러므로 그들의 핀천 비판은 별 설득력이 없다.

1920년대 초 이미 헤밍웨이는 개인의 고통에 귀 기울이는 것이 얼마나 중요한가를 지적했다. 그의 유명한 단편 「인디언 부락」은 아이가 거꾸로 나오려고 해 산고에 시달리는 인디언 여자를 마취제도 없이 제왕절개 수술하는 백인 의사의 이야기다. "아빠, 저 여자가 소리 지르지 않게 약을 주면 안 되나요?"라는 아들 닉의 질문에, 의사인 아버지는 이렇게 답한다. "저 여자의 비명은 중요하지 않아. 그래서 나는 비명 소리를 듣지 않는단다." 의사에게 중요한 것은 새로운 생명의 탄생일 것이다. 마치 사회주의자들에게 개인의 고통 완화보다는 변혁과 혁명을 통한 새로운 사회의 도래가 중요하듯이 말이다. 그러나 여자의 비명 소리는 중요했다. 마취제 없이 수술을 당하는 아내의 비명을 견디지 못한 남편이 자살한 것이다. 마취제 없이 환자를 수술하고 낚싯줄로 상처를 봉합한 자신의 의술에 자만하던 의사는 그때야 비로소 여자의 비명 소리가 중요하다는 사실을 깨닫는다. 그러므로 사회주의 혁명을 통한 사회 변혁만 중요하고, 개인의 고통은 그 과정에서 일어나는 부수적 피해라고만 생각한다면 그건 분명 잘못된 생각일 것이다.

베스트와 켈너가 인터넷을 무조건 좋아하는 것만은 아니다. 그들은 인터넷의 정치적 유용성은 인정하되, 시각적인 것(현란한 이미지, 유혹적인 사운드, 그리고 매력적인 웹 사이트)은 자본주의적이라고 해서 일괄 매도한다. 그들은 "물화와 유명 인사 문화를 찬양하고, 대중의 아이돌을 물신화하는 환경, 현란한 이미지, 그리고 빛과 음악의 메타 – 성적 욕망이 뒤섞여 만들어 내는 시뮬레이션"을 싫어한다. 그렇다면 베스트와 켈너에게 가장 최상의 사이버 공간은 언어의 토론 공간인 것처럼 보인다. 베스트와 켈너는 결국 인터넷의 정치적 유용성만 인정하면서, 이 멀티미디어의 시대에 오직 구식의 보수적 언어의 공간만을 고수하고 중요시한다고 볼 수 있다. 그렇다면 그들은 경계의 소멸이나, 사물의 하이브리드화 같은 정작 중요한 인터넷의 특성은 잘 모르고 있거나 아니면 의도적으로 무시하고 있는 셈이다.

베스트와 켈너는 자기들이 '메가 스펙터클'이라고 부르는 현란한 자본주의의 유혹에 넘어가지 않으려면, 대중이 "테크노 의식적이거나 미디어를 잘 알아야만 한다."라고 말한다. 그러나 어떻게 해야 그런 의식과 지식을 가질 수 있는지에 대해서는 별말이 없다. 또한 베스트와 켈너는 인터넷에서 행해지는 자본주의 메가 스펙터클의 세뇌와 조종에 대해서는 신랄하게 비판하면서도, 공산주의나 사회주의 이데올로기의 세뇌와 조종 가능성에 대해서는 이상하게도 침묵한다. 그러한 태도의 근저에는 '우리가 하는 일은 다 옳기 때문에 문제가 되지 않는다'는, 스스로 의롭다(self-righteous)고 생각하는 심리 상태가 자리 잡고 있는 것처럼 보인다.

인터넷에서 사람들은 숨어 있는 마스터마인드에 의해 쉽게 세뇌되고 선동되며 조종된다. 예컨대 인터넷 포털 '네이버'나 '다음'에서 사람들은 누군가가 선택하고 편집한 신문 기사를 읽으며 현실 상황을 파악한다. 보이지 않는 편집자가 보수주의자라면 독자들은 주로 보수주의 기사를 읽게 되고, 편집자가 진보주의자라면 아무래도 진보주의 기사를 주로 읽게 된다. 보이지 않는 통제자들은 우리가 읽을 것을 정해 주고, 자기들이 원하는 방향으로 우리를 이끌어 간다. 때로는 자신들이 고른 기사를 대중에게 읽히기 위해 선정적인 제목을 붙이는데, 막상 그 기사를 클릭해 보면 제목하고는 별 관계가 없는 것들도 많다. 그러므로 우리는 인터넷에 쏟아지는 정보의 홍수 속에서 정보를 정리하고 파악해서, 가짜 데이터와 허위 정보를 판별할 수 있는 능력을 갖추어야 할 것이다. 또한 인터넷을 논할 때, 우리는 두 겹의 시각으로 상황을 인식하고, '이것 아니면 저것'이 아닌 '이것도 그리고 저것도'의 정신을 가져야 할 것이다. 그리고 적대적 대립보다는 차이와 다름을 포용하는 자세를 가져야 하며, '자본주의는 나쁘고 마르크스주의는 좋다' 또는 '마르크스주의는 나쁘고 자본주의는 좋다'라는 식의 이분법적 사고방식 또한 버려야 할 것이다. 문학이 우리에게 늘 깨우쳐 주는 것도 바로 그와 같은 열린 시각, 열린 태도이다.

문학과 과학기술 사이의 경계 해체

문학을 하면서 두 겹의 시각으로 사물을 보아야 하는 또 다른 분야는 바로 인간과 기계 사이의 경계 해체다. 아이작 아시모프는 그 문제에 대해 오래 천착해 온 작가다. 미국 건국 200주년을 맞은 해를 기념으로 SF 소설을 써 달라는 편집자의 부탁을 받고 쓴 중편소설 『바이센테니얼 맨』은 인간이 되고 싶어 하는 로봇의 이야기다. 마틴 가문에서 구입한 가사 도우미 로봇 앤드루는 점차 인간의 감정과 지능을 갖게 되고, 책을 읽어 자유와 독립에 대한 개념을 알게 된다. 드디어 앤드루는 자유를 찾아 독립을 선언하고 마틴가를 나와 홀로서기를 한다.

오랜 세월이 지난 후, 다시 마틴가를 찾은 앤드루는 예전에 자기에게 잘해 준 마틴가의 딸 리틀 미스의 딸인 포샤를 만나 사랑에 빠진다. 그녀와 결혼하고 싶어 하는 앤드루는 자신의 장기를 인간의 장기로 바꾼 후 세계위원회에 자신을 인간으로 인정해 줄 것을 요청한다. 그러나 위원장은 앤드루의 인간 등록을 거부한다. 다음 두 사람의 대화는 대단히 상징적이고 감동적이다.

위원장: 앤드루, 당신은 인간과 비슷하지만 인간이 아닙니다. 당신은 인간의 장기를 가졌지만 불사의 몸이지요. 인간은 질투심에서 그것을 용납하지 않을 것입니다.
앤드루: 하지만 인공장기를 이식한 인간들은 무엇인가요? 그리고 위원장님도 인공신장을 이식하지 않으셨나요? 그렇다면 위원장님도 일부분은 기계라고 할 수 있지 않나요?
위원장: 그렇습니다.
앤드루: 그렇다면 저도 일부분은 인간입니다.

이후 앤드루는 포샤와 결혼하고 인간이 되기 위해 인간의 피를 수혈함으로써 몸속의 인간 장기가 부패해 죽어 가는 길을 택한다. 마지막에 세계위원회는 앤드루의 인간 등록과 결혼을 인정하고, 텔레비전 중계로 그 장면을 보면서 앤드루는 200세에 죽어 간다.
「블레이드 러너」라는 제목으로 영화화된 필립 딕의 『안드로이드는 전기 양을 꿈꾸는가?(*Do Androids Dream of Electric Sheep?*)』에는 외모로는 인간과 구분이 불가능하고, 인품에서는 인간보다 더 인간적인 안드로이드들이 등장한다. 그리고 그런 안드로이드를 추적해서 죽이는 인간이 오히려 기계 인간보다 더 비정하고 잔인하게 묘사된다. 이 소설을 읽으며, 독자들은 인간보다 더 나은 기계도 있을 수 있고, 기계보다 더 비정한 인간도 있을 수 있다는 사실을 깨닫게 된다. 이 작품에서 따뜻한 인간과 비정한 기계라는 이분법적 구분은 소멸된다. 이러한 주제는 기계가 인간을 위해 자살하거나 죽음을 택하는 「터미네이터 2」와 「트랜스포머」 같은 할리우드 영화에서도 반복해 나타나고 있다.

그렇다면 인간과 기계는 상호 배타적이 아니라, 상호 보충적인 관계라고 할 수 있을 것이다. 예컨대 아무리 기계를 싫어하고 목가적 삶을 추구하는 사람이라도, 자동차나 버스나 전철을 타지 않고서는 이동이 불가능하며, 심지어는 자동차를 바람직하지 않게 생각하는 환경주의자가 타는 자전거조차도 사실은 기계다. 또 가슴에 심장 박동기를 단 사람도 몸 속에 기계가 들어 있는 셈인데, 심박기는 인간의 수명을 수년간 연장해 준다고 알려져 있다. 그렇다면 기계는 인간의 적이 아니라, 오히려 인간과 조화를 이룰 수 있고, 또 유한한 인간 신체의 확장이 된다고 볼 수도 있을 것이다.

위대한 아르헨티나 작가 호르헤 루이스 보르헤스는 "인간이 발명한 도구 중, 가장 놀랄 만한 것은 책이다. 다른 모든 것들은 신체의 확장이다. 현미경과 망원경은 눈의 확장이고, 전화는 목소리의 확장이며, 쟁기와 칼은 팔의 확장이다. 그러나 책은 전혀 다르다. 책은 기억과 상상력의 확장이다."라고 말했다. 만일 게임을 문학의 확장으로 생각하고 포용한다면, 작가들은 새로운 시대가 요구하는 새로운 형태의 문학 장르를 태동시킬 수도 있을 것이다.

21세기에 문학은 배제와 고립에서 벗어나, 경계를 넘어 타 장르의 포용과 확장을 선택하게 될 것이다. 자신의 영역을 넘어 다른 것과 섞이는 데에는 언제나 위험이 따르기 마련이다. 그러나 그렇게 해야만 혼합 이후에 생성되는 그다음 세대가 좋은 유전인자를 갖고 태어나게 될 것이다. 과학자들은 같은 종끼리만 근친교배를 하면 결국 기형아나 정신박약아가 나오기 쉽다고 경고한다. 새로운 가능성을 탐색하기 위해, 문학도 이제는 경계를 넘어 과감히 다른 장르와 교류하고 포용해야 할 것이다.

문학과 이념의 경계를 넘어서: 문학과 이데올로기

문학과 정치 이데올로기의 경계

노벨상 수상 작가 가오싱젠의 말대로, 이데올로기는 "세계를 해석하고, 인류 사회에 어떤 특정 가치 체계를 세워 주며, 국가권력과 사회 구조에 합리적인 근거를 제공하고자 설립된" 정치 이념이다. 그러나 유감스럽게도 이데올로기는 언제나 "문학을 견제하거나 좌우하고 주도하며, 심지어 조작하거나 판결"해 왔으며, 문학을 병들게 하는 "방어하기 어려운 시대병"이 되었다.[1] 이데올로기는 또한 그것에 심취하거나 경도된 사람들에게 왜곡된 정의감과 우월감, 그리고 스스로 의롭다는(self-righteous) 의식에서 비롯된 독선, 그리고 타자를 억압하거나 살해하는 정당성을 부여해 주었다. 그리고 그것은 시대와 국가에 따라, 마르크스주의나 나치

---

[1] 가오싱젠(高行健), 「이데올로기와 문학」, 『세계화 속의 삶과 글쓰기』, 서울국제문학포럼(대산문화재단, 2011), 21쪽.

즘처럼 좌우 이데올로기 형태로 나타났다.

정치 이데올로기로 인해 한반도가 비극적으로 양분된 것도 부족해 또다시 좌파와 우파로 분열되어 이념 분쟁에 휩싸인 서울을 찾은 가오싱젠은, 2011년 5월 말, 교보빌딩 국제회의장에서 열린 제3회 서울국제문학포럼에서 발표한 기조 강연 '이데올로기와 문학'에서 우리의 어리석음을 깨우쳐 주었다. "문학은 사람의 감정과 사상의 자유로운 표현으로써 본래 현실적인 이해관계를 초월한다. 작가가 독립적인 사고력을 상실하면 이러저러한 이데올로기 사조를 추종하게 된다. 현 시대의 문학은 이처럼 종종 자주성을 상실하고 이데올로기에 종속적인 불행한 존재가 되었으니, 20세기의 문학은 이미 우리에게 너무도 많은 교훈을 남겨 주었다."[2] 가오싱젠의 말대로라면, 이데올로기에 경직되어 있는 우리 작가들은 '독립적인 사고력을 상실한' 사람들이고, 따라서 '이데올로기에 종속된 불행한 존재'라고 볼 수 있다.

이어 가오싱젠은 "불쌍한 작가(여기에서 작가란 문학으로 정치에 참여하는 작가를 말함 — 지은이)는 정치라는 전차에 묶여 몸이 자유롭지 못한 채로 깃발을 흔들며 고함치지만 결국 자신의 목소리는 상실하고 만다. 물론 후일 다시 독자를 가질 만한 작품을 남기지도 못한다. 더욱 불행한 경우, 본인과 가족의 생명까지도 매장되어 버린다. 이것이 바로 공산당 집권 정치하에서 혁명을 위해 문학을 희생한 수많은 혁명 작가의 운명이었다.[3]"라고 말했다. 과연 1980년대 초, 급진적인 한국의 대학생들은 '문학은 정치에 복무해야' 한다고 부르짖었으며, 마르크스주의 이데올로기를 절대적 가치를 가진 성스러운 불변의 진리로 정전화했다. 그 결과, '사

---

2 위의 책, 22쪽.
3 위의 책, 23쪽.

람의 감정과 사상의 자유로운 표현'인 문학은 그 자주성을 상실하고 정치 이데올로기에 복무하는 하급 도구로 격하되고 말았다. 그 후 그렇게 주장하던 운동권 출신들이 정치권력을 잡게 되자, 문학은 현실 참여라는 미명하에 정권 홍보의 도구로 전락하고 말았다. 그래서 1980년대 한국의 좌파 이데올로기는 한국문학을 수십 년 후퇴시켰다는 평을 받는다. 1930년대 조선프롤레타리아예술가동맹, KAPF의 대부였던 박영희가 카프를 떠나면서, "다만 얻은 것은 이데올로기요, 잃은 것은 문학 그 자신이었다."라는 유명한 탄식을 했는데, 1980년대 한국 문단은 아직도 그 뼈아픈 교훈을 깨닫지 못했던 것이다.

가오싱젠은 문학을 사회혁명의 도구로 삼으려는 그러한 상황을 개탄한다. "이성의 기치 아래 유토피아적인 도그마로 현실 세계를 개조하고자 시도한 갖가지 혁명은 폭력을 선동하고 대중 또는 전 민족을 광분토록 하여 과거 인류 역사상 존재한 적이 없었던 거대한 재난을 초래했다. 이데올로기 틀에 들어선 문학은 폭력과 전쟁을 고취하고 영웅과 영도자를 숭배하게 했으며, 그를 위한 희생을 찬양했다. 지금은 비록 종적을 감추었지만 문학이 그에 개입해야 한다는 호소는 여전히 끊이지 않고 있다. 문학을 사회 개조의 도구로 변화시키고자 하는 것은 흡사 문학을 도덕규범으로 변화시키려는 교화와도 같으며, 다만 도덕규범을 현재의 정치적 올바름으로 대체하는 것에 지나지 않는다. 오늘날의 문학은 이데올로기의 속박에서 온전히 벗어나지 못했다. 이른바 개입이라는 것은 곧 현실 정치에 대한 개입으로, 이러한 문학관은 여전히 오늘날 지식계에 통용되고 있다."[4] 가오싱젠이 문학의 본질을 타락시키고 문학의 유연성을 경직시키는 공산주의 이데올로기 사회를 떠나 프랑스로 망명한 이유

---

4 위의 책, 22쪽.

가 엿보이는 대목이다.

한편, 이문열은 가오싱젠처럼, 자신을 속박하는 한국의 정치 이데올로기가 싫어 잠시 정신적 망명을 시도했다가 다시 돌아온 작가다. 월북한 부친으로 인해 남한에서 받았던 온갖 박해와 서러움에도 불구하고, 작가 이문열은 다른 비슷한 경우의 사람들처럼 좌파가 득세하던 시절에도 사적인 한풀이를 하지 않고, 오히려 좌파 이데올로기의 독선과 횡포를 비판하는 특이한 모습을 보여 주었다. 그 결과, 그는 좌파 집안이면서도 좌파의 적으로 분류되어 혹독한 비판을 받았다. '탈이데올로기 시대의 문학' 세션에서 발표한 「이데올로기로서의 문학 ─ 내 문학과 이데올로기」에서, 이문열은 이렇게 말했다. "원래 인간을 위한 수단으로 고안되었던 이데올로기는 그것이 한 이데올로기로 기능하는 순간, 오히려 인간을 자기 확장의 수단으로 삼았다. 그리하여 인간의 복리 증진을 위해 자신을 내던져야 할 이데올로기가 거꾸로 인간을 희생으로 삼아 자신의 번성을 도모하는 목적의 전도를 일으켰다. 우리 가족이 겪은 불행도 아버지의 이데올로기에서 일어난 목적의 전도에서 비롯된 것이었다."[5] 이데올로기의 속성을 이처럼 명징하게 파악하고 지적한 글도 드물 것이다.

이데올로기에 대한 이문열의 사고와 인식이 가오싱젠의 생각과 얼마나 비슷한가는 다음 발표문에서 잘 드러난다. "그런데 내가 한 신출내기 작가로 출발한 시대는 불행히도 모든 가치가 공동선의 기치 아래 통합되는 시대였고, 그 아래 수직적으로 종속된 문학은 상위 가치에 복무할 것을 공공연하게 요구받고 있었다. 그리고 그 이데올로기는 오랜 권위주의 통치에 반발해 탈주한 지식인을 유인하고 설득하여 시대정신의 고지

---

5 이문열, 「이데올로기로서의 문학」, 위의 책, 262쪽.

를 선점했다."⁶ 작가로서 자유혼을 가진 이문열은 이데올로기의 바로 그 와 같은 속성에 반발했고, 결국은 탈(脫)이데올로기를 거쳐 무(無)이데올 로기의 길을 걷게 된다. 이문열은 시니컬하게 이렇게 말했다. "거기에서 반(反)이데올로기의 논리를 키워 가던 나는 다시 탈(脫)이데올로기의 길을 잡게 된다. 그리고 더 나아가 무(無)이데올로기에 이르게 되는데, 기실 무이데올로기는 그 자체가 하나의 이데올로기라고 할 수 있다. 이데올로기는 오직 이데올로기에 의해서만 부정되고 무화(無化)될 수 있기 때문이다."⁷

또 다른 발표자인 정지아는 한국전쟁 당시 부모가 둘 다 공비였던 특이한 작가지만, 그 역시 절대화된 이데올로기의 위험성을 지적하는 슬기로움을 보여 주었다. "저는 글을 쓰는 사람으로서, 작가는 하나의 절대적인 이데올로기를 신념화한 사람이기보다는, 언제 어디서든 당대의 모습을 정면으로 응시하는 사람이어야 한다고 생각합니다."⁸ 작가는 모름지기 그런 유연한 사고를 소유하고 있어야 할 것이다. 그러나 정지아의 주장 중에는 반론의 여지도 있다고 느껴졌다. 예컨대, "세계적으로 사회주의가 폐기 처분되다시피 한 오늘날까지 국가적 차원에서 사회주의 이데올로기를 금지하고 있는 나라는 아마 한국이 유일하지 않을까 싶습니다."⁹라는 정지아의 말은 사실과는 거리가 있다. 우선 사회주의가 세계적으로 폐지되다시피 했다면 유효기간이 지나서 폐지된 것을 왜 한국에서는 추종해야만 하는지 하는 질문이 있을 수 있고, 다음으로는 한국에서는 사회주의가 금지된 것이 아니라, 오히려 득세하고 있다고 보는 편

---

6 위의 책, 264쪽.
7 위의 책, 262쪽.
8 정지아, 「이데올로기와 문학」, 위의 책, 287쪽.
9 위의 책, 284쪽.

이 더 정확할 것이다. 실제로 한국의 사회주의자들은 선거에 이겨서 최근 10년 동안이나 정권을 장악했기 때문이다. 또 "1948년 이후 단독 정부가 수립된 이래 남한에서 자본주의는 한 번도 비판의 대상이 되어 본 적이 없습니다."[10]라는 주장도 정확한 진술이라고 보기는 어렵다. 왜냐하면 남한의 젊은 세대나 많은 학생이 자본주의를 나쁜 것으로 알고 있으며, 자본주의 비판은 한국 사회에서 일종의 유행처럼 되어 있기 때문이다. 그리고 만일 '대한민국 체제로서의 자본주의'를 의심하고 비판해야 한다는 뜻이라면, 그것은 자칫 자본주의를 폐지하고 공산주의를 선택하자는 주장처럼 들리는 문제가 있다. 마지막으로 "인간은 평등해야 한다는 자신들의 삶의 교훈으로부터 사회주의로 나아간 것입니다."[11]라는 말도 바로 옆자리에 앉아 있었던 정과리 교수의 지적대로 논란의 여지가 있다. 왜냐하면 자본주의 국가인 미국이나 한국 헌법의 핵심 원칙 중 하나가 바로 인간의 평등이며, 또 그것이 중요한 사회 근간이 되고 있기 때문이다. 그렇다면 아마도 '경제적 평등'이라는 표현을 사용해야 할 터인데, 그것도 문제가 있는 것이, 사회주의가 지향하는 것 중 하나는 복지국가이지만 그것이 곧 인간의 평등을 의미하는 것은 아니며, 공산주의는 경제적 평등을 약속하지만 실제로는 그 약속이 잘 이루어지지 않는 불평등 사회이기 때문이다. 그럼에도 불구하고 정지아의 주장은 이데올로기와 관련해 우리 사회가 갖고 있는 문제점을 잘 지적하고 있었다.

같은 발표자였던 동독 출신 작가 잉고 슐체는 「탈이데올로기 시대의 문학」에서 통일 독일의 이데올로기 문제를 설득력 있고 감동적으로 다루고 있다. 통일 이후 서독의 자본주의 세계로 편입된 동독인들이 처한

---

10 위의 책. 286쪽.
11 위의 책. 288쪽.

상황을 이야기하면서 슐체는 동독 출신자들 사이에 유행하는 재미있는 농담을 소개해 주었다. "동독에서는 사장님에 관한 한 뭐든지 말할 수 있지만, 호네커에 대해서는 아무것도 말할 수 없었다. 하지만 이제는 총리에 관해서는 뭐든지 말할 수 있지만, 사장님에 대해서는 아무것도 말해서는 안 된다."[12]

영화에 나타난 정치 이념

이데올로기의 폐해 중 하나는 단연 경직된 사고와 독선, 그리고 자신의 노선에 동조하지 않은 타자에 대한 배타성일 것이다. 이데올로기의 또 다른 폐해는 그것이 보이지 않게 숨은 채로 사람들을 세뇌해서, 겉으로만 보아서는 도무지 그 정체를 알 수 없는, 이데올로기에 혼을 빼앗긴 사람을 만들어 낸다는 것이다. 그래서 영화 제작자와 작가들은 부단히 이데올로기의 세뇌 작용을 작품 속에서 경고해 오고 있다. 예컨대 존 카펜터의 「그것(The Thing)」(1982)은 남극에서 언 채로 발견된 외계인의 우주선에서 빠져나온 생명체가 인간의 탈을 쓰고 있다가 기지의 다른 사람들을 죽인다. 이 작품이 무서운 것은, 우리 중 누가 외계인인가를 외모로는 도저히 알 수 없다는 점이다. 그래서 인간들은 외계 생명체의 숙주 노릇을 하고 있는 오염된 인간을 찾아내기 위해 피 검사를 한다. 그러는 동안에도 이 기생 외계 생명체는 끊임없이 다른 사람의 몸을 숙주로 만들며 돌아다닌다.

보이지 않게 사회 각층에 스며 들어가 있는 마르크스주의에 대한 공

---

12 잉고 슐체, 「탈이데올로기 시대의 문학」, 위의 책, 301쪽.

포가 미국 사회를 지배하던 1950년대 초에 나온 돈 시겔의 「우주의 침입자(Invasion of the Body Snatchers)」(1956)에서는 식인 외계인들이 캘리포니아의 한 마을에 침입해, 사람들을 식량으로 납치해 가고 대신 복제품을 남겨 놓는다. 사람들은 어느 날 갑자기 자신의 남편이나 아내가 전혀 다른 사람 같다는 느낌을 받는다. 진정한 공포는 가장 신뢰할 수 있는 가장 가까운 가족을 이제 더는 믿을 수 없다는 데서 생긴다. 리바이벌된 최근 영화 「인베이젼(The Invasion)」(2007)에서는 정신과 의사인 니콜 키드먼을 찾아온 한 여자가 공포에 질린 채, "우리 남편이 우리 남편이 아니에요."라고 말한다. 마찬가지로, 1980년대 초 우리나라 대학의 운동권 학생들의 부모들도 지도 교수를 찾아와, "우리 아들이 우리 아들이 아니에요."라고 탄식하곤 했다. 선배들에 의해 의식화된 학생들은 겉모습만 똑같을 뿐, 더는 예전의 자신이 아니기 때문에, 부모들은 변해 버린 자녀를 바라보며 형언할 수 없는 공포를 느꼈던 것이다.

「인베이젼」 시리즈는 가정에서부터 시작해 한 마을 전체가 복제품 인간들로 변해 가고, 그것이 다른 마을로 전염되어, 궁극적으로는 사회와 국가 전체가 세뇌되고 오염되는 과정을 설득력 있게 보여 주고 있다. 오리지널 작품이 마르크스주의 이데올로기의 세뇌와 확산에 대한 두려움을 담고 있다면, 「인베이젼」은 이라크와 북한과 아프리카 독재자들의 이데올로기, 그리고 동시에 그들을 '악의 축'으로 규정해 테러와의 전쟁을 선포한 조지 부시 시대의 신보수주의 이데올로기에 대한 비판으로 읽을 수 있다. 1990년대 초에 만들어진 또 다른 리바이벌인 「보디 에일리언(Body Snatchers)」(1993)은 군부대 전체가 외계 생명체에 의해 전염되어 가는 과정을 묘사함으로써, 우파 보수주의자였던 아버지 부시가 일으킨 걸프 전에 대한 신랄한 비판이라는 평을 받고 있다.

최근에 리바이벌된 텔레비전 드라마 「브이(V)」 역시 인간의 모습을 한 파충류 외계인을 등장시켜, 과연 누가 인간이고 누가 외계인 방문자(브이)인가 하는 문제를 효과적으로 제시하고 있다. 이 드라마에서, 방문자들은 인간의 모습을 하고 인간 사이에 섞여 살고 있기 때문에, 인간인지 외계인 파충류인지를 알려면 피부를 벗겨 보아야만 한다. 그래서 사람들은 서로를 의심하고, 서로를 두려워하게 된다. 당연히 가족과 커뮤니티 구성원은 상호 간의 신뢰를 상실하고, 사회와 국가는 무너진다.

이데올로기의 세뇌를 다룬 고전적 영화로는 「텔레폰(Telefon)」(1977)과 「맨츄리안 캔디데이트(The Manchurian Candidate)」(1962, 2004)가 있다. 전자는 소련의 전직 KGB 요원이 일부 미국인들을 세뇌해 치명적인 무기로 만드는 이야기다. 세뇌된 미국인들은 평소에는 보통 사람으로 살아가지만, 어느 날 그들을 조종하는 소련인의 전화를 받고 그가 읽어 주는 로버트 프로스트의 시를 들으면, 갑자기 최면에 걸려 지시받은 대로 테러를 자행해 미국에 막대한 피해를 입힌다. 「맨츄리안 캔디데이트」는 '만일 특정 정치 이데올로기에 의해 세뇌된 사람이 미국의 정치 지도자가 된다면?' 하는 미국인들의 은밀한 두려움을 잘 나타내 주고 있는 영화다.

필립 딕의 단편 「임포스터(Imposter)」(1953)는 지구가 외계인들과 스파이전을 벌이고 있는 2079년을 다룬 미래 소설이다. 외계인들은 지구에 숨어 들어와 지구인들을 죽인 다음, 가짜(임포스터)를 만들어 놓는다. 정부 기관에서 일하는 과학자 스펜서는 어느 날 외계인 스파이라는 누명을 쓰고 체포되지만 가까스로 탈출해 도망친다. 그는 병원에서 일하는 의사인 부인에게 억울함을 호소하며 자신의 누명을 벗으려 노력한다. 그러나 아내와 도망치던 그는 산속에서 자신과 아내의 시체를 발견하게 된다. 그는 비로소 자신도 모르는 사이에 자신이 외계의 스파이였으며, 지구의 요인을 암살하기 위해 몸속에 장치된 시한폭탄을 지니고 있다는 사실을 발견하고 경악한다. 이처럼 세뇌된 사람은, 자기 자신이 세뇌되었으며 때가 되면 터지는 시한폭탄을 몸속에 갖고 있다는 사실 자체도 모르는 경우가 많다.

 미국 영화 「패컬티(Faculty)」(1998)는 학교에서 교사들에 의해 특정 정치 이데올로기로 세뇌된 학생들을 우화적으로 다룬 영화다. 외계의 기생 생명체에 의해 하나둘씩 숙주가 된 교사들이, 이번에는 학생들을 외계인의 숙주로 만들려고 한다. 학생들은 용기 있게 반항하고 자신들을 세뇌하려는 교사들에 대항해 결국 그들을 물리친다. 이 영화는 특정 정치 이데올로기로 학생들을 세뇌하려는 교사들에게 학생들이 적극적으로 저항해야 한다는 메시지를 던져 주고 있다. 그러나 유감스럽게도 우리나라 학교에서는 학생들이 정치 교사들의 세뇌 시도에 저항하는 대신, 오히려 손쉽게 세뇌되어 대학에 들어오고 있는 것처럼 보인다.

 그래서 요즘 영화에서는 그렇게 세뇌된 사람들을 '좀비'로 묘사하기도 한다. 자신의 정체성과 영혼을 상실한 채, 같은 부류끼리 떼 지어 몰려다니기 때문이다. 「인베이젼」 시리즈에서는 잠드는 순간, 그 사람은 외계인의 수중에 들어가게 된다. 오직 잠들지 않고 깨어 있는 사람만이 자신을 지킬 수 있다는 설정은 이데올로기의 세뇌라는 측면에서 대단히 시사적이다. 그러므로 이 시리즈의 주인공들은 각성제를 복용하고 카페인 음료를 마시는 등 잠들지 않기 위해 부단히 노력한다. 이것은 대단히 중요한 은유라고 할 수 있는데, 그 이유는 정신 차리지 않고 졸거나 잠드는 순간, 우리는 필연적으로 이데올로기의 세뇌와 조종을 받는 허수아비가 되기 때문이다.

좌우 이데올로기의 경계를 넘어서

역사적으로 우파 이데올로기는 흔히 강대국의 식민주의나 소수 인종 차별주의의 근간이 되어 왔고, 좌파 이데올로기는 독재자나 제국주의자들과 투쟁하는 약자들에게 유용한 이론적 근거를 제공해 주었다. 특히 후자의 경우에는, 악과 싸운다는 굳은 신념으로 인해 자신만이 옳다는 도덕적 우월감을 가진 사람들, 그리고 그 신념을 위해서는 타자나 다수를 희생시켜도 좋다고 생각하는 독선적인 사람을 만들어 냈다. 문제는 오랜 세월 동안 독재자와 투쟁해 온 사람들은 자신도 모르게 그 독재자를 닮게 된다는 점이다. 사실 악과 싸우다 보면, 자신도 그 악만큼 악랄해지기 쉽다. 즉 미워하면서도 배우게 되어, 결국은 자신도 또 다른 독재자가 된다는 것이다. 그래서 니체는 이렇게 말한다. "괴물과 싸우는 사람은 누구나 자신이 괴물이 되지 않기 위해 조심해야 한다. 너무 오랫동안 심연을 바라보면 심연이 우리 자신을 바라보게 된다." 유감스럽게도 우리는 니체의 교훈을 배우지 못했고, 그 결과 우리의 민주화 투사 중에는 자신들이 싸웠던 독재자를 닮은 사람들이 많다. 지난번 선거에서 좌파 정권이 정권 재창출에 실패하고 다시 우파 정권에 권력을 빼앗긴 이유도 바로 거기에 있을 것이다. 국민들이 그들에게서 또 다른 독선과 독재자의 모습을 보았기 때문이다.

이데올로기는 필연적으로 권력과 연관된다. 그래서 정치권력으로부터 초연해야 하는 문학이나 작가도 이데올로기에 경직되면 권력 지향적이 된다. 우파 정권 시절, 공개적으로 독재자를 찬양하고 충성을 맹세한 작가가 있었던 것도, 또 좌파 정권 시절, 우리 작가들이 비록 문화 관련 부서이긴 하지만 이런저런 정부 요직을 맡거나 정권 홍보나 수호에 동원되었던 것도 바로 그런 맥락일 것이다. 이데올로기는 또 필연적으로 자기와 다른 노선을 배척하고 적대시하는 이분법적 태도를 갖고 있다. 그래서 좌우 이데올로기는 그 속성상 서로 배타적일 수밖에 없다. 반면 자기편끼리는 동지 의식으로 인해 유대와 결속이 유달리 강하다. 예컨대 노무현 정부 당시, 진보 성향의 우리 작가들이 북한에 가서 북한 작가들과 교류 모임을 가졌을 때, 우리 작가들은 북한 사회가 얼마나 폐쇄적인가를 실감했다. 우리 작가들과 북한 작가들이 식탁에 마주 앉았을 때, 북한 대표단 중 상당수가 감시 임무를 맡은 기관원이었는데 각자 자신의 신분을 밝히지 않아서 누가 작가이고 누가 기관원인지조차 알 수가 없었다는 것이다. 그러한 상황에서 과연 남북한 작가 교류가 가능했을까? 그런데도 우리 작가 중 그 누구도 그러한 경험을 겪은 후에 북한 사회의 폐쇄성을 글로 쓴 사람은 없었다. 그러나 서양의 작가들은 공산주의에 심취했다가도 그 실체를 안 다음에는 즉시 글을 써서 그 허구성을 고발했다. 예컨대 『실패한 신(*The God That Failed*)』에서 앙드레 지드, 리처드 라이트, 스티븐 스펜더를 포함한 여섯 명의 저명한 서양 지식인과 작가는 자신들이 경험한 공산주의에 대한 환멸을 낱낱이 기록하고 있다. 처음에 그들은 공산주의 혁명을 또 하나의 프랑스혁명이나 신의 왕국의 도래로 생각했으나, 그들이 실제로 발견한 것은 모두가 평등한 목가적인 낙원이 아니라 다만 '실패한 신'이었다.

　우리나라에서 이데올로기는 흔히 개인적 한풀이의 또 다른 모습이었다. 독재 정권 때 감옥에 갔거나 부역자 가족으로 차별을 받았던 사람들은 노무현 정권 때에는 무조건 진보 좌파가 되어 자신들이 당한 만큼 보수 우파들에게 갚아 주려고 했다. 따라서 당시 한국 사회에서 관용과 조화, 또는 용서와 화해는 찾아보기 어려웠다. 과거를 뒤져 친일파들을 색출해 그 후손들에게 조상의 죗값을 물리려 했던 것은 그 대표적인 경우다. 미국의 경우, 사람들은 자기 자신의 과거의 실수나 잘못을 잊지 못하고 그것을 바로잡으려는 경향이 있다. F. 스콧 피츠제럴드의 「바빌론 재방(Babylon Revisited)」 같은 소설이나, 「사선에서(In the Line of Fire)」 같은 영화에서도 주인공은 끊임없이 '자신'의 과거의 실수를 만회하려고 노력하고 고뇌한다. 그런데 우리는 부끄럽게도 집단으로 나서서 '남의 과거의 잘못'을 찾아내 단죄하려고 한 것이다. 미국남북전쟁의 비극을 다룬 미국 작가 찰스 프레이저의 『콜드 마운틴(Cold Mountain)』의 여주인공 에이다는 애인의 죽음과 가문의 몰락을 포함한 온갖 비극을 겪은 후, 이렇게 말한다. "한 번 잃어버린 것은 다시는 돌아오지 않는다. 너무나 많은 피를 흘린 땅도 그 상처가 치유되지 않는다. 가슴의 상처도 치유되지 않는다. 우리가 할 수 있는 일은 과거와 평화를 맺고 과거로부터 배우는 것이다." 이 얼마나 감동적인 말인가? 왜 우리는 경직된 이데올로기를 앞세워, 지나간 과거를 잊지 못하고 과거의 상처를 들쑤셔 기어이 과거와의 전쟁을 일으켜야 하는가?

경직된 이데올로기는 증오심을 불러오고, 증오심은 내분을 일으켜 결국은 국가와 사회를 붕괴시킨다. 똑같은 사안을 놓고도 보수 언론과 진보 언론은 정반대의 보도를 하고 있다. 심지어는 국가 안보에 관한 사안을 놓고도 한 나라가 이렇게 분열되어 있는 경우는 지구상에서 유례를 찾아보기 어려울 것이다. 나치즘과 제3세계 민족주의를 똑같이 비난했던 미국 작가 토머스 핀천은 『브이』, 『제49호 품목의 경매』, 『중력의 무지개』라는 소설에서 이미 진보와 보수 또는 좌파와 우파 이데올로기를 똑같이 비판하면서 제3의 길을 제시했다.

우리는 20세기를 견딜 수 없는 두 개의 이데올로기로만 바라보고 있다. 우파와 좌파, 또는 온실과 거리가 바로 그것이다. 우파는 단지 밀폐된 과거의 온실에서 살고 있고, 좌파는 다만 대중의 폭력을 선동해 거리에서 살고 있다. 그러므로 그들은 미래의 꿈속에서 살 수가 없다. …… 산업자본주의와 마르크시즘은 똑같이 엄습해 오는 공포일 뿐이다. …… 우리는 이것 아니면 저것(the either/or)에서 벗어나 '둘 다 그리고 저것도(both/and)'의 멘탈리티를 가져야만 한다.[13]

우리는 컴퓨터의 조합인 0과 1 사이에서 벗어나 그 사이에 존재하고 있는 제3의 길을 찾아야만 한다.[14]

영국 작가 프레더릭 포사이스는 최신 발표한 소설 『아프간(The Afghan)』에서 맹목적인 증오심은 곧 테러의 기본이 된다고 지적한다. 테러 지도자들은 자살 테러범을 양성할 때, 자본주의와 기독교와 모더니티에 대한 맹목적인 증오심을 심어 주면서 그 증오심이 알라신을 기쁘게 할 것이라고 세뇌한다. 스티븐 스필버그의 「뮌헨(Munich)」은 1972년 뮌헨 올림픽에서 이스라엘 선수들을 죽인 이슬람 테러리스트들을 추적해 살해하는 이스라엘 모사드 요원의 깨달음과 변화를 통해, 복수를 부르는 증오에는 옳고 그름도 없고 다만 똑같이 나쁜 테러 행위만 있을 뿐이라는 메시지를 우리에게 전해 준다. 이데올로기가 앞서면, 모든 것이 투쟁적이 된다. 그리고 맹목적인 투쟁은 때로 어리석은 짓이 될 수도 있다. 포사이스는 『아프간』에서, 에든버러에서 열린 G8 정상회담에 반대하는 데모대들의 플래카드가 빈곤 퇴치와 반세계화라는 점을 지적하며, 한 외교관의 입을 빌려 "저 사람들은 빈곤과 싸우는 가장 좋은 방법이 글로벌 무역이라는 것을 왜 모르는 거지?" 하고 반문한다.

---

[13] 토머스 핀천, 『제49호 품목의 경매』(민음사, 2007), 61쪽.
[14] Thomas Pynchon, *Gravity's Rainbow*(New York: Viking, 1973), 55쪽.

완벽한 낙원에서 살지 못하는 인간은 어쩌면 이데올로기로부터 자유롭지 못한 존재인지도 모른다. 그러나 자유혼을 중요시하는 문학은 모든 이데올로기의 억압으로부터 해방되어야만 한다. 문학은 결코 특정 이데올로기를 위해 복무할 수 없기 때문이다. 조화로운 사회와 화목한 나라, 그리고 위대한 문학은 이데올로기의 갈등으로부터 벗어날 때, 비로소 가능해질 것이다.

동양과 서양의 경계를 넘어서: 해양소설에 나타난 제국주의 담론과 편견

　언제나 그런 것은 아니지만, 서양의 해양문학은 흔히 제국주의 담론이나 식민주의 정책과 긴밀한 연관을 맺고 있는 경우가 많다. 항해라는 것이 원래 무역의 활성화를 위해서뿐 아니라, 식민지의 발견과 탐사를 염두에 두고 발달한 것이기 때문이다. 그래서 서양의 해양문학은 제국주의 담론과 연결되고, 제국주의 담론은 곧 에드워드 사이드가 비판하는 '오리엔탈리즘'과도 연관된다. '오리엔탈리즘'은 좁게는 동양에 대한 서양의 편견을 지칭하는 용어이지만, 넓게는 비서양 전반에 대한 서양의 편견으로 의미가 확대될 수도 있을 것이다. 그래서 이 글에서는 식민지 유색인에 대한 서양의 편견과 왜곡, 그리고 차별이 영미 해양문학에 어떻게 나타나 있으며, 영미 작가들이 그러한 문제를 어떻게 다루고 있는가를 탐색하고 천착해 보려 한다.

　해양 강국이었던 스페인, 네덜란드, 영국은 모두 식민지 건설에 앞장선 제국이었다. 그중에서도 스페인의 무적함대를 격파한 이후 해상권을 독점한 영국은 한때 세계의 4분의 1을 식민지로 다스렸던 대표적인 해양 강국이자 제국주의 국가였다. 그러한 상황에서 산출된 해양소설 또한 의식적, 무의식적으로 제국주의 담론으로부터 자유롭지 못했다. 19세기까지도 문화적으로는 유럽에 예속되어 있었던 미국 문학과는 달리, 영국 문학에는 무의식적으로나마 제국주의 이데올로기가 깃들어 있는 경우가 많았다. 그래서 영국 해양소설에서는 흔히 식민지에 대한 편견과 제국주의 담론이 발견된다.

대니얼 디포의「로빈슨 크루소」

영국 작가 대니얼 디포(Daniel Defoe)의 해양소설『로빈슨 크루소(Robinson Crusoe)』(1719)를 읽는 한 가지 방법은 제국주의의 영토 확장과 원주민 순치에 대한 작품으로 보는 것이다. 과연 크루소는 무인도에 표류하게 되자 무인도의 환경에 자신을 적응시키려 하기보다는, 섬을 문명화시키려고 노력한다. 예컨대 그는 자신이 기거할 움막을 만들면서, 문명인으로서 갖추어야 할 것을 최대한 갖추려 노력하며, 자연환경에 순응하기보다는 기술 문명을 이용해 주위 환경을 지배하려고 노력한다. 심지어 그는 자신이 구해서 데려온 원주민조차도 문명화시키려고 애쓴다. 크루소는 그 원주민에게 '프라이데이'라는 이름을 붙여 주고 영어를 가르치며, 자신의 하인으로 만들어 자기를 주인님(master)이라고 부르게끔 한다. 프라이데이는 크루소를 두려워하고 크루소가 다른 원주민을 총으로 쏠 때도 제발 자기는 쏘지 말아 달라고 엎드려 간청하는데, 크루소는 그러한 문명인으로서의 권력과 원주민의 복종을 즐긴다.

나는 그에게 가까이 오라고 내가 생각해 낼 수 있는 온갖 격려의 신호를 보냈다. 그는 무릎을 꿇고 내게 다가오면서 열 걸음이나 열두 걸음마다 멈춰 서면서 자기를 살려 주어서 고맙다는 표시를 했다. 나는 미소 지으며 그에게 더 가까이 오라고 손짓했고, 그는 가까이 다가와 다시 무릎을 꿇고 머리 숙여 땅에 키스하며 자기 머리 위로 내 발을 들어 올려놓았는데, 그건 마치 영원히 내 노예가 되겠다고 말하는 것 같았다.(『로빈슨 크루소』, 188쪽)

크루소가 원주민에게 프라이데이라는 이름을 부여하고 그에게 영어를 가르치는 표면적 목적은 물론 원주민과 소통하며 그를 지배하고 그에게 일을 시키기 위해서다. 그런 맥락에서 보면, 크루소는 분명 문명인의 이성과 문명의 도구를 사용해 야만적인 섬을 식민화하려는 제국주의자의 모습을 보여 주고 있으며, 프라이데이는 제국주의자에게 지배받는 힘없는 식민지인의 상징이라고 할 수 있다.

그러한 탈식민주의적 시각은 결코 틀린 것은 아니지만, 그런데도 그것을 극단으로 몰고 가면 자칫 단순화의 오류에 빠질 우려도 있다. 왜냐하면 크루소가 프라이데이에게 영어를 가르치는 일차적인 이유는 우선 외로워서 말 상대가 필요하기 때문이다. 즉 크루소는 앵무새에게도 영어를 가르치는데, 앵무새를 지배하거나 하인으로 부려 먹기 위해서가 아니라, 말동무가 필요해서 영어를 가르친다는 것이다. 그래서 단순히 원주민에게 영어를 가르치는 것 자체를 비난하기보다는, 보다 더 근원적인 문제를 제기하는 것이 훨씬 더 설득력 있게 들릴 것이다.

예컨대 이 작품을 자세히 읽어 보면, 보다 더 심층적인 문제를 발견하게 된다. 우선 『로빈슨 크루소』가 산출된 18세기는 개인의 자유의지를 중시하던 시대였다. 그래서 디포는 프라이데이가 크루소의 강요에 의해서가 아니라, 자신의 자유의지로 영어를 배우고 싶어 하는 것처럼 상황을 만들고 이야기를 전개해 나가고 있다. 그러나 바로 이와 같은 가정이야말로, 식민지인들이 원하기 때문에 유럽인들이 암흑의 대륙을 문명화시켜 주고, 야만을 순치시켜 주며, 식민 통치를 한다는 제국주의자들의 그릇된 담론을 그대로 답습한 것이다. 또 『로빈슨 크루소』에서 프라이데이는 보통 원주민과는 달리, 백인을 닮은 인도인 같은 모습으로 그려지는데, 이는 생김새가 백인과는 전혀 다른 새까만 토종 원주민과는 달리, 그가 서양화되고 문명화될 수 있다는 가능성을 암시하고 있다. 프라이데이가 단지 백인을 닮은 외모를 가졌다는 이유만으로 구원받을 가치와 가능성이 있는 대상으로 여겨진다는 사실은, 원주민에 대한 백인들의 편견을 잘 드러내 주고 있다.

남아프리카공화국의 탈식민주의 작가인 존 쿠체(John Coetzee)는 『로빈슨 크루소』를 패러디한 탈식민주의 소설 『포(Foe)』에서, 서양 제국주의자로서의 크루소의 모습을 신랄하게 비판하고 있다. 포(foe)라는 이름과 적(foe)이라는 이중 의미를 갖는 제목의 이 소설에서 쿠체는 프라이데이를 아예 말을 거의 못 하는 벙어리로 제시하고 있으며, 원작에서는 철저히 배제되었던 여성의 시각으로 『로빈슨 크루소』를 재해석하며 다시 쓰고 있다. 쿠체의 이 소설은 서양 남성 제국주의자 크루소는 식민지인인 프라이데이의 시각으로 보면 주인이나 친구가 아니라 사실은 '적'일 수도 있다는 사실을 복합적인 은유를 통해 지적하고 있다. 그와 같은 '상황 뒤집기'는 이 소설이 여성을 화자로 설정함으로써 더욱더 효과적으로 제시되고 있다.

윌리엄 셰익스피어의 『태풍』

그러한 설정은 윌리엄 셰익스피어의 해양 드라마 『태풍(The Tempest)』

(1610~1611)에서도 찾아볼 수 있다. 예컨대 유럽에서 건너온 백인 윌리엄 프로스페로는 원주민 캘리번을 마법으로 복종시킨 후, 섬을 지배한다. 그래서 프로스페로는 '주인(master)'으로 제시되고 있는 반면, 원주민 캘리번은 교화가 어려운 짐승 같은 모습의 하인으로 묘사된다. 프로스페로는 캘리번에게 영어를 가르쳐 하인으로 부리는데, 이는 크루소와 프라이데이와의 관계를 연상시킨다. 그래서 캘리번은 다음과 같이 불평한다.

캘리번: 이 섬은 원래 우리 어머니 시코렉스가 내게 준 거였어. 그걸 당신이 빼앗아 간 거지. 당신이 여기에 처음 왔을 때는 내게 잘해 주었어. 딸기 주스도 만들어 주고, 불타오르는 큰 빛과 작은 빛이 어떻게 낮과 밤을 만드는지에 대해서도 가르쳐 주었지. 그래서 난 당신을 좋아했고 당신에게 이 섬의 모든 것을 다 보여 주었어. 그런 내가 바보였지. 왜냐하면 원래는 내가 이 섬의 왕이었는데, 이제는 당신의 신하가 되어 버렸으니까.(『태풍』, 19쪽)

그러나 프로스페로는 자신이 야만적인 캘리번을 문명화시켜 주었고 언어를 가르쳐 주었기 때문에 야만인에게 선을 베풀었다고 생각한다. 그러나 이는 자신의 식민주의를 정당화 혹은 합법화하는 전형적인 제국주의자의 담론이라고 할 수 있다.

프로스페로: 이 나쁜 놈. 너는 나쁜 짓만 하고 좋은 짓은 전혀 하지 않는 놈이야. 그런데도 나는 너를 불쌍하게 여겨 말을 가르쳐 주었고 많은 것을 가르쳐 주었지. 네가 자신이 하는 말의 뜻도 모르고 횡설수설했을 때 의사소통을 가능케 해 준 것도 바로 나였어. 그런데도 네놈의 천한 천성만큼은 아무리 해도 고쳐지지 않았기 때문에, 너는 고귀한 사람들과는 같이 살 수가 없었어.(『태풍』, 17쪽)

프로스페로는 섬의 원주민 캘리번을 훈련시키고 교화시키며 복종시키려 하지만, 캘리번은 거기에 저항한다. 프로스페로는 캘리번이 문명화될 수 있는 지적 능력을 결여하고 있다고 보는데, 이 또한 서양 제국주의자들이 비서양 식민지인에 대해 갖는 보편적인 편견이라고 할 수 있다. 예컨대 인도와 이집트 총독이었던 크로머 경은 20세기 초에 영국 의회에서 다음과 같이 말한 적이 있다.

> 쉽게 거짓으로 타락할 수 있는 '정확성의 부족'은 오리엔탈 마인드의 주요 특성이다. 유럽인들은 이성적이어서 그들의 진술은 모호하지 않다. 유럽인들은 논리학을 배우지 않았을지라도 태어나면서부터 논리적이다. 유럽인들은 본질적으로 그 어떤 진실이라도 먼저 의심하고 증거를 요구한다. 유럽인들의 훈련받은 지성은 정교한 메커니즘으로 작용한다. 그러나 오리엔탈 마인드는 그네들의 울긋불긋한 저잣거리처럼 균형 잡혀 있지 못하다. 그네들의 설명은 대체로 장황하고 명료하지 못하며, 대여섯 번이나 모순된 이야기를 한 다음에야 비로소 진술을 마친다. 그래서 그네들은 아주 단순한 반대 심문에도 쉽게 무너진다.(에드워드 사이드, 『오리엔탈리즘(*Orientalism*)』(1978), 23쪽)

유럽인들의 편견은 단순히 식민지인들뿐 아니라, 식민지인들이 살고 있는 야만적 환경으로까지 확대된다. 그것이 크루소의 무인도든지, 캘리번의 섬이든지 간에, 비서양은 언제나 거칠고 적대적 지역으로, 그리고 야만과 비문명이 지배하고 있는 곳으로 제시된다. 그래서 『태풍』에서 문명으로부터 멀리 떨어진 아프리카는 모든 재난의 원인으로 제시된다.

알론조: 내 딸을 그런 데로 시집보내지 말았어야 했어! 거기에서 돌아오

다가 아들을 잃어버렸잖아. 딸도 잃어버린 셈이고. 이탈리아에서 이렇게 멀리 떨어져 있으면 다시는 딸아이도 못 만날 것 아닌가.

    세바스찬: 형님은 공주를 유럽에서 결혼시키지 않고 아프리카에 버리셨으니, 귀양을 보낸 것과 뭐가 다릅니까?(『태풍』, 30쪽)

위의 인용에서 아프리카는 사람을 '버리는 곳', '귀양지' 또는 '자녀를 잃고 이별하는 곳'으로 제시된다. 그러한 곳이 구원받으려면 문명인의 지배를 받고 문명화되어야 한다. 그리고 그곳으로 가는 도중 표류해서 만나게 되는 캘리번 같은 원주민들 또한 제국의 언어를 배워야만 한다. 『태풍』은 화해와 해피엔딩으로 끝나지만, 그것은 백인 제국주의자들에게만 그럴 뿐, 캘리번 같은 원주민들에게는 결코 그렇지 않다.

조셉 콘래드의 『암흑의 핵심』

또 하나의 유명한 영국 해양소설인 조셉 콘래드의 『암흑의 핵심(*Heart of Darkness*)』(1899)은 도덕적으로 타락한 커츠라는 주재원을 찾아 데려오라는 회사의 부탁으로 아프리카 오지를 향해 항해를 떠나는 말로 선장의 이야기다. 말로 선장은 원래 어린 시절부터 세계지도를 펴 놓고 아직 가 보지 않은 미지의 지역을 동경했던 모험심 많은 소년이었다. 그러나 암흑의 대륙으로 항해하면서 백인들의 착취와 원주민들의 참상을 목격하게 된 말로는 비로소 어린 시절 자신이 꾸었던 꿈이 사실은 서양 제국주의자의 꿈이었다는 사실을 깨닫는다. 그리고 그 암흑의 핵심에서 만난, 타락한 백인 주재원 커츠를 통해 그는 자신의 또 다른 모습, 그리고 더 나아가 서양 제국주의의 끔찍한 양태를 발견하게 된다.

작품 초반부에 말로는 아프리카를 암흑의 대륙이라고 부르며, 아프리카 대륙에 문명의 횃불을 들고 들어가 개화시켜야 한다는 유럽인들의 왜곡된 사명감과 제국주의적 '이념'을 신랄하게 비판하며, 문명국을 자처하고 있는 영국을 가리켜, "한때는 이곳도 어두운 구석 중 하나였다."라고 시니컬하게 말한다.

> 1900년 전에 로마인들이 처음으로 이곳에 찾아왔던 일 말일세. …… 그러나 예전에는 이곳에도 암흑이 덮고 있었어. …… 모래톱, 늪, 숲, 야만인들이 있었을 뿐, 문명인들이 먹을 만한 것은 아주 귀했고 마실 것이라야 템스 강물밖에 없었을 것 아닌가. …… 그들의 통치는 착취 행위에 불과했고 그 이상의 아무것도 아니었을 테니까. 그들은 정복자들이었어. 정복자가 되기 위해서 필요한 것은 포악한 힘뿐인데, 이런 힘을 가지고 있다고 해서 자랑할 것은 못 되지. 왜냐하면 누가 이런 힘을 가지고 있다고 해도 그것은 다른 사람들이 약하다는 사실에서 생긴 우연한 결과에 불과하기 때문이야. 그들은 단순히 획득이라는 목적을 위해 획득할 수 있는 모든 것을 움켜잡았을 뿐이야. 그것은 폭력을 쓰는 강도 행위요, 대규모로 자행되는 흉측한 살인 행위에 불과했는데, 사람들은 맹목적으로 그 행위에 덤벼들었던 거야. 그것은 암흑 세계를 다루어야 하는 사람들에게는 아주 적합한 행위지. 이 세계의 정복이라고 하는 것이 대부분 우리와는 피부색이 다르고 우리보다 코가 약간 낮은 사람들을 상대로 자행하는 약탈 행위가 아닌가. 그러므로 그 행위를 곰곰이 들여다보면 결코 아름답다고 할 수가 없지.(『암흑의 핵심』, 15쪽)

그런데 아이러니하게도 한때 로마인들이 보기에는 야만국에 불과했던 영국이 이제는 스스로를 문명국이라 자처하면서 아프리카를 암흑의 대륙이라고 부르고 착취하며 멸시한다는 것이다. 더 나아가 말로는 제국주의자들에게는 야만을 순치시키고 암흑의 대륙을 문명화시킨다는 확고한 '이념'이 있기 때문에, 전혀 죄의식 없이 식민지를 착취하고 식민지인들을 살해하고 있으며, 자신들의 범죄를 정당화, 합법화하고 있다고 지적한다.

이 불미스러운 행위를 대속(代贖)해 주는 것은 이념밖에 없어요. 그 행위 이면에 숨은 이념이지. 감상적인 구실이 아니라 이념이라야 해. 그리고 그 이념에 대한 사심 없는 믿음이 있어야지. 이 이념이야말로 우리가 설정해 놓고 그 앞에서 절을 하며 제물을 바칠 수 있는 무엇이거든.(『암흑의 핵심』, 16쪽)

그렇다면 그러한 '이념'은 곧 자기 스스로 옳다는 확신(self-righteousness)에서 비롯되는 왜곡되고 경직된 이데올로기라고 볼 수 있다. 아프리카의 오지를 항해하는 과정에서 말로는 유럽 회사들과 백인 지배자들이 착취를 무역으로, 살인을 훈육으로, 그리고 지배를 교화로 미화하는 것을 목격하고, 비로소 비참하고 끔찍한 현실에 눈뜬다. 말로에 의하면, 백인 상인들은 값비싼 상아를 빼앗는 대신 깨진 거울 같은 잡동사니를 주었으며, 주재원들은 훈육을 핑계로 원주민들을 구타하거나 살해했고, 백인 관리들은 문명화라는 미명 아래 식민지인들을 지배했다. 그리고 그러한 상황은 가장 착하고 순박한 백인까지도 오염시켜 식민지인들을 학대하게 만들었다. 아프리카 추장을 구타하다가 추장의 친척에게 살해당한 네덜란드인 선장에 대해 언급하면서 말로는 다음과 같이 개탄한다.

글쎄, 두 마리의 검정색 암탉 때문이었다는 거야. 프레스레벤이 그 죽은 녀석의 이름이었어. 덴마크 사람이었지. 그는 그 암탉을 흥정하다가 부당한 대접을 받았다고 생각했나 봐. 그래서 육지에 상륙해서 마을의 추장을 몽둥이로 때리기 시작했다는 거야. 나는 그 이야기를 들으면서 프레스레벤이야말로 일찍이 이 세상에서 두 발로 걸어 다닌 동물 중에서도 가장 점잖고 가장 조용한 사람이라는 이야기를 함께 들었지만, 그런 사람이 어떻게 그렇게 그 몹쓸 짓을 할 수 있을까 하고 놀라지는 않았다네. 그가 점잖고 조용한 사람임에는 틀림이 없었겠지. 그렇지만 그는 당시에 이미 2년간이나 그곳에 머물면서 회사에서 내세우는 그 고상한 명분이 있는 사업에 종사해 오고 있었고, 그래서 아마도 어떤 방식으로든 자기의 자존심을 확인해 보이고 싶다는 느낌을 가지고 있었을 걸세. 그래서 그 늙은 검둥이를 많은 마을 사람들이 지켜보는 앞에서 두들겨 패게 되었다는 거야.(『암흑의 핵심』, 20쪽)

이윽고, 아프리카의 오지(암흑의 핵심)에 들어간 말로는 악의 화신인 커츠와 대면하게 된다. 한때 효율적이고 잔인하게 식민지인들을 착취했던 커츠는 말로에게 과거를 회상하며 "아, 끔찍해, 정말 끔찍해!(The horror, the horror!)"라고 토로한다. 커츠가 돌이켜 보는 끔찍함이란, 사실 백인들이 원주민들에게 자행한 온갖 나쁜 짓을 의미할 수도 있겠지만, 보다 더 궁극적으로는 그런 나쁜 짓을 끊임없이 미화하고 정당화하면서 아무렇지 않게 자행하고 있는 제국주의자들의 무서운 '이념'과 '신념', 또는 왜곡된 사명감과 스스로 옳다는 확신에 대한 통렬한 비판이라고 볼 수도 있을 것이다.

에드거 앨런 포의 「아서 고든 핌의 모험」

에드거 앨런 포의 해양소설 『아서 고든 핌의 모험(The Narrative of Arthur Gordon Pym of Nantucket)』(1838)은 주인공 핌이 풍랑으로 인해 남극으로 표류해 간 위험한 항해에서 구사일생으로 살아 돌아와 작가 포에게 자신의 모험담을 들려준 후 곧 죽고, 포는 그것을 기록해 책으로 출간하는 식으로 설정되어 있다. 노예제도의 폐해로 인해 흑백 갈등이 심화되어 가던 시절에 쓰인 이 소설의 핵심 주제는 흑백 양극의 대립과 서열의 해체다.

『아서 고든 핌의 모험』에서는 검정색이 공포와 구원을 동시에 상징하고 있다. 예컨대, 핌은 밀항하기 위해 승선한 포경선 '그램퍼스호'의 갑판 아래 관처럼 생긴 곳에서 잠이 들었다가 악몽을 꾸는데, 깨어나 보니 자기가 데리고 승선한 거대한 검은색 뉴펀들랜드 종의 개가 자신을 짓누르고 있었다. 충직한 하인 같은 그 개는 곧 정신이 이상해져서 밀폐된 공간에서 핌의 목숨을 위협하는 공포의 존재로 변한다. 그런 의미에서 보면, 주인에게 충직하다가 갑자기 미쳐서 주인을 위협하는 그 거대한 검은 개는 주인에게 충실한 것처럼 보이지만 사실은 커다란 위협이 되는 흑인 노예의 적절한 상징처럼 보인다.(실제로 당시 냇 터너라는 노예가 반란을 일으켜 추종자들을 이끌고 백인 농장주들을 살해하고 폭동을 일으켰다.)

이 소설의 도처에서 검은색은 우선 공포와 위협의 색으로 제시된다. 예컨대, 핌이 밀항하는 그램퍼스호에서 반란을 일으켜 선원들을 잔인하게 죽인 사람도 '완전한 악마인 흑인 요리사'다. 또한 남극에 도착하기 직전 핌의 일행이 상륙한 살랄 섬은 백색이 터부여서 온통 검은색으로만 되어 있는 섬인데, 그곳에서는 거대한 검은 새와 커다란 검은 대리석 함정이 핌과 그의 일행을 위협하며, 치아까지도 검은 원주민들이 등장해 백인들을 속이고 죽음의 함정에 빠뜨린다. 그러나 그와 동시에, 검은색은 구원의 상징으로도 제시되고 있다. 예컨대 핌이 절벽에서 떨어졌을 때, 그를 품에 안아 살려 준 사람은 피부가 검은 인디언 혼혈 더크 피터스였다.

> 나는 즉시 쐐기를 잡고 있던 손을 놓았고, 절벽으로부터 반쯤 몸을 돌린 채, 잠시 동안 비틀거리며 허공에 매달려 있었다. 그런 다음 곧 머릿속이 빙글빙글 돌며 아래로 추락하기 시작했다. 귀에서는 째지는 것 같은 비명 소리와 유령의 목소리가 들려오는 듯했다. 가무잡잡하고 악마 같은 흐릿한 일물이 바로 내 밑에 서 있었다. 그리고 한숨과 함께 터질 것 같은 심장을 안고 나는 그의 품에 깊숙이 안겼다.(『아서 고든 핌의 모험』, 219쪽)

'검은 악마 같은 형상'의 더크 피터스는 무시무시한 외모와는 달리, 항해 내내 백인 핌을 보호해 주며 핌이 위기에 처할 때마다 그를 구해 준다.

『아서 고든 핌의 모험』에서는 백색도 역시 공포와 그 의미를 알 수 없는 수수께끼로 제시하고 있다. 예컨대 그램퍼스호에서 선상 반란이 일어났을 때, 반란을 주도한 흑인 요리사와 그의 부하들을 공포에 떨게 만든 것은 백인 시체로 분장한 핌이 얼굴에 바른 하얀 분필 가루와 흰 장갑이었다. 또한 병들어 죽은 시체를 싣고 표류하던 배에서 검은 시체의 등을 게걸스럽게 파먹고 있어 형언할 수 없는 공포를 불러일으키는 거대한 새도 바로 흰색의 갈매기였다.

> 셔츠의 일부가 찢겨 나가 맨살이 드러난 그의 등에서는 거대한 갈매기가 끔찍한 살을 게걸스럽게 파먹고 있었다. 그 새의 부리와 발톱은 살 속에 깊이 박혀 있었고, 깃털은 온통 피범벅이 되어 있었다.(『아서 고든 핌의 모험』, 110~111쪽)

작품 마지막에 핌과 피터스는 인간의 눈을 멀게 할 만큼 모든 것이 흰색으로 뒤덮인 남극에 도착한다. 남극은 온통 하얀 안개로 뒤덮여 있다. 핌은 "우윳빛 물결 위의 잿빛 물보라 속에서 생겨나는 하얀 안개의 베일

너머로 거대한 흰 새들이 끊임없이 날아다니고 있었다."라고 남극의 모습을 묘사한다. 모든 것이 검은 살랄 섬에서 핌과 피터스는 구사일생으로 탈출해 이번에는 모든 것이 흰색인 남극으로 들어오지만, 백색이 구원의 색이라는 암시는 어디에도 없다. 지구의 정점에서 핌과 피터스가 자신들의 모습을 비추어 보는 것은 오직 눈을 멀게 할 만큼 하얀 불가사의한 흰색뿐이다. 사방이 온통 백색으로 뒤덮인 지구의 끝 남극에서 핌과 피터스가 탄 배는 그 정체를 알 수 없는 커다란 소용돌이 속으로 빨려 들어간다. 바로 그 직전, 구멍의 갈라진 입구에서 그들은 하얀 수의를 입은 인간의 형체를 발견한다.

> 이제 우리는 우리를 받아들이려고 활짝 벌리고 있는 폭포의 포옹 속으로 빨려 들어갔다. 그러나 우리의 길목에 갑자기 그 어떤 인간보다도 더 큰, 수의를 입은 사람의 형상이 물속에서 솟아오르고 있었다. 그의 피부는 마치 눈처럼 완벽하게 흰색이었다.(『아서 고든 핌의 모험』, 230쪽)

작가 포는 이 수의를 입은 하얀 형체가 무엇인지 독자들에게 말해 주지 않는다. 다만 독자들에게 그 수수께끼 같은 존재가 백색의 수의를 입었다는 점에서 불길한 느낌을 갖게 한다. 그래서 작가는 백색을 구원의 색으로 제시하지는 않는 것처럼 보인다.

『아서 고든 핌의 모험』에서 포는 사물을 흑과 백, 또는 선과 악으로 나누는 이분법적 사고방식을 비판하며, 그 중간 지점에 해결책이 있을 것이라고 시사한다. 그런 면에서, 핌을 보호하고 구원하는 더크 피터스가 백인과 유색인의 혼혈로 제시되고 있다는 점은 대단히 상징적이다. 작품 초반부에 핌과 어거스터스가 술에 취해 '꿈'을 상징하는 에어리얼호를 타고 바다에 나갔다가 펭귄호와 부딪쳐 바다에 빠진다는 점, 그리고 다시 펭귄호에 의해 구조된다는 설정 또한 대단히 상징적이다. 펭귄은 검은색과 흰색을 한 몸에 동시에 갖고 있는 특이한 새이기 때문이다. 그러한 장면은 곧 흑과 백이 충돌하기도 하지만, 동시에 평화롭게 공존할 수도 있다는 사실을 시사하고 있는 것처럼 보인다. 그러면서도 에어리얼과 펭귄의 충돌은 낭만적 꿈이 냉혹한 현실 앞에서 얼마나 연약하고 깨지기 쉬운가를 잘 보여 주는 좋은 은유다.

허먼 멜빌의 『모비 딕』

19세기 미국을 대표하는 해양문학인 허먼 멜빌의 『모비 딕(Moby Dick)』(1851)은 자본주의와 제국주의에 대한 비판 소설로도 읽을 수 있고, 백인과 유색인의 화해 가능성 탐색에 대한 인종 소설로도 읽을 수 있다. 『모비 딕』은 다음과 같은 말로 시작된다.

나를 이스마엘이라 불러다오. 수년 전 — 정확히 언제였는지는 모르지만 — 지갑에 돈도 떨어지고 육지에서도 별다른 재미가 없어졌을 때, 나는 배를 타고 나가 바다를 보려는 생각을 하게 되었다. 그것은 우울증과 충동을 다스리는 나 자신만의 방법이었다. 입가에 어느새 웃음이 사라지고, 내 영혼이 차디찬 비 뿌리는 젖은 11월이 될 때면, 장의사 집 앞에 나도 모르게 발걸음이 멎어지고, 거리에서 만나는 장례 행렬의 뒤에 따라붙게 될 때마다, 특히 내가 억제할 수 없는 충동에 사로잡혀 거리로 뛰어들어 사람들의 모자를 쳐서 떨어뜨리고 싶어질 때면, 나는 가능한 한 빨리 바다로 나갈 때가 되었다는 것을 안다. 항해는 내게 있어서 자살 대신이 되기 때문이다.
(『모비 딕』, 3쪽 — 이하 쪽수만 밝힘)

그렇다면 고아인 이스마엘에게 바다로 나가는 것은 곧 자기 자신의 본질 또는 죽음과 대면하는 셈이 되고, 바다는 자신의 참모습을 비추어 주는 거울의 상징이 된다. 그래서 이스마엘은 이렇게 말한다.

승객으로 첫 항해를 시작하고 육지가 보이지 않게 되었다는 말을 들을 때, 우리는 왜 그렇게 신화적인 떨림을 느끼는가? 왜 고대 페르시아인들은 바다를 성스러운 것으로 생각했는가? 왜 그리스인들은 바다에 별도의 신성을 부여하고 제우스의 형제를 바다의 신으로 삼았는가? 이 모든 것에는 분명 심오한 의미가 내재해 있을 것이다. 연못에 비친, 고뇌에 차고 온화한 자신의 이미지를 알아보지 못해 물에 뛰어들어 빠져 죽은 나르시스의 이야기에는 더 깊은 의미가 깃들어 있을 것이다. 우리는 모든 강과 대양에서 같은 이미지를 본다. 그것은 삶의 불가사의한 유령의 이미지다. 그리고 그것이 바로 모든 것의 열쇠가 된다.(5쪽)

그러나 바다로 나가서 불가해한 자신의 모습과 대면하기 전에, 이스마엘은 우선 자신의 어두운 자아 또는 무의식과 먼저 대면해야만 한다. 그래서 낸터켓에서 포경선을 타고 출항하기 전에 이스마엘은 근처 뉴 베드포드에서 자신의 어두운 이미지인 남태평양인 작살잡이 퀴퀙과 만나게 된다. '코핀(Coffin)'이라는 여관 주인이 이스마엘에게 룸메이트와 한 침대를 사용해야만 하는 방밖에 없다고 말할 때 이스마엘은 별로 걱정하지 않는다. 그러나 막상 그 룸메이트가 이교도 야만인인 것을 알게 된 순간, 그는 공포에 사로잡힌다. 놀란 이스마엘이 소리를 질러 주인 코핀(관)을 부르고(그는 이때 '관'과 '천사'를 소리쳐 부름으로써 상징적 죽음을 경험하고 다시 태어난다.) 야단법석을 떨다가, 드디어 인종차별주의자적인 자신의 태도를 반성한다.

내가 이 무슨 소동이란 말인가. 저 사람도 나처럼 인간이지 않는가. 내가 그를 두려워하는 만큼 그도 나를 두려워할 충분한 이유가 있지 않은가. 술 취한 기독교인과 자는 것보다는 차라리 취하지 않은 식인종과 자는 편이 더 나으리라.(26쪽)

그리고 그는 퀴퀘그와 함께 한 침대에서 잠이 든다. 이교도의 품에 안겨 밤을 보내고 아침에 일어났을 때, 이스마엘은 두려움 대신 오히려 말할 수 없는 평안함과 아늑함을 느끼게 된다.

　　나는 침대에 누워 잠이 들었다. 아직까지도 그보다 더 편하게 자 본 적이 없었다. 다음 날 아침 일어났을 때, 나는 퀴퀘그의 팔이 가장 사랑스러운 대상을 대하듯 내 몸에 감겨 있는 것을 발견했다. 나는 마치 그의 아내와도 같았다. …… 나는 처음 막 깨어났을 때에는 나를 덮고 있는 누비이불과 나를 안고 있는 퀴퀘그의 팔 문신이 뒤섞여 있어서 그 둘을 전혀 구분할 수 없었다. 다만 그 무게로 보아 나는 퀴퀘그의 팔이 나를 안고 있다는 것을 알았을 뿐이다.(28~29쪽)

포근한 누비이불과 퀴퀘그의 다정한 팔이 구분되지 않았다는 것은, 곧 이교도의 품에서 이스마엘이 그만큼 편했다는 것을 의미한다. 이후 이스마엘은 이교도인 퀴퀘그에게서도 인간의 존엄성을 발견하게 되고, 둘은 서로를 진정으로 이해하는 절친한 친구가 된다. 그러던 어느 날 퀴퀘그는 이스마엘과 담배를 나누어 피우는 의식을 하면서, 이제 우리는 절친한 친구이며, 그렇기 때문에 자기는 이스마엘을 위해서 필요하다면 기꺼이 죽기까지 하겠노라고 말한다. 그러고는 이스마엘이 자신의 이교도 우상숭배 의식에 참여하기를 바란다. 충실한 기독교인인 이스마엘은 처음에는 펄쩍 뛰지만, 곰곰이 생각한 후, 결국 그 이교도 의식에 동참하게 된다. 이스마엘은 이렇게 말한다.

> 나는 틀림없이 개신교 집안에서 태어나고 자라난 모범적인 기독교인이었다. 그렇다면 그런 내가 어떻게 우상숭배를 할 수 있으며 나뭇조각을 숭배할 수 있단 말인가? …… 하지만 예배란 무엇인가? ─ 신의 뜻을 행하는 것 ─ 바로 그것이 예배다. 그렇다면 신의 뜻은 무엇인가? 내 이웃이 내게 해 주기를 원하는 것을 나도 내 이웃에게 해 주는 것 ─ 바로 그것이 신의 뜻이다. 자, 퀴퀙은 내 이웃이다. 그럼 나는 퀴퀙에게 무엇을 원하는가? 나와 같이 기독교 예배 의식에 동참해 주는 것이다. 그렇다면 나도 그의 예배 의식에 동참에 주어야만 할 것이다. 그러므로 나는 먼저 우상숭배자가 되어야만 하리라.(58쪽)

이스마엘의 이 위대한 결심 장면은 흑인 도망 노예 짐을 밀고하지 않고 차라리 지옥에 가겠다고 선언하는 『허클베리 핀의 모험』의 주인공 허크의 결심 장면과 더불어 미국 문학사에서 가장 고양된 도덕적 깨달음의 순간으로 기록된다.

이윽고 포경선 피쿼드호에 승선한 이스마엘은, 백인 선장 에이햅 밑에 스타벅, 스텁, 플래스코라는 세 사람의 백인 항해사가 있고 그 세 사람의 항해사 밑에 각각 유색인 작살잡이 세 사람이 있다는 사실을 알게 된다. 이는 인간 세상의 축소판이자 소우주인 피쿼드호가 인종적 서열로 이루어져 있음을 시사하고 있다. 스타벅의 작살잡이는 남태평양인 퀴퀙이고, 스텁의 작살잡이는 인디언 태쉬티고이며, 플래스크의 작살잡이는 거대한 흑인 대구이다. 그리고 에이햅 선장의 작살잡이는 배화교도 페르시아인으로 제시된다.

배를 타기 전에 만나는 유색인 퀴퀙이 이스마엘의 무의식(Id)의 상징이라면, 배를 탄 후에 만나는 백인 에이햅 선장은 이스마엘의 초자아(super-ego)의 상징이라고 할 수 있다. 에이햅 선장은 자신만 옳다는 독선과 고집으로 결국 배와 선원들을 파멸로 몰아간다. 에이햅 선장은 선악의 구분이 명확해서 흰 고래를 악의 화신이라고 믿고 그것을 추적해 죽이려다가 오히려 자신이 던진 작살줄에 감겨 흰 고래에 전신이 묶인 채 바닷속으로 가라앉는다. 이스마엘은 에이햅 선장의 죽음과 피쿼드호의 침몰을 목도하는 과정에서 모두를 죽음으로 이끌고 가는 독선과 아집의 위험성을 배운다. 이스마엘은 그동안 어두움과 두려움의 대상이라고만 생각해 온 '이교도(퀴퀙)'가 사실은 밝음과 친밀함이 될 수도 있고, 반대로 스스로 옳다고 생각하는 백인과 기독교인들의 경직과 독선(에이햅)이 치명적인 파멸을 초래할 수도 있다는 사실을 깨닫는다.

작품 후반부에 이스마엘은 드디어 수수께끼 같은 자신의 본질적 모습의 상징인 흰 고래 모비 딕과 조우하고, 순백색의 괴수와의 만남을 통해 자기 자신의 내면을 통찰하게 된다. 그리고 그 순간, 모든 선원은 익사하고, 오직 이스마엘만 살아남는다. 이스마엘은 살아 돌아와 자신이 겪은 일을 말해 줌으로써 인류가 파멸하지 않을 수 있는 방법을 알려 주어야 하기 때문이다. 이스마엘은 인류가 살아남기 위해서는 피부색의 차이, 인종의 차이, 종교의 차이를 초월하고, 미지의 문화와 타자에 대한 불신과 편견을 극복하며, 자신만 옳다는 독선과 아집을 버려야 한다고 말한다. 그런 면에서 보면, 『모비 딕』은 제국주의적 편견과 담론을 비판하는 소설이라고 할 수 있다. 멜빌은 19세기에 숭배되던 백색의 순수성과 절대성을 패러디하며, 그 뒤에 숨어 있는 불길한 것을 통찰하려 했던 최초의 미국 작가였다.

동양과 서양의 만남을 위해

　지구상에서 가장 강대한 제국주의 국가였던 영국의 해양소설은 의식적 또는 무의식적으로 제국주의 담론을 담고 있는 경우가 많다. 물론 그중에는 콘래드의 『암흑의 핵심』처럼 제국주의를 비판하는 작품도 있지만, 콘래드가 원래부터 영국인이 아니라 영국에 귀화한 폴란드인이었다는 사실을 감안하면 『암흑의 핵심』은 다소 예외적인 작품으로 치부해야 할 것이다. 반면, 미국의 해양소설 중에는 오히려 제국주의적 담론에 대한 성찰과 비판이 깃들어 있는 작품이 많은데, 이는 많은 식민지를 소유했던 영국과는 전혀 다른 미국적 풍토 때문이었을 것이다. 우선 미국은 그 자체가 원래 영국의 식민지였을 뿐 아니라, 문화적으로는 19세기 중반까지도 영국과 유럽의 식민지였다는 평을 받았으며, 영국과는 달리 민주주의의 전파에 대한 사명감과 희망을 갖고 있었기 때문이다. 즉 영국은 내부적으로는 민주주의가 가장 발달한 나라이면서도 식민지에 영국식 민주주의를 전파했다고 보기는 어렵지만, 미국은 미국식 민주주의를 전 세계에 전파하는 데 십자군적 사명감이 있었기 때문에, 미국 문학에는 근원적으로 제국주의 담론이 들어가 있기가 어렵다는 것이다. 물론 미국의 십자군 정신도 또 다른 형태의 제국주의라고 보는 시각도 있지만, 적어도 미국이 강대국의 반열에 오르기 전인 19세기까지는 아직 미국을 제국이라고 부를 수는 없었고, 그런 면에서 미국 문학은 제국주의의 반대편에 서 있었다고 보는 것이 타당할 것이다.

　바다는 부단히 작가들의 상상력에 불을 붙여 왔다. 영국 시인 존 메이스필드(John Masefield)의 시 「바다를 향한 그리움(Sea-Fever)」은 그 대표적인 예다.

나는 다시 바다로 나가야만 하리, 고독한 바다와 하늘로,
내가 바라는 건, 단지 큰 배와 그 배를 인도해 줄 별 하나,
생동하는 키와 바람의 노래와 하얀 돛의 펄럭임뿐,
그리고 바다 표면의 잿빛 안개와 동 터오는 잿빛 새벽뿐.

나는 다시 바다로 나가야만 하리, 왜냐하면 조수가 날 부르는 소리는
도저히 저항할 수 없는 야성의 부름이자 명백한 부름이기에,
내가 바라는 건, 다만 흰 구름 날아다니는 바람 부는 날씨뿐,
그리고 부서지는 파도와 포말과 갈매기 울음소리뿐.

나는 다시 바다로 나가야만 하리, 떠도는 집시의 삶으로,
갈매기의 길, 고래의 길을 따라 바람이 칼날처럼 매서운 곳으로,
내가 바라는 건, 다만 껄껄 웃는 동료 선원의 즐거운 이야기뿐,
그리고 기나긴 근무 시간이 끝난 후 찾아오는 고요한 잠과 달콤한 꿈뿐.

그러나 조셉 콘래드의 주인공 말로의 깨달음처럼, 해양문학은 작품을 쓰는 작가나 작품을 읽는 독자 모두가 자신도 모르게 제국주의적 꿈을 꾸는 제국주의 담론의 장이 될 수도 있다. 배를 타고 머나먼 미지의 나라에 가서 보물을 찾아 돌아오는 꿈은 곧 식민지를 건설하고 원주민을 착취하는 꿈으로 변질될 수도 있기 때문이다.

2부
순수문학과 대중문학의 경계를 넘어서

순수문학과 장르 문학 또는 활자 매체와 전자 매체의 경계 해체

문학은 어떻게 변하고 있는가?

21세기 들어 세상은 눈부시게 발전했고, 가히 정신을 차릴 수 없을 만큼 급속도로 변하고 있다. 특히 전자 매체의 발전은 불과 얼마 전만 해도 최첨단이었던 것을 삽시간에 구식으로 바꾸어 놓았다. 컴퓨터 플로피 디스크가 USB로 바뀌더니, 이제는 모두들 대용량 소형 휴대용 하드 드라이브를 들고 다니고 있으며, 커다란 데스크 톱 컴퓨터가 랩톱으로, 랩톱이 노트북으로, 노트북이 다시 더 작은 넷북으로 바뀌더니 이제는 아예 손바닥 안에 들어가는 초소형 팜북(palm book)이 나왔다. 정전기가 일며 시력에 안 좋은 구형 모니터가 떨림이 전혀 없는 HD 고화질의 날씬한 LCD 또는 LED 모니터로 교체되었으며, 아이팟과 아이폰이 출시되어 들고 다니는 고성능 미니컴퓨터의 시대를 열었다. 종이 편지가 디지털 편지인 이메일이나 문자로 대체된 지는 이미 오래되어서, 이제는 이메일이나 문자 전송(texting)을 할 줄 모르면 아예 일상생활이 불편하게끔 되었다. 그러고는 아이패드가 등장해 책과 도서관을 대체하더니, 드디어는 스마트폰이 등장해 전화, 카메라, 텔레비전, 스테레오, 신문, 극장, 내비게이터, 전화번호부, 달력, 알람 시계, 메모장, 영한 및 한영사전, 백과사전을 대체하기에 이르렀다.

한 시대를 풍미하던 비디오테이프 역시 혁명적인 변화를 겪었다. VHS 테이프가 어느 날 DVD로 바뀌더니, DVD가 어느새 고해상도를 자랑하는 블루레이로 대체되었고, 텔레비전 역시 브라운관 텔레비전에서 프로젝션 텔레비전 시대로, 그리고 다시 얇은 패널의 PDP/LCD 텔레비전 시대를 거쳐 지금은 초슬림형이자 풀 HD와 3D까지 지원하는 LED 텔레비전 시대가 되었다. 그러다가 최근에는 기존 HD보다 네 배 더 선명한 울트라 HDTV가 출시되었고, 미국에서는 특수 안경 없이도 3D 감상이 가능하고, 6.1 채널 스피커가 내장된 최첨단 TV가 개발되었다. 또 단순한 RCA 케이블이 복합적인 색상을 구현하는 컴포넌트 케이블로 대체되더니, 이제는 아날로그 시대가 끝나면서 거의 모든 전자 제품의 연결이 선명한 화질과 6.1(또는 DTS) 채널 이상을 자랑하는 HDMI 디지털 단자 연결로 이루어지고 있다. 모든 전자 기기의 사운드를 하나로 통합하는 디지털 오디오 광케이블 또한 그동안 컴포넌트와 전자 기기를 일일이 연결해야만 했던 모든 아날로그 음성 케이블을 영원히 사라지게 만들었다.

정치적으로도 경천동지할 변화가 있었는데, 예컨대 냉전의 종식, 공산주의의 몰락과 소련의 해체, 그리고 9·11테러 같은 사건은 세계사의 흐름을 바꾸어 놓은 정치적 대격변이자 세계사를 뒤흔들어 놓았다. 또 자본주의 대 공산주의의 오랜 대립과 반목이 사라지고, 대신 기독교 문화 대 이슬람교 문화의 갈등과 충돌이 본격적으로 시작된 것도 20세기 후반 및 21세기 초의 대표적인 정치 격변 중 하나이다. 특히 냉전 이후에 정치적, 종교적 갈등으로 인해 도처에서 일어나고 있는 테러는 전 세계의 모든 사람의 삶에 막대한 불편과 지대한 영향을 주었다.

한편, 문화적으로는 해외여행과 해외 이주가 용이해짐에 따라, 전 세계가 다문화 시대로 접어들게 되었으며, 유럽연합처럼 "국민/국가(nation/state)의 경계가 모호해지면서 국경을 초월하는 시대의 문제점과 대응책을 연구하는 '트랜스 내셔널리즘'도 대두되었다. 이제 사람들은 지배 문화와 피지배 문화의 구도에서 벗어나 주변부 문화를 조명하고 탐색하기 시작했는데, 그러한 변화는 세계 각국의 소수 인종들에게 잃어버렸던 목소리를 되찾게 해 주는 계기를 마련해 주었다. 제국주의가 막을 내렸지만, 아직도 많은 예전 식민지 국가가 제국주의의 그늘에서 벗어나지 못하고 있다는 인식은 포스트식민주의(postcolonialism)라는 새로운 문예사조를 태동시켰으며, 문화의 제국주의적 성향을 연구하는 '문화 제국주의(cultural imperialism)'와, 다인종 사회를 이루는 각기 다른 민족을 심층적으로 연구하는 '민족 연구(ethnic studies)'도 부상했다. 또 위성방송을 통한 외국 문화의 유입과 혼합 문제를 연구하는 '트랜스내셔널 미디어 연구(transnational media studies)', 그리고 그 모든 것을 아우르면서 이 시대의 대중문화와 정치 사회 현상과의 관계 전반을 연구하는 '문화 연구(cultural studies)' 또한 활발하게 연구되고 있다.

그러한 과정에서, 대중문화와 하위 장르가 부상하고 그 결과, 고급문화와 대중문화, 그리고 순수소설과 대중소설 사이의 구분도 점차 사라졌다. 또 인터넷을 통한 정보의 확산으로 인해 소수의 정보 독점과 그로 인한 권력 유지가 불가능하게 되어 이제는 대중이 정보와 권력을 차지하는 새로운 대중문화 시대로 접어들었다. 그와 동시에 멀티미디어 시대가 시작됨에 따라, 과거의 단일 매체로는 도저히 담아낼 수 없었던 것들도 이제는 재현 가능해졌으며, '가상현실'의 대두는 그동안 우리가 절대적 진리라고 알아 왔던 이 세상 모든 것의 유효성을 심문하고 회의하는 계기를 마련해 주었다. 그 결과, 사람들은 절대적 진리에 대한 우리의 신념이라는 것이 사실 얼마나 임의적이고 근거 없는가 하는 사실을 깨닫게 되었다.

대중문화의 부상과 더불어 최근 젊은 세대에게 지대한 영향을 끼치며 새롭게 부상하고 있는 것이 바로 영화와 만화다. 영화와 만화를 중요한 문화 텍스트로 보는 '문화 연구' 덕분에 오늘날 영화와 만화는 각각 '영상 텍스트'와 '그래픽 노블'이라는 고상한 이름으로 불리며 많은 문화연구가들의 연구 대상으로, 그리고 대중의 사랑을 받는 시각 매체로 떠올랐다. 이 두 매체는 문자 텍스트에 익숙하지 않은 젊은 세대에게 종이 책을 대신하는 역할을 하고 있으며, 과거에 종이 책이 활자 세대에게 제공해 주었던 지식과 정보와 즐거움을 시각적 효과를 통해 영상 세대에게 제공해 주고 있다. 책장보다는 스크린에 더 익숙한 오늘날 젊은이들은 영화와 만화를 통해서 인생과 세상을 배우며 재미와 감동을 느낀다. 그래서 어떤 의미에서는 영화와 만화가 소설의 영역을 상당 부분 잠식하고 있으며, 문자 소설을 서서히 대체해 나가고 있다고도 볼 수 있다. 영화와 만화는 서로의 경계를 넘기도 하는데, 예컨대 「브이 포 벤데타」, 「인크레더블 헐크」, 「신 시티」, 「수퍼맨」, 「스파이더맨」, 「배트맨」, 「엑스멘」, 「300」 등은 모두 그래픽 노블, 즉 만화를 원작으로 하고 있는 영화들이다. 그림과 이야기를 병행하는 이러한 영화나 만화, 그래픽 노블은 문자로만 되어 있는 소설보다 훨씬 더 설득력 있고 강렬한 호소력을 지니고 있어, 무시하지 못할 강력한 매체로 떠오르고 있다.

한편 과학기술이 눈부시게 발달함에 따라, 인간의 경계를 초월해 인간과 기계의 조화와 합일 가능성을 탐색하는 '트랜스휴머니즘(transhumanism)'이 생겨났고, 동시에 인간과 기계가 결합했을 때의 부정적 문제를 성찰해야 한다는 견해도 생겨났다. 그래서 유전자 변형과 인간 복제가 수반하는 생체 윤리 문제(bioethics)가 범세계적인 관심사로 부상했다. 마이클 크라이턴의 소설 『넥스트』는 인간의 유전자를 주입해 태어난 앵무새와 침팬지의 이야기를 통해 유전자 변형의 위험을 성찰한 대표적 작품이며, 그래픽 노블이 원작인 『엑스맨』은 돌연변이와 변종 인간을 통해 자신과 다른 부류에 대한 인간의 편견과 차별을 고발한 작품이다. 특히 영화에서는 아우슈비츠 수용소 장면으로부터 시작함으로써, 자신과 다른 문화와 능력을 갖고 있는 타 인종에 대한 인간의 편견을 예리하게 비판하고 있다. 그와 더불어 르네상스식 인본주의와는 달리, 인간을 더는 만물의 중심에 두어서는 안 되며 자연과 우주와 삼라만상을 이루는 동물과 식물, 그리고 무생물과 똑같은 위치에 두어야 한다는 '포스트휴머니즘(posthumanism)'도 대두되었다. 그러한 태도와 생각은 결국 환경 생태주의와 자연스럽게 조우하게 되었으며, 요즘 활발하게 논의되고 있는 기후 변화와 생태 비평과도 맞물리게 되었다.

이러한 계시록적인 변화 속에서 문학만 변하지 않을 수는 없게 되었다. 전자 매체와 영상 매체와의 경쟁에서 살아남으려면 문학도 이제는 그것들만큼 강렬한 호소력과 설득력, 그리고 매력과 장점을 지니고 있어야만 하게끔 되었기 때문이다. 젊은이들이 책을 그다지 읽지 않는 시대에 『해리 포터』가 그렇게 많이 팔린 이유도, 사실은 컴퓨터게임과 비슷한 구성과 감각, 그리고 분위기로 쓰였기 때문이라고 볼 수도 있다. 즉 『해리 포터』는 영화나 만화, 컴퓨터게임과 비교해도 뒤떨어지지 않는 감각과 속도와 경쟁력을 갖춘 새로운 감각의 소설이어서 전 세계 청소년들에게 커다란 호소력이 있었다는 것이다. 영화 「아바타」가 세계적인 성공을 거둘 수 있었던 이유도, 우선 그것이 컴퓨터게임과 유사해서 젊은이들을 사로잡았고, 다음으로는 아이맥스, 3D, 그리고 4D로 제작해 전자 세대의 취향과 맞아떨어졌기 때문일 것이다. 그러나 그와 동시에 「아바타」는 현대인들과 현대문학의 관심사에 부합하는 주제를 다루고 있어서 더욱 호소력이 있었던 것 같다. 예컨대 현실과 환상의 경계를 넘나들다가 결국은 어떤 것이 현실이고 어떤 것이 환상인지 알 수 없게 된다는 것, 현실에서는 해병 전사인 주인공이 환상 속에서는 평화의 사절이 된다는 점, 그리고 현실에서는 다리가 불구인 주인공이 환상 세계에서는 뛰고 날아다닌다는 설정, 제국주의의 식민지 지배, 식민지인들의 강제 이주,(이것은 디아스포라를 겪은 모든 식민지인뿐 아니라, 강제로 이주된 원주민 아메리카인을 연상시킨다.) 그리고 자본주의의 생태계 파괴 등의 주제는 오늘날 문학뿐 아니라 전 세계인의 관심사라고 할 수 있는데, 「아바타」는 이를 감동적으로 그려 내는데 성공했다. 과연 이 시대에 문학이 흥성하기 위해서는, 유익할 뿐만 아니라 전자 매체와 영상 매체와 비교해도 뒤떨어지지 않을 만한 감각과 속도와 재미가 있어야만 하게끔 되었다.

새로운 형태의 소설들

때로는 아날로그가 디지털보다 더 낫듯이, 때로는 관습적인 소설이 유행에 따라 모양이나 형식만 요란하게 바꾼 공허한 작품보다 나을 수도 있다. 예컨대 HDMI 케이블은 디지털 영상과 음성을 동시에 출력하게 되어 있지만, 실제로는 음성이 출력되지 않는 경우가 많아, 아날로그를 그립게 만들기도 한다. 새로운 형태의 소설은 디지털 감각으로 쓰되, 영상과 음성 출력이 모두 가능해야만 한다. 다행히 지금까지 논의한 작품은 모두 영상과 음성을 디지털로 훌륭하게 출력해 준 대표적인 경우다.

문학의 본질은 결코 변하지 않겠지만, 문학을 담는 그릇이나 매체는 시대에 따라 얼마든지 변할 수 있을 것이고, 또 변해야만 할 것이다. 구텐베르크 시대가 종말을 고한다면, 문학도 새로운 매체를 찾아야 할 것이고, 또 문자로 된 소설이라 해도 얼마든지 다양한 새로운 기법(예컨대 역사 추리소설, 판타지, SF, 그래픽 노블 등)을 차용해서 새 시대에 부응하는 새로운 형태의 문학을 창출해 낼 수 있을 것이다.

또 매체만큼 중요한 것이 바로 내용이고 주제다. 그러므로 현대의 관심사와 그것을 반영하는 새로운 문예사조를 부단히 연구하고 파악해서 거기에 맞는 새로운 형태의 소설을 써내면 문학은 더욱 흥성할 수 있을 것이다. 그렇지 않고 옛것만 고집한다면, 문학은 독자를 잃어버리고 결국 박물관의 유물로나 남게 될 것이다. 앞에서 논의한 현대 영미 작가들은 바로 그 점을 잘 파악하고 있는 것처럼 보인다.

독자들의 감각과 취향이 달라져 감에 따라 영미 소설은 위기를 극복하기 위해 앞으로도 부단히 변해 갈 것이다. 독자가 없는 문학, 그래서 아무도 읽지 않는 문학은 그 효용 가치를 잃어버리기 때문이다. 수많은 매체, 즉 영화, 만화, 애니메이션, 인터넷 그리고 컴퓨터게임 등에 독자를 빼앗기고 있는 현대의 영미 작가들이 글쓰기에 대해 부단히 고뇌하고, 자신들이 갇혀 있는 디지털 시대의 미로에서 벗어날 출구를 열심히 탐색하고 있는 이유도 바로 거기 있을 것이다.

현대 영미 소설은 영화나 만화나 컴퓨터게임과 경쟁할 수 있을 만큼 재미있어지고 속도도 빨라졌으며, 현대의 관심사를 심층적으로, 그리고 다각도로 그려 내고 있다. 미국 소설, 특히 대중적 인기를 누리는 작품의 가장 큰 변화는 우선 테러를 다루는 소설이 늘어났다는 점이다. 이는 우선 9·11 이후 테러가 미국인들의 비상한 관심사가 되고, 일상생활에 지대한 영향을 끼치게 되었고, 더 나아가 '테러'라는 주제가 인간의 불안의식, 종교적 정치적 독선, 배타주의, 독선(self-righteousness), 경직된 이데올로기, 윤리적 선택 등 현대의 중요한 문제를 통합적으로 바라볼 수 있게 해 주기 때문일 것이다.

예컨대 CIA 대테러 본부의 활약상을 다룬 인기 텔레비전 드라마 「24」의 주인공 잭 바우어의 모델인 미치 랩을 창조한 빈스 플린의 『권력의 이동(Transfer of Power)』이나 톰 클랜시의 『레인보우 식스(Rainbow Six)』 등은 테러를 다룬 대표적인 소설이다. 특히 『권력의 이동』은 백악관을 점령한 아랍 테러리스트 일당과 CIA 대테러 본부 프리랜서 공작원 미치 랩의 대결을 그린 소설로서, 테러리즘은 외부에서 오는 것만이 아니라 정계 내부에도 존재하고 있음을 설득력 있게 그려 내고 있다. 『레인보우 식스』는 실제 존재하는 미 해군의 '네이비 실 팀 식스'에서 명칭을 빌려 온 것으로, 유럽의 테러를 막는 다국적 대테러 부대의 활약을 묘사한 소설이다. 비단 미국 작가들뿐 아니라 영국 작가들도 테러를 다룬 소설을 많이 발표하고 있는데, 예컨대 프레더릭 포사이스의 『아프간』이나 존 르카레의 『원티드 맨(A Most Wanted Man)』은 테러의 문제점을 다룬 대표적인 영국 소설이다. 『아프간』은 아프간인을 닮은 외모로 테러리스트 조직에 잠입해 들어간 전직 영국 특수 부대 장교가 자신을 희생해 테러를 막는 이야기이고, 『원티드 맨』은 테러리스트의 자금책으로 의심받는 순간, 미국의 CIA에 의해 독일에서 미국으로 압송되는 전 러시아 장교의 아들 이야기를 다루고 있다.

최근 미국 소설의 두 번째 변화는, 선악의 경계 해체를 많이 다루고 있다는 점이다. 예컨대 마이클 코널리의 『시인(The Poet)』과 『시인의 계곡(The Narrows)』에서는 연쇄살인범이 바로 범인을 추적하던 FBI 수사관으로 밝혀지면서, 선과 악의 경계란 사실 임의적이고 단지 종이 한 장 차이라는 사실을 잘 보여 주고 있다. 제프리 디버의 『본 콜렉터(The Bone Collector)』에서도 뼈에 집착하는 잔인한 살인범이 자신을 추적하는 신체 불구 수사관

링컨 라임의 친절한 주치의로 드러나, 다시 한 번 선과 악의 구분을 흐리게 한다. 디버의 다른 소설인 『콜드 문』, 『돌 원숭이』, 『코핀 댄서』, 『곤충 소년』, 『12번째 카드』 모두 뜻밖의 인물이 범인으로 드러나 독자들에게 선악의 구분이 얼마나 어렵고 미묘한 것인지를 잘 보여 주고 있다.

미국 소설의 세 번째 커다란 변화는 절대적 진리나 신념에 대한 회의, 또 다른 시각이나 권력에 의해 억눌려 감추어진 역사의 제시, 그리고 스스로를 정통이라고 확신하며 절대적 진리를 신봉하는 사람들의 독선과 아집을 주제로 한 작품이 대거 등장했다는 점이다. 그러한 주제들은 이미 1960년대부터 토머스 핀천, 존 바스, 로버트 쿠버, 커트 보네거트 주니어 같은 포스트모던 작가들을 통해 다루어져 왔지만, 최근에는 댄 브라운이나 매튜 펄 같은 작가에 의해 보다 더 대중화되었다. 그러한 작가들은 역사 추리소설 기법을 차용해, 현대사회의 문제점을 우회적으로 비판하고 있는데, 그 과정에서 종교사, 미술사, 문화사에 대한 해박한 지식으로 독자들에게 지적 즐거움과 깨달음을 안겨 주고 있다.

역사 추리소설의 현실 비판: 『다빈치 코드』와 『단테 클럽』

댄 브라운은 『천사와 악마』에서 물질 – 반물질, 바티칸 – 일루미나티, 종교 – 과학, 그리고 천사 – 악마 사이의 이분법적 대립을 해체하고 제3의 가능성을 추구하는 모습을 보여 준다. 이 소설은 신이 세상을 물질로 창조할 때 반물질도 생겨났으며, 그 둘은 서로 상극인 것 같지만, 사실은 서로 통합할 때 보다 더 완벽한 세상을 만들 수 있다고 말한다. 물질이나 바티칸이나 종교의 시각에서 보면 물론 반물질이나 일루미나티나 과학은 불안정하고 위험한 이단에 속한다. 그러나 브라운은 사실 그 두 가지는 상호 배타적이 아니라 상호 보충적이라는 사실을 독자에게 상기시켜 주고 있다. 예컨대 그는 우리가 악마로만 알고 있는 '사탄(Satan)'도 사실은 바티칸이 일루미나티를 '적'이라는 이슬람어로 지칭했던 샤이탄(Shaitan)에서 유래했을 뿐이라고 말한다. 브라운은 또 '루시퍼(Lucifer)' 역시 원래는 '빛을 밝히는 자'라는 의미로, 일루미나티가 스스로를 지칭했던 표현이었으며, 일루미나티를 미워했던 바티칸이 '사탄'을 악마로 지칭했다는 사실을 알려 준다. 그는 또 미국 1달러 지폐 뒷면에 인쇄되어 있는 눈 달린 피라미드가 기독교 국가인 미국과는 아무런 상관이 없는 표상임을 지적한 다음, 미국으로 건너온 (일루미나티를 흡수했다고 알려져 있는) 프리메이슨들이 '신세계의 질서'를 의미하는 자신들의 표상을 집어넣은 것이라고 알려 준다. 브라운은 또 미국 대통령 중 조지 워싱턴, 벤저민 프랭클린, 앤드루 잭슨, 프랭클린 루스벨트, 해리 트루먼, 제럴드 포드, 린든 B. 존슨, 로널드 레이건, 조지 부시가 프리메이슨 단원이었다고 말한다.

『천사와 악마』에서 교황청의 궁무처장 카를로는 반물질과 과학을 인정하지 않고 악마로 취급해, 반물질을 연구하는 과학자를 암살하고, 종교와 과학을 조화시키려고 했으며 여성과 사랑에 빠져 아이를 가진 교황을 독살한다.

"무슨 소리야! 베트라의 과학은 실제로 신의 존재를 증명했어! 그는 당신 편이었어!"

"내 편이라고? 과학과 종교는 같은 편이 될 수 없어. 우리가 추구하는 신은 서로 달라. 당신의 신이 도대체 누군데? 프로톤, 질량, 분자의 신? 당신의 신은 어떻게 감동을 주는데? 당신의 신은 어떻게 인간의 가슴에 다가와, 당신이 더 위대한 힘에 책임이 있고, 어떻게 당신의 동료 인간들에게 책임이 있다는 것을 상기시켜 줄 수 있는데? 베트라는 잘못된 길을 가고 있었어. 그가 한 일은 종교적인 것이 아니라, 신성을 모독하는 것이었어! 신이 피조물을 시험관에 넣어서 세상의 구경거리가 되게 만들 수는 없는 거야! 그건 신을 영광스럽게 하는 것이 아니고, 욕되게 하는 거야.!"

궁무처장은 이제 그의 몸을 할퀴려는 것 같았고 그의 목소리는 광기에 휩싸여 있었다.

"그래서 레오나르도 베트라를 죽였군!"

"교회를 위해서였지! 인류를 위해서였어! 그 광기라니! 인간은 아직 창조의 힘을 가질 수 없어. 신을 시험관에 넣어? 반물질 한 방울로 시 전체를 날려 버린다고? 그런 사람은 막아야만 해!"(『천사와 악마』, 525~526쪽)

카를로는 나중에야 교황이 사랑하는 여인과의 성관계가 아니라 인공수정을 통해 아들을 얻었고, 자신이 바로 그 아들이었다는 사실을 알고 자살로 생을 마감한다. 포용력의 결핍과 독선은 사람으로 하여금 자신의 그릇된 신념을 위해 쉽게 살인도 불사하게 만든다. 카를로는 바로 그러한 인물이었고, 그의 삶은 결국 비극적 종말을 맞는다.

『천사와 악마』에는 카를로의 사주를 받아 살인을 자행하는 암살자가 등장하는데, 브라운의 또 다른 소설 『다빈치 코드』에도 역시 누군가의 사주를 받아 살인을 자행하는 사일러스라는 암살자가 등장한다. 이 암살자 또한 자신의 종교적 신념에 의해 전혀 양심의 가책 없이 살인을 저지르는 '스스로 의로운' 사람이다. 순수와 순결을 추구하기 위해 사람을 죽이는 이 암살자가 피부가 병적으로 허옇게 변하는 알비노 증세를 갖고 있다는 사실은 다분히 상징적이다. 『모비 딕』에서 멜빌이 지적했듯이, 흰색은 순수의 상징이지만, 동시에 잘못되면 더럽고 불길한 죽음의 색이 되기 때문이다. 작가 댄 브라운은 『다빈치 코드』에서 그동안 우리가 진리라고 알아 오던 많은 것이 사실은 로마와 바티칸이 지식과 권력을 이용해 만들어 놓은 것이라고 폭로한다. 예컨대 브라운은 기독교도 사실은 로마의 종교였던 태양신 숭배와 이집트 종교가 뒤섞인 것이라고 말하며, 이 세상에 순수한 종교란 없다고 지적한다. 심지어는 예수에게 신성을 부여하는 것도 로마의 니케아공의회에서 다수결로 결정했으며, 성배 또한 마시는 포도주 잔이 아니라 사실은 예수의 부인이었던 막달라 마리아를 의미한다고 말함으로써 바티칸과 기독교도의 분노를 사기도 했다. 그러나 브라운의 목적은 기독교를 모독하거나 신에 대한 불경죄를 범하는 데 있기보다는, 독자들에게 편협하고 경직된 종교관에서 벗어나 또 다른 시각으로 기독교와 종교사를 바라보도록 해 주는 데 있다고 보는 편이 정확할 것이다.

매튜 펄의 『단테 클럽』은 19세기 미국 문학사를 소재로 현대의 편협함을 비판한 또 한 편의 뛰어난 역사 추리소설이다. 펄은 이 소설에서 미국과 하버드를 외국 문화의 오염으로부터 지켜 내려는 하버드 최고 집행부의 보수주의자 매닝과, 그에 대항해 단테의 『신곡』을 영어로 번역해 소개하려는 진취적인 학자들인 롱펠로, 로웰, 홈스, 그린의 대립을 19세기 보스턴과 하버드를 배경으로 생생하게 보여 주고 있다. 예컨대 매닝은 로웰 교수에게 이렇게 말한다.

"미국은 도덕과 정의를 가진 고상한 국가이자 위대한 로마의 마지막 후예입니다. 그렇지만 오늘날 미국은 스며 들어오는 병균들, 즉 외국인들을 따라 유입되는 부도덕한 관념들과, 미국의 건국 이념에 위배되는 새로운 외래 사상에 의해 질식되고 파괴되어 가고 있습니다. …… 보스턴의 정신은 끊임없이 공격당하고 있어요. 하버드는 숭고한 우리 영혼을 수호하는 마지막 관문입니다."(『단테 클럽』, 250쪽)

그리고 서로가 대립하는 과정에서, 자신이 옳다는 확고한 신념으로 인해 연쇄살인을 저지르는 살인범이 등장하는데, 이는 에코의 『장미의 이름』에 나오는 눈먼 조르게 장서관장에서부터 시작해 『다빈치 코드』의 사일러스, 『천사와 악마』의 단순 무지한 암살자의 전통에 서 있는 인물이다. 매튜 펄은 『단테 클럽』을 쓰면서 아마도 테러와의 전쟁을 선포했던 부시 행정부와 이슬람 테러리스트들의 대립과 반목에 대한 비판을 염두에 두었던 것처럼 보인다.

판타지의 종주국인 영국 작가답게 필립 풀먼은 『신의 검은 물질(His Dark Materials)』 3부작에서 판타지 기법을 사용해, 현대사회의 문제점인 독선과 그로 인해 정당화되는 테러리즘을 신랄하게 비판하고 있다. 예컨대 『황금 나침반(The Golden Compass)』, 『마법의 검(The Subtle Knife)』, 『호박색 망원경(The Amber Spyglass)』의 3부작으로 이루어진 자신의 소설에서 풀먼은 평행우주 이론을 차용해, 이 세상에 동시에 존재하는 각기 다른 시대를 비교 조감하면서 현대인의 편협한 종교적, 정치적 편견과 이념이 끼치는 해악을 조명하고 있다. 풀먼의 소설에도 역시 잘못된 종교적 독선에 가득 찬 종교 지도자들과 살인자 고메즈 신부가 등장한다.

> 회장은 고메즈 신부를 소환했다. 한 시간가량 서재에서 같이 기도하면서 맥파일 신부는 젊은 고메즈 신부에게 라이라를 죽이는 것은 살인이 아니라며 면죄부를 주었다. 고메즈 신부는 다른 사람이 된 것 같았다. 그의 눈은 혈관을 통해 흐르는 강한 확신으로 빛났다.(『호박색 망원경』, 76쪽)

플라톤의 '동굴 이론(The Cave Theory)'을 컴퓨터와 연결시키고 있는 이 유명한 판타지 소설에서 풀먼은 무거운 주제를 현실과 환상 세계를 넘나드는 재미있는 판타지 양식에 담아 제시함으로써 독자들에게 소설 읽는 즐거움과 깨우침을 동시에 제공해 주는 데 성공하고 있다. 풀먼의 판타지는 젊은 세대들에게 강력한 호소력이 있으면서도, 그 어느 순수문학 못지않은 진지한 주제와 상당한 수준을 갖추고 있어서 바람직한 차세대 소설로 평가받고 있다.

장르 소설의 등장과 의미

모더니즘이 지배 문화로 군림하던 20세기 초만 해도, SF, 판타지, 추리소설, 그래픽 노블 같은 장르 소설은 값싼 누런 종이에 인쇄되어 지하에서 은밀히 유통되던 펄프 픽션에 불과했다. 그러나 본격적인 대중문화 시대가 시작된 1960년대 이후 장르 소설은 일약 문단의 주류로 부상했고, 요즘은 순수문학 작가들도 장르 소설의 기법을 차용한 소설을 써내는 시대가 되었다. 1960년대 초에 고급문화의 종언을 고하고 대중문화 시대의 도래를 선언했던 비평가 레슬리 피들러는 "그동안 수많은 사람이 밤에 커튼을 내린 채 몰래 숨어 추리소설이나 호러 픽션을 읽었다."라고 지적했다. 그러나 지금은 누구나 당당하게 장르 소설을 읽을 수 있는 시대가 되었다.

피들러 교수는 또 「대중문화 비평을 위하여」라는 글에서, "나는 고급문화의 수호자들이 침묵 속에서 무시했던 베스트셀러 소설과 그것들을 원작으로 한 영화를 보고 읽으면서 주인공들의 슬픔에 같이 울고, 그들의 성공에 스릴을 느꼈다는 사실을 부인할 수 없다."라고 고백한다. 즉 대중소설이나 장르 소설이야말로 재미있고 감동적이며, 대중의 인식과 삶을 변화시키는 힘을 갖고 있다는 것이다. 과연 제임스 조이스의 『율리시즈』를 읽고 삶의 변화를 경험했다는 사람은 찾아보기 힘들지만, 하퍼 리의

『앵무새 죽이기』를 읽고 감동받아 새롭게 태어났다는 사람은 많다.

얼마 전 드라큘라 특집을 제작한 유럽의 한 텔레비전 프로그램에 등장한 브람스토커학회 회장은 "『드라큘라』는 전 세계 사람들에게 지대한 영향을 끼쳤는데도 장르 문학이라는 이유로 제대로 인정받지 못하는 반면, 제임스 조이스의 『율리시즈』는 소수의 독자들만 읽었음에도 불구하고 세계적인 정전으로 인정받고 있다."라며 불만을 토로했다. 사실 『드라큘라』는 다수의 모작들을 산출했고 수많은 사람들의 마음에 지워지지 않는 각인을 찍어 놓았지만, 『율리시즈』는 난해해서 오늘날 대학 강의실을 빼고는 아무도 읽지 않는 소설이 되었다.

지난 수년간 서울대학교에서 '영미 대중소설 읽기'를 가르쳐 오면서 느낀 점은, 이제는 고급 소설과 대중소설의 구분이 점차 사라져 가고 있으며, 대중소설의 수준 또한 점점 높아지고 있다는 것이었다. 예전에 신비평가들은 대중소설에는 주제와 통일성이 없다고 무시했는데, 요즘 대중소설에는 무거운 주제와 통일성이 충분히 들어 있어서, 웬만한 고급 소설이나 순수소설보다 오히려 더 뛰어난 문학성과 예술성을 갖추고 있는 경우도 많다. 예컨대, 미국 건국 200주년을 기념해서 발표된 아이작 아시모프의 SF 소설 『바이센테니얼 맨』은 자유를 추구하고 인간이 되고 싶어 하는 로봇을 통해 아메리카의 본질을 성찰하면서, 인간이라는 존재가 과연 무엇인가를 기계와 대비해 심도 있게 탐색하고 있다. 커트 보네거트 주니어의 SF 소설 「해리슨 버저론」은 모든 사람이 평등해진 미래 사회의 모습을 통해, 평등이라는 것이 사실은 개인적 능력과 특수성의 말살이며, 평등 사회를 창출한다는 나라들이 어떻게 사람들을 억압하고 있는가를 신랄하게 고발하고 있다.

과학기술 소설 역시 테크놀로지의 오용과 남용에 대한 문학의 경고를 잘 수행하고 있다. 마이클 크라이턴의 『주라기 공원』은 컴퓨터에 대한 맹신의 위험, 상업화되는 유전공학, 인간의 생태계 교란과 자연의 훼손이 초래하는 필연적인 대재앙, 과학적 확신에 대한 경고를 다룬 주목할 만한 소설이다. 크라이튼은 최근 소설 『넥스트』에서도 과학자들의 윤리 문제, 유전자조작과 이종교배의 문제점에 대해 예리한 비판을 가하고 있으며, 『공포의 제국』에서는 연구비와 펀드를 타 내기 위해 지구 온난화와 기후 변화의 심각성을 과장하는 비양심적 과학자들을 비판하고 있다.

9·11 이후로 부쩍 늘어난 테러 소설과 스파이 소설 또한 현대의 정치적 혼란과 폭력의 근본적 문제점을 탐색하고 있다. 예컨대 프레더릭 포사이스의 『어벤저』는 지하드의 폭력과 반미주의의 근원적 이유, 그리고 테러의 본질을 설득력 있게 파헤친 소설이며, 존 르 카레의 『원티드 맨』 역시 9·11 이후 인간의 삶을 통제하고 있는 테러와 폭력에 대한 강력한 비판 소설이다.

최근에 부상하고 있는 역사 추리소설 또한 탁월한 사회 비판성과 빼어난 작품성으로 화제가 되고 있다. 예컨대 댄 브라운의 『천사와 악마』는 종교적 도그마에 경직되어 '스스로 의롭다(self-righteous)'고 생각하는 사람들의 독선과 횡포, 지배 문화에 의해 소외된 집단, 그리고 과학과 종교의 반목을 고발하는 작품이다. 매튜 펄의 『단테 클럽』 역시 19세기 미국 문학사를 통해 보수와 진보의 대립, 그리고 인간의 편견과 아집을 비판한 뛰어난 소설이다.

또 다른 리얼리티라고 불리는 판타지도 뛰어난 현실 비판서로서의 역할을 잘 수행하고 있다. 예컨대 『해리 포터』는 얼핏 단순한 선악의 대결 구도처럼 보이지만, 사실은 부단히 선악의 경계를 해체하고 있다. 예컨대 『해리 포터와 아즈카반의 죄수』에서는 악당으로 등장하는 탈옥수 시리우스가 사실은 좋은 사람이고, 착한 애완동물인 줄 알았던 스캐버스는 악당으로 드러나는데, 이처럼 이 작품은 변신 모티프를 통해 외양과 실제의 서로 다름을 잘 깨우쳐 주고 있다. 존 로널드 톨킨의 『반지의 제왕』은 권력에 대한 탐욕과, 절대 권력 포기의 어려움에 대한 성찰을 담고 있으며, C. S. 루이스의 『사자와 마녀와 옷장』은 세상을 겨울 공화국으로 만드는 독재자들과 그들이 벌이는 전쟁을 통렬하게 비판하고 있다.

모더니즘 시대에는 추리소설이나 판타지나 SF가 서자 취급을 받아 '서브 장르 소설'이라고 불렸지만, 요즘은 주류로 부상하면서 '장르 소설'이라고 불리게 되었다. 영미 문단에서는 이미 순수소설과 장르 소설의 차이가 사라진 지 오래되었으며, 우리나라에서도 추리소설, 판타지, 역사 추리소설 또는 SF 같은 장르 소설이 부상하면서 이제는 그 차이가 전처럼 분명하지 않게 되었다.

전자 매체에 속절없이 독자들을 빼앗기고 있는 이 시대에 문자 문학이 살아남고 흥성하기 위해서는 장르 소설의 경쟁력을 십분 활용해야만 할 것이다. 문제는 어떻게 수준 높은 장르 소설, 또는 장르 소설 기법을 차용한 좋은 순수소설을 산출할 것인가 하는 것이다. 미래의 문학은 순수소설이 아니라, 장르 소설을 통해 살아남게 될지도 모르기 때문이다.

고급문화를 신봉하고 순수문학을 추구하던 모더니즘 시대에 호러 픽션이나 판타지나 SF나 추리소설은 서브 장르라고 폄하되고 무시되었다. 당시 그것들은 주변부로 밀려나 값싸고 누런 펄프 종이에 인쇄되어 '펄프 픽션'이라고 불렸다. 그러나 사실 호러 픽션의 원조 격인 『프랑켄슈타인』이나 『드라큘라』나 『지킬 박사와 하이드 씨』 같은 공포 소설, 또는 추리소설의 시효인 『도둑맞은 편지』나 『셜록 홈스 전집』, 그리고 과학소설의 아버지인 『타임머신』이나 『투명인간』은 상당한 문학성과 문제의식을 지니고 있는 수준 높은 문학작품이다. 특히 요즘에는 호러 픽션이나 추리소설이나 SF도 그 가치를 인정받고 새로운 조명을 받게 되었으며, 진지한 사회 비판 소설이나 정치 비판 소설로 격상되기에 이르렀다. 순수소설과 대중소설 사이의 구분이 점차 사라져 감에 따라 요즘에는 상당히 수준 높은 장르 소설이 출간되고 있으며, 예전에 나온 장르 소설도 새롭게 해석되고 있다.

호러 픽션의 문명 비판: 『나는 전설이다』

좀비 소설의 시효인 리처드 매드슨의 『나는 전설이다(*I am Legend*)』(1954)는 호러 픽션이 어떻게 한 편의 훌륭한 문명 비판서 또는 사회 비판서가 될 수 있는가를 잘 보여 주고 있다. 소설이 시작되면 거대한 대도시가 폐허로 변해 있고, 거기에 홀로 남은 생존자 로버트 네빌이 살고 있다. 인간들은 모두 치명적인 박테리아에 감염되어 햇빛을 싫어하는 흡혈귀를 닮은 좀비로 변해서 낮에는 숨어 있다가 밤이 되면 밖으로 나와 네빌을 공격한다. 네빌은 낮에는 차를 타고 시내를 돌아다니며 좀비들을 보면 죽이고, 밤이 되면 집으로 돌아와 숨는다. 그는 자신의 집을 철통 같은 요새로 만들고 거기에 홀로 칩거한다. 소설은 외부로부터 고립된 네빌의 뼈저린 고독과 외로움을 잘 묘사하고 있다. 어떻게 보면 네빌은 자유로운 것이 아니라, 스스로 만든 감옥에 갇혀 살고 있는 셈이다.

그러던 어느 날 네빌은 거리에서 루스라는 여자를 만난다. 햇빛에 나와 있는 것으로 보아서 루스는 좀비는 아니었다. 그러나 좀비들 가운데 그녀가 오염되지 않고 살아 있었다는 사실이 도저히 불가능하기 때문에 네빌은 그녀의 정체를 의심한다. 이윽고 루스는 네빌에게 놀라운 이야기를 고백한다. 시간이 지나면서 인간성이 다소 남아 있던 좀비 가운데 환경에 적응하는 새로운 변종이 생겨났는데, 그들은 햇빛에도 점차 적응하게 되어서 낮에도 잠시 밖에 나와 있을 수 있게 되었다. 그러나 그 사실을 모른 네빌이 그동안 거리에서 새로운 변종까지도 무차별 학살했기 때문에, 자신들의 생존을 위해 이제는 그들이 네빌을 죽이려 한다는 것이었다.

이윽고 네빌은 새로운 변종의 공격을 받고 붙잡혀 갇히게 된다. 새로운 문명의 시작을 위해서 이제 네빌은 처형당해 사라져야만 한다. 네빌을 구해 보려고 노력하다가 실패한 루스는 감옥을 찾아와 네빌에게 은밀히 독약을 건네준다. 처형보다 덜 고통스러운 자살을 택하도록 그를 도와준 것이다. 죽음을 앞두고 비로소 네빌은 많은 것을 깨닫게 된다. 그동안 네빌은 오염되고 비정상적인 좀비들을 죽이는 것만이 정상적인 인류 문명을 보존하는 것이라고 굳게 믿었고, 그에 따라 좀비들을 보는 대로 살해했다. 그러나 이제 그는 그들의 새로운 문명을 위해서는 자신이 죽어야만 한다는 사실을 깨닫는다. 네빌은 또한 미래에는 오염된 좀비들이 정상이 되고, 오염되지 않은 자신이 비정상이 된다는 사실도 깨닫는다. 그는 비로소 좀비들의 눈에는 자신이 구시대에 속하는 옛 종족의 마지막 후예일 뿐이라는 사실을 알게 된다.

> 그들에게 그는 한 번도 경험하지 못한 천벌이었다. 자신들이 끼고 살아가야 하는 질병보다도 더 흉측한 존재였던 것이다. 스스로의 존재를 증거하기 위해 그들이 사랑하는 사람들의 생명 아닌 생명을 앗아 간 보이지 않는 유령이었다.(조영학 옮김, 『나는 전설이다』(황금가지, 2005), 221쪽)

지금까지 네빌은 좀비들이야말로 없어져야만 하는 구시대의 전설 같은 존재라고 생각해 왔다. 그러나 이제 그는 바로 자기 자신이 사라져 가는 전설이 되었다는 사실을 깨닫는다. 드디어 모든 것을 포기한 네빌은 루스가 준 약을 먹고 스스로 목숨을 끊는다. 그리고 "나는 전설이다."라는 말을 남기고 세상을 떠난다.

『나는 전설이다』는 매카시즘과 보수주의 시대였던 1950년대의 산물이다. 그렇다면 네빌은 보수주의자들의 상징이고, 좀비들은 전염성 강한 이데올로기의 균을 퍼뜨리는 공격적인 좌파 급진주의자들의 상징이라고도 볼 수 있을 것이다. 치밀하고 깔끔하며 자신이 쌓아 올린 것을 보호하려는 네빌의 눈에, 떼를 지어 다니면서 자신의 패거리가 아닌 사람들을 공격하는 좀비들은 사유재산과 사회질서, 그리고 인류 문명을 파괴하는 공산주의자들과도 같다. 그러나 만일 시대가 변해 그들의 세상이 도래한다면, 홀로 남은 보수주의자 네빌이야말로 새로운 사회질서와 인류 문명을 파괴하는 살인자이자 암적 존재가 될 것이다. 그런 의미에서 이 소설은 1950년대 미국인들의 두려움과 우려를 은유적으로 묘사하고 있다고 볼 수 있다. 그러면서 동시에 이 소설은 모든 위대한 문학작품이 그러하듯이 그 반대로도 읽을 수 있다. 즉 네빌이 진보주의자의 상징이고, 탐욕스러운 좀비들이 보수주의자들의 상징일 수도 있다는 것이다.

『나는 전설이다』를 읽는 또 한 가지 방법은 그것을 무질서로 무너져 가는 사회에 홀로 남아 비판하고 투쟁하며 버텨 보다가 결국은 사라져 가는 소수 지식인의 절망에 대한 이야기로 읽는 것이다. 민도가 낮고 대중이 우매해, 전염병처럼 번지는 잘못된 이데올로기에 세뇌되어 사회를 파멸로 이끌어 갈 때, 그것을 경고하고 거기에 반대하는 것은 소수 지식인들의 사명이다. 그러나 소수는 아무리 옳아도 결코 정상이 될 수 없고, 오히려 틀렸을망정 다수가 상식이 되고 정상이 되는 것이 부인할 수 없는 오늘의 현실이다. 그래서 네빌은 "이제는 내가 바로 비정상이 되었다. 정상이란 다수를 위한 개념이지 한 사람을 위한 기준은 아니기 때문이다."라고 말한다.

『나는 전설이다』는 또한 새로운 세대(신권력)에 의해 밀려나는 옛 세대(구권력)의 슬픈 이야기로도 읽을 수 있다. 나이 든 세대가 볼 때 젊은 세대는 좀비처럼 버릇 없고 공격적이며, 방종하고 방탕한 괴물이지만, 결국 그들이 권력을 쥐면서 새로운 시대가 시작되고, 그에 따라 나이 든 세대는 점차 전설 속으로 사라져 가야만 한다는 것이다. 내셔널 북 어워드 수상 작가인 코맥 매카시의 소설 『노인을 위한 나라는 없다(No Country for Old Men)』(2004)도 잔인하게 변해 가는 세상을 도저히 이해하지 못하는 착하고 늙은 보안관의 이야기로서, 『나는 전설이다』와 일맥상통한다. "노인을 위한 나라는 없다."는 예이츠가 예순 살에 쓴 시 「비잔티움으로의 항해(Sailing to Byzantium)」의 첫 연에 나오는 구절이다.

　그러나 『나는 전설이다』가 우리에게 주는 가장 큰 교훈은 또 다른 시각으로 사물을 바라보아야 한다는 가르침이다. 소설이 진행되는 동안 독자는 내내 네빌의 시각을 통해 좀비를 보지만, 작품 마지막에 가서는 비로소 루스를 비롯한 새로운 변종의 시각으로 네빌을 보게 된다. 네빌은 자신의 신념이 옳다고 믿고 그동안 좀비를 죽였지만, 변종 좀비의 눈에 네빌은 변화를 감지하지 못하고 동족들을 무차별 학살하는 완고하고 잔인한 살인자였을 뿐이다. 놀랍게도 매드슨은 『나는 전설이다』를 통해 1954년에 벌써 위와 같은 포스트모던적 시각을 제시해 주고 있다.

　윌 스미스가 네빌로 나온 영화 「나는 전설이다」는 전형적인 할리우드식 해피엔딩으로 끝남으로써 원작의 의도를 완벽하게 망쳐 놓았다. 영화에는 두 가지 엔딩이 만들어졌는데, 그중 하나는 네빌이 루스와 아이의 목숨을 구하기 위해 좀비들에게 자신을 희생함으로써 전설적인 인물이 된다는 다소간 진부한 영웅적 결말이고, 또 다른 엔딩은 네빌이 치료용으로 갖고 있었던 아직 죽지 않은 여자 좀비를 침입해 들어온 좀비들에게 내주자 그들이 물러가고 자신과 루스는 차를 타고 버몬트 주로 탈출하는 것이다. 이 두 엔딩은 모두 영화가 원작을 훼손한 전형적인 케이스로 남게 될 것이다.

추리소설의 사회 비판: 『살인의 해석』

제드 루벤펠드의 『살인의 해석(The Interpretation of Murder)』은 한 편의 추리소설이 어떻게 오늘날 세계적인 관심사로 부상하고 있는 주제와 씨름하며 수준 높은 문학작품으로 탈바꿈할 수 있는가를 잘 보여 주고 있다. 『살인의 해석』은 20세기 초 프로이트의 미국 방문, 프로이트와 융의 대립, 미국 심리학계의 프로이트 이론 배척 등이 당시 뉴욕에서 일어난 살인 사건 및 살인미수 사건과 긴밀하게 맞물리면서 시작된다.

1909년 저명한 정신분석 이론학자 프로이트는 미국 클라크 대학교의 강연 요청을 받고 융을 비롯한 제자들을 데리고 미국에 도착한다. 미국에서는 프로이트를 흠모하는 영거 박사와 브릴 박사가 그를 맞이한다. 그런데 마침 뉴욕 상류사회 인사의 딸인 노라 액턴이라는 열일곱 살의 소녀가 몸이 묶인 채 목을 졸리고 채찍질을 당한 후, 칼에 찔리는 사건이 일어난다. 노라는 충격을 받아 실어증에 걸리고, 영거 박사는 프로이트의 지시를 받아 노라를 치료하는 일을 맡게 된다. 노라의 기억이 서서히 돌아오면서 노라와 아버지, 노라와 아버지의 친구 조지 밴웰 사이의 문제 등이 드러나고, 그 근저에 프로이트가 주장했던 오이디푸스 콤플렉스가 작용하고 있었음이 밝혀진다.

증오로 인한 살인 및 살인미수 사건과 더불어 긴밀하게 진행되고 있는 것이 프로이트와 융과의 관계에서 드러나는 오이디푸스 콤플렉스다. 당시는 유대인을 차별하던 시기여서 프로이트의 이론은 배척을 받았고,

그래서인지 프로이트는 백인인 융을 자신의 후계자로 선택했다. 그러나 융은 정신적 아버지인 프로이트를 배반함으로써 아이러니하게도 스승의 오이디푸스 이론을 행동으로 보여 주었다. 프로이트의 이론을 배척했던 미국 심리학계는 융을 이용해 프로이트의 강연을 막으려 하고, 프로이트에 대한 근거 없는 추문을 언론에 흘려 음해한다.

과학적인 것을 선호했던 미국의 학계는 프로이트의 무의식 이론이나 꿈의 해석 이론을 비과학적이라고 비판했으며, 아버지에게 대항하고 어머니에게 성적으로 이끌린다는 프로이트의 오이디푸스 이론을 비도덕적이라고 비난했다. 프로이트의 이론을 금단의 지식으로 보고 그것이 미국에 확산되는 것을 막으려 했던 것 중 하나가 당시 삼두회라고 불렸던 막강한 사람들의 모임이었다.

페렌치가 물었다. "삼두회가 뭐요?"
영거와 브릴이 번갈아 가며 설명해 주었다. 그들이 방금 이름을 말한 사람들 — 찰스 루미스 다나, 버나드 삭스, M. 앨런 스타 — 은 이 나라에서 가장 영향력 있는 세 명의 신경학자였다. 이들을 두고 뉴욕 삼두회라고 불렀다. 그중 버나드 삭스의 형은 골드만 가문의 딸과 결혼했다. 이 동맹의 결과로 사적인 금융기관이 설립되었고, 지금은 월 스트리트의 요새로 발전하고 있었다. (박현주 옮김, 『살인의 해석』(비채, 2007), 78쪽)

그렇다면 삼두회의 일원인 버나드 삭스는 오늘날 월 스트리트를 장악하고 있는 골드만 삭스의 원조가 되는 셈이다. 그런 의미에서 『살인의 해석』은 소설이면서도 사실을 다룬 일종의 팩션이라고 할 수 있다. 삼두회가 프로이트를 미워했던 이유를 살펴보면 중세의 바티칸이 자신들과 견해를 달리하는 집단을 이단으로 몰아 배척했던 것과 유사점을 발견할 수 있다.

"그런데 그들이 왜 프로이트를 파멸시키려 하는 건가?" 페렌치가 물었다.

"그 세 사람은 신체 중심 학파에 듭니다." 영거가 말했다. "그들은 모든 신경 질환이 심리적인 원인이 아니라 신경계의 불완전한 기능에서 비롯된다고 믿고 있어요. 그들은 유아기의 심리적 외상을 믿지 않습니다. 성적인 억압이 정신 질환을 일으킨다고도 보지 않아요. 정신분석학은 그들에게 저주입니다. 아예 정신분석학을 신흥 종교로 간주하고 있죠."(『살인의 해석』, 125쪽)

위 인용문은 움베르토 에코의 『장미의 이름』에 나오는 장서관장 조르게 수사가, 웃음을 다룬 아리스토텔레스의 『시학』 2권을 이단이자 금단의 지식으로 규정하고 다른 사람들이 보지 못하게 막는 것을 연상시킨다. 그러나 아이러니하게도 그러한 독선은 사실 사적이고 이기적인 이유에서 비롯되는 경우가 많다.

"과학적인 견해의 불일치 때문에 그자들이 이런 일을 벌였다는 거요? 원고를 태우고, 협박하고, 거짓과 비방을 일삼고?" 페렌치가 물었다. "과학은 아무 상관이 없지." 브릴이 대답했다. "……모든 여자들이 히스테리나 가슴 두근거림, 불안이나 좌절 때문에 그들을 찾아간다고. 이 진료는 수백만 달러의 가치가 있네. 그러니 우리를 악마로 볼 만도 하지. 우리가 그들의 일거리를 빼앗아 갈 테니. 일단 심리적인 병은 신경학이 아니라 심리학으로 다뤄야 한다는 걸 알게 되면 누가 신경 전문의에게 진찰을 받으러 가겠나."
(『살인의 해석』, 125쪽)

삼두회의 방해와 회유에도 불구하고 다행히 클라크 대학교의 홀 총장은 소신을 굽히지 않고 프로이트의 강연을 성사시키는 데 성공한다. 이후 프로이트의 이론은 미국에서도 널리 알려지게 된다. 비록 지금도 미국 심리학계에서는 프로이트의 이론보다는 과학적인 실험과 결과 도출을 더 중시하기는 하지만, 프로이트의 미국 방문은 그의 이론을 확산시키는 데 지대한 공헌을 했다. 특히 미국의 문학계에서는 프로이트와 융의 이론을 적극적으로 받아들였고, 후에 버펄로 소재 뉴욕 주립 대학교에서 노먼 홀랜드가 주도하는 심리 분석 비평학파도 생겨나는 계기가 되었다.

그러므로 『살인의 해석』은 단순한 추리소설이 아니라, 『장미의 이름』처럼 살인 사건을 해결하는 과정에서 정통과 이단, 열림과 닫힘, 정신과 신체, 무의식과 의식의 대립, 그리고 금단의 지식, 절대적 진리의 독선 등 현대의 세계적 관심사를 소설로 다룬 한 편의 훌륭한 문학작품이다. 그런 의미에서 『살인의 해석』은 추리소설과 정신분석학의 결합이 만들어 낸 격조 높은 심리 분석 소설이라고 할 수 있다.

팩션과 추리소설 기법을 이용해 근대사를 재조명하고 있는 영국 작가로 로버트 해리스가 있다. 해리스는 역사 팩션 『임페리움(*Imperium*)』에서 로마 귀족들과 정면 대결했던 변호사이자 원로원이었던 키케로의 정치 인생을 통해 오늘날 정치인들의 삶과 현대 정치사를 통렬하게 비판하고 있다. 그리고 화산 폭발로 사라진 폼페이 최후의 날을 그린 『폼페이(*Pompei*)』에서는 금전과 권력이 초래하는 정신적 타락으로 인해 임박한 파멸을 전혀 감지하지 못하고 있었던 당대 지도자들의 모습을 통해 현대인들에게 엄중한 경고를 해 주고 있다. 그러나 그러한 상황에서도 자신의 책임을 다하며 성실하게 살아가는 주인공 아틸리우스를 통해 해리스는 오늘날 우리가 나아가야 할 방향을 제시하고 있다.

『아크엔젤(*Archangel*)』에서 해리스의 관심사는 근대사로 이동한다. 정신 질환자 스탈린이 학살한 수많은 사람에 대해 언급하면서 해리스는 스탈린이 히틀러보다도 훨씬 더 많은 사람을 죽였으며, 그 수가 1500만 명에서 2000만 명에 이른다고 말하고 있다. 이 소설은 스탈린이 자신의 후

계자로 남겨 놓은 아들이 시골 오지에서 숨어 아버지를 닮은 잔인한 인간으로 성장한 후, 스탈린에 이어 소련의 지도자가 되기 위해 모스크바로 입성하면서 끝이 난다. 다행히 그를 맞이하는 군중 속에는 그를 암살하려는 여인이 있다는 설정으로 해리스는 독자들에게 위안을 준다.

해리스의 『이니그마(Enigma)』는 2차 세계대전 중 영국과 독일의 암호 해독 전과 첩보전, 그리고 조국의 배신 문제를 다루고 있고, 『당신들의 조국(Fatherland)』은 2차 세계대전에서 독일이 승리해 미국과 독일 사이에 냉전이 벌어진다는 가정을 대체 역사소설의 기법으로 풀어 나가고 있다. 1960년대는 진보주의 시대였지만 소설의 가상 역사 속에서 1960년대의 유럽은 나치가 지배하는 전체주의 사회가 된다. 독일의 사법 경찰관인 주인공은 숨 막히는 전체주의 사회 속에서도 인간성을 잃지 않는 양심적인 사람이다. 그는 사실을 숨기려는 비밀경찰과 권력자들의 세력 다툼 사이에서 진실을 파헤치고 인간의 가치를 보호하려고 노력함으로써 독자들에게 위안과 희망을 준다. 아무리 혹독한 전체주의 사회에서도 개인의 투쟁은 계속되고, 비록 소수이지만 인간성을 옹호하는 사람들이 있다는 긍정적인 메시지를 이 소설이 독자들에게 주고 있기 때문이다.

테러 소설의 정치 비판: 「아프간」, 「원티드 맨」, 「레인보우 식스」, 「탈주자」

전 세계에 커다란 충격을 준 9·11테러 이후 많은 작가가 테러리즘을 소재로 하는 작품을 써냈다. 오늘날 테러는 공산주의가 사라진 자리에 대신 들어서서 인류가 이루어 놓은 모든 것을 단숨에 파괴하는 공포의 대상이 되었을 뿐 아니라, 테러의 배후에 숨어 있는 여러 가지 요인과 상황이 인간의 심리적, 사회적, 정치적 갈등을 다루는 문학의 좋은 소재가 되기 때문일 것이다.

　영국 작가 프레더릭 포사이스는 『아프간』에서 오사마 빈 라덴이 조종하는 해상 테러를 막기 위해 아프간인으로 변장하고 테러리스트 집단에 잠입한 후, 결국 자신의 목숨을 바쳐 테러를 막는 전직 영국 특수 부대원의 활약을 실감 나게 그려 냈다. 『어벤저』에서 이미 자신의 정치적 이득을 위해 무고한 불특정 다수를 살해하는 테러에 강한 반감을 표출했던 포사이스는 『아프간』에서도 여전히 테러에 대해 비판적 태도를 견지하고 있다. 그는 이 소설에서 탈레반의 탄생과 오사마 빈 라덴의 등장, 그리고 그들의 독선과 아집, 정치적 타락과 변질이 초래하는 폭력과 학살을 설득력 있게 묘사하고 있다. 예컨대 포사이스는 군부의 횡포해 저항해 생겨난 학생 조직으로 처음에는 아프간인들의 열렬한 환영을 받았던 탈레반이 후에 어떻게 이슬람교 근본주의 테러 집단으로 변해 가는가, 또 오사마 빈 라덴은 또 어떤 방식으로 아프가니스탄에 자신의 테러범 양성소를 만들게 되는가, 그리고 파키스탄과 아프가니스탄의 정치적 대립은 어디에서 기인하는가 등 많은 역사적 사실을 알려 주면서 독자에게 선악의 구분과 인간의 본성에 대해 고민하게 해 준다. 독선에 빠진 테러범은 자신들의 테러가 정의롭고 옳다는 데 대해 전혀 회의가 없다. 그러므로 그들은 일말의 거리낌 없이 죄 없는 다수를 죽인다. 그러나 자신의 신념에 의해 타인을 죽이는 것은 결코 용납될 수 없는 독선일 뿐이다. 주인공 마틴은 아랍어에 능통하고 외모도 중동인처럼 생겨서 터번을 두르고 쉽게 테러리스트 집단에 잠입한다. 더욱이 마틴이 변장한 사람은 그가 전에 만난 적도 있고 같이 모험도 겪은 잘 아는 아프간인이다. 그러한 설정을 통해 포사이스는 독자에게 기독교와 이슬람교, 또는 유럽인과 중동인 사이의 심리적 자리바꿈을 경험하게 해 준다.

　『추운 나라에서 돌아온 스파이』로 유명한 존 르 카레의 최근 소설 『원티드 맨』은 카레 자신이 예전에 영사 겸 스파이로 활동했던 독일 함부르크를 무대로 하고 있는데, 함부르크는 또한 모하메드 아타를 비롯한 테러 지도자들이 9·11사태를 계획한 곳이기도 하다. 어느 날 함부르크에 이사 카르포프라는 불법 입국자 청년이 나타난다. 그는 KGB 요원이었던 카르포프 대령과 체첸 여인 사이에서 태어난 아들로 지금은 죽고 없는 아버지가 함부르크의 영국 은행에 맡겨 놓은 불법 재산을 찾을 수 있는 암호를 갖고 나타난다. 이사가 인권 변호사 애너벨 리히터를 만나 같이 은행장 토미 브루를 찾아가면서 세 사람의 관계가 얽히게 되고, 그러한 움직임을 포착하고 그들을 감시하는 독일 정보부와 영국 정보부, 그리고 미국 정보부의 관계가 충돌하면서 스릴 넘치는 이야기가 긴박하게 전개된다.

이 소설의 가장 중요한 상징 중 하나는 아버지로부터 아들이 물려받는 정신적, 물질적 유산의 문제다. 이사는 부정한 방법으로 돈을 빼돌린 아버지의 검은 유산을 물려받게 되어 있고, 토미 브루 역시 은행가의 윤리를 저버리고 검은돈을 세탁해 주고 보관했던 아버지가 남겨 준 카르포프 대령의 예금 지급을 실행해야 하는 상황에 처해 있다. 그리고 그 과정에서 토미 브루는 자신의 아버지가 영국 정보부의 지시를 받았다는 사실을 알게 된다. 개인의 삶은 보이지 않는 정보부의 통제를 받고 있었고, 모든 것의 뒤에는 정보부가 개입되어 있었던 것이다.

『원티드 맨』의 또 하나의 주제는 물론 테러리즘이다. 아버지가 물려준 검은 유산을 체첸을 위해 사용하고 싶다는 뜻을 밝힌 이사는 무슬림을 위한 모금을 주관하고 관리하는 압둘라 박사에게 그 일을 부탁하는데, 사실 압둘라는 이슬람 테러 자금의 주요 공급책으로 이미 정보기관의 주목을 받고 있던 사람이었다. 그 순간 영국 정보부와 독일 정보부를 제치고 미국의 CIA가 나타나 이사를 테러 자금 공급자로 체포해 미국으로 압송한다. 여기서 카레는 '테러와의 전쟁'이라는 명분하에 무소불위의 권력을 휘두르는 미국과 그 앞에서 힘을 쓰지 못하는 (혹은 동조하는) 유럽의 무력함을 비판하고 있는 것처럼 보인다. 왜냐하면 테러 자금을 대주는 것이 전혀 이사의 뜻이 아니었을 수도 있지만, 테러에 민감한 미국이 주도권을 쥐고 있는 상황에서는 압둘라에게 돈을 건네려 했다는 이유만으로도 이사는 테러리스트로 몰리게 되기 때문이다. 작가가 비판하는 것은, 개인의 의사나 의도보다 당시의 정치 상황과 맥락이 더 중요한 현재 우리의 상황인 것처럼 보인다.

이사가 과연 어떤 사람인가는 소설에 분명하게 나와 있지 않다. 어쩌면 그는 위장한 테러리스트일 수도 있고, 미국은 바로 그 가능성만으로 그를 붙잡아 미국으로 데려간다. 그러나 그는 어머니의 나라 체첸을 돕고 가능하면 의사가 되어 다른 사람들을 치료하며 살고 싶다고 말한다. 그런데도 그의 그런 소망은 테러에 연루되면서 무참히 깨어진다. 무섭게 소용돌이치는 정치 상황과 정보기관들의 감시 속에서 카레가 보는 개인의 삶은 한없이 무력한 것으로 제시된다.

톰 클랜시의 『레인보우 식스』는 9·11테러 이후 형편없이 구겨진 미국인들의 자존심을 되살려 주는 소설이다. 미국인을 대장으로 하는 국제 반테러리스트 조직이 영국에 근거지를 두고 결성된다. 델타나 네이비 실 같은 미국의 특수 부대와 영국의 SAS가 대거 참여하는 이 대테러 부대에는 프랑스, 독일, 캐나다, 이탈리아, 스페인, 이스라엘 요원들이 참여하고 있으며, 동명의 비디오게임에는 한국인 전사도 들어 있다. 최강의 전사로 이루어진 다국적 부대인 이들은 신속하고 은밀하게 각지에서 일어나는 테러를 진압한다. 현실에서는 불가능한 꿈을 작가들은 상상 속에서 꾸는데, '레인보우 식스'라는 명칭의 이 대테러 부대의 이야기도 그러한 이루어지기 어려운 무지갯빛 꿈을 묘사하고 있는 것처럼 보인다.

리 차일드의 『탈주자(Die Trying)』는 미국 내에서 자체적으로 생겨난 테러리스트에 대한 소설이다. 전 군 특수 부대 소령 출신인 잭 리처는 시카고의 거리를 걷다가 세탁소에서 옷을 찾아 나오는 FBI 요원 홀리 존슨과 우연히 부딪치게 되고, 그 순간 나타난 민병대 테러리스트들에 의해 홀리와 함께 납치된다. 홀리 존슨이 납치된 이유는 그녀의 아버지가 국방부 합참의장이었기 때문에 민병대가 그를 조종하기 위해서였다는 사실이 드러난다. 몬태나 주에 근거를 둔 이 자생적 테러 집단은 미국 연방 정부와 세계가 이상적인 미국 사회를 파괴하려 한다는 음모 이론을 펼치는 보켄이라는 인물에 의해 운영되고 있다. 리처와 존슨은 합심해서 민병대 테러 집단의 음모를 파헤친다. 모두가 외부의 테러 집단에 눈을 돌리고 있을 때, 차일드는 미국 내부에도 그런 집단이 있을 수 있다는 사실을 상기시켜 주면서, 대중의 무지와 집단 세뇌의 위험성을 경고하고 있다.

요즘은 이른바 순수소설도 추리소설이나 판타지나 SF 기법을 많이 원용하고 있지만, 장르 소설도 순수소설에 뒤지지 않는 무거운 주제를 다룸으로써 상호 보완적으로 좋은 작품이 많이 나오고 있다. 특히 요즘 많은 장르 소설이 세계적인 관심사(예컨대 절대적 진리에 대한 회의, 감추어진 또 다른 역사, 자신만 옳다고 믿는 사람들의 독선과 폐쇄가 초래하는 살인 사건, 금단의 지식과 금서)를 주제로 다룸에 따라, SF나 판타지나 추리소설도 이제는 진지한 본격 문학으로 대접받고 격상되는 시대가 되었다. 문학에서 중요한 것은 장르가 아니라, 좋은 주제와 스토리텔링 기술이기 때문이다.

문학과 정치의 경계를 넘어서

프레더릭 포사이스의 『어벤저』와 이문열의 『호모 엑세쿠탄스』

우리의 삶과 그 삶의 다양한 양태를 그려 내는 문학은 아무리 순수와 지고를 주장한다 해도 결코 현실과 괴리될 수 없으며, 그런 의미에서 본질적으로 정치적이라고 할 수 있다. 그래서 비평가 에드워드 사이드는 『세상과 텍스트와 비평가』에서 문학의 현실 오염과 '세속적 비평(secular criticism)'의 당위성을 주장했고, 진보적 문예지 《파르티잔 리뷰》의 편집인이었던 필립 라브 또한 《문학과 정치》에서 "문학은 결코 정치로부터 자유로울 수 없다."라고 말하고 있다. 또 스콧 슬로빅 같은 생태주의 학자도 최근 학문의 현실 '연관성(relevance)'을 부인하는 순수주의자들을 비판하면서, 문학이나 인문학, 더 나아가 모든 학문은 기본적으로 사회적, 정치적 맥락 속에 존재한다고 말한다. 즉 문학 텍스트는 그 자체가 이미 하나의 현실 세계이자 사회 정치적 존재여서, 그것이 산출된 콘텍스트와 긴밀히 연관되어 있다는 것이다.

그래서 최근 세계 작가들의 비상한 관심사와 세계 문단의 추세 또한 잘못된 방향으로 가고 있는 현실 세계에 대한 정치적 비판이다. 특히 최근 세계문학의 두드러진 특징 중 하나는 21세기 들어 우리를 위협하고 있는 정치적, 종교적, 인종적 분쟁, 그리고 그것이 야기하는 신체적, 정신적 테러리즘이다. 과연 지구는 지금 인류 문명과 인간 정신 생태계를 파괴하는 정치적 독선과 종교적 교조주의로 인해 심각한 위험에 빠져 있으며, 작가들은 그러한 상황을 작품을 통해 성찰하고 그 폐해를 경고하고 있다. 예컨대 움베르토 에코의 『장미의 이름』이나 『푸코의 진자』, 밀란 쿤데라의 『참을 수 없는 존재의 가벼움』, 또는 오르한 파묵의 『내 이름은 빨강』 같은 소설은 모두 인간성을 파괴하고 사회를 분열시키는 경직된 정치 및 종교 이데올로기의 해악을 다루고 있는 대표적인 문학작품이라고 할 수 있다. 이뿐 아니라, 매튜 펄의 『단테 클럽』이나 댄 브라운의 『천사와 악마』, 또는 필립 풀먼의 『신의 검은 물질』 3부작 같은 소설 또한 모두 이 시대의 정치적, 종교적 독선이 초래하는 문제점을 다각도로 성찰하며 예리하게 비판하고 있다.

문학의 정치 비판은 특히 9·11테러 이후 더욱더 활발해졌는데, 이는 문학이 본질적으로 정치적 목적을 위해 무차별 테러를 자행하는 이슬람교 원리주의자들이나, 테러의 예방 및 진압을 핑계로 공포 분위기를 조성해 인간을 억압하는 기독교 원리주의자들의 독선을 모두 용납하지 않기 때문일 것이다. 예컨대 『쥐』로 퓰리처상을 받은 그래픽 내러티브 작가인 아트 스피글만은 최신작 『사라진 타워의 그늘에서』에서 9·11테러를 일으킨 탈레반뿐 아니라, 그것을 핑계로 인간의 자유를 억압하며 전쟁을 일으키고 정치적 이득을 챙기는 조지 W. 부시 행정부의 오만한 행태도 신랄하게 비판하고 있다.

그중에서도 영국 작가 프레더릭 포사이스의 『어벤저』와 한국 작가 이문열의 『호모 엑세쿠탄스』는 왜곡되고 독선적인 종교, 정치 이데올로기로 우리의 삶을 통제하고 억압하며 우리의 정신을 황폐화시키는 이 시대 정치 선동가와 테러리스트들에게 준엄한 비판을 가하고 있는 주목할 만한 소설이다. 이 두 작품은 각각 '좌'와 '우'라는 정치적 양극으로 치달았던 노무현 정권의 한국과 부시 행정부의 미국을 배경으로, 경직된 정치 이데올로기가 어떻게 종교적 신념과 결합하면서 처절하고 철저하게 인간을 오도하고 인간성을 파괴하며, 사회를 분열시키고 인류 문명을 파멸시키는가를 신랄하게 폭로한다. 이 두 작품이 각기 서로 다른 공간을 다루고는 있지만 궁극적으로는 어떻게 거울을 바라보는 것처럼 서로 만나고 있는지를 조명해 보는 것은, 동시대 문학의 공동 관심사를 살펴본다는 점에서 뜻깊은 일이 될 것이다.

프레더릭 포사이스의 『어벤저』의 주인공 피트 덱스터는 외견상으로는 변호사이지만, 또 하나의 은밀한 직업이 있다. 베트남 전쟁의 전쟁 영웅인 그는 범법자들이나 테러리스트들에게 억울하게 살해된 사람들의 가족에게 사건을 의뢰받아 대신 복수를 해 주는 '어벤저'다. 덱스터는 자신의 귀여운 딸이 악당들의 마수에 걸려 살해되자 그들을 응징한 다음, 이제는 자신의 개인적 원한보다도 타자와 공익을 위해 봉사하기로 결심하고, 잡지 광고를 보고 연락해 오는 사람들의 슬픔을 해결해 준다.

캐나다의 재벌 스티브 에드먼드는 내전 중인 발칸 반도에 봉사하러 갔다가 밀로셰비치의 심복인 민병대장 조란 질릭에게 비참하게 살해당한 자신의 미국인 손자 리치의 복수를 결심한다. 에드먼드는 어벤저인 덱스터에게 그 일을 맡긴다. 덱스터는 보스니아 내전이 끝난 후 남미로 잠적한 전범 질릭을 추적해 군사 요새 같은 그의 비밀 거처로 잠입한다.

CIA의 대테러팀장인 폴 데브루는 질릭이 두 달 후쯤 거행할 예정인 모종의 테러 음모의 주범인 오사마 빈 라덴과 곧 모임을 가질 예정이란 정보를 입수하고 질릭을 붙잡아 미국으로 압송하려는 어벤저의 시도를 막으려 한다. 그러나 CIA의 노력은 실패로 돌아가고, 덱스터는 질릭을 붙잡아 미국으로 송환해 법의 손에 넘기는 데 성공한다. 데브루는 국가 안보라는 큰 선을 위해서는 한 개인의 죽음 같은 작은 희생은 어쩔 수 없다고 생각한다는 점에서, 개인의 목숨을 소중하게 여기고 국가가 처리해 주지 못하는 개인의 원한을 해결해 주는 덱스터와는 정반대의 인물이다. 사실 엄밀히 살펴보면 데브루는 미국의 국익만을 우선시하는 이기적인 사람일 수도 있는 반면, 덱스터는 오히려 자기 자신이 아니라 남을 위해 봉사하는 공익적인 인간처럼 보인다.

『어벤저』는 "2001년 9월 10일이었다."라는 말로 끝난다. 즉 질릭의 체포 날짜가 2001년 9월 10일이었다는 것인데, 그렇다면 두 달 후일 거라는 CIA의 정보와는 달리 바로 그다음 날 9·11테러가 일어났기 때문에, 비록 CIA가 질릭의 체포를 막았다 할지라도 9·11사태는 피할 수 없었다는 것을 알 수 있다. 포사이스는 CIA가 부정확한 정보를 가질 수밖에 없었던 이유를 CIA의 대테러 첩보를 무력화한 빌 클린턴의 나이브한 도덕주의에서 찾는다. 정보기관의 중요성을 잘 몰랐던 클린턴은 CIA가 테러리스트 경력 소유자들을 정보원으로 고용하는 것을 금지했으며, 도덕적으로 하자가 없는 사람으로부터만 정보를 얻어 내라고 지시했는데, 그 결과 CIA 정보망은 심각한 타격을 입었다. 가장 정확한 정보는 테러리스트 내부 첩자가 갖고 있기 때문이었다. 폴 데브루는 이렇게 말한다.

그는 정보원을 고용하는 기준으로 정직성만을 고집하는 클린턴의 법칙은 멍청하기 짝이 없는 법칙임을 확신하게 되었다. 그런 멍청하기 짝이 없는 법칙은 결국 아프리카에서 당한 일에 대한 반격을 대실패로 이끄는 결과를 초래했다. 수단의 수도 하르툼 외곽에 있던 한 제약 회사 공장은 UBL의

화학 무기를 제조하고 있다는 의심을 받고 크루즈 미사일 세례를 받아 파괴되었다. 하지만 그것은 아스피린 제조 공장이었음이 밝혀졌다.(이창식 옮김, 『어벤저』(랜덤하우스코리아, 2007), 288~289쪽 — 이하 쪽수만 밝힘)

『어벤저』에서 포사이스는 또 폴 데브루의 입을 빌려 공산주의가 사라진 자리에 대신 들어앉아 현재 세계의 안녕과 질서를 심각하게 위협하는 테러리즘의 본질을 정확하게 분석한다. 데브루는 인간의 정신뿐 아니라, 생명까지도 파괴하는 테러리즘이 사실은 개인적 증오심을 품은 중류 계급 이상의 교육받은 자들의 허영심과 영웅심에 의해 자행된다는 사실을 폭로한다. 가난하고 교육받지 못한 젊은이들은 그들에게 세뇌되어 그들의 증오와 독선의 파괴적 도구로 이용당할 뿐이라는 것이다.

테러리즘은 편안하게 성장하고, 교육을 잘 받고, 개인적 허영과 방종에 맛을 들인 중류 계급의 이론가들 머리에서 나왔다. 서유럽과 남미와 극동 아시아나 마찬가지로, 중동에서도 똑같은 이론이 적용되었다. 이마드 무그니야, 게오르게 하바시, 아부 아와스, 아부 니달, 그 밖에 아부란 이름을 가진 모든 테러 지도자들은 평생 동안 한 끼도 굶은 적이 없었다. 그리고 대부분 대학을 나왔다.
데브루의 이론에 의하면 식당에 폭탄을 설치하도록 다른 사람들에게 명령하고, 그 결과를 흡족하게 상상할 수 있는 자들은 모두 한 가지 공통점을 지니고 있었다. 무시무시한 증오심을 품고 있다는 점이다. 그 증오심은 유전적으로 타고난 것이다. 증오가 먼저 오고 목표는 나중에 올 수 있었다. 항상 그랬다. 동기도 증오 다음으로 찾아왔다. 그것은 볼셰비키 혁명일 수도 있고, 민족해방운동이나 그것들을 합병하거나 계승한 수많은 유사 운동일 수도 있고, 반자본주의 열정일 수도 있고, 종교적 고양일 수도 있었다.

그러나 증오가 첫 번째로 오고, 그다음에 원인이 오고, 그다음엔 목표가 오고, 그다음엔 방법이 오고, 맨 마지막으로 자기 정당화가 왔다. 그리고 '레닌의 유용한 바보들'은 언제나 그것을 무턱대고 받아들였다. 그들은 폭군을 숭배하고 살인자들의 목에 화환을 걸어 준다.(327~329쪽)

폴 데브루는 또 테러리스트들이나 좌파 지도자들이 공통적으로 선동하는 반미주의에 대해서도 성찰하며 다음과 같은 설득력 있는 이론을 펼친다.

데브루는 자신의 조국이 완벽하지 않다는 것을 알고 있었다. 미국은 실수를 저질렀고, 이따금 너무 많이 저질렀다. 하지만 그 본질은 어디까지나 선의였고 다른 어떤 것들보다도 나았다. 그는 세계를 두루 여행하면서 그 '다른 어떤 것들'을 가까이에서 목격했다. 그중 많은 것은 아주 끔찍했다.
대부분의 미국인은 1951년에서 2001년 사이에 일어난 변화에 대해 이해할 수 없었다. …… 미국 정부가 전제군주를 상대로 민주주의를 설파하려고 하지 않았던가? 최소한 1조 달러를 원조금으로 날려 버리지 않았던가? 미국은 서유럽의 방위비로 연간 1000만 달러의 예산을 50년 동안이나 투입하지 않았던가? 그렇다면 격렬한 반미 시위와 미 대사관 폭파, 불타는 성조기, 비난성 문구의 플래카드를 어떻게 설명할 것인가?(294쪽)

대부분의 미국인들이 결코 이해하지 못하는 그러한 의문에 대한 답을 포사이스는 은퇴한 영국 정보원의 입을 통해 제시한다.

그것을 데브루에게 설명해 준 사람은 1960년대 말 런던의 한 클럽에서 만난 영국의 원로 스파이였다. 베트남 상황이 날로 악화되어 가고 소요가 일어나던 시기였다.

"이런 답답한 친구. 미국이 허약하다면 미움받을 일도 없다네. 또 미국이 가난하다면 미움을 받을 건더기도 없지. 미국이 1조 달러나 원조를 했는데도 미움을 받는 것이 아니라, 그 1조 달러 때문에 미움을 받고 있는 거라고."

그 노련한 거물 스파이는 좌익 정치가들과 턱수염 기른 학생들이 미국 대사관을 파괴하고 있는 그로브너 광장을 가리키며 계속했다.

"두 가지를 절대 잊지 말게. 자기 보호자를 용서할 수 있는 사람은 없다는 것. 그리고 자신의 은인에게 느끼는 혐오감보다 더 강렬한 혐오감은 없다는 것……."

옛날 로마인들도 그 미심쩍은 영광을 누렸다. 그들은 자신들에 대한 상대방의 증오를 무자비한 무력으로 응징했다. 백 년쯤 전에는 대영제국이 한창 잘나갔다. 그들은 자신들에 대한 상대방의 증오를 시큰둥한 경멸로 대응했다. 이젠 미국이 그런 상황을 맞았는데, 그들은 자신들이 무엇을 잘못했는지 자문하며 골머리를 싸매고 있다.(294쪽)

이어서 그 영국 원로 스파이는 테러리즘이나 반미주의는 사실 증오에 불타는 제3세계의 사이비 지식인들이 정치적 목적을 위해 선동하는 것이라고 폭로한다.

"선동자만 하나 있으면 되는 거지. '미국인들이 가진 것은 모두 당신한테서 훔친 것이다!'라고 외쳐 줄 자 말이야. 사람들은 그 말을 믿을 거라고. …… 그 광신자들은 거울을 노려보다 그 안에서 발견한 것에 분노하고 고함을 지를 걸세. 그 분노는 증오가 되고, 증오는 대상을 필요로 하지. 제3세계의 노동자계급은 미국을 증오하지 않아. 가짜 지식인들이 미국을 증오하지.

그들이 만약 미국을 용서한다면, 그들은 자신들을 비난해야만 해."

데브루는 알카에다의 리더십도 다를 것이 전혀 없다고 확신하고 있었다. 그것의 공동 창설자는 사우디아라비아 출신의 건설업계 백만장자와 카이로 출신의 의사였다. …… 미국이나 이스라엘의 완전 자멸만이 그들을 위무하고 만족시켜 줄 것이었다. 그들은 미국이 한 행위 때문에 미국을 증오하는 것이 아니라, 미국 자체를 증오하고 있었다.(329쪽)

이러한 견해는 물론 CIA 요원이자 보주주의자인 폴 데브루의 생각이지 작가 포사이스의 견해는 아닐 수도 있다. 그러나 동시에 그것은 통찰력 있는 한 영국인 작가가 객관적으로 바라보는 테러리즘과 반미주의의 정확한 본질일 수도 있다. 미국인 작가가 미국의 비판자들을 비판하는 것은 설득력이 없지만, 비미국 작가의 말은 어느 정도 객관성을 지니기 때문이다.

『어벤저』는 오늘날 전 세계를 공포로 몰아넣고 있는 테러리스트들, 그리고 제3세계 사이비 지식인들의 맹목적인 증오심과 교조주의적 독선을 적나라하게 드러내 보여 주며 강력한 정치적 비판을 가하고 있다는 점에서 문학의 시대적 사명을 훌륭하게 수행하고 있는 대표적인 작품으로 평가받고 있다.

이문열의 『호모 엑세쿠탄스』의 주인공 신성민은 애인 정화와 함께 대학 시절에는 운동권이었으나, 지금은 자본주의의 상징인 증권사의 과장으로 일하고 있는 소시민이다. 그러던 어느 날, 누군가 그의 컴퓨터를 조작해 그가 고객들의 주식을 잘못 운용해 막대한 손실을 끼친 것으로 만들어 그를 회사에서 밀어낸다. 혹시 있을지도 모를 손해배상 소송을 피해 집을 처분하고 달동네로 이사 온 그는 거기서 예수와 막달라 마리아를 닮은 사람들을 만나게 되고, 또 한편으로는 그를 다시 찾아온 정화의 소개로 운동권 지하조직인 시민 단체에서 일하게 된다. 그 두 부류의 사람들 사이를 오가면서, 신성민은 자신이 예수를 배신하고 넘겨준 가롯 유다와 비슷한 역할을 하고 있다는 사실을 깨닫는다. 폭력적 정치 이데올로기와 광적인 종교적 신앙심이 넘쳐 나고, 음모가 독버섯처럼 자라나는 한국 사회에서 한바탕 몸살을 앓은 후, 신성민은 작품의 마지막에 회사를 무단 결근한 채, 정치적 종교적 독선과 이분법적 편 가르기로 인해 수많은 사람이 살해당하고 나라가 극도의 혼란에 빠진 이라크와 르완다를 여행하며, 자칫 그렇게 될 수도 있는 한국의 정치 상황을 돌이켜 본다.

이문열의 『호모 엑세쿠탄스』는 경직된 이분법적 사고방식과 경박한 선동 정치로 국민을 분열시키고 한국인들의 정신 생태계를 파괴한 2000년대 한국의 어지러운 사회상과 위태로운 국가의 미래를 우화적으로 다룬 특이한 정치 비판 소설이다. 이 소설에서 이문열은 정치적 목적을 위해 한국인들을 보수와 진보, 사대주의와 민족주의, 부자와 빈자, 강남과 강북, 서울과 지방, 일류대와 비일류대, 특권 소유자와 무 특권자, 착취자와 착취당하는 자, 그리고 친미주의자와 반미주의자로 나누어 대립시키고, 대중을 선동하며 증오심을 부추긴 정치인들을 비판한다. 이문열은 이렇게 말한다.

이미 죽은 이들의 역사적 정의를 당대의 정치 쟁점으로 끌어내 살아남은 사람들을 두 쪽 내었다. 오랜 권위주의 정권이 양산한 정치적 피해자들의 복수심과 기득권 세력의 공포를 자극해 60년 전 이 땅을 피로 적셨던 눈먼 증오를 확대 재생산하였으며, 원래 사람의 정치 사회적 심성을 분류하던 개념에 지나지 않던 보수와 진보를 이 땅에서는 불구대천의 원수로 바꾸어 놓았다. 천민평등주의에 아첨하여 가진 자와 못 가진 자 사이를 그 어느 때보다 멀리 떼어 놓았고, 익명의 다중으로 전문성을 억압하여 진지하고 격조 높은 사회적 담론이 있어야 할 자리를 배운 자 못 배운 자 가릴 것 없는 너나들이 악다구니판으로 만들었다.(『호모 엑세쿠탄스』 2권(민음사, 2006), 138쪽 — 이하 쪽수만 밝힘)

이문열은 그러한 한국 사회의 혼란을 2000년 전, 역시 극단적 민족주의와 외세 배척주의를 정치적 목적에 이용하려다가 송두리째 나라를 파멸시킨 유대 지도자들의 행태 및 유대의 슬픈 디아스포라 역사와 병치해 설득력 있게 비판하고 있다. 그는 불필요하게 강대국을 약 올리고 도발해 파멸이 목전에 임박해 있는데도 민족주의 이데올로기로 국민들을 호도하고 선동하는 눈먼 정치가들로 인해 망해 가는 유대의 모습에서 오늘날 남한의 절박한 상황과 운명을 발견하고 개탄한다.

그 옛날 젖과 꿀이 흘렀다는 저 땅이 한때 그러했던 것처럼, 한동안은 그런 대로 아름답고 넉넉했던 이 땅도 더 견딜 수 없는 상반(相反)을 축적했다. 남과 북이, 동과 서로 서로를 흘겨보고 빈손과 쥔 손, 스승과 제자가 나뉘어 다투며 심하게는 아비와 자식, 아내와 남편이 등 돌리고 갈라선다. 눈먼 증오와 시효(時效) 지난 원한이 대중의 천박한 시기심과 복수욕을 선동하고, 민중의 대의(大義)는 빵과 아첨으로 매수된다. 밖에서는 토마의 군병이 다가오고 안은 열심당(熱心黨)과 시카리(유대의 극단적 민족주의자들 — 편집자 주)의 세상이 되어 간다. 그 다양한 상반이 폭발과 전환을 기다리는 곳, 무한한 '여기'가 바로 이 땅이다.(1권, 26쪽)

그동안도 어둠의 자식들과 사탄의 세력은 날로 강성해져 끝내는 우리 모두를 불로 심판받게 할 아마겟돈의 결전을 준비하고 있소. 적그리스도가 처형되어 함께 지워진 줄 알았던 우리 늙은 기스칼라의 요한은 갈수록 대담하게 상왕(上王) 티를 내며 일마다 나서고, 붉은 땅 이두매를 다스리는 거라사의 시몬은 얼마 전 로마군의 무시무시한 병기 몇 개를 용케 훔쳐 내 되잖게 거들먹거리며 로마를 약 올리는 중이오. 몇 해 전부터 시작된 둘의 음험한 내통은 이제 요한의 사주를 받은 우리 얼치기 열심당 졸개들의 시몬 숭배와 충성 경쟁으로 공공연히 드러나고 있으며, 아직도 우리 늙은 요한의 후견(後見) 아래 있는 열심당의 각료들은 누가 조금이라도 그 내통을 위한 조공(朝貢)을 따지고 들면, 전쟁을 원하느냐고 소리치며 붉은 땅의 시몬을 대신해 두 눈을 부라리는 실정이오.(3권, 272~273쪽)

『호모 엑세쿠탄스』가 묘사하고 있는 한국 사회는 2000년 전 유대처럼 메시아가 필요한데도 메시아를 알아보지 못하며 정치가들의 선동에 휩쓸려 메시아를 처형한 다음, 대신 나타난 사이비 메시아를 숭배하는 곳이다.『호모 엑세쿠탄스』에 의하면, 사람들은 지구상의 굶주린 무리들에게 빵을 나누어 주고 가난으로부터 해방시키기 위해 내려온 새로운 메시아가 마르크스나 마오쩌둥인 줄 알았다가 이제는 그들도 실패한 메시아라는 사실을 깨닫게 되었다. 이에 한국의 좌파 지도자들은 마르크스나 마오쩌둥은 메시아의 길을 예비한 예언자 세례 요한에 불과했고 진정한 메시아는 한국에서 나타난다며 백성을 미혹하고 있다. 이 소설은, 이 땅에 사회주의의 낙원을 건설하겠다는 어두운 세력의 검은 메시아는 자신들의 정치 이데올로기를 위해 모든 것을 조작하고, 순박한 국민들을 사악한 정치적 목적을 위해 동원하며, 수많은 정치적 쇼를 이벤트화해서 무대에 올린다. 그러므로 작가 이문열에 의하면, 월드컵, 여중생 장갑차 사건, 반미 시위, 촛불 집회 등은 메시아를 만들어 내고 또 받들려는 어두운 정치 세력에 의해 조작되고 선동된 일련의 정치적 쇼다.

문제는 지금 언론, 특히 방송에서 기이한 느낌이 들 만큼 과장되고 있는 것처럼 이와 같은 반미 시위가 다수의 자발적이고 자연스러운 의식만은 아니라는 점이야. 가망 없는 반공(反共) 세대의 억지라 보기에는 너무도 뻔하게 특정 세력에 의해 시비가 확대 재생산되고 있는 혐의가 짙어. 그들의 목적이 어디 있는지 모르지만 인터넷의 익명성을 악용한 선동과 조작된 퍼 오기, 그리고 얄팍한 민족주의 감정의 자극으로 규모를 키워 가는 이 시위는 애초부터 문제 해결을 목적으로 하고 있지 않는 것 같아. …… 결국은 주한 미군이 철수해도 시비는 끝나지 않을 거야.(1권, 111~112쪽)

"그런데 실은 말입니다. 제가 보기에는 지금 한창 키우고 있는 그 촛불놀이판, 반드시 그리 거창한 민족주의 논리만으로 가는 것 같지도 않던데요. 목적이 따로 있는 대중 조작이고, 그 때문에 어떤 의미에서는 그들의 반미(反美)가 위험한 게 아니라 얄팍한 민족주의 탈을 쓴 대중 조작이 더 위험해 보이기까지 합니다."
"목적이 따로 있는 대중 조작?"
"대통령 선거 말입니다."
……
"내가 보기에는 지난여름 월드컵도 수상쩍던데요. 아니, 그 이전 오노의 할리우드 액션 가지고 온 방송국이 난리 칠 때부터. 스포츠 국수주의라고 해야 하나. 전쟁처럼 승패를 갈라야 하는 스포츠의 특성과 얄팍한 민족주의 감정을 교묘하게 결부시켜 그때부터 애들 데리고 놀기 시작한 것 같은데. 사유(思惟)마저도 디지털 신호를 받아 같이 깜박깜박하는 이른바 누리꾼 아이들 데리고……."(1권, 115쪽)

『사람의 아들』의 속편이라고 볼 수 있는『호모 엑세쿠탄스』에서 이문열은 가롯 유다 역을 맡은 주인공 신성민이 겪는 이상한 일들을 통해 한국에 사회주의 낙원을 세우겠다는 지하조직의 해방신학적 논리의 위험성을 신랄하게 비판한다. 해방신학이나 종속이론은 한국하고는 아무런 유관성이 없는 남미 특유의 이론일 뿐이라는 것이다.

> 그래서 우리 예언자는 일찍이 말씀하셨습니다. 진정한 우리의 구원은 혁명의 총구(銃口)를 통해 획득한 지상의 권세에 달려 있다고. 빼앗기고 억눌려 온 프롤레타리아계급 주도의 혁명만이 이 세상을 구원할 수 있다고. 그리하여 내적(內的) 부르주아뿐만 아니라 외적(外的) 국제적 부르주아인 제국주의 세력까지 타파한 뒤라야만 진정한 구원이 올 거라고. 천상이 아니라 이 땅 위에 사회주의 낙원이 건설되고, 그때에 우리가 진정으로 갈망하는 구원이 올 거라고. …… 그리하여 스탈린이나 모택동 같은 가칭자(假稱者) 말고 진짜 메시아가 되는 겁네다. 먼저 남과 북의 무산대중(無産大衆)을 하나로 묶고 피와 땅의 선동성(煽動性)을 활용하면 이 땅의 권력을 장악하는 일은 어렵지 않을 것입네다. 얄팍한 민족주의면 어떻습니까? 지난 대통령 선거 때 월드컵 축구하고 효순이 미선이 일로 그 효용성은 충분히 드러났습니다. 감상적인 통일론이면 어떻습니까? 통일만 앞세우면 올데갈데없는 전제적 폭군의 간첩도 민주 양심 세력이 되는 게 이 땅 아닙네까?
> 게다가 지금 이 땅은 민족이나 통일이란 소리만 들으면 바로 꼭지가 돌아 버리는 설익은 의식이 지난 시절 군사정권의 모순과 부조리에 기대 지나치리만치 양산(量産)되어 있습니다. 그리고 그들의 디지털적인 감상에 호소하는 데 무엇보다 효과적인 인터넷 광장은 조직적이고 전문화된 소수만으로도 충분히 조종이 가능합네다. 그러니 우리와 손잡고 먼저 지상의 권세부터 장악하는 게 어떻습네까? 유물사관과 계급투쟁론을 신앙하고 민족주의를 경배하여 이 땅의 권력부터 획득해 보지 않겠습네까. (1권, 230~231쪽)

폭력적이고 잔학한 권력 집단을 이해하고 인정하기 위한 고안인 동시에 거기에 빌붙기 위한 논리적 기술(技術)이기도 한 '내재적 접근법'에 넘어가 김일성 부자의 폭정과 왕조적(王朝的) 권력 세습은 물론 수백만 인민을 아사시키는 선군(先軍) 정치와 인권 말살도 당연히 이해해야 한다고 떠들거나, 원산지인 미국에서는 갈수록 입지가 좁아질 뿐 아니라 그 주창자들에게조차 용도 폐기되어 가는 듯한 '수정주의 역사관'을 의리 있게 우기며, 북침설(北侵說) 근거 몇 개쯤은 주워 섬길 줄 알아야만 의식 있는 지식인 흉내를 낼 수 있는 세월입니다.

대한민국은 생겨나지 말았어야 할 나라이고, 6·25는 김일성 수령 동지의 영도 아래 수행된 거룩한 민족 통일 전쟁이었으며, 인천 상륙 작전으로 그걸 훼방한 맥아더는 미 제국주의 전쟁광(戰爭狂)에 지나지 않고, 이제라도 한반도는 수령님이 그 위대한 뜻을 키우신 만경대 정신으로 통일되어야 한다고 외칠 수 있는 게 '학문의 자유'요 '학자의 양심'입니다.(3권, 126~127쪽)

소설의 중간중간에 삽입된 위 인용문들은 상당히 직설적인 정치 비판을 담고 있지만, 그럼에도 불구하고 『호모 엑세쿠탄스』의 대부분은 이문열의 초기작 『사람의 아들』처럼 추리소설 기법과 알레고리로 점철된 우화적 에피소드로 구성되어 있어서 작품을 부드럽게 만들어 주고 있다. 우리의 인간성을 파괴하고 우리 사회를 파멸로 이끌어 가고 있는 정치가들과 사이비 지식인들의 독선과 횡포에 많은 작가가 침묵하거나 동조할 때, 이문열은 포사이스처럼 예리한 정치 비판적인 소설을 씀으로써 작가의 시대적 사명을 수행했다는 평가를 받는다.

『호모 엑세쿠탄스』는 반대 진영으로부터 우파 보수주의의 정치적 반격이라는 비판을 받기도 한다. 그러나 이 작품은 단순히 2000년대 한국 정치에 대한 비판이 아니라 범세계적 '인간의 조건'에 대한 소설이라고 보는 것이 타당하고 정확한 평가일 것이다.

　『어벤저』와 『호모 엑세쿠탄스』는 둘 다 증오로 점철된 정치적 테러리스트들의 독선과 위선, 그리고 그들이 정치적으로 이용하는 반미주의의 허상을 드러내 보여 주고 있다는 점에서 좋은 비교가 된다. 오사마 빈 라덴이 증오에 가득 찬 대량 살인마라는 사실, 그리고 한때 정의와 민주화를 성배처럼 내세우던 우리의 좌파 정부도 사실은 부정부패에서 자유롭지 못했다는 사실이 속속 밝혀지고 있는 오늘날, 『어벤저』와 『호모 엑세쿠탄스』는 그와 같은 결과를 예시한 통찰력 있는 문학작품으로서 문학사에 기록될 것이다.

'중간 문학'의 시대적 필요성과 새로운 가능성

중류 문화와 중간 문학의 등장

문화계에서 '중간, 중류(middlebrow)'라는 용어를 맨 처음 사용한 것은 1925년 영국의 풍자 잡지 《펀치》였다. '중간, 중류'라는 용어는 곧 '문화' 앞에 붙어 고급문화를 선호했던 영국 작가 버지니아 울프나 미국 비평가 드와이트 맥도널드에게 신랄한 비판을 받았으며, 고급문화를 숭상하던 모더니스트 작가들과 신비평가들, 그리고 대중문화를 폄하했던 아도르노나 호르크하이머 같은 프랑크푸르트학파들로부터도 지속적인 비난을 받았다. 울프는 예술을 내재적 가치나 미나 존엄성으로 판단하는 고급문화와는 달리, 중간, 중류 문화는 경박하고 얄팍하며 돈과 명성과 권력만을 추구하는 것이라고 비판했다. 한편, '미드 컬트'라는 용어를 사용한 맥도널드는 특정 그룹을 대상으로 하는 상류 문화나 하류 문화와는 달리 중류 문화는 일반 대중을 즐겁게 해서 돈을 버는 상업적 측면이 강하다고 비판했다. 중간, 중류 문화가 고급문화를 저속화시킨다고 보았던 그는 진정한 문화를 창출하는 것은 오직 아방가르드 고급문화뿐이라고 주장했다. 울프나 맥도널드는 둘 다 중류 문화가 서로 다른 차원에 존재하는 예술과 인생을 분리하지 않고 그 둘을 뒤섞는 잘못을 범하고 있다고 보았다.

그러나 아이러니하게도 울프는 자신이 비판하던 중간, 중류 문화에 속하는 《뉴욕 헤럴드 트리뷴 북 섹션》에 글을 썼으며, 그녀 자신의 작품도 페미니즘적 측면에서 누구나 쉽게 접근할 수 있다는 점에서 중간, 중류 문학의 특성을 갖고 있다는 평을 받는다. 맥도널드 역시 헤밍웨이의 『노인과 바다』나 손턴 와일더의 「우리 읍내」 같은 작품은 대중성에 호소한 대표적인 미드 컬트라고 분류했는데, 사실 그 두 작품은 많이 팔려서 그렇지 고급문학에 속하는 작품이라는 것이 정설이다. 그렇다면 '베스트셀러가 되었다고 해서 무조건 중간, 중류 문학인가?' 하는 문제가 대두된다. 사실 작가들은 누구나 자신의 작품이 베스트셀러가 되기를 원하며, 그것은 순수문학, 고급 문학 작가들도 예외는 아니다. 비평가 레슬리 피들러는 모더니즘 시대에도 작가들은 모더니즘의 신념을 배반하고, 많은 독자가 읽는 대중 매체에 작품을 발표했다고 지적한다. 예컨대 헤밍웨이는 가장 대중적인 잡지 중 하나였던 《라이프》에 소설을 기고했고, 포크너 역시 대중지였던 《새터데이 이브닝 포스트》에 자신의 대표작 중 하나인 『곰』을 발표했다. 또 피츠제럴드는 아예 할리우드에서 살면서 영화 스크립트를 썼으며, 『미스 론리 하트』나 『메뚜기의 날』 같은 너대니얼 웨스트의 후기작들 역시 대표적인 중류 문학에 속한다. 이와 같은 사실은, 심지어 고급문화가 추앙받던 모더니즘 시대에도 고급문화와 중급문화, 그리고 순수소설과 대중소설의 구분은 다분히 임의적이었다는 것을 잘 드러내 주고 있다.

'중류 문학 또는 중간 문학(middlebrow literature)'이라는 용어를 맨 처음 사용한 사람은 미국의 문학평론가 레슬리 피들러였다. 1960년대 초 '소설의 죽음' 선언으로도 유명한 피들러는, "내가 선언했던 소설의 죽음은 소설 장르의 죽음이 아니라, 난해하고 귀족적인 예술 소설의 죽음을 의미한 것이었다."라고 밝혔다. 즉 '소설의 죽음' 선언을 통해 피들러는 고급문화와 순수문학을 주창했던 모더니즘 시대의 종언을 고하고, 대중문화와 중간 문학을 인정하고 포용하는 포스트모더니즘 시대의 도래를 선언한 것이었다. 적절하게도 《플레이보이》에 기고했던 자신의 대표 평론 「경계를 넘고 간극을 메우며(Cross the Border, Close the Gap)」에서 피들러는 '중간 문학'에 대해 다음과 같이 말하고 있다.

그것은 세대 간의 간극은 물론, 계층 간의 간극도 메우는 행위다. 교양인, 다시 말해 특정 사회의 소수 특권층, 대학 교육을 받은 사람들을 위한 예술과, 비교양인, 즉 취미가 우아하지 못하고 구텐베르크식 책읽기 기술이 부족한 대다수의 소외된 사람들을 위한 또 다른 형태의 아류 예술이 존재한다는 생각이야말로 이 대중 산업사회(이 점에 있어서는 자본주의나 사회주의나 공산주의나 아무런 차이가 없다.)에 아직도 계층적으로 굳어진 사회에서나 가능한 해로운 구분이 아직도 존재하고 있다는 것을 의미한다.

이제 전통적인 고급 소설은 죽어 버렸다. 그렇다. 죽어 가고 있는 것이 아니라 죽어 버린 것이다. 수년 전까지만 해도 진단이고 예언이었던 것이 이제는 엄연한 사실이 된 것이다. …… 우리는 이제 전혀 다른 시대, 즉 계시록적이며 반이성적이고 낭만적이며 감상적인 시대에 접어들었다. 따라서 문학이 살아남으려면 이제는 크로체나 리비스, 엘리엇이나 아우어바흐 등이 제시한 방향과 근본적으로 달라지지 않으면 안 된다. 그렇다고 해서 그것이 마르크스주의 같은 것을 의미하는 것은 아니다. 마르크스주의자들은 합리성과 정치적 사실의 우위를 철저하게 신봉하기 때문에 근본적으로 신화와 열정, 감상과 환상이 지배하는 시대의 문학에 적대적일 수밖에 없다.(「경계를 넘고 간극을 메우며」, 35, 62~63쪽)

그렇다면 피들러는 어떠한 시대적 상황에서 난해한 고급 문학과 예술 소설의 죽음과 중간 문학의 도래를 선언하게 되었는가? 1960년대 초 미국 사회는 코페르니쿠스적 전환을 겪게 되는데, 그 촉매 역할을 한 것이 컬러텔레비전의 보급이었다. 각 가정마다 텔레비전이 보급되면서 그동안 상류층의 전유물이었던 정보와, 그 정보가 수반하는 교양이 대중 사이에 확산되어 대중의 수준이 높아졌고 지식인들도 대중의 일원으로 흡수되는 본격적인 대중문화의 시대가 열린 것이다. (그러한 변화는 후에 인터넷의 확산으로 더욱 심화되었다.) 그와 동시에 그동안 지식과 정보와 교양의 원천이었던 문학작품은 이제 그 독자들을 새로운 문화 매체인 텔레비전이 제공하는 엔터테인먼트에 빼앗겼다. 텔레비전 드라마들은 이제 마치 과거에 문학작품이 그랬던 것처럼 리얼리티를 창조해 냈고, 시청자들에게 감동과 카타르시스를 주었으며, 현실과 세상을 가르쳐 주게끔 되었다. 즉 종래에는 시나 소설이 하던 일을 이제는 전자 매체인 텔레비전이 맡아 수행하게 된 것이다. 이렇게 활자 매체에서 전자 매체로 패러다임이 변함에 따라, 문학은(특히, 스토리와 내러티브로 이루어지는 소설은) 이제 전례 없는 위기에 처했다. 그러한 상황에서 문학이 텔레비전과 경쟁해서 우위를 차지하고 독자들을 다시 문학으로 데려오려면 문학은 이제 달라져야만 했다.

피들러가 난해한 모더니즘 고급 예술과 예술 소설의 죽음을 선언하며, 중간 문학의 도래를 천명한 것은 바로 그와 같은 상황에서였다. 그는 이제 토마스 만의 『마의 산』이나 카프카의 『심판』, 또는 조이스의 『피네간의 경야』 같은 예술 소설은 대학의 문학 강의실을 제외하고는 더는 읽히지 않게 되었음을 지적하며, 작가들끼리만 돌려 읽는 난해한 소설보다는 대중에게 감동과 변화와 깨우침을 주는 새로운 형태의 '중간 문학'이 시작되어야 한다고 주창했다. 피들러는 소설은 시나 비극과는 달리, 원래 태동할 때부터 귀족 장르가 아닌 대중 장르였으며, 예술 소설이 아닌 중간 소설의 특성을 지니고 있었기 때문에, 시를 흉내 낸 일종의 탈선이었던 모더니즘 소설과는 달리, 이제 소설은 스스로의 본령인 '중간 문학'으로 돌아가야 한다고 주장했다.

피들러가 대표적인 중간 문학으로 언급한 작품으로는 메리 셸리의 『프랑켄슈타인』, 브람 스토커의 『드라큘라』, 로버트 루이스 스티븐슨의 『지킬 박사와 하이드 씨』, H. G. 웰스의 『타임머신』, J. R. 톨킨의 『반지의 제왕』, 윌리엄 골딩의 『파리대왕』, 그리고 해리엇 스토의 『톰 아저씨의 오두막』, 에드거 라이스 버로스의 『타잔』, 프랭크 바움의 『오즈의 마법사』, 마거릿 미첼의 『바람과 함께 사라지다』, 하퍼 리의 『앵무새 죽이기』, J. D. 샐린저의 『호밀밭의 파수꾼』, 잭 케루악의 『길 위에서』, 켄 키지의 『뻐꾸기 둥지 위로 날아간 새』, 그리고 토머스 버거의 『리틀 빅 맨』 등이 있다. 만일 피들러가 아직도 살아 있다면 아마도 틀림없이 댄 브라운의 『다빈치 코드』나 『천사와 악마』, 매튜 펄의 『단테 클럽』이나 『포의 그림자』, 마이클 크라이턴의 『넥스트』나 『공포의 제국』 같은 작품도 중간 문학 리스트에 추가했을 것이다. 그리고 영국 작가 프레더릭 포사이스의 『어벤저』나 로버트 해리스의 『아크엔젤』, 필립 풀먼의 『신의 검은 물질』 3부작도 언급했을 것이다.

피들러는 조이스의 『피네건의 경야』를 읽고 감동을 받아 삶의 변화를 겪었다고 하는 사람은 없지만, 『앵무새 죽이기』를 읽고 인생의 변화를 겪었다고 고백하는 사람들은 많이 있다며, 그렇다면 그 둘 중 과연 어떤 소설이 더 가치 있고 더 훌륭한 것인지 반문한다. 그리고 『피네건의 경야』는 정전으로 취급하고, 『앵무새 죽이기』는 대중소설로 폄하하는 고급문화, 고급 문학의 수호자들을 시대착오적인 사람들이라고 비판한다. 피들러는 엄숙한 정전주의자들도 사실은 밤에 커튼을 내리고 몰래 중간 문학을 읽으며, 인기 텔레비전 드라마를 시청하고, 어두운 극장에 앉아 영화를 본다고 지적한다. 실제로 미국에서는 피들러 같은 비평가들의 노력과 시대의 변화로 인해 이미 오래전에 고급 문학과 중간 문학 사이의 구분이 사라졌다. 그래서 톰 클랜시 같은 군사 추리소설 작가의 해설서도 명문 캘리포니아 버클리 대학교 출판부에서 출간되었고, 또 미국 최고 권위의 문학상을 주관하는 '내셔널 북 어워드' 재단에서는 우리가 공포 작가라고만 알고 있는 스티븐 킹에게 '2003년 미국 문학 특별 공로 메달'을 주었으며, '오 헨리상' 위원회는 영예의 '오 헨리상'을 수여하기도 했다.

그런 맥락에서 피들러는 중간 문학 범주에 판타지, SF, 추리소설, 공포소설도 포함시켰다. 그는 「양극을 피하는 중간」이나 「아방가르드 문학의 죽음」, 또는 「소설의 죽음이란 무엇이었는가」 같은 글에서 예전에 서브 장르라고 불렸던 그러한 소설의 새로운 가능성에 주목한다. 그는 그러한 서브 장르 소설에는 우리의 상상력을 자극하는 환상이나 원형적 신화, 또 다른 리얼리티와 미래에 대한 비전, 그리고 이성적 논리를 초월하는 현상에 대한 인정과 인지 같은 것이 들어 있어서 독자들에게 감동을 주고, 인식의 변화를 가져다준다고 말한다.

> 서브 소설, 판타지, SF 등 중간 문학에는 정치적, 신화적 의미가 함축되어 있다. 그것을 통해 우리는 인디언 영역의 탐험, 우주로의 여행, 환상 세계로의 황홀한 방기, 어떤 초월적인 목적지 또는 계시의 순간을 향한 순례와 여로에 오르게 된다.(「경계를 넘고 간극을 메우며」, 54쪽)

피들러는 판타지, SF, 추리소설, 공포 소설, 연애소설에 내재해 있는 사회 정치적 비판 및 문명 비판적 요소에 주목하며, 수준 높은 판타지나 SF, 또는 추리소설이나 공포 소설은 훌륭한 중간 문학이 될 수 있다고 말한다. 피들러가 「소설의 죽음과 소생(The Death and Rebirth of the Novel)」에서, 스티븐 킹의 호러 소설을 높이 평가하고, 로버트 하인라인의 『이상한 나라의 나그네』나 커트 보네거트의 『제5도살장』 같은 SF를 대표적인 중간 문학으로 인정하는 이유도 바로 거기에 있다. 피들러는 심지어 블라디미르 나보코프의 『롤리타』도 다분히 대중적인 중간 소설이라고 평한다. 피들러의 판단 기준에 의하면, 에릭 시걸의 『러브 스토리』 또한 전형적인 중간 소설에 속한다고 할 수 있을 것이다. 이 연애소설에서 시걸은 주인공의 사랑과 죽음을 통해 1960년대 미국 사회가 겪었던 진보주의와 보수주의의 갈등과 충돌을 잘 그려 내고 있으며, 그 과정에서 심도 있는 사회 비판을 성취하고 있기 때문이다.

한국과 일본의 '중간 문학'

아마도 유교를 숭상했던 조선의 500년 역사 때문인지, 한국은 전통적으로 정통과 정전을 중시하는 나라로 알려져 있다. 그래서 우리는 전통적으로 고급문화와 순수문학만 정통으로 인정하고, 대중문화나 중간 문학은 비정통으로 폄하해 왔다. 조선 시대에 양반과 상노에 비해 중인의 세력이 미미했고, 중인 문화라는 것 또한 별로 없어 중간 문화가 자리 잡을 기회가 거의 없었기 때문이기도 할 것이다. 그래서 한국 문단이나 학계에서는 그동안 정통과 정전이 아닌 것은 통속적인 것으로 취급받아 왔고, 대중적인 것은 저속한 것으로 폄하되었다. 즉 국내에서는 그동안 진정한 '중간 문화와 중간 문학'이 설 자리가 없었다는 것이다. 그래서 중간 문학에 속할 수도 있었을 김내성의 『청춘극장』이나 정비석의 『자유부인』도 대중소설이 아닌, 통속소설이라고 불렸다.

그러나 최근에는 시대가 변함에 따라, 국내에서도 점차 고급 문학과 대중문학 사이의 구분이 사라져 가고 있는 것처럼 보인다. 사실 그 둘을 구분 짓는 잣대가 무엇인지는 확실치 않다. 예컨대 이문열과 황석영이 신문에 연재하는 소설은 고급 문학인가 아니면 중간 문학인가? 사실 대중매체인 신문에 연재된다는 것만으로도 신문소설은 대중소설이라고 할 수 있다. 그러나 그렇다고 해서 이문열이나 황석영을 대중작가라고 보는 사람은 없을 것이다. 그렇다면 베스트셀러는 곧 대중소설인가? 이문열의 『사람의 아들』은 베스트셀러였지만 대중소설은 아니었다. 그렇다면 『별들의 고향』, 『상도』 등 쓰는 소설마다 베스트셀러가 되었던 최인호의 소설들은 고급(순수) 소설인가 아니면 대중소설인가? 이인화의 『영원한 제국』이나 『초원의 향기』는 어디에 속하는가? 양귀자의 다른 작품들은 모두 순수소설인데 유독 『천년의 사랑』만 대중소설인가? 또 베스트셀러였던 김훈의 『칼의 노래』와 『현의 노래』는 과연 고급 문학이고 순수문학인가, 아니면 대중문학에 속하는가? 복거일의 대체 역사소설 『비명을 찾아서』나 SF 드라마 기법의 최근작 『그라운드 제로』는 예술소설인가 중간 소설인가? 그리고 신경숙, 공지영, 박범신, 구광본, 김영하, 김경욱, 박민규처럼 광범위한 대중의 사랑을 받는 작가들의 작품은 과연 순수소설인가 아니면 중간 소설인가?

그러한 질문에 대답하기 어려운 이유는, 우선 고급 문학과 대중문학의 경계가 흐려져 우리가 그 둘을 구분하는 것 자체가 무의하게 되어 버린 시대에 살고 있기 때문이다. 지금은 컴퓨터와 인터넷의 보급으로 정보가 확산되어 전문가와 비전문가, 그리고 지적 상류층과 대중의 구분이 급속도로 사라져 가고 있다. 그래서 이제는 지식인도 대중의 일원이 되고, 대중도 수준이 높아져 심미적 감식안을 갖게 된 시대가 되었다. 컴퓨터와 텔레비전이 보급되기 전인 1940년대만 해도 아도르노나 호르크하이머 같은 프랑크푸르트학파들은 대중을 지배 이데올로기에 의해 현혹되기 쉬운 무지한 존재로만 보았다. 그러나 오늘날 대중의 수준은 놀랄 만큼 높아졌고, 대중의 힘 또한 막강해졌다. 20세기 중반, 고급 문학의 수호자였던 신비평가들은 고급 문학에는 선명한 주제와 통일성이 있는 반면, 대중문학에는 그런 것이 없다고 주장했다. 그러나 요즘에는 대중문학에서도 얼마든지 좋은 주제와 통일성을 발견할 수 있어, 그런 주장은 이제 그 유효성을 상실했다. 더욱이, 만일 위의 사례처럼 유명한 우리의 대표 작가들의 작품이 그러한 논란의 대상이 되고 있다면, 그건 순수 문학과 중간 문학의 차이가 더는 확연하지 않게 되었거나, 별 의미가 없어졌다는 것이다.

국내에서도 '중간 문학'이라는 개념이 등장해 주목을 받게 된 데에는 바로 그와 같은 시대적 배경이 있었다. 예컨대 김영사와 조선일보사가 공동 제정한 '대한민국 뉴웨이브 문학상'의 취지도 사실은 수준 높은 중간 문학을 창출하고, 새로운 주제와 양식으로 신선한 파장을 몰고 올 바람직한 중간 소설을 발굴하는 것이었다. 그러나 실망스럽게도 응모작 중에는 진정한 중간 소설이라기보다는, 단순한 판타지나 범죄소설이나 가벼운 연애소설이 많았다. 국내에서 '장르 소설'이라고 불리는 판타지나 SF나 추리소설이 중간 문학이 되지 말라는 법은 없다. 그러나 중간 소설이 곧 '장르 소설'을 의미하는 것은 결코 아니다. 그런데도 우리는 그 둘을 혼동하고 있어서, 중간 소설에 대한 국내 문단이나 학계의 인식은 여전히 낮고 부정적이다. 난해하지 않으면서도 수준 높고, 지적이면서도 감동적이며, 세계적인 이슈를 주제 삼아 우리의 인식을 넓혀 주고 깨우쳐 주는 수준 높은 중간 소설의 등장이 절실한 이유도 바로 거기에 있다.
 '중간 문학'이 비교적 일찍부터 발달해 온 일본의 경우, 무라카미 하루키나 요시모토 바나나의 소설은 중간 문학에 속한다는 평을 받는다. 예컨대 하루키의 『노르웨이의 숲』이나 『해변의 카프카』 등을 놓고 순수 문학인가 대중문학인가를 논하는 것은 이미 부질없는 짓이 되었다. 그보다는 하루키의 작품이 왜 그처럼 엄청난 세계적 영향력을 갖고 노벨상 수상 후보로 거론되는가를 논의하는 것이 보다 더 의미 있는 일이 될 것이다. 사실, 일본 문학을 세계에 알리는 데 하루키와 바나나는 그 어느 일본 작가들보다도 더 큰 공을 세웠다는 평을 받는다. 그렇다면 그들의 작품이 중간 문학에 속한다고 비난하는 것은 별 의미가 없어진다.

중간 문학의 문제와 전망

 중간 문학이 수반하는 한 가지 문제는 저속하거나 수준 낮은 통속소설이 중간 소설의 탈을 쓰고 베스트셀러가 되어 부상할 수도 있다는 점이다. 그것을 골라내고 잡아내는 것은 비평가와 독자들의 책무일 텐데, 불행히도 우리의 경우에는 독자들의 분별력이 아직 낮고 비평가들의 책무 의식이 아직 약해서인지, 질 낮은 통속소설이 중간 소설 행세를 하고, 아무런 제동 없이 바로 베스트셀러가 되는 경우가 많다. 그렇기 때문에 국내에서는 진정한 중간 문학이 제대로 대접받지 못하고 통속문학으로 오인되어 비난받는 일이 잦다.
 말초적인 자극이나 오락만 추구한다든지, 왜곡된 애국심과 시대착오적인 극단적 민족주의를 조장하는 소설, 또는 읽고 나서 재미 외에 남는 것이 없는 소설은 통속문학에 속한다고 볼 수 있다. 그러나 진정한 중간 문학은 재미있으면서도 감동적이고, 세계적인 관심사를 다룬 무거운 주제로 독자들에게 깨우침과 깨달음, 그리고 인식의 확장을 넓혀 준다. 예컨대 제1회 대한민국 뉴웨이브 문학상을 수상한 유광수의 『진시황 프로젝트』나 제23회 '오늘의 작가상' 수상 작가 우광훈의 『베르메르 vs. 베르메르』는 그런 면에서 진정한 중간 문학에 속하는 작품이라고 할 수 있다. 두 작품은 굳이 순수문학을 표방하지 않는 재미있는 역사 추리소설이면서도, 동시에 오늘날 세계 작가들의 공통 관심사, 즉 '절대적 진리에 대한 회의', '감추어진 또 다른 진리의 탐색', '진실과 허위의 구분 문제', 그리고 '글로벌 마인드와 민족주의'를 주제 삼아 강력한 사회 비판과 문명 비판을 성취하고 있다.

우리는 지금 귀족 문화나 고급 문학이 사라져 가고, 중간 문화와 중간 문학이 지배 문화가 된 대중문화 시대에 살고 있다. 그리고 그것은 곧 앞으로는 문화나 소설이 소수의 선택된 엘리트가 아닌, 다수의 대중, 독자를 대상으로 하는 중간 문화, 중간 문학의 형태를 띠게 되리라는 것을 의미한다. 죽어 가던 문학은 중간 문학을 통해 다시 살아날 것이고, 전자 매체와의 경쟁에서도 살아남을 것이며, 다매체 시대에도 흥성할 것이다. 앞으로 중간 문학은 피들러가 말한 대로, "양극을 피하는 중간"이자, "경계를 넘고 간극을 메우는" 역할을 수행하게 될 것이다. 왜냐하면 지금 우리는 난해하고 고답적인 예술 소설이 죽어 버린 시대, 그리고 문자 매체인 소설이 전자 매체와 영상 매체와 경쟁하고 화해해야만 하는 시대에 살고 있기 때문이다. 피들러는 시대의 변화를 모르거나 외면한 채, 아직도 고급 예술과 고급 문학만을 추구하는 사람들을 "신이 사라진 시대에도 여전히 시골의 낡은 교회에 나가 관습적으로 예배를 드리는 사람"(36쪽)에 비유하고 있다. 이제는 우리도 중간 문학의 시대가 도래했다는 사실을 인정하고, 중간 소설에서 문학의 미래를 이끌어 갈 새로운 가능성을 찾아야 할 것이다. 귀족 계급이 사라지고 모두가 중류층이 되어 버린 이 대중문화와 비순수의 시대에 언제까지나 사라진 고급문화와 순수문학에 대한 향수에 젖어 있을 수만은 없기 때문이다.

모더니티와 포스트모더니티의 경계를 넘어서

모더니티의 기원과 정의

어느 시대나 당대를 '현대'로 파악했겠지만, 모더니티라는 용어가 처음 사용된 것은 기원후 3세기 또는 5세기경이라고 알려져 있다. 그러나 철학자들에 의하면 오늘날 우리가 의미하는 '모더니티'는 이성의 시대, 계몽주의 시대, 또는 기계적 패러다임의 시대라고 불리는 18세기에 태동되었다. 서양 사회에서 18세기는 르네 데카르트로 대변되는 이성과 계몽의 시대였고, 뉴턴으로 대변되는 수학적, 기계적 자연법칙의 시대였다. 18세기는 또한 이성에 대한 믿음과 과학의 발달, 그리고 산업사회의 대두로 인해 진보에 대한 희망이 확산되던 시대였다.

18세기에 서양인들은 인간을 모든 것의 중심으로 파악했고, 인간이 소유하고 있는 이성의 힘을 신뢰했으며, 이성을 통해 합리적 사회를 건설하고 사물의 진리를 파악할 수 있다고 믿었다. 즉 신본주의 시대에 폄하되고 훼손되었던 인간의 이성을 회복시키면 합리적 사고에 의한 계몽과 깨우침이 가능하고, 보다 더 살기 좋은 세상이 도래하리라고 보았던 것이다. 예컨대 17세기 프랑스 철학자이자 수학자, 과학자였던 데카르트는 『방법 담론』에서 이렇게 말했다. "그러나 나는 곧 내가 그 모든 것을 허위로 생각하고 있는 그 순간까지도, 나 자신은 필연적으로 그 무엇이어야만 한다는 사실을 깨달았다. 그러므로 '나는 생각한다, 그러므로 나는 존재한다.'라는 이 진리만큼은 회의론자들의 모든 가정으로도 뒤흔들 수 없을 만큼 견고하고 확실하다는 것을 인정하고, 나는 그것을 내가 탐구해 온 철학의 가장 기본적인 원리로 받아들일 수 있다고 판단했던 것이다." 이성과 합리에 대한 데카르트의 이러한 확신은 18세기를 이성의 시대로 만드는 데 크게 공헌했다.

또한 18세기에 서양인들은 뉴턴의 만유인력의 법칙에 의거해, 자연과 우주에는 질서 정연한 보편적 법칙이 있다고 믿었고, 따라서 자연현상조차도 수학적 계산으로 설명이 가능한 기계적인 개념이라고 생각했다. 즉 중세의 자연관이 자연을 하나의 거대한 유기체로 보았다면, 18세기에는 자연을 측량 가능한 기계적인 존재로 보았다는 것이다. 17세기나 18세기에 과학자가 흔히 수학자 및 철학자를 겸했던 것도 바로 그러한 사고방식 때문이었다. 이와 같은 뉴턴적, 데카르트적 기계적 패러다임은 우주에 질서를 부여하기도 했지만, 다른 한편으로는 자연에 대한 인간의 우위를 인정함으로써 인간의 자연 지배와 착취를 허용하는 계기가 되기도 했다.

18세기는 또 서양인들이 인류 문명의 진보에 낙관적인 신념을 가졌던 시대였다. 과학기술의 발달과 산업화가 초래한 편리하고 풍요로운 생활, 그리고 이성이 가져다준 합리주의적 사고방식과 합리적 사회는 서양인들에게 역사의 진보에 대한 무한한 희망을 심어 주었다. 그러므로 18세기에 등장한 '모더니티'의 개념은 코페르니쿠스 이전의 중세식 사고방식에 대한 반발이자, 인간의 이성과 합리적 사회와 인류 문명의 진보에 대한 긍정적 사고를 함축하고 있었다.

그러나 이러한 모더니티의 개념은 20세기 들어 전면적인 비판에 직면하게 된다. 데카르트적인 이성 중심주의의 허구성과 폐해가 드러나고, 뉴턴의 기계적 패러다임의 절대성이 하이젠베르크의 양자론과 불확정성 이론, 그리고 아인슈타인의 상대성이론에 의해 그 유효성을 상실하게 되었기 때문이다. 서양인들은 이제 이 세상에는 이성적, 합리적으로 설명할 수 없는 부조리한 일도 많다는 사실을 깨닫게 되었고, 현실을 총체성이 결여된 파편적인 것으로 보기 시작했으며, 이성에 의해 주변부로 밀려난 비이성에 대해서도 관심을 갖고 새롭게 조명하기 시작했다. 또한 뉴턴이 주장했던 우주의 보편적 질서나 법칙과는 달리, 우주는 불확실하고 상대적인 우연으로 가득 차 있다는 것을 알게 되었으며, 과학기술과 산업사회의 발전이 인류의 진보를 가져오는 것이 아니라 오히려 파괴할 수도 있다는 사실도 깨닫게 되었다. 그런 맥락에서 철학자들은 '모더니티'에 도전하는 '포스트모더니티'의 개념이 계몽주의적 사고방식이 종언을 고하는 20세기 초에 시작되는 것으로 파악하기도 한다.

문학과 문화, 그리고 예술에서의 모더니티, 모더니즘

그러나 예술과 문학에서 말하는 '모더니티' 또는 '모더니즘'은 철학에서 논의하는 '모더니티'와는 약간 다른 의미를 갖는다. 예술과 문학에서의 '모더니티'는 전근대적인 19세기 빅토리아풍의 부르주아 리얼리즘식 사고방식에 대한 반발로 세기말에 태동된 새로운 인식의 변화를 지칭하며, '모더니즘'은 바로 그러한 아방가르드적 인식이 불러온 20세기 초의 문예사조를 지칭한다. 그래서 예술과 문학에서의 '모더니티'나 '모더니즘'은 M 자를 대문자로 표기해, 일반적인 용어인 '모더니티'와 구별한다. 일반적으로 예술에서의 모더니즘은 1890년부터 1945년 사이의 문예사조를 지칭하며, 그중 1920년대를 모더니즘의 전성시대라고 본다.

모더니즘은 자신들의 시대가 종래의 시대와는 확연히 다르다는 사실을 자각한 사람들에 의해 태동되었다. 1차 세계대전이 시작되던 1914년경부터 서양의 지식인과 예술가들 사이에는 현실을 있는 그대로 사실적으로 묘사하고 제시할 수 있다고 믿었던 빅토리아 시대의 사실주의적 가치관이나 세계관으로는 복합적이고 복잡해진 현대의 현실을 반영할 수 없다는 인식이 확산되기 시작했다. 그러한 인식의 배경에는 양차 세계대전의 참상, 산업혁명이 초래한 물질주의와 상업화, 휴머니즘을 위협하는 과학기술의 발달, 소수 인종 및 하층민들의 이주로 인한 서양 문명의 위기의식 등이 복합적으로 작용하고 있었다.

예술의 경우, 전후 사회의 물질주의적이고 저속한 분위기에 환멸을 느낀 예술가들은 당시 세계의 중심지였던 프랑스 파리에 모여 비슷한 사람들끼리 각기 다른 유파들을 창시했는데, 프랑스의 상징주의, 인상주의, 초현실주의, 다다이즘, 입체파, 영국의 이미지즘, 독일의 표현주의, 그리고 러시아의 형식주의 등은 그 대표적 예다. 이들의 특징은, 뜻을 같이하는 예술가들끼리 카페에 모여 서로의 아이디어를 주고받았으며, 자신들의 예술적 견해를 담은 선언문(manifesto)을 발표해 자기네 유파의 발족을 선언했다는 점이었다. 특기할 만한 것은 '모더니즘'이라는 용어가 각기 다른 이들 유파를 나중에 한데 모아 부른 포괄적 용어였지, 처음부터 이들을 지칭하는 용어는 아니었다는 점이다.

모더니즘 운동은 문학뿐 아니라, 건축, 미술, 조각, 음악, 춤 등 모든 예술 분야에서 일어났고, 도시를 중심으로 전 세계로 확산되었다. 예컨대 모더니즘 건축은 1919년 건축가 발터 그로피우스가 바이마르에 설립한 독일의 바우하우스 건축 학교 출신인 프랭크 로이드 라이트, 미스 반 데어 로에 등에 의해 시작되었는데, 이들은 범세계적 보편성과 효용성과 기능성을 갖춘 기념비적이고 위압적인 고층 빌딩을 유럽과 미국의 대도시에 세웠다. 춤에는 이사도라 던컨, 미술에는 입체파의 피카소, 초현실주의의 살바도르 달리 등이 모더니즘 운동의 주축을 이루었으며, 음악은 이고르 스트라빈스키가 「봄의 제전」 같은 곡을 통해 모더니즘 운동을 이끌었다.

문학의 경우, 대표적인 모더니즘 작가인 제임스 조이스나 버지니아 울프, 또는 윌리엄 포크너나 마르셀 프루스트 같은 작가들이 '의식의 흐름(stream of consciousness)' 기법과 '내적 독백(interior monolog)' 기법으로 소설을 썼는데, 이들은 등장인물의 내적 독백과 무의식과 기억 속으로 독자들을 데리고 들어갔다. 이들 작가는 '내적 독백'과 '의식의 흐름' 기법이야말로 파편적이고 무의미한 현대의 상황에 의미와 질서를 부여할 수 있는 가장 효과적이고 유일한 수단이라고 믿었는데, 조이스의 『율리시즈』나 프루스트의 『잃어버린 시간을 찾아서』는 내적 독백과 의식의 흐름 기법을 차용해 성공한 대표적인 작품들이다.

한편 『소음과 분노』에서 윌리엄 포크너 같은 작가는(미술에서 피카소가 그랬던 것처럼) 진리에 도달하려면 여러 각도의 시각으로 사물을 바라보아야만 한다는 사실을 큐비즘 기법을 통해 설득력 있게 보여 주었다. 예컨대 위 소설에서 포크너는 같은 사건을 네 사람의 각기 다른 등장인물의 시각을 통해 각기 다르게 바라보게 함으로써, 사물을 보는 복합적인 시각의 필요성을 제시해 주고 있다. 반면, 포크너와 쌍벽을 이루었던 어니스트 헤밍웨이는 미니멀리즘 기법을 통해 가장 간결한 문장으로 최대한의 효과를 내는 이른바 '하드보일드' 문체를 만들어 냈으며, 존 도스 패소스 같은 작가는 『USA』 3부작에서 '카메라의 눈'이나 '뉴스 릴' 같은 기법을 통해 역시 고도로 복잡해진 현대의 사물을 바라보고 현실을 파악하는 다양한 방법을 개발해 냈다.

반면, 프란츠 카프카는 부조리한 현대의 상황을 우화적으로 그려 내는 데 성공한 작가였다. 『변신』과 『성』, 그리고 『심판』에서 그는 이성적이고 합리적인 방법으로는 도저히 이해하거나 파악할 수 없는 부조리한 현실을 드러내 고발함으로써, 나중에 카뮈나 사르트르로 계승되는 부조리 문학의 길을 열었다. 과연 카프카가 본 현실은 18세기 합리주의적 사고방식과 시각으로는 도저히 해독이 불가능한, 복합적이고 부조리로 가득 찬 현대의 암울한 풍경이었다.

미국의 경우, 모더니스트 작가 중 상당수가 전후 미국 사회에 실망과 환멸을 느끼고 파리로 가서 정신적 망명 생활을 했는데, 그들을 이끌었던 거투르드 스타인 여사는 어니스트 헤밍웨이, E. E. 커밍스, 존 도스 패소스 등을 포함한 방황하는 젊은 미국 작가들을 '길 잃은 세대(Lost Generation)'라고 불렀다. 『해는 또다시 떠오른다』와 『무기여 잘 있어라』를 쓴 헤밍웨이가 그 대표적 예이지만, '길 잃은 세대'에 속한 작가들은 전후 미국 사회에 뿌리 내리지 못하고 해외에서 방황하던 자신들의 소외의식과 허무주의를 각자의 작품 속에 생생하게 담아냈다.

모더니즘 계열의 작가들은 복합적인 현실을 담아내기 위해 프로이트의 무의식 이론과 융의 그림자 및 원형 이론을 자신의 창작 기법에 차용했으며, 은유와 상징과 신화를 이용한 새로운 형태의 형식과 스타일을 부단히 탐색하고 실험했다. 그러므로 모더니스트들의 실험은 결국 복합적인 리얼리티를 보다 더 정확하게 반영하기 위한 효과적인 장치이자 필사적인 시도였다. 그들은 부조화하고 파편적인 현실에 조화와 총체성을 부여하려고 시도했으며, 타락하고 저속해진 문명과 사회에 심미적 질서를 부여하려고 노력했다. 심지어는 좌파 이론가였던 죄르지 루카치까지도 현실을 담아내기에는 불완전한 양식인 소설 장르를 슬퍼하며, 이제는 사라진 그리스의 서사시적 총체성에 대한 강렬한 향수를 지니고 있었다. 사라진 미국 남부의 영광과 전통에 대한 포크너의 향수 또한 그런 맥락에서 이해할 수 있는데, 다만 포크너는 남부의 역사적 과오에 대한 죄의식과 필연적인 시대의 변화(상업화, 세속화, 기계화) 사이에서 고뇌했다는 점에서 보다 더 복합적인 작가였다. 에즈라 파운드와 T. S. 엘리엇은 그리스와 로마의 고전 시대에서 현대가 상실한 총체성과 질서를 찾으려 했다.

모더니스트들에게는 전쟁의 참상과 전후의 상업주의, 문명의 저속화에 대한 환멸과 실망, 그리고 자신을 범상한 무리들과 구분 짓는 데서 비롯되는 강렬한 소외 의식과 망명 의식, 그리고 상실감이 있었다. 엘리엇의 『황무지』나 제임스 조이스의 『젊은 예술가의 초상』은 모더니스트들의 그러한 특징을 가장 잘 드러내 주고 있는 작품 중 하나다. 현대 문명에서 단절된 인간 교류를 경험하는 개인의 소외 문제는 카프카 소설의 주요 주제이기도 했으며, 심지어는 좌파 극작가였던 베르톨트 브레히트까지도 19세기 리얼리즘 드라마에 반발해 자신의 작품 속에서 '소외 효과'를 시도했다. 그런 의미에서, 모더니스트 작가들은 자신들을 대중이 살고 있는 사회로부터 거리를 둔, 재능과 특권을 가진 소수의 엘리트로 파악했다.

문학과 예술에서 '모더니티'는 다음과 같은 특징으로 집약된다. 첫째, 대중 예술이나 대중문화보다는 순수예술과 귀족 문화를 옹호한다. 둘째, 순수예술의 상업화에 반대하고, 예술을 세속적인 현실이나 삶과는 다른 차원의 것으로 파악하며, 시간이 지남에 따라 사라져 가는 미와 순수성을 슬퍼한다. 시간을 정지시키면 아름다움과 순수함을 보존할 수 있었기에 모더니스트들에게는 시간에 대한 강박 관념이 있었다. 셋째, 복사본보다는 아우라가 있는 원본을 중시한다. 모더니스트들은 발터 벤야민의 지적대로 사본에는 원본의 아우라가 부재한다고 보았다. 넷째, 절대적 진리와 신성한 정전을 중시하고, 모든 것의 중심이 되는 센터를 인정한다. 다섯째, 일반 대중에 대한 예술가의 능력과 특권적 위치를 인정한다.

포스트모더니티와 포스트모더니즘

포스트모더니티는 도그마로 경직된 '모더니티'와 '모더니즘'의 한계를 느끼고 거기에 반발해 1950년대 중반부터 일어나기 시작해 20세기 후반에는 전 세계로 확산된 거대한 인식의 변화를 지칭한다. 모더니즘은 처음에는 혁신적이고 신선했지만, 시간이 지남에 따라 스스로를 절대적 진리로 내세우고 중심과 정전을 주장했으며, 점차 정치적이고 보수적이 되어 갔다. 사실 파운드나 엘리엇 같은 모더니스트들은 전통주의자, 고전주의자, 보수주의자였으며, 모더니즘의 이론적 배경이 되었던 미국의 신비평가들도 모두 남부의 귀족주의자이자 보수주의자들이었다. 또한 파운드나 크누트 함순이 그 대표적인 경우이지만, 모더니즘 작가 중 일부는 파시즘과 연루되기도 했다. (그러나 헤밍웨이 같은 모더니스트 작가는 파시즘에 적극 반대했기 때문에 성급한 일반화 오류에 빠질 수도 있다.) 문학의 경우, 모더니즘은 난해한 고급 문학을 산출했으며, 그 결과 주해서가 원작보다 더 두터운 예술 작품을 만들어 냈고, 문학이나 예술을 일상의 삶과는 괴리된 별도의 지고한 예술 영역에 위치시켰다.

포스트모더니즘은 모더니즘의 바로 그러한 폐해에 반발해 생겨난 모더니즘 이후의 새로운 문예사조이며, 포스트모더니티 또한 모더니티의 그러한 문제점에 대한 비판 의식에서 비롯된 새로운 인식을 지칭하는 용어다. 문학에서 포스트모더니즘은 호르헤 루이스 보르헤스, 블라디미르 나보코프, 그리고 사뮈엘 베케트를 그 원조로 꼽는다. 예컨대『죽음과 나침반』에서 보르헤스는 모더니즘의 특징인 이성과 논리의 허점을 지적하는 포스트모던 인식을 잘 보여 주고 있으며, 나보코프의『롤리타』는 시간을 멈추어서라도 순수하고 지고한 미의 영속을 원했던 모더니즘에 대한 신랄한 패러디다. 또한 베케트는 포스트모더니티가 주장하는, 침묵으로까지 축소된 언어의 재현 불가능성을 작품 속에서 잘 구현하고 있다.

문학적 포스트모더니즘은 그 시작을 1950년대 초에 발간된 J. D. 샐린저의『호밀밭의 파수꾼』이나 중반에 등장한 비트 세대 문학에서 찾는 것이 보편적이다. 1960년대 초부터는 본격적인 포스트모더니즘 작가들이 등장하는데, 예컨대 남미 작가 보르헤스에서부터 포스트모던 기법을 배운 존 바스, 포스트모던 인식에 입각한 소설『브이』를 써서 주목을 받은 토머스 핀천, 그리고 세르반테스와 그림 형제의 동화를 이용해 새로운 소설 양식을 시도한 로버트 쿠버, 그리고 포스트모던 SF를 쓴 커트 보네거트 주니어를 들 수 있다. 또한 '메타픽션'이라는 용어를 만들어 내고 자신이 직접 메타픽션을 쓰기도 한 윌리엄 개스와 포스트모던 생태 소설『미국의 송어 낚시』를 쓴 리처드 브라우티건도 빼놓을 수 없을 것이다. 그리고 '초소설' 또는 '쉬르 픽션'이라는 용어와 개념을 만들어 낸 레이먼드 페더만과『아웃』의 작가 로널드 수케닉,『우주의 만화』의 저자 이탈로 칼비노와『장미의 이름』을 쓴 움베르토 에코, 그리고『백 년 동안의 고독』으로 유명한 가브리엘 가르시아 마르케스도 대표적인 포스트모던 작가들로 분류된다. 한편, 음악에서는 쇤베르크, 존 케이지, 백남준이 포스트모던 작곡가로 부상했고, 팝아트에서는 앤디 워홀이, 그리고 영화에서는 장 뤽 고다르, 로버트 올트먼 등이 포스트모던 예술을 이끌었다.

모더니스트 작가와 포스트모더니스트 작가 사이에는 유사하게 보이기는 하지만, 몇 가지 근본적인 차이가 있다. 예컨대 모더니스트들은 현실을 파편적인 것으로 파악했지만 그래도 문학이나 예술을 통해 질서와 통일성을 부여할 수 있다. 그러나 포스트모더니스트 작가들은 만일 현실이 파편적이라면, 굳이 총체성이나 통일성을 부여하려 하지 말고 있는 그대로 현실을 받아들이자고 제안한다. 바로 거기에 똑같이 현실을 파편화된 것으로 보았던 모더니스트인 프란츠 카프카와 포스트모더니스트인 도널드 바셀미의 차이가 있다. 즉 카프카는 『변신』 같은 작품에서 파편적인 현실과 부조리한 상황을 고발하면서, 그래도 궁극적으로는 통일성과 총체성을 부여하려 시도한다. 그러나 『나와 맨디블 선생님』에서 바셀미는 부조리하고 파편적인 현실에 그 어떤 질서나 통일성도 부여하려 하지 않는다.

마찬가지 맥락에서, 포스트모더니스트들은 예술의 상업화도 굳이 부인하거나 저항하는 대신 그것을 포스트모던 시대의 현실로 받아들인다. 그러한 태도는 일견 패배주의처럼 보이지만, 포스트모더니스트들은 그것이 체념이 아니라 솔직하게 현실을 인정하는 것이라고 말한다. 공허하게 예술의 순수성만을 주장하는 대신, 시대의 변화를 솔직하게 인정한 다음, 적극적이고 긍정적인 해결책을 탐색해 보자는 것이다.

포스트모더니즘이 모더니스트들이 산출한 예술 소설의 죽음을 선언하고, 대중소설과 대중문화를 포용하는 것도 바로 그러한 맥락에서다. 텔레비전과 인터넷의 확산으로 인해 이미 대중문화가 주류가 되었고, 지식인들도 대중이 된 시대에 대중문화의 폄하는 이제 시대정신에도 맞지 않다는 것이다. 그래서 포스트모더니즘은 대중문학, 영화, 만화, 팝뮤직, 팝아트 등을 순수문학과 같은 비중으로 취급하고 논의한다. 그러한 의미의 포스트모더니티는 새로운 문예사조인 문화 연구에서 잘 구현되고 있다.

그러므로 포스트모더니티는 다음의 특성을 갖고 있다. 포스트모더니티는 우선 모더니티와는 달리, 이성의 절대성을 불신하고, 이성에 의해 주변부로 밀려난 비이성의 세계를 조명하며, 그 가치와 가능성을 탐색한다. 그동안 문명에 의해 소외된 광기의 역사를 새롭게 조명한 미셸 푸코는 그 좋은 예다. 포스트모더니티는 또한 단 하나의 절대적 진리를 인정하지 않고 수많은 상대적 진리의 존재와 가치를 인정한다. 그래서 포스트모더니티는 단성적인 것보다는 다성적인 것을, 단일성보다는 다양성을 추구한다. 포스트모더니티는 또 타자를 주변부로 몰아내는 중심과 센터의 존재를 인정하지 않는다. 포스트모더니티가 자연스럽게 탈식민주의, 다문화주의, 페미니즘으로 확산되는 것도 바로 그러한 맥락에서다.

또한 포스트모더니티는 모든 것의 경계가 확실했던 모더니즘 시대와는 달리, 지금 우리는 모든 것의 경계가 해체되는 시대에 살고 있다는 사실을 인정한다. 그래서 포스트모더니티는 국민/국가의 경계를 초월하고 넘나드는 최근 사조 트랜스내셔널리즘을 만들어 냈다. 트랜스내셔널리즘에 의하면 교포 작가 이창래는 과거에는 미국 작가였지만, 지금은 두 나라의 경계를 넘나드는 두 나라 모두의 작가가 되었다. 그래서 포스트모더니티는 국가와 국가, 국민과 국민, 순수와 비순수, 고급문화와 대중문화, 신성성과 세속성, 프로페셔널과 아마추어, 그리고 동양과 서양의 경계가 와해되는 이 시대의 정신이 되었다. 더 나아가 포스트모더니티는 원본과 사본의 차이를 인정하지 않고, 복제본의 가치를 인정한다. 움베르토 에코가 『장미의 이름』 서문에서, 자신의 소설을 굳이 원본이 아닌 삼중 번역본이라고 하는 이유도 바로 거기에 있다. 또 같은 맥락에서 포스트모더니티는 저자의 특권적 지위를 인정하지 않고, 독자를 저자와 나란히 위치시킨다. 롤랑 바르트의 『저자의 죽음』이나 미셸 푸코의 『저자란 무엇인가?』 같은 기념비적 글들, 그리고 독자의 권리를 인정한 독일의 수용 미학이나 미국의 독자 반응 비평은 모두 그러한 맥락에서 생긴 것이다.

더 나아가, 포스트모더니티는 예술의 상업화를 찬양하는 것은 아니지만, 지금 우리가 모든 것이 상업화되는 시대에 살고 있다는 사실을 인정한다. 즉 오늘날 후기 자본주의, 후기 산업사회 시대에 더는 순수한 것만을 추구하는 것은 불가능해졌다는 것이다. 포스트모더니티는 또 과학기술의 발달과 테크놀로지를 무조건 비난하고 부정하기보다는, 리오 마르크스가 제시한 '정원 속의 기계(The Machine in the Garden)' 개념에 따라 인간과 기계의 합일 가능성을 탐색한다. 그래서 포스트모더니티는 최근 인간과 테크놀로지의 결합을 긍정적으로 보려는 '트랜스휴머니즘'을 탄생시켰다. 포스트모더니티는 또 자연보다 문명이나 인간을 우위에 두었던 모더니티와는 달리, 자연을 중시하며 생태주의를 지향한다. 인간 중심 사상을 비판하고 자연을 중시하는 최근 사조인 '포스트휴머니즘'은 바로 그런 맥락에서 태동했다. 모더니티의 극복을 표방하는 포스트모더니티는 언제인가 그것을 대체할 새로운 인식과 개념과 용어가 등장할 때까지, 당분간 우리 시대를 대표하는 지배 사조로 남아 있을 것이다.

포스트모더니즘과 존 바스의 『미로에서 길을 잃고』

포스트모던 작가로서의 존 바스

존 바스는 미국 메릴랜드 주 케임브리지에서 태어났으며, 줄리아드 음대에서 오케스트라 이론을 공부하다가 존스 홉킨스 대학교에 입학해 1951년에 학사 학위를, 1952년에 석사 학위를 받았다. 이어 바스는 펜실베이니아 주립 대학교 교수(1953~1965)와 버펄로 소재 뉴욕 주립 대학교 교수(1965~1973)를 거쳐, 존스 홉킨스 대학교 교수(1973~1995)로 재직하다가 1995년에 은퇴해 현재는 메릴랜드의 교외에서 저술에만 전념하고 있다.

미국 포스트모더니즘 문학의 원조인 바스는 전통적인 모더니즘 소설과 구텐베르크식 활자 소설의 가능성이 고갈되고, 새롭게 등장한 영상 매체와 전자 매체에 의해 문자 문학이 속절없이 밀려나 '소설의 죽음'이 선언되던 1960년대와 1970년대에 픽션 메이킹(fiction-making)에 대해 치열하게 천착하고 고뇌한 작가였다. 아르헨티나의 선배 작가 보르헤스에게서 "문학의 모든 가능성이 고갈된 극한 상황에서 그 극한을 역이용해 새로운 가능성을 찾는 방법"을 배운 바스는 당시 미로에서 길을 잃고 헤매고 있는 작가들에게 출구를 안내하는 새로운 형태의 소설 쓰기에 전념했고, 그 결과 죽어 가던 문학을 소생시킨 중요한 작가라는 평을 받게 되었다.

1967년 《애틀랜틱 먼슬리(The Atlantic Monthly)》에 발표한 기념비적인 글 「고갈의 문학(The Literature of Exhaustion)」에서 바스는 전통적인 소설의 가능성은 모두 고갈되었다고 선언하며, 작가들은 이제 미로에서 벗어나기 위해 새로운 시대에 부응하는 새로운 형태의 소설을 창조해 내야만 한다고 주장해, 포스트모던 시대를 대표하는 작가로 부상하며 문단과 학계의 비상한 주목을 받았다. 이 글에서 바스는 현대 작가들은 변신의 명수이자 고정된 모습이 없는 프로테우스를 꽉 붙잡고 길을 가르쳐 줄 때까지 놓지 않았던 메넬라우스처럼, 그리고 미궁 속에서 출구를 찾아 나섰던 테세우스처럼 과감하고 용기 있게 새로운 형태의 소설 창작을 시도해 보아야 한다고 주장한다.

1980년 같은 잡지에 발표한 「소생의 문학(The Literature of Replenishment)」에서 바스는 죽어 가는 문학을 다시 살려 낼 수 있는 가능성을 포스트모더니즘에서 발견한다. 이 유명한 글에서 바스는 "올바른 포스트모더니즘이란 단순히 모더니즘의 연장도 아니고 모더니즘의 한 양상에 대한 강조도 아니며, 또한 반대로 모더니즘이나 혹은 내가 프리모더니즘이라고 부르는 것, 즉 '전통적' 의미의 부르주아 리얼리즘에 대한 도매금 식의 거부나 전복을 의미하는 것도 아니다. …… 포스트모더니스트 소설의 가치는 바로 그러한 대조 항목, 즉 모더니즘 소설과 프리모더니스트 소설의 상반되는 점을 종합하거나 초월하는 데 있다. 내가 아는 한, 이상적인 포스트모더니스트 작가는 20세기 모더니스트 부모이거나 19세기 프로

모더니스트 조부모이거나 간에 그들을 단순히 모방하지도 않으며 또 단순히 거부하지도 않는다."라고 말한다. 이어 바스는 포스트모더니즘이 "모더니즘 다음으로 좋은(the next best thing)이 아니라, 모더니즘에 이어 등장한 가장 좋은 사조(the best next thing)가 되기를 바란다고 말하면서, 포스트모더니즘 소설에 대한 자신의 기대를 표명한다.

바스는 미로에서 길을 잃은 현대 작가들이 당면한 딜레마의 해결을 위해 소설의 근원으로 되돌아가 볼 것을 제안한다. 그리고 소설의 시작과 기원 속에 이미 내재되어 있던 소설 장르의 문제점을 탐색하고, 미로의 출구를 열 수 있는 지혜의 열쇠를 과거에서 찾아보자고 주장한다. 그러므로 바스에게 과거는 동경과 숭배의 대상이 아니라, 현재 우리가 당면한 문제점의 근원을 찾아볼 수 있는 심문의 대상이다. 바스가 자신의 작품 속에서 독자들을 과거로, 그리고 신화의 세계로 자주 데리고 가는 이유도 바로 거기에 있다.

『미로에서 길을 잃고』의 문학사적 의의

새로운 시대에 맞는 새로운 형태의 소설 쓰기를 다양한 방법으로 시도한 『미로에서 길을 잃고(Lost in the Funhouse)』(1968)는 제목에서부터 바스의 미로 의식이 잘 나타나 있는 작품이다. 바스가 보기에 당시 문학은 미로에서 길을 잃고, 살아남기 위해 방황하며 치열하게 출구를 찾아 헤매고 있었다. 바스가 보는 포스트모던 시대의 예술가는 조이스가 보았던 모더니즘 시대의 예술가와는 전혀 다른 상황에 처해 있었다. 조이스의 어린 예술가 스티븐 대덜러스는 조국이 강요하는 경직된 종교적 독선과 극단적 정치 이데올로기와 맹목적인 애국심으로부터 떠나 더 큰 유럽 대륙으로 탈출하기만 하면 되었다. 그러므로 당시 예술가에게 필요했던 것은 그러한 탈출 의식과 용기, 그리고 보다 더 큰 세상으로 날아갈 '날개'뿐이었다. 다시 말해, 예술가 스티븐에게는 미궁을 벗어날 출구가 이미 존재하고 있었다는 것이다.

그러나 바스의 어린 예술가 앰브로스는 보다 더 근본적인 문제에 봉착해 있었다. 앰브로스는 아리아드네의 실타래가 없어 출구를 찾을 수 없는 미궁에 갇힌 예술가이자, 거울에 비친 자신의 모습을 바라보며 미로 속에서 방황하는 포스트모던 시대의 작가다. 앰브로스의 고민은 그러한 상황에서 작가는 과연 '무엇을 어떻게 써야만 하는가?'로 확대된다. 그러므로 앰브로스의 고뇌는 스티븐의 고뇌보다 훨씬 더 복합적이고 난해하며 고차원적이라고 할 수 있다. 평자들이 바스의 『미로에서 길을 잃고』를 조이스의 『젊은 예술가의 초상(A Portrait of the Artist as a Young Man)』(사실 'Young Artist'는 '어린 예술가'로 번역하는 것이 더 타당할 것이다.)의 신랄한 패러디로 보는 이유도 바로 거기에 있다. 포스트모던 시대의 작가는 태어날 때부터, 그리고 성장 과정에서도 모더니즘 시대의 작가보다 훨씬 더 복합적인 상황 속에서 살고 있기 때문이다.

모두 열네 편의 작품이 수록되어 있는 『미로에서 길을 잃고』는 단순한 단편 모음집이 아니라, 픽션 메이킹에 대한 일종의 시리즈라 순서대로 읽어야 한다. 맨 처음 이야기인 「프레임 테일(Frame Tale)」은 뫼비우스의 띠를 오려 붙여, 'ONCE UPON A TIME THERE WAS A STORY THAT BEGAN ONCE UPON A TIME THERE WAS A STORY THAT BEGAN'이 끝없이 계속되도록 만든 작품으로, 액자소설의 원형인 『아라비안 나이트』와 모든 스토리텔러의 원조인 세헤라자드를 연상시킨다. 프레임 테일은 물론 모든 문학작품의 상호 텍스트성과, 과거와 현재의 연관, 그리고 삶과 예술의 원형적 반복을 의미한다. 그러면서 그것은 또한 스토리텔러의 원형인 세헤라자드가 잘 보여 주고 있듯이, 새로운 이야기를 만들어 내지 못하면 죽임을 당하는 포스트모던 작가의 딜레마를 상징하기도 한다. 과연 『아라비안 나이트』에서 전개되는 수많은 프레임 테일은 모두 재미있는 이야기를 만들어 내지 못하면 참수를 당하는 세헤라자드의 상황을 은유적으로 반영하고 있다.

예컨대 츠베탕 토도로프는 「내러티브 – 인간」이라는 글에서, "『아라비안 나이트』는 현기증 날 만큼의 삽입과 삽화(프레임 테일)의 예를 보여 주고 있다."라고 지적한다.

> 세헤라자드는 말하기를
> 야퍼는 말하기를
> 양복 재단사는 말하기를
> 이발사는 말하기를
> 그의 형제(그에겐 여섯 형제가 있다.)가 말하기를…….

다섯 개의 이야기가 중첩되고 있는 이 액자 소설에서 각 스토리텔러는 재미있는 이야기를 하지 못하면 죽임을 당한다. 그럼으로써 그들은 독자들에게 마스터 스토리텔러인 세헤라자드의 딜레마를 부단히 상기시켜 준다. 그리고 때로는 앞의 이야기들은 잊히기도 하지만, 대부분은 모든 이야기가 서로 긴밀히 연관되어 있는 경우가 많다.

두 번째 이야기인 「밤바다 여행(Night-Sea Journey)」의 화자는 아버지를 떠나 목적지가 분명치 않은 곳, 그러나 자신을 기다리고 있는 난자가 있으리라고 생각되는 해변, 즉 어머니의 자궁을 향해 풍랑을 헤치고 어두운 밤바다를 헤엄쳐 가고 있는 정자다. 그는 과연 자신의 거친 풍랑 속 항해가 성공할 수 있을 것인지, 그리고 수백만의 경쟁자를 물리치고 자신이 무사히 난자를 만나 새로운 생명으로 태어날 수 있을 것인지, 불확실한 상황 가운데 밤바다를 헤엄치고 있다. 세계지도를 보며 더 넓은 세상으로의 비상을 꿈꾸기만 하면 되었던 조이스의 모던 예술가와는 달리, 바스의 포스트모던 예술가는 이렇게 태어나면서부터 익사의 위험이 도사리고 있는, 그리고 목적지가 불확실한 거친 풍랑 속 항해를 시작해야 한다. 폭풍우 속을 헤엄치면서 정자는 이렇게 반문한다. "나는 과연 존재하는 것인가? 아니면 이게 꿈인가? 때로 나는 의문을 갖는다. 그리고 만일 내가 존재한다면, 나는 과연 누구인가? 내가 운반해야 하는 유산은 또 무엇인가? 문제는 내게 확신이 없다는 점이다."

세 번째 이야기인 「앰브로스의 표시(Ambrose His Mark)」에 오면 밤바다 여행을 떠났던 정자가 드디어 어머니의 난자를 만나 예술가로 태어나게 된다. 그러나 태어나 보니, 아버지는 정신병원에 입원해 있었고,(아버지는 태어난 아이가 자기 아들이라는 사실을 부인한다.) 딸을 기대했던 어머니는 실망해서 아들의 이름을 지어 주려고 하지도 않는다. 이는 곧 아버지와 단절되어 정신적 고아가 된, 그리고 이름조차 없어 정체성이 모호한 포스트모던 시대의 예술가가 당면한 딜레마를 은유적으로 잘 보여 주고 있다. 그러다 어린아이의 입에 꿀벌이 모여들자, 바스의 예술가는 영생을 가져다 주는 신의 꿀 또는 신의 술이라는 의미의 '앰브로스'라는 이름을 얻게 된다. 중세의 성(聖) 암브로시우스(앰브로스)는 위대한 웅변가여서 어린 예술가 앰브로스도 위대한 작가가 될 수 있으리라는 암시가 주어진다. 그러나 꿀벌이 아이의 눈과 귀에 모여들었다고 주장하는 사람도 있어서, 어린 예술가는 장차 위대한 예지자이자 청취자가 될 것이라는 암시도 주어진다. 그러한 설정은 곧 전자 매체가 활자 매체를 대체하는 포스트모던 시대의 작가는 언어의 대가여야 할 뿐 아니라, 청각적 음향도 중요시하고 영상 매체도 포용해야 한다는 사실을 은유적으로 시사하고 있다.

네 번째 이야기인 「자서전(Autobiography)」은 테이프로 듣도록 의도된 실험소설로서, 자신의 부모를 비난하는 화자의 이야기로 되어 있다. 오이디푸스 콤플렉스에 시달리는 화자에 의하면, 자기 어머니는 녹음기이고 아버지는 작가 바스이며, 부모의 원치 않은 자식으로 태어난 자신의 정체성에 대해 불만을 토로하고 있다. 화자는 내가 태어났을 때, "나에게는 적절한 이름도 주어지지 않았다."라고 불평하며, "이제는 내가 나 자신을 만들어 나아가야만 한다."라고 말한다. 화자는 특히 자신에게 아무것도 물려주지 않았을 뿐 아니라, 자신을 부정한 아버지에 대한 불만이 많은데, 이는 아버지와도 같은 모더니즘을 비판하고 극복하면서 태어난 포스트모던 작가의 고아 의식을 잘 시사하고 있다. 이 작품에서 바스는 이제는 글로 쓰는 원고지 시대가 끝나고 오디오와 비디오테이프의 시대가 시작되었다는 사실을 인정하면서, 독자가 청자로 바뀐 상황에서 저자, 청자, 텍스트의 새로운 상호 관계를 성찰하고 있다.

다섯 번째 이야기인 「워터 메시지(Water-Message)」에는 성장한 앰브로스가 등장한다. 사춘기에 접어들어 성에 눈뜨게 되었지만 아직은 혼란스러워 하는 앰브로스는 어느 날 강물에 떠내려 온 편지가 들어 있는 병을 건진다. 여기서 물은 물론 모든 것의 원천이자 생명의 근원이며, 풍요, 정화, 무의식 등을 상징한다. 그 병 속에는 누군가가 작가 앰브로스에게 보내는 메시지가 들어 있어야만 하는데, 막상 병을 열어 보니 거기에는 'TO WHOM IT MAY CONCERN'이라는 서두와 'YOURS TRULY'라는 인사말만 있을 뿐, 막상 그 사이에는 아무런 내용이 없었다. 아버지에게서 아무런 도움을 받지 못하고, 자신의 미래를 가르쳐 줄 이무런 메시지도 받지 못한 앰브로스는 이제 작가로서 스스로의 운명을 개척해 나가야만 하게 된다. 그래서 어린 예술가 앰브로스는 비어 있는 공간을 채워 넣어야만 하는 사람은 바로 자기 자신이라는 사실을 깨닫게 된다.

여섯 번째 이야기의 「호소문(Petition)」은 자기를 죽이려는 쌍둥이로부터 자기 몸을 떼어 달라고 태국 왕에게 호소하는 샴쌍둥이의 이야기다. 호소문에 의하면, 이들 쌍둥이는 서로 정반대의 속성과 기질을 갖고 있어서 도저히 하나가 될 수 없는, 그래서 갈라져야만 하는 사이다. 이 샴쌍둥이처럼 우리 모두는 내부에 서로 정반대되는 속성을 갖고 있다. 그것은 작가나 문학도 마찬가지여서, 새로운 문학을 탄생시키기 위해서는 문학이나 작가가 정반대의 속성을 갖고 있는 자신의 분리된 자아(divided self)를 극복해야 한다. 샴쌍둥이는 작가가 성장 과정에서 필히 극복해야 하는 바로 그 '분열된 자아'의 상징이다.

일곱 번째 이야기인 「미로에서 길을 잃고(Lost in the Funhouse)」는 열세 살이 된 앰브로스가 2차 세계대전 중 7월 4일에 부모와 형 피터, 카를 삼촌, 그리고 열네 살의 이웃집 소녀 마그다와 같이 놀이공원에 놀러 가서 '도깨비 집(Funhouse)'에 들어가 길을 잃고 방황하는 이야기다. 미로에서 출구를 찾아 헤매면서 앰브로스는 과연 어느 것이 사실이고 어느 것이 허구인지 혼란을 느끼게 되고, 미로 속 거울에 비친 자신의 모습을 바라본다. 그는 이제 비로소 예술가로서의 소외와 고독을 깨닫게 되고, 자아 반영과 자기 성찰의 과정을 겪으면서, 이제는 자기도 다른 사람을 위해서 자신만의 '펀하우스(미로, 재미있는 구축물, 픽션, 소설)'를 만들어 보겠다는 결심을 하게 된다.

여덟 번째 이야기인 「에코(Echo)」는 자신의 원래 목소리는 사라지고 남의 말만 따라서 하는 에코처럼, 테이프에 녹음한 후 재생해서 듣도록 쓰인 작품이다. 이 작품에서 에코는 테레시아스와 나르시스가 하는 이야기를 되풀이하고 있는데, 에코는 목소리가 없는 요정이고, 테레시아스는 장님이지만 미래를 내다보는 예언자이며, 나르시스는 눈은 있으되 사물의 본질을 통찰하지 못하는 존재라는 점이 상징적이다. 이 작품에서 독자와 청자는 과연 에코가 테레시아스와 나르시스의 이야기를 제대로 전달하고 있는지, 또는 이야기 속에 자신의 감정을 이입하고 있는지, 아니면 저자 바스에 의해 조종당하고 있는지 알 수가 없다. 그녀는 다만 녹음된 목소리에 불과하기 때문이다. 이 작품에서 바스는 활자의 세계를 떠나, 오디오, 비주얼한 세계, 즉 음향과 영상의 세계를 탐색하며 눈멂과 통찰의 주제를 천착하고 있다.

아홉 번째 이야기인 「두 개의 명상(Two Meditations)」은 짧은 두 개의 문단으로 되어 있는데, 이 작품에서 바스는 나이아가라폭포와 이어리(Erie) 호수에 대한 명상을 통해 다시 한 번 오이디푸스 신화를 불러와 포스트모던 시대 작가의 딜레마를 다루고 있다. 바스가 보는 포스트모던 작가의 가장 기본적인 상황은 부모(특히 아버지)가 부재한 고아 상태이며, 부친살해나 아버지와의 관계 단절로부터 자신의 작가 경력을 시작하는 것이다. 그러므로 바스의 작품에서는 어디에서나 아버지의 부재와 부자 사이의 갈등이 부단히 반복되고 있다.

열 번째 이야기인 「타이틀(Title)」에서 바스는 새로운 글쓰기, 픽션 메이킹에 대해 고뇌하는 화자의 모습을 다각도로 보여 주고 있다. 자기가 포스트모더니즘의 시효라고 생각하고 존경하는 보르헤스, 베케트, 나보코프의 전략과 지혜를 차용해 바스는 보르헤스의 미로 의식, 베케트의 침묵, 그리고 나보코프의 게임 및 유희 전략을 성찰하고 있다. 이 작품에서 바스는 관습적인 기승전결이 사라진 우연과 불확실성의 시대에 빈 공간을 채워 넣어야 하는 포스트모던 작가의 고민을 토로하고 있다. 이 작품의 화자는 "더 이상 할 말이 없다. 도대체 새로운 것이 무엇이 있다는 말인가? 아무것도 없다."라고 불평한다. "거울로 된 미로에서 빠져나오는 유일한 방법은 눈을 감고 손을 내미는 것이다. 그리고 직유 같은 빼어난 메타포에 몸을 맡기는 것뿐이다." 그러나 이 작품의 화자는 절망적이지는 않다. 그는 "길의 끝은 또 다른 길의 시작이 될 수도 있다."라고 말함으로써 새로운 가능성을 탐색할 것을 독자들에게 권유한다.

열한 번째 이야기인 「방언(Glossolalia)」은 여섯 명의 신화적, 성서적 인물이 마치 성령을 받아 종교적 황홀경에서 말하는듯, 각기 한 문단씩 방언처럼 말하는 것으로 되어 있다.

열두 번째인 「라이프 스토리(Life-Story)」의 화자는 포스트모던 시대의 글쓰기의 어려움에 대해 불만을 토로하며 명상에 잠겨 있다. 그는 오늘날 작가들은 "소설을 쓰는 작가에 대한 소설을 쓸 수밖에 없다."라고 말하며, 삶과 소설(픽션)의 불가분의 관계에 대해 성찰하고 있다. 바스의 메타픽션론이라고 할 수 있는 이 작품에서 화자는 우리의 삶이 허구적이기 때문에 그 자체가 하나의 픽션, 즉 소설이 될 수 있으며, 이 세상 또한 허구여서, 우리가 사는 세상 자체가 하나의 커다란 픽션, 즉 한 편의 극적인 소설이 될 수도 있다고 말한다. 이 작품의 화자는 변화하지 않고 있는 독자들도 꾸짖는다. "독자들이여! 이 끈질기고 모욕에도 끄떡없는 활자에만 매달리는 사생아들이여! 나는 지금 당신들에게 말하고 있다. 이 괴물 같은 픽션 속에서 달리 누구에게 내가 말을 하고 있겠는가."

열세 번째 이야기 「메넬라우스 이야기(Menelaiad)」는 트로이에 빼앗겼던 아내 헬레네와 연관해 자신의 삶을 되돌아보는 메넬라우스의 이야기다. 보르헤스의 아이디어를 빌려서 바스는 트로이전쟁이 끝나고 귀국하는 도중 길을 잃은 메넬라우스가 바다의 노인 프로테우스를 꽉 붙잡고 끝까지 놓지 않음으로써 프로테우스로부터 길을 안내받는다는 상황을 포스트모던 작가의 상황에 비유한다. 오늘날 우리의 리얼리티는 마치 프로테우스처럼 정형이 없고 가변적이지만, 포스트모던 작가는 리얼리티를 꽉 붙잡고 길을 가르쳐 줄 때까지 리얼리티와 씨름해야 한다는 것이다.

열네 번째 이야기 「무명인의 이야기(Anonymiad)」는 섬에 표류한 음유

시인이 모든 가능성이 고갈될 때까지 이야기를 써서 바다에 띄워 보내는 내용이다. 그러던 어느 날, 그는 떠내려 온 병 속에 든 메시지를 발견하고, 다른 곳에도 자기처럼 교류를 원하는 사람들이 있다는 사실을 깨닫고 고무된다.

작품의 문학사적 맥락

바스의 『미로에서 길을 잃고』는 보르헤스의 『미로들』과 알랭 로브그리예의 『미로에서』와 더불어 부친인 모더니즘과 단절하고 새로운 세계를 구축해야 하는, 그러나 아직은 출구를 찾지 못한 포스트모던 작가들의 미로 의식을 잘 표출하고 있는 문학사의 기념비적인 작품이다. 이 작품집에서 바스는 리얼리티와 픽션이 명확하게 구분되지 않는 포스트모던 시대에 허구의 구축물인 소설을 써내야만 하는 포스트모던 작가의 고뇌를 여러 각도로 조명하고 성찰하고 있다. 동시에 바스는 마셜 매클루언의 말대로 구텐베르크 식 활자 소설이 전자 매체나 영상 매체와 경쟁해야 하는 이 포스트모던 시대에 작가는 글쓰기에 대해 어떤 고민을 해야 하며, 무엇을 어떻게 써야만 하는가를 『미로에서 길을 잃고』에서 설득력 있게 보여 주고 있다. 물론 바스가 이 소설집을 출간한 1960년대 후반에는 아직 개인용 컴퓨터도 보급되지 않았고 인터넷도 없어서 바스는 겨우 테이프로 녹음해서 들려주는 소설을 혁신적인 새로운 형태의 소설로 보고는 있지만, 그래도 당시만 해도 『미로에서 길을 잃고』는 작가와 독자들 모두에게 커다란 충격으로 다가왔던 작품이었다.

바스는 『미로에서 길을 잃고』를 출간하기 전부터, 또 다른 시각으로 역사를 재조명하는 포스트모던 역사소설인 『연초 도매상(*The Sot-Weed*

Factor)』(1960)을 통해 이미 포스트모던 문학을 선도하는 작가로 부상했다. 동명의 시를 쓴 실제 인물인 시인 에베네저 쿡의 일생을 모델로 한 이 포스트모던 역사소설의 주인공은 아버지의 유산인 토지를 상속받기 위해 영국에서 식민지 아메리카 대륙으로 건너온 헨리 벌링게임의 파란만장한 이야기다. 헨리는 아름다운 곳으로만 상상했던 아버지의 유산이 사실은 잘못된 역사로 인해 오염된 곳이라는 사실을 발견하고 실망과 환멸에 빠진다. 이 소설에서 바스는 18세기 미국 초기 역사를 신랄하게 패러디함으로써 아메리칸드림의 문제점을 폭로함과 동시에, 소설의 기원인 18세기로 되돌아가 오늘날 현대문학이 당면하고 있는 문제점의 근원과 해결책을 탐색하고 있다.

이어 우화 소설인『염소 소년 자일스(*Giles Goat-Boy*)』(1966)에서 바스는 자신이 염소인 줄 알았다가 어느 날 인간임을 발견하고 자신의 근원을 찾아 과거로 되돌아가는 작가의 이야기를 신화 세계와 컴퓨터 세계, 동서 냉전 이데올로기, 그리고 우주(universe)와 대학교(university)를 병치시키면서 독자들에게 들려주고 있다. 자신이 근무했던 펜실베이니아 주립 대학교를 모델로 한 이 소설에서 바스는 놀랍게도 벌써 매트릭스 이론의 등장을 예시하고 있다.

내셔널 북 어워드를 수상한『키마이라(*Chimera*)』(1972)에서도 글쓰기에 대한 포스트모던 작가의 고뇌와 출구 탐색은 계속된다. 용의 머리, 사자의 몸, 뱀의 꼬리를 가졌다는 신화적 괴수처럼 이 작품도 세 개의 중편으로 이루어져 있다. 첫 이야기인「듀나자드 이야기(Dunyazadiad)」에서는 형 샤리아 왕에게서 세헤라자드의 이야기를 들어서 이미 다 알고 있는 쟈만 왕이 듀나자드와 결혼한 다음, 듀나자드에게도 언니 세헤라자드가 그랬던 것처럼 자기에게도 새로운 이야기를 해 달라고 부탁한다. 문제는 듀나자드는 이미 모든 가능성이 고갈되어 더는 새로운 이야기를 만들어 낼 수가 없다는 것이다. 이 에피소드에서 바스는 듀나자드의 딜레마가 곧 오늘날 포스트모던 작가들의 딜레마라고 말한다.

두 번째 이야기인 「페르세우스 이야기(Perseid)」에서는 중년이 되어 뚱뚱해지고 몸이 굳어져 가는 페르세우스가 과거로 되돌아가 자기가 메두사를 죽일 때 과연 무엇을 잘못했는가를 깨닫게 되는 이야기다. 추악한 메두사(현실, 리얼리티)를 거울 방패(예술)로 비추어 보고 죽이는 대신(모더니즘 문학관), 그녀(끔찍한 리얼리티)를 정면으로 직시하면서 키스를 했더라면 불멸을 얻을 수 있었을 것이라는 사실(포스트모더니즘 문학관)을 알게 된 페르세우스는 이번에는 메두사에게 키스하는 데 성공하고, 그 순간 두 사람은 하늘로 올라가 불멸의 성좌가 된다.

세 번째 이야기인 「벨레로폰 이야기(Bellerophoniad)」는 산꼭대기에 살며 불을 뿜는 괴수 키마이라를 죽이는 벨레로폰의 이야기다. 바스는 괴수 키마이라를 죽이는 벨레로폰의 창이 연필을 상징하기 때문에, 벨레로폰의 영웅담은 곧 작가의 힘을 상징한다고 말한다.

이어 출간된 『편지들(Letters)』(1979)에서 바스는 다시 18세기 서간체 소설로 되돌아가 죽어 가는 현대소설의 소생을 시도한다. 소설을 살려 내려는 바스의 노력은 후기작인 『안식년: 로맨스(Sabbatical: A Romance)』(1982), 『타이드워터 이야기(Tidewater Tales)』(1987), 『섬바디 더 세일러의 마지막 항해(The Last Voyage of Somebody the Sailer)』, 『옛날에: 선상 악극단(Once Upon a Time: A Floating Opera)』, 『이야기와 더불어(On with the Story)』(1966), 『개봉박두: 내러티브(Coming Soon!!! A Narrative)』(2001), 『십일야화(The Book of Ten Nights and a Night: Eleven Stories)』(2004), 『세 길이 만나는 곳(Where Three Roads Meet)』(2005), 『발전(The Development)』(2008)에서도 계속된다. 『미로에서 길을 잃고』는 새로운 형태의 소설을 창조하려는 포스트모던 작가의 고뇌와 실험과 시도를 잘 보여 주는 중요한 작품으로 문학사에 기록되어 있다.

베스트셀러를 어떻게 볼 것인가?

베스트셀러를 둘러싼 일화들

베스트셀러를 갖는 것은 모든 작가의 염원이자 모든 출판사의 소원일 것이다. 베스트셀러를 산출하고 싶어 하는 것은 비단 대중문학 작가뿐 아니라 순수문학 작가의 경우에도 다르지 않다. 넉넉한 인세도 싫지는 않겠지만, 작가들은 우선 많은 독자를 갖고 싶어 하기 때문이다. 사실 아무도 읽지 않는 글을 쓰는 것은 작가로서 참으로 견디기 어려운 일일 것이다. 출판사로서도 베스트셀러를 내야 유명해지고, 그 수익금으로 더 많은 양서를 출간할 수 있기 때문에 늘 블록버스터를 기획하고 또 기대할 수밖에 없다.

작가 중에는 자신의 소설이 베스트셀러가 될 줄은 상상도 못 하고 주저하며 출판사의 문을 두드리는 경우가 있고, 출판사는 그 작품이 어마어마한 베스트셀러가 될 줄은 꿈에도 모르고 출간을 거절하는 경우도 있다. 예컨대 J. D. 샐린저는 『호밀밭의 파수꾼』의 원고를 뉴욕의 하트코트 브레이스 출판사에 보냈다. 그러나 그 원고를 읽어 본 편집자는 내용이 너무나 파격적이고 당시로서는 수용하기 어려운 욕설(F-word)까지 들어 있어서 샐린저에게 재수정을 부탁했다. 이에 화가 난 샐린저는 그 원고를 되찾아 보스턴의 리틀 브라운사에 보내서 거기서 출간했다. 순간의 판단 실수로 하트코트 브레이스 출판사가 거액의 수익과 명성을 놓치고, 리틀 브라운사가 대신 차지하는 역사적 순간이었다. 『호밀밭의 파수꾼』은 출간 즉시 세계적인 베스트셀러가 되었고, 대학생들이 들고 다니는 반문화의 상징이자 젊은이들의 바이블이 되었다.

또 다른 미국 작가 헨리 밀러의 『북회귀선』은 외설적이라는 이유로 미국에서 금서가 되었고, 그 결과 파리의 포르노 출판사인 오벨리스크에서 출간되었다. 출간 즉시 엄청난 반향을 불러일으키며 베스트셀러가 된 이 소설로 인해 오벨리스크 출판사는 순수문학을 출간해 베스트셀러로 만든 최초의 도색 출판사가 되었다. 밀러는 모두가 정치 이데올로기에 속박되어 있었던 1930년대에 모든 정치 이념과 청교도주의 속박에서 벗어나 완벽한 개인의 사적 자유를 추구했던 특이한 작가였다. 그런 그에게 성과 섹스는 모든 사회적 속박에서 벗어나는 저항과 해방의 제스처였는데, 그것을 깨닫지 못한 사람들이 『북회귀선』을 단순한 에로소설로 본 것이었다.

블라디미르 나보코프의 『롤리타』 역시 의부와 양녀의 금지된 사랑을 다루었다는 이유로 미국에서 출판사를 찾지 못하고 파리의 올림피아 출판사에서 출간되었다. 이 작품의 출간을 거절했던 미국의 네 출판사는 영문학사상 고전이 된 이 작품을 출간할 수 있는 기회를 잃었을 뿐 아니라, 천문학적인 판매 수입을 상실했다. 반면, 파리의 올림피아 출판사는 졸지에 훌륭한 유명 작품을 출간하게 되고, 엄청난 판매 수익을 올렸다. 이 책의 출간 이후, '롤리타 콤플렉스'는 어린 소녀에게 이끌리는 남자들을 묘사할 때 사용되는 대표적인 용어가 되었다.

J. K. 롤링의 처녀작 『해리 포터와 마법사의 돌』 시리즈 역시 처음에는 몇몇 출판사에게서 거절을 당하다가, 후에 블룸스베리 출판사에서 출간되었다. 출판사에서는 무명 여성 작가가 쓴 아동소설의 전망을 걱정했고, 초판은 500부만 인쇄해서 그중 300부는 도서관에 보냈다. 더구나 저자가 여성인 것을 감추기 위해 이니셜을 요구해 J. K. 롤링이라는 이름으로 출간되었다. 미국의 아동 도서 전문 출판사인 스칼라스틱은 아주 저렴한 가격에 판권을 사들여 미국에서 제목을 수정해 출간했다. 그때만 해도 이 작품과 그 후속작들이 세계적인 베스트셀러가 되리라고는 아무도 예상하지 못했다. 그러나 해리 포터 시리즈는 4억만 부가 팔렸으며, 롤링은 5억 6000만 파운드를 벌어들인 세계적 갑부가 되었다.

미국 작가 리처드 브라우티건의 소설 『미국의 송어 낚시』도 처음에는 송어 낚시에 대한 책인 줄 알았던 여러 출판사로부터 출간을 거절당했다. 그러다 커트 보네거트라는 유명 작가가 자신의 출판사에 추천해 주어 드디어 책으로 나왔는데, 반문화에 매료되어 있던 당시 대학생들의 경전이 되었고 이어 서점가에서도 베스트셀러가 되었다. 그런데 이 책은 국내에서도 서점 직원의 실수로 번역본을 낚시 코너에 진열해 처음에는 단 한 권도 팔리지 않는 해프닝이 벌어지기도 했다.

국내에서도 베스트셀러의 탄생 뒤에 숨은 일화는 많다. 예컨대 서울대학교 독문과 송동준 명예교수가 현역 시절 번역한 밀란 쿤데라의 『참을 수 없는 존재의 가벼움』은 처음에는 전혀 베스트셀러가 될 줄 몰랐던 작품이라고 전해진다. 틈틈이 그 작품을 번역한 송 교수가 원작 제목의 직역인 『존재의 참을 수 없는 가벼움』이라는 번역 원고를 들고 민음사를 찾았을 때, 제목에 남다른 감각을 지닌 박맹호 회장이 '존재'라는 말이 앞에 들어가면 무거워서 팔리지 않는다며 『참을 수 없는 존재의 가벼움』

으로 바꾸자고 제안했고, 그렇게 해서 나온 소설은 당시 개봉된 영화와 맞물려 이내 베스트셀러가 되었다.

창작과비평사에서는 소설 『토정비결』의 저자가 원고를 들고 왔을 때, 모두가 반대했지만 편집위원이던 한 교수가 찬성해 결국 빛을 보았는데, 뜻밖에 베스트셀러가 되었다. 베스트셀러는 아니지만, 《문학사상》에 투고된 시를 편집실 직원이 휴지통에 버린 것을 당시 주간이 지나가다가 발굴해, '문학사상' 신인으로 등용시킨 송수권의 시 「산문에 기대어」도 유명한 일화로 남아 있다. 「산문에 기대어」는 발표되자마자 마치 소설 베스트셀러처럼 독자들의 애송시가 되었다.

현암사의 베스트셀러였던 노르웨이 저자 요슈타인 가아더의 『소피의 세계』는 회사 관계자가 프랑크푸르트 북페어에서 발굴해 국내에서 베스트셀러로 만든 책이다. 당시 회사 관계자가 이 책을 한국에 번역, 소개하겠다고 하자, 출판사 사장까지도 나서서 고등학교 교사가 쓴 이야기 서양 철학책이 과연 국내에서 팔리겠느냐고 걱정스러운 표정을 지었다고 한다. 이런저런 사정을 거쳐 『소피의 세계』는 출간되었고 드디어 대형 베스트셀러가 된 것이다. 소피를 주인공으로 전개되는 '소설로 읽는 철학 이야기'라는 것이 국내 독자들의 지적 호기심을 충족시켜 주었고, 당시 논술에 관심이 많았던 수험생에게도 호소력이 있었던 것이다.

그래서 뉴욕이나 프랑크푸르트, 예테보리나 나폴리, 또는 도쿄나 베이징 등에서 매해 열리는 국제 북페어는 베스트셀러가 될 수 있는 책을 발굴하는 좋은 계기가 될 수도 있다. 북페어에서는 세계 굴지의 출판사들이 자사의 최근작과 대표적인 출판 도서를 진열하고 있기 때문에 내용도 살펴볼 수 있고 또 저자들과 직접 만날 수도 있으며, 출판인들과의 계약도 가능하기 때문이다. 그래서 책 발굴에 감각이 뛰어난 사람이 북페어에 가면 뜻밖에 대어를 건질 수도 있다. 요즘에는 한국의 베스트셀러도 외국어로 번역 출간 교섭을 할 수 있는 곳이 바로 국제 북페어다.

똑같이 중요한 것이 현지 에이전트의 역할이다. 요즘에는 국내 출판사도 해외에 에이전트를 갖고 있는 경우가 있는데, 에이전트들은 대단히 뛰어난 감각을 갖고 있어서 베스트셀러의 가능성이 있는 책들을 추천해 주기도 하고, 계약을 주선해 주기도 한다. 한국 출판사들이 해외 에이전시를 적극 활용하면 베스트셀러를 창출하는 데 많은 도움이 될 수 있을 것이다. 에이전시의 전문 에이전트만큼 베스트셀러에 대한 뛰어난 감각을 갖고 있는 사람들도 드물기 때문이다.

베스트셀러는 작가와 출판사의 합작품인가?

출판사에서도 베스트셀러를 만들기 위해 많은 작전을 구사한다. 예컨대 찰스 프레이저의 처녀작 『콜드 마운틴』을 베스트셀러와 내셔널 북 어워드의 수상작으로 만든 미국의 애틀랜틱 먼슬리 사는 다음과 같이 노력했다고 한다. 먼저 정식으로 책이 나오기 전에 엄선된 사람들에게 서평을 위한 임시본을 증정한다. 그리고 우선 찍은 1000부를 북 셀러에게 보낸다. 그리고 저자 사인회를 열어 현장에서 책을 판매한다. 그렇게 되면 그럭저럭 정식으로 책이 나오기도 전에 벌써 5000부가 시중에 돌아다닌다. 그러다 입소문을 타고 인구에 회자된 그 책은 곧 베스트셀러가 된다.

베스트셀러를 만드는 출판사의 전략 중에는 언론 홍보, 인터넷 광고, 체인 서점의 좋은 진열대 차지하기, 좋은 서평의 확보, 이메일 홍보, 저자의 작품 낭송회나 강연회, 아마존 닷컴이나 반스 앤 노블 닷컴의 베스트셀러 리스트에 올리기 등 다양하다. 그러나 그보다 더 중요한 것은 물론 좋은 작품이다. 작품이 받쳐 주지 못하면 제아무리 출판사가 열심히 뛰어도 베스트셀러가 되기는 어렵기 때문이다. 또한 꼭 대중소설만 베스트셀러가 되라는 법은 없다.『콜드 마운틴』도 그렇지만,『호밀밭의 파수꾼』,『롤리타』등 순수문학이면서도 베스트셀러가 된 예는 수없이 많다.

출판사가 베스트셀러를 만드는 또 다른 방법은 편집인들이 강력한 힘을 발휘해 저자의 원고를 베스트셀러가 될 수 있도록 고치고 고쳐 매력 있는 상품으로 만드는 것이다. 미국 출판사에는 편집인, 교열인, 사실 확인자 등 많은 사람이 모여 한 권의 책을 완벽하게 만들어 낸다. 그러므로 많은 베스트셀러의 뒤에는 수많은 편집인들의 노고가 숨어 있다고 보아도 크게 틀리지 않을 것이다. 저자도 간혹 실수를 하고, 틀릴 수도 있기 때문이다.

최근 출판계의 대표적 블록버스터는 J. K. 롤링의『해리 포터』시리즈를 제외하면 단연 댄 브라운의『다빈치 코드』일 것이다.『다빈치 코드』의 판매 기록을 앞선 것은 오직『해리 포터』뿐이라고 알려져 있다. 44개 국어로 번역되고 7000만 권 이상이 팔린『다빈치 코드』의 세계적 성공으로 브라운의 다른 소설도 각광받고 베스트셀러가 되기 시작했다. 브라운의 처녀작『디지털 포트리스』, 그리고『다빈치 코드』보다 먼저 출간된『천사와 악마』도 베스트셀러 대열에 오른 것이다. (사실『천사와 악마』가『다빈치 코드』보다 더 작품성이 있다는 평을 받는다.)

『해리 포터』도 그렇지만,『다빈치 코드』의 성공의 이면에는 시대정신을 반영하고 시대를 앞서가는 감각이 있었기 때문이다. 이 소설은 우선 성배 전설과 다빈치의 그림, 그리고 막달라 마리아에 얽힌 예수의 가문 이야기를 종교사와 미술사를 접목해 새롭게 풀어 나감으로써 독자들의 지적 호기심을 충족시켰으며, 동시에 살인 사건 해결과 암호 해독이라는 추리 기법으로 독자의 관심을 사로잡았다. 그러나 이 작품의 성공 이면에는 포스트모던 시대의 새로운 인식, 즉 절대적 진리의 부정과 또 다른 진실의 추구, 정통 역사에 대한 불신과 숨겨진 역사의 복원, 정통과 이단의 경계 해체, 자신이 옳다고 확신하는 사람들의 독선에 대한 비판 등이 자리 잡고 있다. 즉 시대정신과 맞물린 참신한 주제가 이 작품을 베스트셀러로 만드는 주요 원인이 되었다는 것이다.

그와 같은 출판계의 새로운 추세는 역사 추리소설이라는 장르를 부각시켰다. 작가들은 이제 추리소설 기법을 통해 역사를 새롭게 조명하고, 감추어진 진실과 억눌려 온 또 다른 목소리를 찾아내는 것을 주제로 하는 소설을 쓰기 시작한 것이다. 매튜 펄의 『단테 클럽』도 그런 맥락의 역사 추리소설이다. 19세기 미국 보스턴을 배경으로, 스스로를 진리라고 또는 절대적 진리의 수호자라고 확신하는 사람들의 독선과 살인, 그리고 닫힌 세계를 유지하려는 사람과 열린 세계를 지향하는 사람과의 갈등, 민족주의자와 세계주의자의 대립 등을 통해 매튜 펄은 현대사회의 제반 문제점을 예리하게 비판하고 있다. 그와 같은 시대정신의 반영은 사람들의 지적 호기심을 충족시켜 주었고, 독자들의 열렬한 환영을 받았다. 그것은 『다빈치 코드』나 『단테 클럽』의 출현을 예고한 움베르토 에코의 『장미의 이름』도 마찬가지다. 『로미오와 줄리엣』의 대사에서 제목을 빌려 와 베스트셀러가 된 『장미의 이름』에서 에코 또한 성스러운 것과 세속적인 것 사이의 경계 해체, 스스로를 절대적 진리라고 생각하는 사람들의 독선과 독단, 정통과 이단 문제, 겉으로 드러난 기호의 허구성, 그리고 금단의 지식과 금서 문제 등을 역사 추리소설 기법으로 다룸으로써 현대의 관심사를 반영했고, 더 나아가 앞장서서 선도함으로써 『장미의 이름』을 전 세계에서 각광받는 베스트셀러로 만들었다. 예컨대 성녀 마리아와 창녀 막달라 마리아를 똑같이 아름다운 여성으로 보는 어린 수도 사 아드소의 시각을 통해 에코는 신성함과 세속성 사이의 경계를 설득력 있게 해체하고 있으며, 또한 서문에서 자신의 소설을 삼중 번역본이라고 주장함으로써, 원본과 복사본 사이의 구분도 무너뜨리고 있다. 작가가 제시하는 이러한 주제들은 이른바 현대의 시대정신이라고 불리는 포스트모던 인식과 맞물려 강렬한 호소력을 지닌다.

그런 맥락에서 보면,『해리 포터』시리즈 역시 현대사회의 문제점과 현대인들의 관심사를 상징적으로 잘 다루고 있기 때문에 베스트셀러가 되었다고 할 수 있다. 즉『해리 포터』는 현실과 환상 사이의 경계 해체, 선악의 불확실성, 겉으로 드러난 것의 기만성, 순수 혈통과 혼혈의 대립, 인간 세계와 마법사 세계의 공존 문제, 그리고 타자에 대한 편견 같은 현대의 관심사를 문학적으로 승화해 상징적으로 제시하고 있기 때문에 전 세계 독자들로부터 각광받고 베스트셀러가 되었다. 물론『해리 포터』시리즈가 베스트셀러가 된 데에는 추리소설, SF 등과 나란히 최근 급부상한 판타지 장르의 인기가 중요한 역할을 했다.『해리 포터』시리즈의 성공은 존 로널드 톨킨의『반지의 제왕』과 C. S. 루이스의『나니아 연대기』도 리바이벌시켜 판타지의 전성시대를 열기도 했다.

시대정신과 베스트셀러

포스트모던 인식의 덕분으로 부상한 또 하나의 장르가 호러 픽션이다. 그중에서도 소외된 계층의 상징으로 재해석되어 많은 작품을 산출한 분야가 바로 뱀파이어 이야기들이다. 2005년에 출간되어 벌써 스무 개 언어로 번역된 블록버스터『트와일라잇』은 미국 작가 스테파니 마이어가 쓴 흡혈귀 소설이다. 이 소설은 애리조나 주 피닉스 출신인 이사벨라 '벨라' 스완이 워싱턴 주 포크스로 이사 간 후, 전학 간 학교에서 에드워드 컬런이라는 흡혈귀와 사랑에 빠지면서 겪는 모험을 다룬 소설이다. 스테파니 마이어 이전에도 『뱀파이어 연대기』 작가 앤 라이스가 일련의 흡혈귀 소설을 써서 크게 각광받았으며, 그 외에도 그래픽 노블을 원작으로 하는 『블레이드』와 컴퓨터게임에서 발전한 『언더월드』 등이 흡혈귀를 다루고 있다. 흡혈귀를 다루는 이들 작품은 대체로 흡혈귀를 사회에서 소외된 계층으로 묘사하기도 하고, 좋은 뱀파이어와 나쁜 뱀파이어의 대립을 그리기도 하며, 변종 뱀파이어 문제를 다루기도 한다.

  호러 픽션의 귀재로 불리는 스티븐 킹의 소설이 각광받는 이유도 그의 소설들이 정치적, 사회적 비판 기능을 훌륭하게 수행하고 있기 때문이다. 예컨대 흡혈귀를 다룬 작품 『세일럼스 랏』에서 킹은 비밀이 많은 닫힌 세계는 필연적으로 부패하며, 결국 흡혈귀 같은 외부의 악이 스며들어와 마을을 파멸시킨다는 사실을 은유적으로 보여 주고 있다. 킹의 소설에서 흡혈귀들은 소외 계층의 상징이라기보다는 닫힌 체계에서 우리 스스로가 불러들이는 어둠의 힘이다. 중편 『언젠가 그들은 돌아온다』는 다시 돌아온 어린 시절의 악령 이야기인데, 킹은 이 소설에서 워터게이트 사건을 상징적으로, 그러나 신랄하게 비판하고 있다. 이 작품에서 킹은 1950년대 미국인들은 지도자를 잘못 뽑았고, 그 결과로 미국 국민들은 필연적으로 그 대가를 치르게 되는데, 그중의 하나가 바로 부패의 극치인 워터게이트 사건이라고 암시한다. 최근 베스트셀러 『셀』에서 킹은 우리 모두가 갖고 다니고 의존하는 휴대폰이 누군가 잘못된 자의 조종을 받게 되면, 삽시간에 우리 사회가 무너지고 모두가 파멸할 수도 있다는 사실을 경고하고 있다. 그런데도 휴대폰 왕국인 우리나라에서는 아직도 휴대폰의 문제점에 대한 소설을 쓴 작가가 없다. 스티븐 킹이 오랫동안 써서 완성한 대하소설 『스탠드』는 군부대에서 유출된 바이러스에 의한 미국의 파멸을 묘사하고 있는데, 세계에서 가장 많은 생화학 무기를 갖고 있는 북한이 지척에 있는데도 우리 작가 중에는 아직도 그 문제의 심각성을 다룬 사람이 없다는 것 또한 이상한 일이다.

법의학 소설, 스파이 소설, 미래 소설은 왜 베스트셀러가 되는가?

오늘날 베스트셀러로 각광받고 있는 장르 중 하나는 법의학 소설이다. 로빈 쿡이 고전적인 의학 소설을 썼다면, 퍼트리샤 콘웰과 테스 그레첸은 법의학 소설을 써서 베스트셀러 작가가 되었다. 콘웰의『법의관』,『데드맨 플라이』,『시체 농장』,『소설가의 죽음』,『죽음의 닥터』,『카인의 아들』이나 그레첸의『외과 의사』,『견습 의사』,『파견 의사』,『바디 더블』『소멸』,『메피스트』,『악녀의 유물』,『아이스콜드』등은 현재 모두 막강한 베스트셀러로 자리 잡고 있다. 콘웰과 그레첸은 모두 법의학 연구실에서 일해 본 경험을 토대로 많은 법의학 소설을 썼으며, CSI의 지속적이고 폭발적인 인기와 맞물려 베스트셀러가 되었다. 특히 콘웰의 작품은 그 수가 많기도 하지만 전 세계적으로 모두 1억만 부나 팔려 나갔다고 한다. 또 영화로도 만들어진 제프리 디버의『본 콜렉터』는 엄밀하게 말하면 법의학 소설은 아니지만, 현장 감식을 법과학적으로 다룬 뛰어난 심리 추리소설이다.『열두 번째 카드』,『곤충 소년』,『코핀 댄서』,『사라진 마술사』등 디버의 심리 추리소설은 텔레비전 드라마 시리즈인「크리미널 마인드」나「뉴욕 수사대」와 맞물려 일약 베스트셀러로 발돋움했다.

영국 작가 로버트 해리스의『이니그마』,『당신들의 조국』,『폼페이』,『아크엔젤』,『고스트 라이터』,『임페리움』등도 베스트셀러다. 해리스는 일련의 작품에서 역사소설, 스파이 소설, 추리소설, 미래 소설 기법을 뒤섞어 오늘날의 현실을 예리하게 비판했는데, 그러한 인식과 기법이 현대 독자의 취향과 맞아떨어져 오늘날 대표적 베스트셀러 작가로 부상했다. 존 그리샴의 『의뢰인』은 여성과 연소자에 대한 편견 문제를, 『법률회사』는 선악의 경계의 모호함을 다루어 시대 인식에 부합해 베스트셀러가 되었고, 톰 클랜시는 냉전 시대에는 미소 간의 대립을 그린 『붉은 10월호의 추적』이나 『붉은 폭풍』을, 그리고 테러리즘 시대에는 대테러 부대 이야기를 다룬 『레인보우 식스』를 써서 현대 독자들 사이에 베스트셀러가 되었다. 마이클 크라이턴은 『쥬라기 공원』, 『넥스트』, 『공포의 제국』 등을 통해 컴퓨터와 유전 공학의 문제점, 그리고 급진적 환경론자들의 문제점을 지적해 그 분야에 우려를 갖고 있는 독자들을 매료시켰고 베스트셀러 작가가 되었다.

그러나 베스트셀러 중에는 말초 신경만을 자극하거나, 민족주의를 자극해 블록버스터가 되는 수준 낮은 통속소설도 많이 있다. 국내의 경우, 반일 감정이나 반미 감정, 또는 친북 감정이나 민족주의를 자극해 베스트셀러가 되는 소설이 있는데, 이는 시대정신이나 시대의 흐름에 오히려 역행하는 경우라고 할 수 있다. 그런 소설들은 대개 외국어로 번역해 해외에 소개하거나 판매하기가 어렵기 때문에 국내 판매용으로 그치게 된다.

지금까지 논의한 작품은 시대적 관심사와 절묘하게 맞아떨어진 경우다. 그래서 베스트셀러 작가가 되려면 시대정신에 예민한 촉수를 대고 있어야만 한다. 사실 시대의 변화나 독자들의 요구에 등을 돌리고 쓴 소설들이 독자들로부터 각광받고 베스트셀러가 되기는 어려울 것이다. 작가들은 언제나 시대를 앞서 가고 선도하는 사람들이 되어야 한다. 그러다 보면 자연히 베스트셀러가 되는 날이 올 것이다.

순수문학과 대중문학의 경계를 넘어서

메릴린 로빈슨의 「홈」

『홈』을 읽는 즐거움

퓰리처상 수상 작가 메릴린 로빈슨은 언어의 마법사다. 수상작 『길리어드』나 『하우스키핑』도 그렇지만 『홈』 역시 스토리만 요약하면 너무나 단순하고 간단해서 별로 새로울 것이 없는 가정소설 같은 느낌을 준다. 성장한 후, 집을 떠났다가 오랜 세월 후에 다시 고향 집으로 돌아와 늙고 치매에 걸려 죽어 가는 아버지와 조우하는 두 남매의 이야기이기 때문이다. 더욱이 『홈』은 맨 마지막을 제외하면 눈이 번쩍 뜨이는 반전도 없고, 손에 땀을 쥐게 하는 액션도 없다. 그저 속삭이는 듯 나직한 목소리로 들려오는 회상과 심리적 갈등, 그리고 정치한 상황 묘사가 있을 뿐이다.

그런데도 『홈』은 한 번 읽기 시작하면 도중에 책을 내려놓을 수 없을 만큼 강력한 흡인력과 독특한 재미가 있다. 로빈슨의 재미있고 재치 있는 묘사와 세련되고 정교한 문체는 말초적이고 찰나적인 대중문학의 흥

수 속에서 독자들이 오래 잊고 살았던 정통 문학의 정수를 경험케 해 준다. 노벨상 수상 작가 솔 벨로는 통속적인 대중문학은 영혼이 없다고 비판한 적이 있는데, 『홈』에서 독자들은 곳곳에서 벨로가 말한 영혼의 정수를 발견하게 되고, 진한 감동과 깨달음을 느끼게 되며, 인간관계와 가족 관계, 그리고 더 나아가 인간의 존재론적 의미에 대해 심도 있는 성찰을 하게 된다. 능숙한 한국어 번역 또한 로빈슨의 유려한 문체의 맛과 정취를 그대로 살려 내는 데 성공하고 있다.

그러나 『홈』은 단순히 가족 간의 갈등과 화해를 다룬 가정소설은 아니다. 『홈』은 개인의 삶과 그것에 지대한 영향을 끼치는 사회적, 정치적 상황을 날줄과 씨줄로 정교하게 연결하고 있어, 이 소설을 중후한 사회 비판 소설로 확대시킨다. 예컨대 이 소설은 좌파와 우파, 그리고 진보와 보수가 첨예하게 대립하던 1950년대 미국의 정치적 상황을 당대의 종교 및 인종 문제와 연관해서 작품 여기저기서 다루고 있는데, 작품의 마지막에 가서야 그와 같은 상황이 얼마나 무겁게 개인의 삶을 짓눌렀으며 결국은 사람들을 비극적 파멸로 이끌어 갔는가를 보여 줌으로써 빼어난 가정소설에서 훌륭한 사회 비판 소설로 거듭나는 데 성공하고 있다.

『홈』: 실패자와 탕자의 귀환

『홈』은 나이 드는 것, 가족 관계, 탕자의 귀향, 그리고 세대교체에 대한 명상적 소설이자, 동시에 붕괴되어 가는 가정, 인간에게 끼치는 종교적 영향, 닫힌 공동체에 영향을 주는 정치적 사회적 변화, 그리고 궁극적으로는 인종 문제를 다룬 탁월한 시대 비판 소설이다. 이 소설은 8남매 중 막내딸인 서른여덟 살 글로리가 자신의 돈만 갈취하고 떠난 약혼자에게 버림받은 후, 부친의 건강 악화 소식을 듣고 집으로 돌아오면서 시작된다. 어머니가 이미 타계한 텅 빈 집에서 혼자 살고 있던 연로하고 외로운 아버지는 상처받고 돌아온 딸의 귀향을 진심으로 환영한다.

"집에서 머물겠다고, 글로리?" 아버지의 말에 그녀의 가슴이 무겁게 내려앉았다. 아버지는 글로리의 귀향에 애써 기쁜 눈빛을 보이려 했지만 딸이 가여워 그만 눈시울을 축축이 적시고 말았다. "그래 이번에는 한동안 머물겠다고?" 아버지는 얼른 고쳐 말하며 지팡이를 기운 없는 손으로 옮겨 쥔 후 딸의 가방을 받아 들었다.(『홈』, 9쪽 — 이하 쪽수만 밝힘)

글로리에게 집은 유년 시절의 추억이 담긴 곳이자 부모가 있는 곳이고 자신의 근원이 되는 곳이다. 마찬가지로 아버지에게 여덟 자녀를 키워 낸 집은 모든 것의 터전이 되는 특별한 존재이고, 따라서 성장해서 집을 떠난 자녀들이 언제라도 돌아올 수 있는 아늑한 곳이다. 아버지에게 집은 자신의 삶 그 자체이자, 인생의 반려자이고, 역사의 현장이다. 그래서 아버지는 비록 남이 보기에는 볼품없어 보일 수도 있지만, 자신의 집을 좋아하고, 집에 대해 남다른 정(情)과 자부심이 있다.

아버지에게 집은 자신의 삶이 대체로 축복받았다는 사실을 구체적으로 드러내는 명백한 실체였다. 아버지는 항상 그 점을 뿌듯한 마음으로 인정했는데, 특히 슬픔에 맞서 집이 꿋꿋하게 우뚝 서 있을 때 더 그랬다. 어머니가 세상을 뜨자 아버지는 집이 마치 늙은 아내라도 되는 양 더 자주 그렇게 이야기했다. 이 집에서 누려 온 모든 안락과 오랜 세월 변함없이 지켜 온 우아한 자태에 찬사를 바치며. 물론 이 집이 누구의 눈에나 아름다워 보이는 건 아니었다. 정면은 밋밋했고 지붕은 납작했으며, 창문 위로 뾰쪽하게 튀어나온 돌출부로 인해 근처의 다른 집들에 비해 너무 높았다.(10쪽)

영어로 '홈(Home)'은 가정과 집, 그리고 고향과 조국의 의미를 동시에 갖는 복합적이고도 특별한 단어다. 그래서 영어가 모국어인 이들은 '홈'이라는 말에 강렬한 향수를 느끼며, 'sweet home'이나 "There's no place like home." 또는 "Make yourself at home." 같은 표현을 즐겨 사용한다. 아마도 이는 한국과는 달리, 자녀들이 비교적 일찍 부모의 품과 집과 고향을 떠나는 영미 문화의 특성에서 기인하는 현상처럼 보인다. 그래서 어린 시절 집을 떠난 영미인들에게 '홈'은 달콤하고 아늑하게 느껴지며, 강렬한 그리움과 향수를 수반한다. 뿔뿔이 흩어져 살다가도, 추수 감사절이나 크리스마스가 되면 '홈'으로 되돌아가고, '홈 커밍' 또는 '커밍 홈'이 특별한 의미를 갖는 것도 그런 이유에서일 것이다. 영어 사용자들은 심지어 모교에서 열리는 '클래스 리유니온'이라는 동문회도 '홈 커밍'이라고도 부른다. 그런 의미에서 영어의 '홈'은 고향을 지칭하는 독일어의 'Heimat'보다 더 실제적이고 포괄적인 의미를 담고 있는 것처럼 보인다. 예컨대 『차라투스트라는 이렇게 말했다(*Also sprach Zarathustra*)』에서 니체가 "오, 고독이여, 나의 고향 고독이여!(Oh Einsamkeit! Du meine Heimat Einsamkeit!)"라고 했을 때와 비교하면 그 어감의 차이를 느낄 수 있다.

그러나 어린 시절의 추억이 살아 있는 '홈'이 비록 소중한 곳이기는 하지만, 그래서 향수 속에서 부단히 돌아가기는 하지만, 다시 거기에서 살아갈 수는 없는 법이다. 부모는 죽거나 늙었고, 형제간의 갈등이 되살아날 수도 있으며, 과거의 기억 또한 언제나 아름다운 것만은 아니기 때문이다. 그래서 '홈'은 애정의 장소이면서도 극복하고 떠나야만 하는 모순적 장소다. 부모 역시 한때는 절대적으로 필요하고 의존해야 하는 존재이지만, 자녀들이 성장하면서부터는 점차 불필요한 존재, 더 나아가 오히려 돌보아야만 하는, 짐이 되는 존재로 전락하게 된다. 그래서 비록 애정과 추억은 남아 있지만, 더는 예전으로 되돌아갈 수는 없는 곳, 그곳이 바로 '늙은 부모'가 지키고 있는 '홈'이다.

> 잭을 뺀 모든 언니 오빠들은 집에 오는 것을 무척이나 좋아하면서도, 항상 다시 떠날 준비가 되어 있었다. 그들에게 옛날 집과 옛날 기억들은 말할 수 없이 소중한 것이지만, 그럼에도 그들은 머나먼 사방팔방에 뿔뿔이 흩어져 살고 있었다. 과거는 그 자체로 무척 아름다웠다. 하지만 아버지의 말마따나 '머물려고' 돌아와 보니, 과거의 기억이 불길하고 꺼림칙하게 변했다. (16쪽)

자녀들은 성장하면서 누구나 자기 부모의 집보다 더 좋은 집을 꿈꾸며, 더 나은 '홈'을 꾸리며 살겠다고 다짐한다. 그러나 현실은 언제나 녹록치 않아서 결국은 깨진 꿈을 안고 다시 집으로 돌아오는 경우도 많다. 약혼자와 헤어지고 상처 입은 채 다시 집으로 돌아온 글로리가 그렇고, 가출한 지 20년 만에 돌아온 탕자 잭이 그렇다.

> 집으로 돌아온다는 것은 무슨 뜻일까? 글로리는 길리어드보다 큰 읍이나 도시에 있는, 이 집보다 덜 시끌벅적하고 덜 볼품없는 가정을 꿈꾸었다. 그 집에서 그녀의 절친한 친구이자 그녀 아이들의 아버지가 될 사람과 살 것이고, 아이는 넷 이상 낳지 않을 거라 생각했다. 또 수입에 맞게 취향을 살려 집을 꾸미겠다고, 아버지의 집에서는 가구의 나무토막 하나도 가져오지 않겠다고 다짐했다. 햇볕이 잘 드는 자신의 소박한 방은 아버지의 가구와는 어울리지 않을 테니까.(155쪽)

그러나 현실은 그녀의 꿈과는 너무 달랐고, 결국 그녀는 자신의 '홈'을 갖지 못한 채, 다시 어린 시절의 추억이 깃든 옛 집으로 돌아온다. 특히 고향이 이 소설의 배경인 아이오와 주 길리어드처럼 답답하고 조그만 시골 마을일 때, 젊은이들은 고향을 떠나 보다 더 큰 도시로 가서 살고 싶어 하게 된다. 글로리 형제자매도 모두 길리어드를 떠나고 싶어 한다.

> 길리어드에서 맞이하는 또 한 번의 여름이었다. 진저리가 나게 단조롭고 졸린 길리어드의 시간이 헛되이 흐르고 있었다. 과연 누가 여기서 살고 싶어 할까? 대학이나 바깥세상에서 돌아왔을 때, 그녀의 형제자매들은 아버지 몰래 늘 그런 질문을 주고받았다. 과연 누가 여기서 살려고 할까? (421~422쪽)

그러나 삶에 실패하고 다시 고향집으로 돌아온 글로리는 비로소 '홈'의 중요성을 깨닫게 된다. 비록 집은 낡았고 아버지는 늙어 치매기가 있지만, 그래도 '홈'에는 상처받은 영혼을 치유해 주는 무엇인가가 있었다.

> 고향, 세상에 이보다 더 다정한 곳이 어디 있을까? 그런데도 고향은 왜 유형지처럼 여겨졌을까? 왜 나와는 상관없는 낯선 곳처럼 무덤덤하게 여겨졌을까? 그때는 왜 나무 그루터기와 돌멩이 하나하나를 알아보지 못했을까? 아빠의 기대에 부응하며 행복하게 살았던 어린 시절의 당근 밭을 왜 조금도 기억하지 못했을까?(422쪽)

> 그 고통을 완화시키려면 무엇이 필요한지, 어떻게 하면 영혼이 원래의 평안한 상태로 돌아갈 수 있는지 생각하게 된다. 고향에 있는 것 같은 평안한 상태를, 그리하여 돌아갈 고향이 있기만 하다면 마침내 그 영혼은 자기 고향을 찾아내게 된다.(423쪽)

그래서 집은 "수고하고 무거운 짐 진 자들"이 돌아가는 곳이자, 인간의 영혼이 쉴 수 있는 아늑한 곳이다. 문화 비평가 레슬리 피들러가 지적했듯이, 미국 서부영화의 마지막 장면에서 남자 주인공은 언제나 자신을 붙잡는 여자와 가정을 이루기를 거부하고 새로운 모험을 찾아 지평선 너머 끝없이 펼쳐진 광야로 떠나간다. 그는 오직 나이 들고 병들었을 때, 그래서 지친 영혼이 쉼터를 필요할 때 비로소 집으로 돌아온다. 문정희 시인은 여자는 정신적 집을 갖고 태어나지만 남자는 그렇지 못해 평생 집을 지으며 산다고 말하면서, 다음과 같은 시를 썼다.

> 태어날 때부터 여자들은
> 몸 안에 한 채의 궁전을 가지고 태어난다.
> 그래서 따로이 지상의 집을 짓지 않는다.
> 아시다시피, 지상의 집을 짓는 것은 남자들이다.
> 철근이나 시멘트나 벽돌을 등에 지고
> 한 생애를 피 흘리는
> 저 남자들의 집짓기, 바라보노라면
> 홀연 경건한 슬픔이 감도는
> 영원한 저 공사판의 사내들
> 때로 욕설과 소주병이 나뒹구는
> 싸움을 감내하며
> 그들은 분배를 위한 논리와
> 정당성을 만들기 위한 계략을 세우기도 하지만
> 우리가 사랑하는 남자들은
> 이내 철거되고야 말 가뭇한 막사 한 채를 위하여
> 피투성이 전쟁터에서 생애를 보낸다.

일설에 의하면 그들은 자신들이 태어난

　　여자들의 궁전으로 돌아와

　　자주 죽음을 감수하곤 한다고도 한다.

　　역사는 아무리 생각해도 잘 모르겠고

　　그저 오묘할 뿐이다. 태어날 때부터 몸 안에

　　궁전을 가지고 태어나는 인간의 종(種)이 있다니……

　　그들이 박해를 받고

　　끝없는 외침(外侵)에 시달리는 것도

　　생각해 보면 당연한 귀결인 것 같다.

──「집 이야기」 전문

　문정희 시인의 이 시는 집과 가정의 의미를 은유적으로 잘 나타내 주고 있다.

나이 들어 감과 세대 갈등

　나이가 들어 간다는 것은 서글픈 일이다. 그러나 아무도 가는 세월을 막을 수는 없다. 나이가 들면 몸은 기력을 상실하고 마음은 외로워진다. 자녀들은 모두 성장해서 떠나가 버리고, 친구들은 하나둘씩 세상을 떠나게 된다. 주위의 젊은이에게는 존경을 받는 것이 아니라, 무시당하기 쉽고 때로는 능멸을 당하기도 한다. 미국의 대학교수들은 정년 퇴임이라는 것이 없다. 그런데도 많은 교수가 일흔 살이나 일흔다섯 살이 되면 스스로 은퇴를 결심한다. 그 이유는, 젊은 교수들이 "저 노인은 왜 아직도 저러고 있지?"라는 식의 눈치를 주는 것 같아서라고 한다. 한때 학계에 명성을 날리던 석학도 나이가 들어 전성기가 지나면 더는 힘을 쏠 수도 없고 합당한 대접을 받지도 못한다. 학교 보직에서 물러나면 권력도 없어지고, 평교수로 지내다 보면 아무래도 젊은 교수들의 눈치를 보게 된다. 교수 회의에 가면, "저 노인은 여기 뭐 하러 왔나?" 하는 분위기를 느낀다는 원로 교수들도 많다.

『홈』에 등장하는 아버지인 보턴 목사 역시 70대 노인으로서 몸을 잘 가누지 못하며 치매 증상에 시달린다. 아내와 사별한 보턴 목사는 자녀들, 특히 글로리와 잭의 귀향을 진심으로 반긴다. 이 소설의 처음부터 끝까지 보턴 목사가 글로리와 잭에게 얼마나 부드럽게 말하고 대하는지를 살펴보면 가히 감동적이다. 그는 자신의 심기가 불편해도 단 한 번도 글로리나 잭의 마음을 상하게 할 만한 말은 하지 않는다. 한때는 성경에 입각해 자녀들을 엄하게 가르쳤던 그도 이제는 나이 들어 자식들의 눈치를 보는 유순한 아버지가 된 것이다.

'나이 들어 감'의 또 하나의 의미는 '정신적 성장'이다. 이 작품에 등장하는 글로리는 서른여덟 살, 잭은 마흔세 살로 어느덧 중년이 되었다. 그리고 비록 실패자이고 탕자이기는 하지만, 두 사람은 시련을 겪은 후 그만큼 정신적으로 성장해 있다. 두 사람의 대화를 들어 보면, 서로에게 상처를 주지 않으려고 두 오누이가 얼마나 배려하고 노력하는가가 잘 드러나 있다. 글로리는 영문학 교사로 있으면서 삶의 여러 양태에 대해 잘 알게 되었고, 자신을 이용한 다음 떠나간 약혼자를 통해 인간관계의 어려움에 대해 큰 깨달음을 얻게 되었다. 집에 돌아온 후, 그녀는 아버지와 잭을 이해하려고 노력한다. 마찬가지로, 젊은 시절의 방탕과 반항심으로 사생아까지 낳고 교도소까지 다녀온 잭도 이제는 집에 돌아와 새로운 사람으로 거듭나는 것처럼 보인다.

이 소설에서 로빈슨은 'old'라는 단어를 다분히 긍정적으로 사용하고 않다. 예컨대 집에 돌아온 글로리는 'old books'와 'old furniture'를 발견하고 좋아하며, 'old habits'와 'old life'를 회상하는 한편, 아버지를 'old man'이라고 부른다. 그러므로 이 작품에서 'old'는 친숙하고 낯익으며 성숙한 것을 지칭한다.

그럼에도 불구하고, 세대 간의 갈등은 분명 존재한다. 앨라배마 주 몽고메리에서 일어난 경찰의 잔혹한 흑인 시위대 진압 광경을 텔레비전으로 지켜보면서, 잭은 흑인 편을 들지만, 아버지 보턴 목사는 흑인들이 쓸데없이 소동을 일으킨다며, 6개월만 지나면 아무도 기억하지 않을 거라고 냉정하게 말한다. 흑인 문제에 대해 논쟁을 벌이면서, 보턴 목사가 "이것 참 당황스럽구나. 나는 다르게 알고 있는데."라고 하자, 잭은 "아버지와 제가 서로 다른 신문을 읽었나 봅니다."라고 말한다. 이는 마치 보수 성향의 신문을 구독하는 아버지와 진보 성향의 신문을 읽는 자녀 사이의 대화 같아서 공감이 가는 구절이다. 한국 사회도 세대 간의 단절이 심각하기 때문이다. 민주당을 지지하는 잭과 공화당을 지지하는 아버지의 친구 에임스 목사 사이의 세대 간 갈등은 더욱 심각하다. 그래서 보턴 목사는 이렇게 말한다.

> 잭, 젊은이들은 세상이 바뀌기를 바라고 늙은이들은 세상이 그대로 있기를 바라지. 그러나 너하고 나 사이에서 누가 옳고 누가 그르다고 판단할 수 있겠니? 그냥 서로 용납할 수밖에.(148쪽)

가치관의 차이로 인해 발생하는 필연적 세대 간의 갈등은 서로간의 차이를 인정할 때만 해소될 수 있다. 로빈슨의 소설은 아직도 미국의 1950년대식 이념적 갈등에서 벗어나지 못하고 있는 21세기 한국인들을 부끄럽게 만든다.

사회 비판 소설로서의 『홈』

『홈』의 시대적 배경은 1956년이다. 1956년에는 미국 대통령 선거가 있었고, 1952년 선거에 이어 또 한 차례 공화당이 승리했던 해였다. 또 1950년대는 매카시즘과 더불어 미국이 반공 보수주의를 표방하던 시기였다. 2차 세계대전 후 평화를 원했던 미국인들은 1952년과 1956년의 대통령 선거에서 평화와 번영을 약속했던 공화당의 아이젠하워를 대통령으로 뽑았다. 여러 가지 면에서 아이젠하워보다 유능한 정치인이었다는 평가를 받는 민주당 후보 애들라이 스티븐슨은 평등과 부의 분배를 선거공약으로 내세웠으나 두 차례 모두 백악관 입성에 실패했다. 존 포스터 덜레스는 아이젠하워 내각의 국무 장관으로서, 미국의 국익을 위해 공격적인 외교정책을 폈으며 미국의 보수화에 앞장선 정치인이었다. 미국 작가 토머스 핀천은 소설 『제49호 품목의 경매』에서 이렇게 말하고 있다.

> 시대를 잘못 이끌었던 지도자들인 제임스 장관(트루먼 대통령 행정부의 국방 장관), 존 포스터 덜레스 장관(아이젠하워 행정부의 국무 장관), 그리고 조지프 매카시 상원 의원은 지금 다 어디로 갔단 말인가? 그들은 이제 다른 세상에 속한 사람들이 되었고, 지금은 달라진 길의 패턴을 따라서 사라져 갔다. 일련의 결단들이 행해졌고, 신호등의 스위치가 내려졌는데, 그것들을 작동하던 얼굴 없는 선로 신호원들은 이제 모두 다른 데로 옮겨 가거나 도망쳤고, 감옥에 갔거나, 급히 그들의 흔적을 쫓아 추적한 수색대로부터 혼비백산하여 달아나 …… 죽은 다음에도 다시는 찾을 수 없게 되어 버렸다. 그들은 어린 에디파를 시위 행진이나 연좌 데모에는 적합지 않은, 오로지 제임스 1세 시대의 작품 속에 나오는 이상한 '말'이나 추적하는 전문가로 만들어 버리는 데에 성공한 것이었다.(『제49호 품목의 경매』, 34쪽)

핀천은 미국의 보수주의 정치가들이 1950년대 미국을 심각하게 다양성이 결핍된 '닫힌 사회'로 만들었으며, 미국인들로 하여금 '이것 아니면 저것' 멘탈리티를 갖게 만들었다고 비판한다. 또 다른 미국 작가 스티븐 킹도 중편 『때로 그들은 돌아온다(Sometimes They Come Back)』에서, 미국인들이 1950년대에 선택을 잘못해 연거푸 공화당 후보를 선택한 결과, 공화당이 부패해 1972년에 필연적으로 워터게이트 사건이 발생했다고 보고, 미국인들의 실수를 은유적으로 비판한다.

로빈스의 소설 『홈』에는 중간중간 아이젠하워와 덜레스 장관 이야기가 나오고, 반공주의자 조지프 매카시 상원 의원에 대한 언급도 나온다. 1950년대의 미국 사회는 이들 세 정치 지도자의 보수 이데올로기에 따라, 인종이나 이념, 그리고 문화의 다양성을 인정하는 대신 이것 아니면 저것으로 사물을 나누어 그중 한쪽만 옳은 것으로 선택해 지지하고 추구했던 '닫힌 사회'였다. 예컨대 1950년대 미국은 세상을 자유 세계와 공산 세계, 백인과 유색인, 정상과 비정상, 안정과 혼란 등으로 구분해 첫째 것만 옳은 것으로 생각하고 추구하고 지지했다. 그 결과, 1950년대 미국 사회에서는 공산주의, 유색인과의 결혼, 이혼, 동성애, 다문화주의 같은 것이 사회적으로 용납되지 않았다. 「플레전트빌(Pleasantville)」이나 「파 프롬 헤븐(Far from Heaven)」은 바로 1950년대 미국 사회의 닫힘과 열림을 주제로 한 영화이며, 셀린저의 『호밀밭의 파수꾼』이나, 제임스 딘이 주연한 영화 「이유 없는 반항(Rebel without a Cause)」도 1950대 미국의 닫힌 사회와 단일 문화에 대해 저항했던 작품들이다.

주인공의 고향인 길리어드 역시 전형적인 닫힌 사회다. 따라서 길리어드는 아직 흑인의 인권 운동에도 관심이 없고, 백인과 유색인의 결혼도 용납하지 않는 곳이다. 로빈슨은 독실한 기독교인처럼 보이지만, 위와 같은 문제의 해결에 종교가 별 도움을 주지 못하고 있을 뿐 아니라,

때로는 종교가 정치적 보수주의와 맥을 같이한다는 사실을 비판적으로 제시하고 있다. 길리어드는 대단히 종교적인 마을이지만, 마을 사람들은 닫힌 마음과 경직된 편견에 갇혀 있다. 목사인 아버지의 간곡한 부탁과 바람에도 잭이 끝내 종교에 귀의하지 않는 이유도 바로 그러한 이유에서일 것이다.

작품 마지막에 가서야 독자들은 비로소, 외부 여자와 결혼했다는 잭이 왜 자신의 '홈'을 이루지 못하고 그동안 그렇게 심각하게 고뇌했는가를 깨닫게 된다. 방랑 중에 잭은 흑인 여자와 사랑에 빠진 후 결혼해서 아이까지 낳았지만, 자신의 고향 길리어드는 아직 유색인의 결혼을 인정하고 받아들일 준비가 되어 있지 않기 때문이다. 그래서 결국 잭은 길리어드를 떠난다. 어쩌면 잭은 다양성의 시대이자 흑인 인권법이 통과된 진보적인 1960년대에나 길리어드로 다시 돌아오게 될지도 모른다. 그러나 아이러니하게도, 1960년대는 동시에 가정과 학교를 인간의 자유를 억압하는 관습적인 제도로 보고 그것으로부터 떠났던 시대여서, 1960년대 시대정신의 화신처럼 보이는 잭이 과연 다시 고향으로 돌아오게 될지는 여전히 미지수로 남는다.

그럼에도 불구하고 '홈'은 우리 모두가 추억 속에서 부단히 다시 돌아가는 우리의 근원이자, 거기에서 끊임없이 새로운 시작을 시도하는 시발점이다. 그래서 잭은 글로리에게 이렇게 말한다. "나도 여기 살았다. 그리고 내가 항상 멀리 나가 있었던 것은 아니었어. 아버지가 생각하시는 것보다 늘 집에 가까이에 있었지." 작품 마지막에 잭의 흑인 아내 델라는 잭의 아들을 데리고 길리어드의 '시댁'을 찾아온다. 비록 그들이 집 안으로 들어오지는 않았지만, 글로리는 그 엄청난 변화로 인해 자신의 낡은 집이 새로워질 것이라고 믿는다.

잭이 이미 떠난 뒤라 가족 상봉은 이루어지지 않았다. 하지만 만일 잭의 영혼이 그들 모자가 이 괴상한 낡은 집을 방문했다는 것을 안다면, 자신의 오랜 열망이 응답을 받았다고 생각하리라. 그 생각만으로도 잭은 집으로 돌아올 수 있을 것이다. 그렇게 되면 이제 이 집은 그들 남매에게 지금까지와는 완전히 다르게 보일 것이다. 아버지가 지키고 간직했던 모든 것이 정말로 신의 섭리처럼 여겨질 테고, 새로운 사랑이 과거의 사랑의 유물을 근사하게 탈바꿈시키리라.(484쪽)

그리하여 글로리와 잭의 추억이 깃든 길리어드의 낡은 '고향집'은 유색인을 가족으로 받아들이는 열린 '홈'으로 탈바꿈하여 새롭게 다시 태어난다. 닫힌 시대인 1950년대의 산물로서 단일성에만 익숙해져 있다가 1960년대를 맞아 비로소 다양성에 눈을 뜨게 되는 토머스 핀천의 여주인공 에디파 마스처럼, 로빈슨의 주인공 글로리도 작품 마지막에 그동안 닫혀 있던 집을 활짝 열어 놓는다. 글로리의 '집'이 단순히 보턴 가의 '집'에서 벗어나, 모든 사람을 위한 진정한 '홈'이 되는 것은 바로 그 순간이다.

필립 로스의 작품 세계

필립 로스는 미국 사회에 동화되고 싶어 하는 소수 인종과 그들이 미국 사회의 중산층으로 동화된 이후, 필연적으로 겪게 되는 심리적 갈등과 도덕적 위기를 주제로 한 소설을 즐겨 썼다. 로스는 자신의 민족적 배경을 살려, 유대인의 생래적 고통과, 그들이 동화되고 싶어 하는 미국의 현실, 유대인의 닫힌 세계와 개방적인 미국 사회, 그리고 그 사이에서 방황하고 갈등하는 유대계 미국인들에 대한 탁월한 심리소설을 썼다. 로스는 그러한 소재를 통해, 궁극적으로는 모든 현대인이 처한 보편적인 상황과, 도처에 편재해 있는 인종적, 문화적 편견에 대해 신랄한 비판을 가했다. 그래서 로스의 주인공들은 대개 미국 백인 사회에 진입 중이거나, 이미 진입한 유대인들이다.

예컨대 전미 도서상을 받은 처녀작 『굿바이 콜럼버스』(1959)에서 로스는 오하이오 주 콜럼버스 소재, 오하이오 주립 대학교에 다니는 두 남녀 대학생의 애정 문제를 통해, 미국 사회의 중산층이 된 유대계 미국인들의 도덕적 타락과, 그것의 폐해를 직접 경험하는 주인공의 심리적 갈등과 좌절을 탁월한 솜씨로 묘사하고 있다. 이 소설의 제목에서 '콜럼버스'는 물론 오하이오 주립 대학교의 소재지이지만, 동시에 아메리카를 상징하기도 한다. 역시 전미 도서상을 받은 베스트셀러 『포트노이의 병』은 주인공 포트노이가 자신의 뿌리인 이스라엘로 돌아가, 비로소 자신의 병의 근원을 발견한다는 이야기다.

『나는 공산주의자와 결혼했다』(1998)는 매카시즘 시대의 문제점을 탐색하는 작품이며, 『휴먼 스테인』(2000)은 20세기 말 미국 사회의 문제점이었던 과격한 '정치적 올바름(Political Correctness)' 운동과 미국 사회의 인종적 편견에 대한 신랄한 비판이다. 『휴먼 스테인』은 외모는 백인이지만 사실은 흑인인 콜만 실크가 자신의 인종적 비밀을 감추고 유대인 행세를 하며 출세 가도를 달리지만, 결국 파멸한다는 비극적 이야기다. 백인 여자와 결혼하고, 촉망받는 교수가 되며, 학장 자리에까지 오른 콜만은 어느 날, 한 번도 강의실에 나타나지 않는 두 학생을 '스푸크(유령이라는 뜻)'라고 불렀다가 '정치적으로 올바르지 못한' 발언을 했다는 이유로 징계 위원회에 회부된다. '스푸크'는 '흑인'을 경멸조로 부르는 말이기도 했기 때문이다. 아이러니하게도 흑인인 그가 흑인 차별주의자로 몰려 징계를 당하게 된 것이다.

1979년부터 로스는 자전적 인물인 작가 네이선 주커만을 주인공으로 하는 일련의 주커만 소설을 발표해 왔는데, 1997년에 쓴 주커만 소설 『아메리카의 목가』는 퓰리처상을 수상했다. 『아메리카의 목가』는 1960년대 후반, 자신의 딸이 테러리스트가 되는 것을 목격하는 뉴어크 출신 운동선수의 이야기로, 미국 사회의 근원적 문제점을 천착한 작품이다. 로스의 소설에서 주커만은 때로는 주인공으로, 또 때로는 관찰자, 기록자로 등장한다. 로스는 고령에도 불구하고 부단히 좋은 작품을 써 왔으며, 인간의 인종적, 문화적 편견을 비판하고, 인간의 고통과 욕망, 그리고 죽음의 문제에 대해 천착해 온 진정한 휴머니즘 작가다.

필립 로스의 『나는 공산주의자와 결혼했다』

젊은 시절 반짝 재능을 발하다가 단명하는 작가들이 많은 문단에서 미국 작가 필립 로스는 연륜이 깊어 갈수록 더 중후한 작품을 써내는 원로 작가로, 해마다 노벨상 후보에 오르곤 한다. 처녀작 『굿바이 콜럼버스』로 중진 작가에게 수여하는 전미 도서상을 수상하면서 화려하게 등장한 로스는 『포트노이의 병』으로 다시 한 번 전미 도서상을 받았다. 『휴먼 스테인』이 그 대표적인 예지만, 로스는 미국 사회에 동화되고 싶어 하는 소수 인종과 그들이 미국 사회의 중산층으로 동화된 이후, 필연적으로 겪게 되는 심리적 갈등과 도덕적 위기를 당대의 시대적 상황과 연관해 다룬 뛰어난 작가다.

『나는 공산주의자와 결혼했다』의 화자는 작가 자신의 분신인 네이선 주커만이다. 이 소설에서 주커만은 자신의 고교 시절 영문학 교사였던 머리 린골드로부터 공산주의자였던 그의 동생 아이라 린골드에 대한 이야기를 듣고 그것을 기록한다. 아이라는 2차 세계대전 군대에서 만난 전우에게서 공산주의 학습을 받고 공산주의자가 된다. 이후 아이라는 방송 배우가 되고, 이브 프레임이라는 유명한 여배우와 결혼하여 전국적으로 알려진 저명인사가 된다. 그러나 나중에 아이라와 이혼한 이브가 『나는 공산주의자와 결혼했다』라는 자서전을 출간해 아이라가 언론계에 침투한 소련 스파이였다고 폭로하자, 아이라는 매카시즘의 광풍 속에서 순식간에 몰락하고 결국 죽음을 맞는다.

극우 보수 이데올로기인 매카시즘을 지지하는 작가는 없다. 로스 역시 『나는 공산주의자와 결혼했다』에서 1950년대 매카시즘이 어떻게 당대인들의 신념과 삶을 철저하게 파괴했는가를 비판적으로 천착하고 있다. 그러나 그와 동시에 로스는 퓰리처상 수상작인 『아메리카의 목가』에서 마약, 성 문란, 가정 해체, 정치적 폭력과 테러 등 1960년대 진보주의가 초래한 폐해에 대해서도 신랄한 비판을 가하고 있다. 매카시즘은 분명 잘못된 것이지만, 당시 미 국무부, 시민 단체, 노동조합, 언론사, 그리고 할리우드에 공산주의자들이 대거 침투한 것은 사실이었다. 또한 전문가들은 로젠버그가 그 시절 원자탄 설계도를 소련에 넘기지만 않았어도 한국 전쟁은 일어나지 않았으리라고 말해, 우리의 역사적 운명 또한 매카시즘과 긴밀하게 연관되어 있다는 사실을 깨닫게 해 준다.

『나는 공산주의자와 결혼했다』의 이브는 필립 로스와 이혼한 후, 『인형의 집을 떠나며』라는 자서전을 써서 로스를 비난한 영국 배우 클레어 블룸과 비슷하다는 지적도 있다. 그러나 이 소설에서 로스는 개인적 한풀이가 아니라, 매카시즘 시대에 살았던 사람들의 파란만장한 삶을 통해 1950년대의 미국을 훌륭하게 조감하고 있다. 그런 의미에서 『나는 공산주의자와 결혼했다』는 보수와 진보, 그리고 좌파와 우파로 분열되어 서로 대립하고 있는 오늘날 우리 사회를 비추어 볼 수 있는 좋은 거울이다.

알리 스미스의 『우연한 방문객』

　수준 높은 소설과 통속소설의 가장 두드러진 차이는, 전자는 쉽게 읽히지는 않지만 읽은 후 많은 생각을 하게 해 주는 데 반해, 후자는 재미있게는 읽히지만 시간이 지나면 줄거리조차 생각이 나지 않는다는 점이다. 두 소설의 또 다른 차이는, 마치 클래식 음악과 대중가요처럼, 전자는 반복해서 듣거나 읽어도 여전히 새롭게 다가오지만, 후자는 초기의 감동과 재미가 사라지면 금방 싫증이 난다는 점이다. 부커상 후보였던 알리 스미스의 『우연한 방문객(The Accidental)』은 읽으면 읽을수록 매력적이고 더욱 빛이 나며, 우리의 삶과 현실과 꿈에 대해 많은 것을 생각하게 해 주는 진지하고 수준 높은 순수소설이다.

　『우연한 방문객』은 영국 노퍽에 여름 휴가차 잠시 체류하고 있는 스마트 가족 네 사람의 이야기를 3인칭으로 써 내려가고 있다. 열두 살의 애스트리드는 자신의 위치를 감시하기 위해 엄마가 사 준 휴대폰은 학교 쓰레기통에 버려 둔 채, 비디오카메라의 렌즈를 통해 사물(특히 새벽)을 바라보며 진실을 추구하는 소녀다. 수학에 뛰어난 재능이 있는 열일곱 살의 고교생 매그너스는 자신이 장난으로 합성한 누드 사진의 인터넷 유포로 인해 자살한 여학생 때문에 괴로워하며 스스로 목숨을 끊으려 하는 사춘기 소년이다. 한편 아이들의 어머니 이브는 2차 세계대전과 홀로코스트로 인해 죽은 사람들에 대한 연작소설을 쓰고 있는 작가이며, 아이들의 의부인 마이클은 자신이 가르치는 여학생들과 무절제하게 바람을 피우는 영문학 교수다.

　이렇게 파편화되고 단절된 가정에 어느 날 앰버라는 신비스러운 30대 금발 여인이 찾아오면서부터 모든 것은 변하기 시작한다. 앰버는 차가 고장 났다고 도움을 청하며 우연히 스마트가에 나타난다. 이브는 앰버가 마이클의 학생 애인 중 하나일 것이라고 의심하고, 마이클은 앰버가 이브를 인터뷰하러 온 기자나 이브의 친구일 것이라고 생각한다. 앰버는 몇 주 동안 스마트 집안에 머물면서 네 사람에게 지대한 영향을 끼치고 각자가 당면한 문제를 해결해 주며, 가족 모두에게 긍정적인 변화를 가져다준다. 우선 앰버는 애스트리드의 비디오카메라를 높은 곳에서 던져 깨뜨린 다음, 세상의 종말을 예상하며 새로운 시작인 '새벽'을 카메라에 담는 애스트리드에게 카메라의 렌즈를 통해서가 아닌 자신의 눈으로 직접 현실과 대면하고 사물을 직시하는 방법을 가르쳐 준다. 앰버는 또한 사춘기의 매그너스를 정상적인 성관계와 사랑의 세계로 이끌어 줌으로써, 방황하는 그에게 삶의 소중함을 깨닫게 해 주고, 살아야겠다는 의욕을 북돋아 준다. 엄마 이브 역시 자신의 고립을 이해해 주는 앰버의 키스를 받은 후, 작가로서 새로운 비전을 찾게 되고 가족들과도 더욱 긴밀한 유대를 맺는다. 마이클은 앰버와 만난 후, 병적이었던 바람기를 청산하고 자신의 삶을 한 편의 시로 파악한다.

『우연한 방문객』을 읽는 한 가지 방법은 앰버를 이 소설의 주인공으로 읽는 것이다. 앰버는 1968년 극장에서 영화가 상영되고 있는 사이 엄마가 극장 카페의 남자 종업원을 유혹해 임신한 후 태어난 여자로 설정되어 있는데, 이러한 탄생의 우연성은 귄터 그라스의 『양철북』주인공 오스카의 임신 과정을 연상시킨다. 1968년에 태어난 앰버는 오늘날 거대한 인식의 변화를 초래한 1960년대 자유주의 정신의 산물이자, 동시에 현실이 아닌 꿈과 영화의 소산이라고 할 수 있다. 우선 격변기였던 1968년은 1960년대를 대표하는 정치적, 사회적 사건이 많이 일어난 중요한 해다. 예컨대 1968년은 소련군의 진압으로 인한 '프라하의 봄'의 좌절, 367명이 부상한 파리의 대학생 시위, 미국 컬럼비아 대학생들의 대학 점거, 마틴 루터 킹 암살, 로버트 케네디 암살, 닉슨의 미국 대통령 당선, 베트콩

구정 대공세, 아폴로호 달 탐사 등 경천동지할 정치적 격변이 일어난 해였다. 움베르토 에코 역시 『장미의 이름』 서문에서, 잃어버린 텍스트였던 '장미의 이름' 번역본을 1968년에 아르헨티나의 부에노스 아이레스의 고서점에서 발견했다고 기록함으로써, 자기 소설과 자유주의 시대였던 1960년대와의 정치적 연관성을 암시한 바 있다. 그렇다면 앰버 역시 1968년의 정치적, 사회적 산물이라고 볼 수 있을 것이고, 그러한 맥락에서 보면 그녀가 갖는 상징적 의미는 더욱더 명료해진다.

과연 『우연한 방문객』에도 1960년대의 정치적 암살, 대학생 시위, 비틀스의 노래, 과학기술의 발달이 언급되어 있으며, 그것들은 여전히 오늘날 우리 모두의 가정에 영향을 끼치고 있다. 이 소설에서 1960년대의 정치적 상황은 미국과 영국이 개입한 최근 이라크 문제까지 연결되어 있다. 그래서 『우연한 방문객』의 등장인물은 모두 자유분방했던 1960년대의 후손들로서, 당시의 시대정신과 서로 긴밀하게 연결되어 있다.

이 소설에서 앰버는 수많은 영화가 합성되어 만들어진 인물로 묘사되고 있다. 예컨대 그녀는 「사운드 오브 뮤직」, 「마이 페어 레이디」, 「졸업」, 「러브 스토리」, 「택시 드라이버」, 「내일을 향해 쏴라」 등 보수주의와 진보주의의 갈등을 다룬 과거 영화의 합성물로 제시되고 있다. 또한 그녀는 미국의 에디슨과 더불어 활동사진을 발명한 것으로 알려진 프랑스의 뤼미에르 형제의 이름을 빌려 '빛'의 자녀로도 묘사되고 있다. 소설의 여기저기에서 앰버는 천사, 진실, 빛, 꿈, 환상으로 지칭되고 있으며, 작품 마지막에 그녀는 "나는 네가 꿈꾸었던 모든 것"이라고 말한다. 그런 의미에서 보면, 앰버는 스마트네 가족들이 간절히 추구하고 있지만 심각하게 결여하고 있는 소중한 것, 즉 파멸로부터 그들을 구원할 수 있는 꿈과 희망이자 정신적인 지주의 상징이라 할 수 있다.

그런 맥락에서 『우연한 방문객』은 미국 작가 윌리엄 포크너의 소설

『소음과 분노』의 여주인공 캐디를 연상시킨다. 캐디는 현재 시점에서는 부재해 있지만 소설의 가장 중심이 되는 주인공으로서 소설 내내 나머지 가족들에게 지대한 영향을 끼치고 있다. 가족들의 가슴속에 캐디는 사라진 남부의 순결과 전통과 영광의 상징으로 영원히 남아 있기 때문이다. 마찬가지로 앰버 역시 이제는 사라진, 그러나 여전히 절실하게 필요한 1960년대의 자유정신과 순수성의 상징으로 제시되고 있다.

1960년대와 연관해서 『우연한 방문객』이 보여 주고 있는 오늘날의 현실은 정신 생태계가 파괴되고 파편화되어 있는 암울한 상황이다.

> 이 세상 수백만 개의 티브이에서 떠들고 있는 사람들도 겉으론 멀쩡해 보이지만 사실은 부서졌다. 독재자들도 그들이 부서뜨린 사람들만큼이나 부서졌다. 총에 맞거나 폭격을 당하거나 불에 탄 사람들도 똑같이 부서졌다. 총을 쏘거나 폭격을 하거나 불을 내는 사람들도 똑같이 부서졌다. 인터넷상의 여자들도 현실처럼 보이는 사이버 공간에서 끊임없이 부서진다. 그 여자들을 보기 위해 인터넷에 접속하는 사람들도 모두 부서졌다. 이 세상의 알고 있는 모든 사람들과 알지 못하는 모든 사람들, 알건 모르건 상관없이 그들 모두가 부서졌다.(『우연한 방문객』, 186쪽)

심지어는 앰버조차도 부서진 존재다. 다행히도 앰버는 이렇게 묘사된다. "그녀는 어떤 반짝이는 것의 아름다운 한 조각이며, 바다 밑에 있다가 기적적으로 매그너스가 있는 해변으로 올라왔다."

이 소설의 구성은 '시작', '중간', '끝'으로 되어 있다. 인류 문명이나 우리의 삶이 원래 그렇게 구성되어 있기 때문일 것이다. 그리고 1960년대의 자유주의가 한 시대의 '시작'이었다면 오늘날, 우리는 그것의 필연적 '끝'에 살고 있는지도 모른다. 그러나 그와 동시에 이 소설은 오늘날의 현실이 결코 그렇게 질서정연한 것만은 아니라는 사실을 우리에게 깨우쳐 주고 있다. 그래서 이 소설의 구성은 다분히 역설적이다.『우연한 방문객』은 우연히 노퍽으로 휴가를 간 스마트네 가족이 우연히 찾아온 앰버를 만나, 우연으로 점철된 삶의 의미를 깨닫고 다시금 가치 있는 새로운 삶을 시작하는 과정을 그린 한 편의 서정시 같은 소설이다. 그러면서도 이 소설은 개인 삶의 양태와 심리, 그리고 우리가 살고 있는 현실과 사회가 어떻게 과거의 시대정신 및 정치 이념과 긴밀히 연결되어 있는가를 설득력 있게 탐색한 서사시적 소설이기도 하다. 그러므로『우연한 방문객』은 시적이면서도 다분히 정치적이고, 순수소설이면서도 상당히 사회 참여적인 특이한 소설이다. 시적 분위기로 가득한 원작의 리드미컬한 문체와 환상적 분위기를 잘 살려 내고 있는 유려한 번역 또한 격조 높은 이 소설의 품격을 한껏 높여 주고 있다.

존 핍킨의『우즈 버너』와 소로의 불: 정화와 재생의 상징

19세기 미국의 사상가이자 저명한 환경 생태주의자인 헨리 데이비드 소로는 1845년 3월, 보스턴 근교 콩코드에 있는 월든 호수 근처 숲 속에 방 한 칸짜리 오두막을 지은 다음, 미국 독립 기념일인 7월 4일에 그곳에 들어가 1847년 9월까지 혼자서 자연과 더불어 살았다. 2년 2개월 동안 사회로부터 은둔해 살았던 당시의 기록인 소로의『월든(*Walden*)』(1854)은 오늘날 미국 문학의 한 중요한 업적으로 남아 있다. 소로는 자연 속에서 은둔 생활을 하는 이유를 "여론과 정부와 종교와 교육과 사회로부터 떠나고 싶어서" 그리고 "나 자신과 대면하기 위해서"라고 밝히고 있다. 사실 소로의 자연 속으로의 도피는 도시와 문명을 떠나 자연과 합일한다는 의미 외에도, 개인의 자유와 존엄성을 속박하는 제도들(예컨대 사회, 정부, 교회, 문명 등)에서 벗어나 자유롭게 살고 싶어 하는 그의 태도를 잘 보여 주고 있다고 알려져 왔다.

그러나 혹시 소로의 은둔 생활의 배경에 보다 더 절박하고 실제적인 이유가 있었던 것은 아닌가? 미국 작가 존 핍킨은 바로 그와 같은 의문에서 소설 『우즈 버너(*Woods Burner*)』를 시작하고 있다. 그가 스물일곱 살 되던 1944년 봄, 아직 무명의 촌부였던 소로는 친구 에드워드 셔먼 호어와 집 근처에서 보트 여행을 하고 있었다. 그런데 셔먼이 잠시 자리를 비운 사이, 소로는 생선 차우더를 만들기 위해 모닥불을 지피다가 실수로 산불을 일으켜 무려 300에이커(1에이커는 약 1000평에 해당)에 이르는 콩코드 숲을 태우게 되었다. 그 결과, 그에게는 이후 계속해서 '숲을 태운 자(Woods Burner)'라는 비난이 따라다녔고, 소로는 평생 그 죄의식에서 벗어나지 못했다고 알려져 있다. 작가 핍킨은 소로가 아마도 그러한 죄의식 때문에, 그래서 자신이 파괴한 자연에게 속죄하기 위해, 그리고 사람들의 끊임없는 비난으로부터 도피하기 위해 월든 호숫가의 오두막으로 은둔했는지도 모른다고 말하고 있다.

그렇다면 『우즈 버너』는 일견 신랄한 탈신비화, 우상 파괴 소설처럼 보인다. 이 소설이 모두가 존경하는 저명한 환경 보호주의자인 소로가 비록 고의는 아니었지만, 아이러니컬하게도 엄청난 규모의 자연 삼림을 태운 '숲을 태운 자'였음을 폭로하고 있기 때문이다. 그리고 소로의 은둔이 자연과 더불어 살겠다는 고상한 신념에 입각한 것이었다기보다는, 자신을 '숲을 태운 자'라고 비난하는 사회가 싫어서 잠시 도피한 것일 수도 있다고 시사하고 있기 때문이다. 그런 의미에서 이 소설은, 겉으로 드러난 가시적이고 표면적인 것만이 절대적 진실이 아니며, 사물을 보는 또 다른 시각이 있을 수도 있다는 사실을 독자들에게 깨우쳐 주고 있다.

그러나 이 소설을 자세히 읽어 보면, 저자의 의도는 그러한 폭로성 저술과는 거리가 멀다는 사실을 금방 알 수 있다. 『우즈 버너』는 소로가 우연히 일으킨 산불이, 소로는 물론 소로와 동시대를 살았던 다양한 배경의 등장인물의 삶에 어떠한 의미를 부여해 주었고, 또 어떠한 종류의 깨우침을 가져다주었는가를 심도 있게 탐색하고 추적하는 데 성공한 뛰어난 소설이기 때문이다. 더 나아가, 이 소설은 등장인물에 대한 각기 다른 조명을 통해, 초기 미국의 형성 과정과 미국 사회의 문제점을 다각도로 성찰하고 있다. 그러므로 이 소설의 등장인물은 모두 초기 미국이 처한 상황과 고뇌, 그리고 수많은 이민자를 신대륙으로 불러 모았던 아메리칸 드림의 실상과 문제점을 상징하고 있다고 볼 수 있다.

존 픕킨의 『우즈 버너』에는 소로 외에도 오드먼드 허스, 엘리엇 캘버트, 그리고 케일럽이라는 세 사람의 주요 인물이 등장해 자신들의 파란만장한 삶을 보여 주고 있다. 이 세 사람의 삶은 우연하게도, 그러면서도 서로 긴밀하게 연관되어 있어 독자들에게 신대륙 아메리카의 형성 과정에서 발생하는 문제점을 포괄적으로 조감하고 있다.

오드먼드는 열 살 때 노르웨이에서 미국으로 건너온 고아로 고독하고 고달픈 신대륙의 삶을 시작한다. 그와 그의 가족을 싣고 대서양을 건너온 배는 아메리카에 도착하자마자 불에 휩싸인 채 폭발해서 사라진다. 배에 불이 난 이유는 그의 아버지가 과거와 단절하겠다며, 유럽에서 가져온 과거의 유물을 태우다가 배로 불이 옮겨 붙었기 때문이다. 미국의 초기 이민자들은 유럽에서 잘나가던 사람들은 아니었다. 그들은 구대륙에서의 과거와 단절하고 보다 나은 삶을 찾아 미국으로 건너온 사람들이었다. 그러나 사람은 결코 자신의 과거를 버리고 떠날 수 없다.— "사람들은 집과 가족을 두고 올 수는 있지만, 과거를 두고 올 수는 없다."(137쪽) 범죄자의 피가 흐르고 있는 오드먼드의 가문 역시 과거의 짐으로부터 자유롭지 못하다. 먼저 미국에 이민 와 있다가 우연히 오드먼드를 데려가 보살펴 준 삼촌 또한 가문에 흐르고 있는 범법자의 피에서 벗어나지 못한다. 다만 고아로 남은 오드먼드만이 신대륙에서 어두운 과거를 극복하기 위해 부단히 노력한다. 아웃사이더이자 영어에 능숙하지 않은 사람으로서 농장에서 묵묵히 참고 일하는 오드먼드는 당시 영어권이 아닌 곳에서 신대륙으로 건너온 이민자들의 애환과 정경을 잘 보여 주고 있다.

오드먼드는 에마를 좋아하지만 용기가 없어 주저하고 있다가, 나이 많은 다른 남자에게 그녀를 빼앗긴다. 그러나 오드먼드는 그녀의 농장에서 일손으로 일하면서, 순수한 마음으로 에마를 짝사랑한다. 아일랜드에서 기근으로 가족을 잃은 에마는 홀로 미국으로 이민 와서, 단지 살아남기 위해 사랑하지도 않는 남자와 결혼하지만, 여성의 본능으로 오드먼드의 호의적인 시선을 느낀다. 그러는 동안, 그녀는 점잖은 사회에서는 금기시되던 포의 작품을 사서 읽으며, 미지의 세계에 대한 호기심과 동경을 키운다. 그러던 어느 날, 오드먼드는 소로가 일으킨 산불을 목격하고 두려움을 느낀다. 그러나 그는 불과 맞서 싸우다가 문득 자신이 해야 할 일을 깨닫게 된다. "오드먼드는 염려하지 않는다. 그가 이 세상의 주인이므로 불은 그가 시키는 대로 할 것이다."(151쪽) 그리고 바로 그 순간, 늘 머뭇거리며 살아온 오드먼드는 이제 적극적인 인물로 변한다. 그는 나이 많은 남편의 학대에 시달리던 에마를 데리고 자신이 15년 동안 살아온 마을을 떠난다. 그리하여 그들에게 미국은 부단히 이동하는 곳이자, 새로운 삶을 시작할 수 있는 기회의 땅이 된다.

또 다른 등장인물인 엘리엇 캘버트는 아직 성공하지 못한 극작가 지망생이다. 그는 순수예술에 대한 열정이 있었으나 사업가인 장인 머호니 씨의 권유와 도움으로 서점 주인이 된다. 서점을 시작할 때만 해도 그는 보스턴의 티크너 서점과 경쟁하여, 자기 서점을 당대의 문인인 롱펠로나 올리버 웬델 홈스 같은 문인들이 모여서 문학과 예술을 논하는 곳으로 만들려는 희망이 있었다. 그러나 서점이 잘 안 되자, 엘리엇은 점차 돈의 유혹에 넘어가 은밀히 포르노 사진 판매를 시작한다. 같은 인쇄업이지만 문학 서적과 포르노는 정반대여서, 엘리엇은 돈은 벌지만 예술가로서는 성공하지 못한다. 그런 의미에서 엘리엇은 예술과 상업 사이에서 고뇌하는 작가의 은유이자, 신대륙에서 새롭게 부상하는 신흥 비즈니스 계층의 상징이라고 볼 수 있다.

그러던 어느 날, 엘리엇은 소로가 실수로 산불을 내자 불을 끄러 나간다. 불과 싸우면서 엘리엇은 아직도 미완성인 희곡 「창이 많은 집」을 끝낼 수 있는 영감을 얻고 예술에 대한 새로운 희망을 갖게 된다. 희곡을 무대에 올리려 할 때, 엘리엇은 독자의 취향에 맞추어 작품을 대폭 수정해 달라는 요청을 받게 된다. 그가 상업주의와 타협하고 굴복할 것이지, 아니면 자신의 순수한 예술 세계를 지켜 나갈 것인지는 오직 그 자신의 선택에 달려 있다. 그러나 상업적 성공을 중요시하는 미국에서 그가 순수예술을 고수하기란 결코 쉽지 않을 것이다.

한편, 케일럽 목사는 신이 대자연 속에 있다거나 인간의 마음속에 있다는 초월주의자들의 주장이나 유니테리언 교회의 교리를 인정하지 않는 완고한 청교도 목사다. 그는 유니테리언 교회 목사였던 아버지의 뜻을 배반하고, 다시 정통 청교도 교회를 세우려 한다.(그런 면에서 그는 정통 청교도주의가 싫어서 목사직을 그만둔 에머슨과는 정반대 인물이다.) 케일럽은 하나님이 있다면 어떻게 신 대신 자연을 숭배하는 에머슨 같은 신성모독적인 초월주의자들에게 천벌을 내리지 않고 있는가를 의아하게 생각하는 사람이다. 케일럽은 신의 존재를 의심하게 되고, 그 악몽을 달래기 위해 아편을 흡입하기도 한다.

케일럽과 그의 신도들은 새로운 교회를 지을 부지를 봉헌하다가 소로의 불을 보고 처음에는 그것이 신의 계시라고 생각한다. 그러나 그가 세우려는 교회는 신도들을 잘못 인도하는 교회다. 그는 또한 목사이면서도 누명을 쓴 흑인 청년이 사형당하기 전, 영혼의 구원을 위한 마지막 축복을 요청하자 편견과 독선으로 거부한다. 그런 맥락에서 보면, 케일럽은 마녀재판과 타종교 박해로 인해 많은 사람에게 피해를 입힌 초기 아메리카의 독선적인 청교도 목사들의 상징처럼 보인다.

소로의 불은 또한 소로 자신에게도 커다란 변화를 초래한다. 형의 죽음을 슬퍼하며 스물일곱 살이 되도록 아무것도 이루어 놓지 못한 소로는 자신의 실수로 일어난 콩코드의 불을 대면하며, 비로소 무엇인가를 성취해야겠다는 소명 의식과 실천 의지를 갖게 된다. "헨리는 평생 망설여 온 문제의 결론을 얻었다고 생각했다. …… 인간의 관찰자, 철학자, 너무나 많은 이가 살면서 너무나 많은 이가 외면하는 세계의 기록자가 될 것인가?"(20쪽) 그래서 그는 즉시 자신이 태워 버릴 뻔했던 콩코드 근처 월든 호숫가에 오두막을 짓고, 유명한 사상가이자 자연을 사랑하는 환경 생태주의자로서의 첫 발걸음을 내딛는다. 그러므로 소로가 세우고 살았던 월든 호숫가의 움막은 본의 아니게 자연을 훼손한 소로의 속죄 행위이자, 자연의 수호자로서의 사명감의 상징이라고 볼 수도 있을 것이다. "헨리는 무슨 일을 해야 하는지 알고 있다. …… 호숫가에 소박한 오두막을 한 채 짓고, 관대하지만 연약한 자연의 무한한 아름다움을 살필 것이다. 그는 제자리를 잃은 동식물을 가엾게 여기고, 상처받은 숲이 되살아날 때까지 돌볼 것이다."(150쪽) 대재난처럼 보였던 산불이 없었던들 소로는 그저 평범한 연필 판매원으로 생을 마감했을 것이다.

그렇다면 소로의 실수로 시작된 산불은 재난이 아니라, 오히려 자신과 다른 사람들의 운명을 바꾸어 주고 그들의 변화에 힘을 실어 주는 인스피레이션의 역할을 수행했다고도 할 수 있다. 예컨대 불을 바라보며 오드먼드는 두려움을 극복하고, 엘리엇은 잃어버렸던 뮤즈를 발견하며, 케일럽은 신의 심판을 기대한다. 소로가 실수로 지른 불은 모든 사람의 삶을 바꾸어 놓는다. 불은 숲을 태우며 모든 것을 재로 만들지만, 동시에 강력한 정화와 재생의 상징이기도 하다. 불이 꺼진 후, 비옥해진 토양에서는 새로운 식물이 부활하기 때문이다. 그래서 소로는 산불을 낸 직후, 월든 호숫가 근처에 오두막을 짓고 자연과 더불어 살게 된다. 하지만 소로가 문명을 완전히 떠나 오직 자연만을 찬양한 것은 아니었다. 그의 오두막은 마을에서 불과 2.5킬로미터 정도밖에 떨어지지 않았으며, 큰길로부터도 반 마일 정도밖에 떨어지지 않았다. 또한 그는 은둔 생활을 하는 동안에도 마을에서 온 방문객들을 기꺼이 맞아들였고, 콩코드까지 걸어가기도 했으며, 2년 2개월 후에는 다시 마을로 돌아왔다. 그는 당시 도시가 잃어버렸던 목가적인 초원과, 거칠고 위험한 황야의 차이를 잘 알고 있었으며, 문명을 완전히 떠나서 산다는 것이 불가능하다는 것도 잘 알고 있었다. 그러므로 그의 은둔 생활은 조지프 우드 크러치가 지적하고 있듯이 '하나의 상징적 제스처'였다고 볼 수 있다.

소로는 1845년 7월 4일부터 1847년 9월 6일까지 월든 숲 속에서 자연과 더불어 혼자 자급자족하며 살았고, 그때의 생활을 『월든』에 충실히 기록해 놓았다. 소로는 실용적인 면에서 보면 월든 숲에서 했던 자신의 실험은 실패인지도 모른다고 자인했다. 그러나 비록 소로 자신이 '실패'를 자인하고 있다고는 하더라도, 월든의 결론은 본질적인 면에서 소로의 '성공'을 기록하고 있다. 소로는 "나는 내가 숲 속에 처음 들어왔던 때의 이유만큼 정당한 이유로 숲을 떠났다.(I left the woods for as good a reason as I went there.)"라고 쓰고 있기 때문이다.

나는 내 실험을 통해 적어도 이것을 배웠다. 즉 만일 우리가 꿈을 향하여 신념을 갖고 전진한다면, 그리고 우리가 상상하는 인생을 살려고 노력한다면, 우리는 보통 때에는 기대할 수 없는 성공을 만나리라는 것을.(『월든』, 120쪽)

1860년 말 소로는 독감에 걸린 채 강연을 강행하다가 폐결핵에 걸려 1862년 5월 6일 타계했다. 그의 장례식에서 조사는 에머슨이 읽었고 나중에 그것을 '소로'라는 제목으로 출판했으며, 그의 친구였던 윌리엄 채닝은 "아무도 그처럼 훌륭한 미완성 인생을 살지는 못했다.(No man had a better unfinished life.)"라고 소로의 삶을 멋지게 묘사했다. 마흔다섯 살에 요절한 소로의 인생은 분명 '미완성'이었지만, 어떤 의미에서는 그만큼 훌륭한 인생을 살았던 사람도 없었다. 그는 『월든』의 첫 페이지에서 다음과 같이 말하고 있다.

나는 낙담의 노래를 쓰려고 하는 것이 아니라 횃대에 앉은 수탉처럼 활발하게 부르짖으려고 하는 것이다. 다만 내 이웃들을 깨우기 위해.(『월든』, 42쪽)

존 핍킨의 『우즈 버너』는 소로가 실수로 낸 산불 사건을 통해 미국의 초기 역사와 사회를 재구성하면서 아메리카의 의미를 성찰한 탁월한 역사소설이다. 이 소설을 통해 독자들은 소로가 왜 문명과 사회를 떠나 월든 호숫가 오두막에 은둔했는지, 그리고 소로의 불이 어떻게 당시 이민자들의 삶을 바꾸어 놓았는지를 알게 된다. 핍킨은 이 소설에서 대재난처럼 보이는 일도 결과적으로는 큰 축복이 될 수도 있다고 말한다. 만일 콩코드 숲을 태운 소로의 산불이 없었다면, 오늘날 우리가 알고 있는 환경, 생태, 자연주의 사상가 소로는 없었을 것이기 때문이다. 번역도 매끄럽고 유려해서, 부드럽고 나직한 목소리로 미국 초기 이주자들의 이야기를 들려주고 있는 원문의 아름다운 문체와 분위기를 손색없는 우리말로 옮기는 데 성공하고 있다.

손턴 와일더

희곡「우리 읍내」로 유명한 미국 작가 손턴 와일더의 소설『산 루이스 레이의 다리』(*The Bridge of San Luis Rey*)(1927)는 이렇게 시작된다. "1714년 7월 20일 금요일 정오, 페루에서 가장 멋진 다리가 무너져 여행객 다섯 명이 다리 아래 깊은 골짜기로 추락했다." 자신도 그 다리를 건너려다가 우연히 그 참사를 목격한 주니퍼 수사는 왜 그 다섯 사람이 하필 그 순간에 그 운명적인 자리에 있었으며, 그것이 과연 개인의 숙명인지 아니면 신의 뜻인지를 알아내기 위해, 그들을 아는 여러 사람을 만나 인터뷰를 해서 방대한 책을 써낸다. 그러나 6년에 걸친 그의 추적 작업은 천주교 교단으로부터 이단이라는 비난을 받고, 책과 저자 모두 화형에 처해진다. "주니퍼 수사의 책은 단 한 권만 남아 페루의 산 마르코 대학교 도서관에 방치되어 있다."라고 작가는 말한다.

『산 루이스 레이의 다리』는 출간되자마자 화제가 되어, 1928년에는 퓰리처상을 받았고, 1998년에는 모던 라이브러리가 선정한 '가장 위대한 20세기 소설' 중 37번째로 뽑혔으며, 2005년《타임》이 제정한 '1923~2005년 최고의 영어 소설 100권'에 들어가는 명성을 누렸다. 또한 이 소설은 이후 만들어진 모든 대재난 영화의 효시라는 평을 받았는데, 「포세이돈 어드벤처」,「타이타닉」, 또는 최근의「포세이돈」같은 대재난 영화 모두가 재난을 당한 사람들의 과거를 추적해, 그들이 각기 어떤 사연으로 왜 그 순간 그 자리에 있게 되었는가를 보여 주고 있기 때문이다.

그렇다면, 『산 루이스 레이의 다리』는 도대체 왜 그렇게 시대를 초월해 좋은 평가를 받고 있는가? 우선 와일더는 『산 루이스 레이의 다리』를 건너다가 죽은 다섯 사람을 우리 주위에서 쉽게 찾아볼 수 있는 전형적이고 대표적인 인간상으로 제시하여, 시공을 초월해 누구나 공감할 수 있는 보편적 상황을 보여 준다. 즉 저자는 그 다리를 건너다 죽은 사람들은 우리 자신을 포함해 그 누구라도 될 수 있다는 사실을 설득력 있게 시사해 주고 있다는 것이다. 다리를 건너다가 사고를 당한 사람들은 모두 나름대로의 문제점과 딜레마를 갖고 있는데, 그것을 깨닫고 비로소 그것으로부터 벗어나려는 순간, 아이러니하게도 그들은 모두 죽음을 맞는다.

예컨대, 못생기고 말을 더듬는 몬테마요르 후작 부인은 미인으로 태어난 딸 클라라를 강박적으로 사랑하는데, 클라라는 자신에 대한 엄마의 편집증적 집착을 견디지 못하고 결혼을 빙자해 멀리 스페인으로 도망친다. 그래서 후작 부인은 오직 편지를 통해서만 딸과 교류할 수 있게 된다. 그러나 후작 부인은 수녀원에서 성장한 고아 페피타를 통해 편지란 용기 없는 사람들의 교류 수단이며, 자기가 딸에게 보낸 편지 또한 자신의 심리적 만족을 위한 이기적인 글쓰기였다는 사실을 깨닫게 된다. 페피타 또한 자기를 키워 준 수녀원장에게 자신의 외로움과 불행을 편지로 호소하려다가 불태워 버린다. 용기 있게 마주 대면해서 말하거나 자신이 변하는 것이 훨씬 더 바람직하다는 것을 깨달았기 때문이다. 그러한 깨달음을 얻고 리마로 돌아오던 길에 두 사람은 다리가 붕괴되어 죽게 된다. 여기에서 작가는 모녀 관계, 인간 교류 문제, 글쓰기 문제, 고아로 성장하는 문제 등을 죽음과 연관시켜 폭넓게 다룸으로써 독자들의 보편적 공감을 얻는 데 성공한다.

역시 수녀원에서 고아로 자라난 쌍둥이 에스테반과 마누엘은 서로 한

몸처럼 가깝게 지내지만, 어느 날 마누엘이 카밀라 페리콜이라는 배우를 사랑하게 되면서부터 문제가 발생한다. 카밀라는 마누엘을 자신의 연애편지를 대필하는 데 이용할 뿐, 실제로는 총독과 관계를 맺고 총독의 아이를 낳아 신분 상승을 꾀한다. 실의에 빠진 마누엘이 무릎을 다친 상처가 덧나서 죽자, 에스테반은 비탄에 빠져 자살을 생각한다. 그러다 항해를 제안하는 선장 알바라도를 만나 겨우 자살 유혹을 떨쳐 버린 에스테반은 항해 전, 자신을 키워 준 수녀원장에게 줄 선물을 사기 위해 다리를 건너가다 죽음을 맞이한다. 이러한 상황을 통해 작가는 우리 모두가 내부에 갖고 있는 또 다른 자아(alter-ego)의 문제(그것과 어떻게 조화를 이루어야 하며 또 언제 어떻게 단절해야 하는지)를 잘 보여 주고 있다. (손턴 와일더도 원래는 쌍둥이였는데, 한 명은 태어나면서 죽었다.)

다리에서 죽은 나머지 두 사람은 카밀라를 발굴해 배우로 성공시킨 피오 아저씨와 카밀라의 아들 돈 하이메이다. 총독의 정부가 된 카밀라는 배우에 뜻이 없어져 피오 아저씨를 멀리하게 되고, 또 천연두에 걸려 얼굴이 얽은 다음에는 더욱더 그를 만나 주려 하지 않는다. 그러자 피오 아저씨는 이번에는 카밀라의 아들 돈 하이메를 자기가 교육해 성공시키겠다고 졸라 드디어 카밀라의 허락을 받아 낸다. 그러나 카밀라의 아들과 함께 제2의 인생을 시도하려던 그는 돈 하이메와 둘이서 리마의 다리를 건너가다 죽게 된다. 이 두 사람을 통해서 작가는 스승과 제자의 문제, 예술과 현실의 문제, 미와 추, 그리고 명예의 추구와 삶의 덧없음을 주제로 다루고 있다.

『산 루이스 레이의 다리』에서 중요한 또 한 가지는, 등장인물이 수녀원을 통해, 또는 가족 친지 관계를 통해 직간접적으로 서로 연결되어 있다는 점이다. 이는 곧 우리 모두의 운명이 독자적이라기보다는 최근 문학 이론에서 말하는 '상호 텍스트성(intertextuality)'처럼, 또는 다리처럼 서로 긴밀하게 연결되어 있다는 것을 의미한다. 그래서 『산 루이스 레이의 다리』에서 '등장인물'만큼 중요한 것이 바로 '다리'의 상징이다. '다리'는 두 세계를 이어 주는 길이자 가교다. 예컨대 다리가 연결시켜 주는 두 세계는 '삶과 죽음'일 수도 있고, '의식과 무의식'일 수도 있으며, '이상과 현실'일 수도 있다. 문제는, 그 두 영역을 연결시켜 주는 다리가 공중에 떠 있는 다리(suspension bridge)여서 자칫 그 두 세계 사이를 오가다 사고를 당할 수도 있다는 점이다. 그런데도 와일더는 수녀원장의 입을 빌려, "살아 있는 사람들을 위한 땅이 있고 죽은 사람들을 위한 땅이 있으며, 그 둘을 연결하는 다리가 바로 사랑이다. 유일한 생존자이자 유일한 의미인 사랑"이라고 말한다.

『산 루이스 레이의 다리』는 우리에게 성수대교 참사를 연상케 한다. 당시 성수대교에서 참사를 당한 사람들은 각기 무슨 사연으로 그때 그 자리에 있게 되었는지, 우리는 과연 성수대교 붕괴로 죽어 간 그들을 과연 아직도 기억하고 있는지, 또 우리 작가들은 당시 그 자리에 있다가 사라져 간 피해자들의 삶을 추적해 예술적으로 승화시켜 보았는지. 『산 루이스 레이의 다리』는 바로 그런 점에서도 우리에게 각별한 의미로 다가오는 훌륭한 문학작품이다. 페루 정부는 이 작품에 대한 감사의 표시로 손턴 와일더에게 훈장을 수여했다.

손턴 와일더의 『산 루이스 레이의 다리』는 우연히 같은 장소에서 재난을 당해 함께 목숨을 잃은 사람들의 과거를 추적함으로써, 사람들의 삶이 사실은 얼마나 서로 긴밀하게 연관되어 있고, 또 인간의 운명이란 기실 얼마나 불가해하고 아이러니한 것인지, 그리고 인간의 죽음에는 과연 신의 섭리가 작용하는 것인지를 심층적으로 탐색한 불후의 명작이다. 이 작품을 읽으며 우리는 삶과 죽음에 대한 복합적인 시각을 갖게 되며, 가치 있고 의미 있는 인생이란 과연 무엇인가를 성찰해 보게 된다.

내 인생을 바꾸어 놓은 네 권의 책

때로는 한 권의 책이 한 사람의 인생을 바꾸어 놓을 수도 있고, 한 세대의 인식을 바꾸어 놓을 수도 있다. 예컨대 J. D. 샐린저의 『호밀밭의 파수꾼』은 보수주의적이었던 1950년대 미국의 풍토를 바꾸어 1960년대 진보주의 시대를 여는 데 크게 기여했으며, 켄 키지의 『뻐꾸기 둥지 위로 날아간 새』는 미국의 정신병원을 쇄신하는 데 결정적인 역할을 했다.

한 권의 책은 또 개인의 삶을 바꾸어 놓기도 한다. 나 역시 책을 읽으면서 커다란 깨우침과 인식의 변화를 경험한 적이 있다. 소설 중에서는 『앵무새 죽이기』와 『장미의 이름』이, 비평서 중에서는 『미국 문학에 나타난 사랑과 죽음(Love and Death in the American Novel)』과 『오리엔탈리즘(Orientalism)』이 바로 그렇다. 물론 많은 책이 각기 다른 방법으로 내 인성과 심성을 바꾸어 놓기는 했지만, 그중에서도 이 네 권의 책은 내 학문과 인생에 지대한 영향을 끼쳤다.

고등학교 1학년이던 1964년에 처음 만난 하퍼 리의 『앵무새 죽이기』는 나에게 평생 타자에 대한 편견을 갖지 않게 해 주는 데 결정적인 역할을 했다. 어른의 편견을 어린아이의 순진한 눈을 통해 고발한 이 소설은 인종적 타자와 빈자, 그리고 소외된 이웃에 대한 우리의 편견이 얼마나 근거 없는 것인가를 감동적으로 깨우쳐 주고 있다. 이 소설은 또 진정한 용기와 만용이 어떻게 다른가도 깨우쳐 준다. 나는 아카데미상을 수상한 영화를 먼저 본 다음, 작품이 너무 좋아서 그 즉시 원작 소설을 구해 읽었는데, 소설도 영화만큼이나 감동적이었다.

『장미의 이름』 역시 영화를 먼저 보고 너무나 좋은 나머지 즉시 원작 소설을 구해 읽은 경우였다. 이탈리아의 기호학자이자 번역학자인 움베르토 에코가 쓴 이 소설은 나에게 흔히 우리가 빠지기 쉬운 흑백 논리와

이분법적 사고의 함정에서 벗어나게 해 주었다. 이 작품을 읽은 후, 나는 사물의 외양 뒤에 감추어진 진실을 보는 것의 중요성, 그리고 사물을 둘로 나누어 그중 하나에 특권을 부여하거나, 자신만이 옳다는 독선에 빠지는 것이 얼마나 어리석은 짓인가를 깨닫게 되었다. 셰익스피어의 『로미오와 줄리엣』의 대사에서 빌려 온 제목 '장미의 이름'도 좋았다. 원수의 가문 몬터규가의 로미오와 사랑에 빠진 줄리엣은 이렇게 독백한다. "사실 이름이란 무슨 의미가 있는가? 장미는 다른 이름으로 불러도 여전히 향기로운 것을." 그런데도 우리는 아직도 사물의 본질보다는 껍질뿐인 이름과 간판과 명분만을 추구한다.

    미국 유학 중에 읽게 된 레슬리 피들러의 평론집 『미국 소설에 나타난 사랑과 죽음』도 내 인생을 바꾸어 놓은 감동적인 책이다. 평론도 소설만큼이나 재미있을 수 있다는 사실을 내게 가르쳐 준 이 비평서는, 백인 주인공과 유색인 동반자가 미국 소설에 반복적으로 나타나는 원형(archetype)을 추적하면서 미국 작가들이 무의식적으로 제기하고 있는 인종 문제를 감동적으로 탐색한 책이다. 나는 이 책을 읽으면서, 타인종과 타문화에 대한 이해가 우리의 삶에 얼마나 중요한 영향을 끼치는가를 배웠다. 실제로 저자 피들러는 자신의 신념에 따라 자녀들을 흑인, 멕시코 인디언, 그리고 일본인과 결혼시켰다. 사실은 자녀들이 아버지의 사상과 태도에 감동받아 스스로 유색인 배우자를 선택한 것이기도 하지만 말이다.

    역시 미국 유학 중에 읽고 크게 감명받은 책이 에드워드 사이드의 『오리엔탈리즘』이다. 동양인에 대한 서양인의 편견을 각종 문헌을 통해 탐색한 이 기념비적 책을 읽으며, 나는 서양인에 대한 원망이나 원한보다는 동양인 역시 서양에 대한 편견인 '옥시덴탈리즘'을 가져서는 안 된다는 사실을 절실하게 깨달았다. 팔레스타인 망명객인 자신의 삶을 자신의 문학 비평과 연결시켜 설득력 있는 비평 세계를 창조한 사이드의 이 책은 내 소중한 재산 목록 4호 중 하나다.

피들러는 집에 불이 나 단 한 권의 책만을 들고 나갈 수밖에 없다면 주저 없이 마크 트웨인의 『허클베리 핀의 모험』을 집어 들겠다고 말했다. 나는 우리 집에 불이 난다면, 다소 무겁겠지만 이 네 권을 책을 다 들고 나가겠다.

3부
문학과 과학의 경계를 넘어서: 융합 시대의 문학

인간과 기계의 경계를 넘어서: 포스트휴머니즘과 트랜스휴머니즘

포스트휴머니즘 시대의 문학

자신들이 산업사회에 살고 있다고 생각했던 1950년대의 비평가들은 '문학에 미래가 있는가?'라고 물었고, 이러한 제목의 글을 쓰거나 책을 출간해 비인간적인 상업주의의 물결 속에서 암울하게만 느껴지는 문학의 미래를 예시하려고 노력했다. 반면 텔레비전이 급속도로 보급되던 1960년대를 살았던 평론가 레슬리 피들러는 "대중문화와 컬러텔레비전 시대에 문학은 과연 살아남을 수 있는가?"라는 질문을 던졌고, 「소설의 죽음」이라는 글을 통해 이제 더는 아무도 읽지 않는 난해한 모더니즘 소설의 사망과 새로운 시대를 대표하는 '중류 문학'의 도래를 선언했다.[1] 전자 시대로의 전환과 패러다임의 급격한 변화를 겪고 있는 오늘날의 비

---

1 Leslie A. Fiedler, "Cross the Border — Close the Gap," "The Middle against Both Ends," "The Death and Rebirth of the Novel" 같은 논문에서 피들러는 모더니즘 시대의 난해한 소설의 죽음을 선언하고, 영상 매체 시대에 맞는 중류 문학 시대의 도래를 선언했다.

평가들은 아마도 "활자 문학에 미래가 있는가?"라는 질문이나 "소설은 미래에 어떤 모습이 될 것인가?"라는 질문을 하게 될 것이다. 왜냐하면 앞으로 문학은 활자 매체로부터 전자 매체나 영상 매체로 옮겨 갈 것이고, 그에 따라 소설의 양식 또한 급격한 변화를 겪을 것이기 때문이다.

미래의 문학은 또한 전자 매체 시대가 야기하는 인식의 변화에 따라 생겨나는 새로운 지적 또는 문화적 사조에 의해, 그 관심사나 주제 또한 지금과는 현저하게 달라질 것이다. 예컨대 최근에 대두되어 활발하게 논의되고 있는 포스트휴머니즘, 트랜스휴머니즘, 디지털휴머니즘, 테크노휴머니즘 같은 문예사조는 문학과 인문학의 기본인 휴머니즘에 대한 새로운 시각을 통해 문학 연구와 교수 방법뿐 아니라 창작의 지형까지도 바꾸어 놓고 있다. 문학 교수와 문학평론가, 그리고 작가 모두가 새롭게 대두되고 있는 이들 사조에 비상한 관심을 갖고 있는 이유도 바로 거기에 있다.

포스트휴머니즘은, 전통적인 휴머니즘 시대는 이제 막 내렸으며 휴머니즘 시대 이후에 우리가 지향해야 할 것이 무엇인지를 탐색하는 새로운 문예사조다. 포스트휴머니즘은 인간을 모든 것의 중심에 놓고 우선시하는 르네상스 휴머니즘 또는 데카르트적 휴머니즘에 대한 반성을 표명하며 시작되었기 때문에, 인간을 만물의 영장이 아닌, 다른 생명체와 동등한 반열에 놓고 본다. 그리고 그런 점에서 포스트휴머니즘은 최근 사조인 문화 연구와도 맥을 같이한다. 문화 연구 역시 고급 문학과 순수예술을 대중문화와 동등하게 취급하며 시작하고 있기 때문이다. 사실 인본주의나 인문주의로 번역되는 휴머니즘은 인간을 과대평가했을 뿐 아니라, 저속한 대중문화에 대항하는 고급문화의 옹호자 역할을 충실히 수행해 왔다.[2] 『아바타 몸』이라는 책에서 앤 와인스톤은 이렇게 말한다.

휴머니즘은 잘 연습된 논쟁에 의해, 억압적인 제도와 담론을 산출한다. 왜냐하면 휴머니즘은 단 한 부류의 인간(남성, 백인, 교육받은 사람, 부자)만이 모범적이며, 우리 모두를 위한 '똑같은' '인간의 본성'이 존재한다고 가정한다. 동시에 휴머니즘은 다른 부류의 사람들과 비인간을 엘리트 계층과 인류 공동의 유산으로부터 제외하며, 자신과 다른 문화의 가치를 인정하는 데 실패한다.[3]

그렇기 때문에 포스트휴머니즘은 인간이 다른 동물이나 식물에 대해 특권을 가져야 한다는 생각을 부인하며, 인간의 고급문화가 다른 생명체의 문화보다 더 우월하다는 통념도 부정한다. 닐 배드밍턴은 『포스트휴머니즘』이라는 책에서 전통적 휴머니즘의 한계를 이렇게 지적한다.

다시 말해, 인간과 비인간 사이에는 절대적 차이가 있으며, 오직 인간만이 이성적인 사고를 할 수 있다고 믿어 왔다. 이성은 오직 인간에게만 속한 것이고, 따라서 인간을 연합하게 만드는 작용을 한다. '우리'는 비록 신체는 서로 다를망정, 이성은 정신의 산물이기 때문에(데카르트에 의하면 정신은 신체와는 구분되는 것이어서) 내면적으로 '우리'는 모두 똑같다.[4]

그런 의미에서 포스트휴머니즘은 생태주의에도 촉수를 대고 있다. 인간은 타 생명체보다 우월하지 않기 때문에 인류 문명이나 인간 복지를 위해 생태계를 파괴할 권리가 없다는 것이다. 생존을 위해 주위의 많은

---

[2] 예컨대 20세기 초 하버드의 어빙 배비트 같은 인문주의자들이 주장했던 '뉴 휴머니즘'은 인간이 환경에 지배받는다는 자연주의적 사조에 반발해, 인간의 고상함과 인문학의 우월성을 주창했던 보수주의적 사조였다.
[3] Ann Weinstone, *Avatar Bodies: A Tantra for Posthumanism*(Minneapolis: U of Minnesota P, 2004), 3~4쪽.
[4] Neil Badmington, ed., *Posthumanism* (Palgrave: New York, 2000), 4쪽.

것들을 먹어 치우고, 문명화시킨다는 미명 아래 대자연을 훼손해 온 인간은 근본적으로 제국주의적이며 생태 파괴적인 존재다. 그동안 인간의 그러한 행위를 합리화해 온 것은 만물의 영장이라는 인간의 우월성이었는데, 이제는 그 특권을 인정받지 못하게 된 것이다. 그런 의미에서 포스트휴머니즘은 이제 인간과 다른 동물, 또는 식물이나 무생물까지도 연결해 준다. 앤 와인스톤은 그 점에 대해 이렇게 말한다.

> 포스트휴머니즘은 다양한 요소를 가진 인간들을 봉합한다. 그것은 인간을 테크놀로지와 비인간과 보이지 않는 기운과 동물, 그리고 심지어는 곤충과도 연결해 준다. 하지만 포스트휴머니즘은 명시적으로 또는 기본적으로 인간을 인간과 연결해 주지는 않는다. 비록 '개인'을 어떻게 바라보든지, 그리고 인간과 인간의 관계가 중요한 관심사라 할지라도.[5]

포스트휴머니즘은 또 인간과 기계의 문제도 성찰하고 있다. 인간 중심의 시대가 끝나면서 이제는 기계의 위상도 인간과 대등하게 될 수 있게 되었기 때문이다. 그러한 변화를 잘 보여 주는 경우가, 바로 《타임》이 1983년 첫 호를 내면서 1982년을 대표하는 인물로 인간이 아닌 컴퓨터를 뽑아 표지 모델로 내세웠던 사건이다. 그때, 《타임》은 표지에 'People of the Year'가 아닌 'Machine of the Year'라는 획기적인 제목을 붙였다. 전자 시대를 맞아 기계는 이제 인간과 동등한 위치를 점하게 된 것이다. 포스트휴머니즘은 인간과 기계가 제휴하고 결합하면서 발생하는 윤리 문제에도 비상한 관심이 있어서, 컴퓨터를 비롯한 각종 디지털 기계가 인간에게 미치는 부작용을 우려하는 비판적 시각을 견지하고 있다. 그

---

5 Ann Weinstone, 앞의 책 3쪽.

래서 인문학자들은 포스트휴머니즘을 환영하는 반면, 과학자들은 인간과 기계의 결함을 보다 긍정적으로 바라보는 트랜스휴머니즘을 환영하고 있다.

트랜스휴머니즘: 인간과 기계의 조화와 합일

기계와 테크놀로지를 다소간 비판적으로 보고 경계하는 포스트휴머니즘과는 달리, 트랜스휴머니즘은 인간과 기계의 합일을 긍정적으로 보고 있다. 트랜스휴머니즘이라는 용어를 처음 사용한 사람은 올더스 헉슬리의 동생인 생물학자 줄리언 소렐 헉슬리였다. 1957년에 줄리언은 '트랜스휴머니즘'이라는 용어를 처음 사용하면서, 그것을 "인간이 인간으로 남아 있으면서 스스로의 한계를 초월해 인간 본질의 새로운 가능성을 실현하는 것"이라고 정의했다. 1960년대에 들어서는 컴퓨터 학자인 마빈 민스키가 인공지능을 이용해 인간의 지능을 업그레이드하는 것에 대한 주제로 발표를 했으며, 이어 FM-2030(F. M. Esfandiary)과 『맨에서 수퍼맨으로』의 저자 로버트 에팅어 같은 사람들이 트랜스휴머니즘의 새로운 가능성을 탐색했다. 트랜스휴머니스트들이 처음 모인 것은 1980년대 초 캘리포니아 로스앤젤레스 대학교(UCLA)에서였는데, 이후 이 대학은 트랜스휴머니즘의 본산지가 되었다. 이들은 모두 과학과 테크놀로지의 힘을 빌려 인간의 한계를 확장하고, 인간을 향상시키는 것에 지대한 관심을 보였다.

1998년 철학자 닉 보스트롬과 데이드 피어스가 '세계 트랜스휴머니스트 학회(World Transhumanist Association)'를 결성했고, '트랜스휴머니스트 선언(The Transhumanist Declaration)'을 발표했다. 이 선언에 의하면, 트랜스휴머니즘은 테크놀로지를 이용해 인간의 지적, 신체적, 심리적 능력을 향상시키고, 노화를 방지하는 것을 지지한다. 그와 동시에 이 선언문은 트랜스휴머니즘은 인간의 한계를 극복하기 위해 테크놀로지를 사용함으로써 발생하는 윤리적 문제도 성찰하고, 거기에 대처해야만 한다고 명시하고 있다. 현재 이들은 《h+매거진》을 통해 활동하고 있다. 트랜스휴머니스트들은 테크놀로지의 발전에 따라, 미래에 엄청난 지능을 가진 새로운 종의 인간이 생겨나리라고 믿는데, 이는 그 위험 가능성으로 인해 일부 학자들의 우려와 비판의 대상이 된다. 예컨대 프랜시스 후쿠야마는 트랜스휴머니즘을 "세상에서 가장 위험한 아이디어"라고 비판한다. 반면 로널드 베일리는 트랜스휴머니즘이 "가장 대담하고 용감하며, 상상력 넘치고 이상적인 휴머니티의 열망"이라고 찬양하기도 한다.

트랜스휴머니즘을 논하면서 토머스 포스터는 『사이버 인간의 영혼(*The Souls of Cyberfolk*)』에서 재미있는 논지를 폈다. 그에 의하면, 인간은 기계 또는 과학기술에 의해 두 가지 형태의 침입을 당하고 있는데, 유전자 조작, 성형수술, 사이보그 인공 보철에 의한 '신체적 침입(body invasion)'과, 컴퓨터 인터페이스, 인공지능, 마인드 컨트롤에 의한 '정신적 침입(mind invasion)'이 바로 그것이다. 그는 최초로 사이버 스페이스라는 용어와 개념을 소설에 도입한 윌리엄 깁슨의 『뉴로맨서』가 인간에 대한 기계의 '정신적 침입'을 다루고 있다고 지적했다. 더 나아가 포스터는 깁슨의 『뉴로맨서』가 인간의 의식을 그 어떤 개인적 영혼에 의해 묶이거나 내면화될 수 없는 거대한 글로벌 정보의 네트워크로 확장하는 상황을 다룬 소설이라고 말한다.[6]

---

[6] Thomas Foster, *The Souls of Cyberfolk: Posthumanism as Vernacular Theory* (Minneapolis: University of Minnesota Press, 2005), xii.

트랜스휴머니즘은 인간의 유한한 신체적, 지적 능력을 기계의 도움으로 업그레이드할 수 있다고 믿는 사조인데, 사실 인간은 인공장기의 이식으로 수명을 연장할 수 있으며, 노화까지도 지연시킬 수 있다. 부정맥 환자에게 가장 단순한 심장 박동기만 부착해도 수명을 수십 년 연장할 수 있다는 것은 이미 잘 알려진 사실이다. 또한 인간은 컴퓨터 칩의 두뇌 이식을 통해 치매를 방지하고, 뛰어난 기억력과 지능을 가질 수도 있다. 그렇게 되면 인간은 기계의 힘을 빌려 스스로 진화를 조절할 수 있는 능력을 갖게 된다. 테크놀로지의 눈부신 발전은 인간의 태생적 한계를 극복하게 해 주고, 인간의 질병과 노화, 신체장애와 질병, 그리고 더 나아가 빈곤과 영양실조 문제까지 해결해 줄 수 있는 장밋빛 미래를 보여 주기도 한다.

비록 트랜스휴머니즘이 그 과정에서 발생하는 유익함뿐 아니라 위험 및 윤리적 문제까지도 성찰하는 태도를 갖고 있다고는 하지만, 근본적으로는 인간과 기계의 합일을 낙관적으로 추구하는 만큼, 만일 극단적이 되거나 오용되면 심각한 부작용이 발생할 수 있다는 사실을 부인하기는 어렵다. 예컨대 지능이 뛰어난 그룹과 그렇지 못한 그룹 사이의 우열이 발생할 수도 있고, 유전자조작으로 태어난 새로운 생명체가 인류에게 위협이 될 수도 있으며, 우수 인간 복제로 인한 윤리 문제도 대두될 수도 있을 것이다. 댄 브라운의 『인페르노』는 트랜스휴머니즘의 바로 그러한 위험성을 지적하는 소설이다. 그래서 트랜스휴머니즘은 앞으로 생체 윤리, 정보 윤리, 테크노 윤리, 나노 윤리, 로봇 윤리 등 수많은 윤리적 문제를 염두에 두어야만 할 것이다.

디지털휴머니즘과 디지털 인문학

디지털휴머니즘 또는 디지털 인문학(Digital Humanities)은 연구와 교수, 그리고 창작에 인문학과 컴퓨터 도구를 접목시키는 새로운 방법론이다. 예컨대 디지털휴머니즘은 문학, 역사, 철학 같은 전통적 인문학 방법론에 데이터 마이닝과 시각화, 컴퓨터 분석, 통계, 또는 정보의 도출 같은 컴퓨터의 도구와 기술을 적용한다. 그 결과 디지털휴머니즘은 문학과 인터렉티브 게임, 또는 예술과 멀티미디어가 자연스럽게 뒤섞이는 혼합 예술을 만들어 냈다. 디지털 인문학은 인문학이 더는 종이에 쓰인 텍스트만을 의미하는 것이 아니라, 멀티미디어 개념의 전자 매체일 수도 있다는 깨달음에서 시작되었다. 또 디지털휴머니즘은 디지털 시대에는 휴머니즘조차도 디지털과 멀티미디어의 영향을 받을 수밖에 없다는 인식에서 비롯되었다.

현재 그러한 문화적 인식의 변화를 주도하는 곳으로는 미국 버지니아 대학교와 서던캘리포니아 대학교(USC)가 있고, 미국 국립 인문학 지원 기관인 NEH(National Endowment for the Humanities)도 2008년에 디지털 인문학 부서(Office of Digital Humanities)를 만들었으며, 보스턴에서 열리는 2013년 미국 MLA(어문학회) 컨퍼런스의 주제도 '디지털휴머니즘'이다. 이러한 변화는 인문학 연구에도 디지털 테크놀로지가 필요하다는 시대적 요청에서 비롯되었다. '디지털 인문학'이라는 용어는 2001년 존 언스워스와 레이 시멘스가 편집한 책 『디지털 인문학 안내서(A Companion to Digital Humanities)』에서 처음 소개되었으며, 전통적인 인문학 연구와 디지털 테크놀로지의 접목을 의미했다. 그러다 드디어 2009년에 데이브 패리가 자신의 블로그에 「온라인이 아니면 시대에 뒤진다(Be Online or be Irrelevant)」라는 글을 올려, 디지털 인문학에서에서 소셜 미디어의 중요성을 설파하기에 이른다.

디지털 인문학은 예전에 소설이 차지했던 자리를 한때 영화가 차지했고 영화가 차지하던 공간을 이제는 가상 세계(virtual world)가 차지하게 되었으므로, 문학이나 인문학도 거기에 대비해야 한다는 인식에서 비롯되었다. 그런데 가상 세계의 특징은 유희(paly)와 장 보드리야르가 시뮬라시옹(simulation)이라고 부르는 것, 그리고 인터렉티브 멀티미디어이기 때문에, 디지털 인문학은 문학과 인문학도 거기에 대비해야만 한다고 말한다. 그리고 지금까지는 이메일(e-mail), 전자책(e-book), 전자출판(e-publishing)에 그쳤지만, 이제는 전자 학습(e-learning), 전자 학문(e-scholarship)으로 확대되어야 한다고 말한다. 그렇기 때문에 디지털 인문학은 그 속성상 전통적 학문과 학계를 해킹하는 반체제 학문이라고 할 수 있다.

스탠리 피시는 자신의 블로그에서 디지털 인문학이 자칫 학문이라기보다는 단순한 학계의 유행이 될 수도 있다고 경고하는데, 사실 디지털 인문학은 바로 그 점을 늘 경계해야 한다. 그러나 그와 동시에, 디지털 인문학은 경직된 종이 위의 인문학을 디지털 세계로 끌어들여 유연하고 멀티미디어적인 학문으로 만들어 준다는 점에서, 이 시대에 필요한 대단히 중요한 역할을 수행하고 있다. 디지털 인문학의 선구자이자 『디지털 커뮤니티, 디지털 시티즌』의 저자인 제이슨 올러는 한 인터뷰에서 "특히 교사들은 우리가 살고 있는 디지털 세계가 어떻게 진화하고 있는지를 눈여겨 살펴보고 학생들에게 나아가야 할 길을 가르쳐 주어야 한다."라고 말했다. 그는 계속해서 "교사는 단순히 테크놀로지를 좋아하는 사람이 되어서는 안 되고, 테크놀로지의 가능성과 함께 그 한계도 학생들에게 가르쳐 주어야만 한다."라고 덧붙였다.

영상 매체에 나타난 포스트휴머니즘과 트랜스휴머니즘

최근 산출된 영화나 문학작품은 바로 그러한 시대적 변화(포스트휴머니즘과 트랜스휴머니즘, 그리고 디지털휴머니즘적 인식의 변화)와 그 문제점을 잘 반영하고 있다. 예컨대 「여섯 번째 날」, 「유니솔저」, 「솔저」, 「멀티플리시티」는 모두 인간과 기계의 관계를 성찰하는 포스트휴머니즘 및 트랜스휴머니즘 시각으로 만들어진 영화다. 이들 영화는 인간과 기계의 합일을 가능성과 긍정적인 면에서도 다루지만, 동시에 부정적인 측면도 간과하지 않는다. 그중에서도 「터미네이터」 시리즈는 인간과 기계, 또는 휴머니즘과 테크놀로지의 합일이 보여 주는 가능성과 문제점을 두 겹의 시각으로 심도 있게 다루고 있는 주목할 만한 영화다. 최근에는 '문화 연구'가 확산되면서, 영화 텍스트도 문학 텍스트와 동일한 자격으로 논의하고 있을 뿐 아니라, 포스트휴머니즘과 트랜스휴머니즘을 다룬 영화가 많이 제작되었는데, 그 두 사조가 최근 영화 속에서 어떻게 나타나고 있는가를 살펴보기로 한다.

예컨대 「터미네이터 2」는 사악한 사이보그와 선한 사이보그의 대립을 등장시켜, 기계란 인간이 사용하기에 따라서 바람직할 수도 있고, 파괴적일 수도 있다는 사실을 암시하고 있다. 그러나 「터미네이터 2」는 영화의 마지막에 인간보다 더 나은 기계의 모습을 보여 준다는 점에서 특이한 영화다. 미래의 반군 지도자 존 코너를 보호하기 위해 미래에서 파견된 사이보그 101은 인간의 근육과 피를 갖고는 있지만 사실은 컴퓨터로 만들어진 기계 인간이다. 처음에 인간이 왜 눈물을 흘리는지를 이해하지 못하던 감정 없는 그는 인간들과 함께 지내면서 차츰 인간화되어 가고, 드디어는 영화의 마지막에 인간의 미래를 위해 스스로 용광로에 뛰어들어 자살하는 영웅적 모습을 보여 준다. 자기 아들을 돌보아 주고 있는 그 사이보그를 바라보며, 존 코너의 어머니 세라는 이렇게 독백한다.

존과 기계를 바라보면서 나는 갑자기 모든 것이 분명해지는 것을 느꼈다. 기계는 결코 자신의 역할을 중도에 그만두지도 않고 존의 곁을 떠나지도 않을 것이다. 기계는 존을 다치게 하지도, 소리 지르지도, 또 상처 입히지도 않을 것이며, 바빠서 놀아 줄 수 없다고도 하지 않을 것이다. 그는 언제나 존과 함께 있을 것이고, 존을 위해 죽기까지 할 것이다. 그렇다면 이 기계만이 존의 아빠가 될 자격이 있을 것이다. 이 미친 세상에 그것만이 미치지 않은 유일한 선택이 될 터였다.

3편까지 나온 터미네이터 시리즈의 종결편인 「터미네이터: 미래 전쟁의 시작(Terminator Salvation)」은 다시 한 번 인간과 기계의 문제를 심각하게 성찰하고 있는 주목할 만한 영화다. 이 영화는 얼핏 보면 스카이넷에 대항해 싸우는 존 코너와 그가 과거로 보내는 자신의 아버지 카일의 이야기처럼 보이지만, 자세히 살펴보면 처음과 마지막을 장식하는 사이보그 마커스의 이야기가 핵심을 이루고 있다는 사실을 알 수 있다.

영화 서두에 사형수인 마커스는 암 치유를 위해 자신의 신체를 기증하기로 하고 처형된다. 이후 그는 의식을 되찾고 살아나, 인간을 적대시하는 기계와 싸우고 있는 반군 지역을 방황한다. 그러던 어느 날 마커스는 우연히 자신이 근육과 피부, 그리고 피와 심장을 제외하고는 기계로 이루어진 기계 인간이 되었다는 사실을 알고는 경악한다. 반군으로부터 기계 사령부 스카이넷의 스파이라는 비난을 받은 그는 "과연 나는 누구인가?"라고 반문하며, 자신의 정체를 알기 위해 스카이넷으로 침투해 들어간다. 거기에서 마커스는 자신이 반군 지도자 존 코너를 유인해 데려오기 위해 스카이넷에서 사이보그로 만들어 인간 세계에 파견한 스파이라는 사실을 알게 된다. 그러나 마커스는 기계의 편이 아닌, 인간의 편을 들어 사이보그들과 싸워 존 코너를 구해 낸다. 영화의 마지막에 가슴을 크게 다쳐 심장이 멎은 채 죽어 가는 존 코너를 살리기 위해 마커스는 자신의 심장을 코너에게 이식하게 하고는 자신은 죽는 영웅적 행동을 보여 준다. 몸은 기계로 교체되었지만, 그래도 인간성을 상실하지 않은 사이보그 마커스는 죽어 가면서 이렇게 독백한다.

우리를 인간으로 만들어 주는 것은 무엇인가? 그건 우리가 프로그램할 수 있는 것도 아니고, 컴퓨터 칩에 집어넣을 수 있는 것도 아니다. 우리를 인간으로 만들어 주는 것은 심장의 힘이다. 그것이 바로 기계와 인간의 차이다.

포스트휴머니즘적, 트랜스휴머니즘적, 그리고 디지털휴머니즘적 시각으로 쓴 문학작품으로 아시모프의 『바이센테니얼 맨』을 꼽을 수 있다. 아시모프가 미국 건국 200주년을 맞아 미국이라는 나라의 특성을 성찰하며 쓴 중편 『바이센테니얼 맨』은 기계와 인간의 관계를 성찰한 탁월한 수작이다.

『바이센테니얼 맨』에서 아시모프는 "인공장기를 단 인간과, 인간의 장기를 이식한 기계 중 누가 더 인간적인가?" 또는 "못된 인간과 착한 안드로이드 중 과연 누가 더 인간적인가?" 하는 문제를 진지하게 제기하고 있다. 인간은 천부적으로 편견과 증오심과 질투심에서 자유롭지 못한 존재다. 위원장도 "앤드루, 사회는 죽지 않는 로봇은 인정할지 모르지만, 죽지 않는 인간은 용납하지 않을 거야. 자네는 사람들에게 질투와 분노를 일으키게 될 거야."라고 말한다. 그러나 인간에게는 좋은 점도 있고, 앤드루는 인간의 바로 그 좋은 점을 지니고 있는 안드로이드다. 앤드루가 완전한 인간이 되기 위해 인간의 심장까지 이식하고 인간의 피를 수

혈해 달라고 하자(그러면 안드루는 인간처럼 늙어서 죽게 된다.) 그 일을 해 주는 과학자는 "인간이 되는 순간, 누구나 바보짓을 하게 되어 있지."라고 말한다. 과연 인간적이라는 것은 냉정한 계산으로 보면 바보 같은 것일 수도 있지만, 사실 그것이 바로 냉혹한 기계와는 다른 인간의 좋은 점이라고 할 수 있을 것이다.

「터미네이터: 미래 전쟁의 시작」에서 죽어 가는 존 코너에게 자신의 목숨을 희생하며 심장을 건네주는 마커스의 행동 또한 기계가 볼 때는 바보 같은 짓이다. 그러나 바로 그 '인간적 오류'야말로 인간을 기계와는 다른 따뜻하고 위대한 존재로 만들어 주며 인간을 구원해 주는 핵심 요인이다. 영화의 제목이 「터미네이터: 구원」인 이유도 바로 거기에 있을 것이다. 앤드루는 200세가 되던 해에 늙은 할아버지가 되어서, 할머니가 된 포샤의 손을 잡고 나란히 누운 채 세상을 떠난다. 그는 영원한 삶 대신 영원한 사랑을 선택했고, 영원히 고장 나지 않는, 그러나 단단하고 싸늘한 기계로 된 몸 대신, 따뜻하고 부드러운 인간의 심장을 선택한 것이다. 마커스의 표현을 빌리면, 바로 그것이 인간을 기계와 다르게 만들어 주는 것이다.

인간과 기계의 조화

얼마 전, 《동아사이언스》와 정보통신부가 공동 주최로 공모한 SF 소설 현상 모집에서 『레디메이드 보살』이라는 작품이 당선되었다. 이 작품은 로봇이 각 기관과 가정에 보급되는 미래의 어느 날, 어느 사찰에도 로봇이 들어와서 인간 동자승처럼 아침마다 스님의 불경 소리를 들으며 절간의 마당에 빗질을 한다. 그러기를 10년 동안 계속하던 어느 날, 이 로봇은 드디어 득도를 한다. 도를 닦아 깨우친 이 로봇 보살은 이제 인간들을 모아 놓고 설법을 하게 된다. 이렇게 그럴듯하면서도 재미있는 소재로 이 소설은 독자들에게 포스트휴머니즘과 트랜스휴머니즘의 심층을 들여다보게 해 준다.

그동안 인간은 스스로를 만물의 중심에 놓은 채, 방만하게 살아온 것이 사실이다. 닐 배드밍턴은 『외계인 여자(Alien Chic: Posthumanism and the Other Within)』에서 전통적 휴머니즘의 한계를 다음과 같이 지적하고 있다.

> 진정한 인간은 가짜 인간, 즉 비인간과 명확하게 구분되며, 그것들 위에 본질적인 우월성을 갖고 군림하게 된다. 나는 생각한다, 그러므로 나는 기계가 아니다. 기계와 동물도 사인을 보내기는 하지만, 그것들은 결코 진정한 대답을 할 수가 없다. 그리고 바로 그러한 비능력으로 인해 인간과 비인간은 이분법적으로 구분된다. 차이는 스스로 드러난다.[7]

인간이 컴퓨터 테크놀로지와 더불어 살게 되면서, 오늘날 포스트휴머니즘과 트랜스휴머니즘은 대학에서 주요 커리큘럼으로 부상하고 있고, 학계의 첨예한 관심사로 떠오르고 있으며, 작가들의 주요 관심사가 되었다.[8] 인간과 기계의 문제는 사실 19세기부터 이미 영미 작가들의 첨예한 관심사였다. 그러나 당시의 기계가 인간의 생활을 편리하게 해 주는 초기의 단순한 형태였던 데 반해, 오늘날의 컴퓨터 테크놀로지는 인간의

---

[7] Neil Badmington, *Alien Chic: Posthumanism and the Other Within*(Kondon: Routledge, 2004), 9쪽.
[8] 《바운더리 2》라는 포스트모더니즘 저널을 편집하던 윌리엄 스파노스는 포스트휴머니즘으로 나아가는 교육 현장의 변화를 다음의 책에서 논의하고 있다.
William V. Spanos, *The End of Education: Toward Posthumanism*(Minneapolis: University of Minnesota Press, 1993). 특히 187~221쪽을 볼 것.

신체와 정신에 둘 다 침입해 들어오는 복합적인 최첨단 기계가 되었다.

    전자 시대의 이러한 상황은 장차 문학의 미래도 크게 바꾸어 놓을 것이다. 이제 문학은 활자 매체에서 전자 매체로 바뀔 것이며, 작가들 또한 인간과 과학 테크놀로지의 조화와 갈등을 다루는 작품을 쓰게 될 것이다. 그것은 비단 SF 작가뿐 아니라, 이른바 진지한 순수문학 작가들도 마찬가지일 것이다. 이제는 인간과 과학기술이 서로 뗄 수 없는 불가분의 관계 속에서 공존하고 있기 때문이다.

융합 시대의 문학

 최근 학계에서는 통섭(consilience)과 융합(convergence)이라는 용어가 급속도로 확산되고 있다. 서울대학교는 융합과학기술대학원을 창설했고, 서울대 홍성욱 교수와 이화여자대학교 최재천 석좌교수는 과학과 인문학을 융합하는 저술과 활동을 활발하게 해 오고 있다. 최재천 교수는 에드워드 윌슨의 명저 『통섭』을 번역, 출간했으며, 홍성욱 교수는 『인간의 얼굴을 한 과학』, 『새로운 인문주의자는 경계를 넘어라』, 『인문학의 창으로 본 과학』, 『과학의 최전선에서 인문학을 만나다』 같은 저서를 통해 과학과 인문학의 가교를 놓고 있다.
 그런데 뜻밖인 것은, 인문학과 과학의 융합이나 통섭을 주창하고 시도하는 학자들이 인문학자가 아니고 자연과학자들이라는 점이다. 그 이유가, 인문학자들이 고지식하고 닫혀 있어서 타 학문과의 경계를 넘기 싫어서인지, 아니면 교양과 연관되는 인문학은 누구나 할 수 있지만 기술과 연관되는 과학은 아무나 할 수 없는 것이어서인지는 알 수 없다. 사실 과학자가 인문학에 대해 언급하는 것은 허용되는 분위기지만, 인문학자가 과학에 대해 아는 척했다가는 자칫 봉변을 당하기 쉽다. 자크 데리다 같은 대석학도 과학 이론의 개념을 현대문학 이론에 적용하려 했다는 이유로, 이름 없는 두 명의 과학자들로부터 과학을 잘 모르는 사람의 '지적 사기'라는 비난을 받기도 했다.

그럼에도 불구하고, 토머스 쿤의 기념비적 저서 『과학 구조의 혁명』이 출간된 이후, 과학자들에게도 인문학적 사고와 성찰, 그리고 상상력이 필요하다는 것은 널리 알려진 사실이 되었다. 동시에 인문학자들에게도 과학적 사고와 추론, 그리고 분석력이 필요하다는 사실 또한 설득력을 갖게 되었다. 일견 과학자들과 인문학자들은 서로 극단의 차이를 갖고 있어서 결코 경계를 넘어 서로 만날 수 있는 것처럼 보이지는 않는다. 예컨대 과학자들은 자연을 연구하고 객관적이며 이성적이며 사실을 중요시하는 반면, 인문학자들은 인간을 연구하고 주관적이며, 다소간 감성적인 것을 허용하며 상상력을 중요시한다. 그러나 사실 이러한 차이야말로 경계를 넘어 서로 만났을 때 완벽한 합일을 이루는 대칭이 된다는 점에서 오히려 바람직하다. 즉 인문학과 과학은 이성과 감성이나 현실과 허구처럼 동전의 양면을 이룬다는 것이다.

과학자들은 인문학자들이 과학기술의 혜택은 즐기면서도, 과학기술의 발전에 제동을 걸고 비판적이라고 불만을 토로한다. 예컨대 공학자가 힘들게 오븐을 만들고, 자연과학자가 라면을 만들면, 인문학자들은 맛있게 먹은 다음 불평만 한다는 것이다. 그러나 사실 바로 그것이 인문학자들의 사명이다. 예컨대 테크놀로지의 남용과 오용이나, 과학기술의 생태계 파괴에 대한 경고나 비판은 과학자들이 아닌 인문학자들의 소명이다. 그래서 뜻있는 과학자들은 인문학적 소양을 중요시해서, 과학도들을 위한 인문학 특강을 열기도 한다.

그래서 이제는 인문학자들도 벽을 허물고 경계를 넘어서 과감히 과학의 영역으로 들어가야 한다. 우리 모두가 날마다 인간의 삶에 직접적인 영향을 끼치는 최첨단 과학기술 시대에 살고 있기 때문이다. 과연 컴퓨터 인터넷과 아이패드와 스마트폰은 오늘날 모든 인간의 필수품이 되었고, 우리의 인식과 삶에 지대한 변화를 가져다주었다. 의학 기술에서도 컴퓨터를 이용해 생명 연장이나 장기이식이 보다 쉬워지고, 최첨단 유전공학이 발달해, 줄기세포 배양을 통한 복제 인간까지도 가능해짐에 따라, 그로 인해 발생하는 생체 윤리적 문제가 우리 모두에게 영향을 끼치는 중요한 문제로 대두되기 시작했다. 이제는 인문학자들이나 작가들이 테크놀로지에 관심을 갖고, 그것에 대해 글을 쓰는 것이 당연한 시대가 된 것이다.

첨단 유전공학 테크놀로지는 1978년에 최초의 시험관 아이인 루이스(Louise)를 탄생시켰고, 1986년에는 인공수정을 가능케 했는데, 돈을 받고 자궁을 빌려 준 메리 베스 화이트헤드가 아이를 출산한 후, 소유권을 주장해 소송이 벌어진 이른바 '베이비 M' 사건이 벌어졌다. 그러다 1996년에는 드디어 스코틀랜드의 로즐린 연구소에서 최초의 '복제양 돌리'가 탄생되었다. '생체 윤리학'은 최근 급속도로 발전하고 있는 유전공학과 생체공학의 부작용과 오용을 우려하는 인문학적 인식이 만들어 낸 새로운 학문 분야라고 할 수 있다. 테크놀로지의 발전은 물론 과학자들의 몫이다. 그러나 그것의 오용과 남용을 걱정하는 것은 인문학자들의 책무다.

2001년 2월 26일자 《타임》은 "인간 복제는 여러분이 생각하는 것보다 더 가까이 와 있다"라는 제목의 커버스토리에서 인간 복제의 윤리적 문제점으로 다음을 지적했다.

- 어머니는 죽은 아기의 복제를 원하지만, 아버지가 반대할 때는?
- 당사자가 복제를 원하지 않고 죽었을 경우에는?

- 복제는 몇 번까지 할 것인가?
- 만일 인간 복제가 자연 출산을 앞지르게 된다면?
- 복제 인간이 나중에 예기치 않게 기형아가 된다면 누구에게 책임이 있는가?

영화에 나타난 과학기술의 윤리 문제

- 「브라질에서 온 소년들(The Boys from Brazil)」: 최초의 시험관 아이가 탄생한 1978년에 제작된 이 영화는 소문으로만 나돌던 히틀러의 복제 인간 문제를 다루었다.
- 「주라기 공원」: 생태계 파괴와 공룡의 DNA 복제를 통한 '복제 공룡' 문제를 다루었다.
- 「멀티플리시티(Multiplicity)」: 복제 인간의 윤리적 문제를 다루었다.
- 「데몰리셔니스트(Demolitionist)」: 냉동 수면 인간 문제를 다루었다.
- 「블레이드 러너」: 인간과 인조인간의 관계를 성찰했다.
- 「터미네이터」: 인간과 사이보그의 문제를 성찰했다.
- 「로보캅」: 반은 인간이고 반은 기계인 경찰관 머피의 문제를 다루었다.
- 「여섯 번째 날」: 복제 인간의 문제를 다루었다.

이러한 상황에서 작가들은 과학기술을 더는 문학과는 전혀 상관없는 것으로 치부하고 외면하지만 말고, 마이클 크라이튼의 『주라기 공원』이나 『넥스트』, 『공포의 제국』처럼, 이제는 과학기술의 문제점을 주제로 하는 소설도 써야 한다. 예컨대 『주라기 공원』은 컴퓨터의 오류 가능성,

유전공학과 상업주의의 결탁, 과학기술의 맹신 등을 혼돈 이론을 통해서 예리하게 비판하고 있다. 『넥스트』는 생명공학과 유전공학의 문제점을 성찰하고 있으며, 『공포의 제국』(원저인 'State of Fear'와는 다소 거리가 있는 제목처럼 보인다.)은 연구비를 받기 위해 환경 위기를 과장하는 과학자들의 윤리 의식을 비판하고 있다. 이 소설은 큰 반향을 일으켜, 크라이턴은 미 상원 청문회에 출두해 증언하기도 했다. 오래전에 미국 작가 켄 키지가 『뻐꾸기 둥지 위로 날아간 새』에서 환자를 식물인간으로 만들 수도 있는 전기충격요법이 일반적 치료법으로 시행되던 미국의 정신병원의 문제점을 고발해, 대통령의 지시로 전기충격요법이 금지되고, 정신병원이 크게 개선된 적이 있었는데, 이는 작가와 문학의 힘이 사회 변화에 결정적 요인이 될 수도 있다는 사실을 잘 보여 주고 있다. 그래서 최근 해외 작가들은 유전자조작 문제, 복제 인간 문제, 생체 윤리 문제 등을 비판적으로 다룸으로써 문학과 과학을 넘나드는 소설을 발표하고 있다.

크라이턴 외에도 과학 분야로 촉수를 뻗어 가는 작가들은 많다. 예컨대 인간과 사이보그의 관계를 성찰한 『바이센테니얼 맨』의 아이작 아시모프나, 유전자공학의 문제점을 정보이론 및 컴퓨터와 연결해 성찰한 『골드버그 변주곡』의 리처드 파워스는 그 대표적인 예다. 또 『마이너리티 리포트』, 「블레이드 러너」라는 제목으로 영화화된 『안드로이드는 전기 양을 꿈꾸는가?』, 『임파스터』 등을 통해 인간과 기계의 여러 문제를 심도 있게 성찰한 필립 딕과, 사이보그, 매트릭스, 엔트로피 이론 등을 다룬 『브이』와 『제49호 품목의 경매』의 토머스 핀천도 빼놓을 수 없을 것이다.

우리가 유전공학과 생명공학, 그리고 인공지능과 사이보그 시대에 살고 있다면, 작가들 또한 그러한 사회적 변화를 외면할 수는 없다. 물론 SF 작가들은 장르의 특성상 보다 더 쉽게 그러한 문제에 접근하고 성찰할 수 있겠지만, 사실은 진지한 작가들도 이제는 그러한 첨단 기술의 오용이나 남용, 또는 과학기술이 인간의 인식 변화에 끼치는 문제를 주제로 하는 작품을 발표함으로써 사회와 현실에 참여하고 긍정적인 영향을 끼칠 수 있어야 한다. 예컨대 미국 사회에 매카시즘과 마르크스주의가 첨예하게 대립하던 1950년에 출간된 필립 딕의 『임파스터』는 정치 이데올로기가 얼마나 교묘하게 인간의 의식을 바꾸어 놓는가를 상징적으로 성찰하고 있다.

같은 이름으로 영화화된 소설 『마이너리티 리포트』에서 필립 딕은 자신만이 옳다는 인간의 독선이 만들어 내는 이데올로기의 횡포를 통렬하게 비판하면서, 소수 의견, 즉 '마이너리티 리포트'에 귀 기울일 것을 제안한다. 리들리 스콧 감독이 「블레이드 러너」에서 암울한 분위기를 통해 설득력 있게 묘사하고 있는 것은, 때로 인조인간이 인간보다 더 인간적일 수도 있다는 사실이다. 사실 우리 사회에는 기계보다 더 냉혹한 이기적이고 나쁜 인간도 많지만, 동시에 인간에게 유익함을 주는 선한 기계도 많이 있다. 영화 「터미네이터 2」에서는 사이보그, 기계(전자)가 인간을 위해 자살하며, 「트랜스포머」에서는 기계로 이루어진 생명체인 외계인이 인간(지구인)을 위해 죽기도 한다. 이러한 기계, 인조인간, 외계 생명체들은 사실 인간보다 더 이타적이고, 더 선하며, 더 훌륭하기까지하다. 영화의 성공에 힘입어 제작된 텔레비전 드라마 「터미네이터: 새라 코너 연대기」는 매회 부단히 인간과 기계(인조인간)의 관계를 성찰한다. 이 드라마에서도 인간인 주인공을 죽이기 위해서 파견된 '트리플 에이트(Model 888)'라는 악한 사이보그와, 주인공을 보호하기 위해 파견된 선한 여자 사이보그가 같이 등장한다. 기계를 불신하는 새라의 시동생은 선한 여자 사이보그까지 의심한다. 그리고 이렇게 독백한다.

그들(사이보그)은 지금 모든 곳에 들어와 있다. 오늘날 과학은 고대의 신처럼 창조의 기적을 행한다. 그러나 세상에는 인조인간이 하지 못하는 일도 있다. 그들은 미를 감상하지도 못하고, 예술을 창조하지도 못한다.

그러나 그런 내레이션을 깔면서 드라마의 화면은 임무 수행을 위해 원장에게 접근하기 위해 발레 학원에 다닌 적이 있는 여자 사이보그가 너무나 우아하고 아름답게 발레를 추는 장면을 보여 준다. 그것은 곧 인조인간, 기계라 할지라도 미를 감상할 수도 있고, 예술을 창조할 수도 있다는 것을 시사하고 있다. 사실 인공지능이 고도로 발달한 오늘날 우리는 결코 기계의 능력을 과소평가할 수 없다. 아시모프의 『바이센테니얼 맨』에 나오는 '인조인간 앤드루'처럼, 언젠가는 인간의 지성을 갖추고 인간의 감정을 배워 인간보다 더 나아지거나 인간으로 진화하는 기계, 사이보그도 생겨날 수 있기 때문이다.

고대로부터 18세기에 이르기까지 인문학과 과학 사이에는 지금과 같은 벽이 없었다. 예컨대 피타고라스는 수학자이자 과학자이면서 음악 이론가였고 종교 지도자였다. 또 플라톤도 예술과 과학은 서로 유사한 것으로 보았고, 아리스토텔레스는 생물학자였다. 데카르트나 베이컨은 수학자이자 철학자였으며, 다빈치는 과학자이자 건축가였고, 조각가이자 화가였으며, 발명가이기도 했다. 사실 르네상스 시대의 예술가들은 자신을 기본적으로 자연을 탐구하는 과학자로 보았다. 그러한 맥락에서 19세기 작가들도 과학에 관심이 많았다. 예컨대 메리 셸리의 『프랑켄슈타인』은 전기 자극을 통한 생명체 창조 시도와 최초의 장기 이식 시도라는 점에서 과학자들에게 지대한 영향을 끼쳤고, 허버트 조지 웰스의 『타임머신』은 과학자들에게 시간 여행의 개념과 투명 인간의 가능성을 알려 주었으며, 웰스의 『모로 박사의 섬』은 유전자 혼합이라는 새로운 개념을 제시했다. 또한 로버트 스티븐슨은 『지킬 박사와 하이드 씨』를 통해 다

중 인격자에 대한 약물 치료라는 개념을 간접적으로 제시했다.

이와 같이 인문학과 과학, 또는 문학과 과학은 서로 불가분의 관계를 맺고 있다. 과학자들에게는 인문학적 소양과 상상력이 필요하고, 인문학자들이나 문학자들에게는 과학적 엄정성이 필요하다. 또한 인문학자들은 현재 우리의 삶에 지대한 영향을 끼치고 있으며, 우리의 인식을 근본적으로 바꾸어 놓고 있는 과학기술의 긍정적인 측면과 부정적인 측면 모두에 대한 비판적 성찰과 글쓰기를 해야 한다. 이 융합의 시대에 인문학과 과학은 바로 그러한 작업을 통해 진정한 통섭과 융합을 이루게 될 것이다. 편협하지 않고 모든 것을 아우르는 진정한 '르네상스 맨'이 탄생하는 것은 바로 그 순간이다.

4부
학문과 문화 매체, 그리고 동서양의 경계를 넘어서

영미 문화 매체에 나타난 한국인의 이미지

　외교관 100명이 10년 걸려도 하지 못할 일을 때로는 한 권의 문학작품이 해낸다는 말이 있다. 미국의 노벨 문학상 수상 작가 펄 벅의 『살아 있는 갈대(The Living Reed)』(1963)는 바로 그런 평을 받는 작품이다. 1881년 조선왕조 말부터 시작해 1910년 한일병합조약, 그리고 1945년 광복과 1950년 한국전쟁까지를 배경으로 강대국의 틈바구니에서 시달려 온 한반도의 슬픈 역사를 4대에 걸친 양반 가문이 겪는 수난사를 통해 묘사한 이 소설은 당시 무명의 나라 한국을 전 세계에 호의적으로 알리는 데 큰 공헌을 했다. 더구나 소설 서두에 작가가 붙인 "한국은 점잖은 사람들이 사는 보석 같은 나라다."라는 말은 많은 한국인을 고무시켰을 뿐 아니라, 외국인들에게도 한국인의 이미지를 좋게 각인시켜 주었다.

　소설에서 펄 벅은 한국은 "조공을 요구하는 중국, 항구를 욕심 내는 러시아, 그리고 제국으로 군림하려는 일본 사이에 끼어 지난 4000년 역사 중 단 백 년도 평화를 누리지 못한 나라"라고 지적했다. 그 와중에서 영의정을 지낸 주인공 일한의 할아버지는 "러, 일, 중의 탐욕으로부터 나라를 지키는 길은 오직 조선을 은둔국으로 만드는 것이다."라고 왕에게 건의한 쇄국주의자였고, 그의 아버지 역시 국제 정세는 모른 채 경서만 파고드는 앞뒤가 꽉 막힌 선비였다. 오직 주인공 일한만이 "우리는 너무나 오랫동안 중국의 낡은 문물만 받아들였어. 이제는 서양 문물도 받아들여야만 해. 수용하면서 저항하는 것, 그리고 접목하면서 혼합하는 것, 그것이 바로 우리의 과제야."라고 말한다. 청나라 편에 서서 거북선을 내세우며 일본을 폄하하는 민비에게 일한은 "이제 그 거북선 이야기는 그만하시지요. 일본은 더 좋은 철갑선과 서양의 신무기를 갖고 있습니다. 우리처럼 은둔으로 허송세월하지도 않고 서양으로부터 배웠습니다. 곧 청나라와도 전쟁을 벌일 것입니다."라고 충고한다.

19세기 말 조선을 다녀간 카르네프 등 러시아 장교가 쓴 『내가 본 조선, 조선인』에 의하면, 일한의 권고를 무시한 민비는 결국 일본인들에 의해 살해당했고, 그 직후 "대원군과 일본 공사 미우라가 거의 동시에 일본 병사들과 함께 남문을 통하여 들어와, 즉각 왕에게 가서 왕비의 칭호를 박탈하고 왕비를 평민 신분으로 격하하라는 포고령을 제출"했다.(민비시해사건에 대원군이 관여했다는 사실은 복거일의 『죽은 자들을 위한 변호』에도 언급되어 있다.) 일본을 비판하느라 조선 편을 들고 있으며 비교적 객관적인 논평을 하고 있는 러시아 장교조차도 당시 조선의 모습에 대해서는 부정적으로 묘사한 것이 많았다.

> 나라를 통치하는 데 있어 모든 문제는 관습적으로 고위 관리에 의해서가 아니라, 많은 수의 하급 관리나 혹은 빈둥거리는 한량의 손에서 해결되었기 때문에 …… 조선에서는 그 어떤 기밀도 없었으며 말 많고 호기심도 많은 조선인의 기질로 인하여 모든 기밀은 매우 **빠른** 속도로 퍼져 나가 모든 사람이 다 알게 되는 것이다.(『내가 본 조선, 조선인』, 261쪽)

갑오개혁이 있기 한 해 전인 1893년에 한반도로 건너와 당시 조선을 정탐하고 그 사정을 책으로 펴낸 혼마 규스케의 『조선 잡기』에도 당시 구한말 조선의 모습이 재미있게 묘사되어 있다. 예컨대 혼마는 첫째, 한국인들은 정직하다기보다는 단순해서 희로애락의 감정을 감추지 못한다. 둘째, 한국인들은 당장 눈앞의 은혜에는 감동하고 위엄에도 복종하지만, 조금만 지나면 다 잊어버리고 은혜를 베풀면 당연하게 생각하며 위엄을 가하면 곧 원망한다. 셋째, 돈을 빌린 후 기일 내에 상환하는 일이 거의 없다. 재촉하면 돈이 없으니 기한을 연장해 달라고 태연하게 말한다. 넷째, 급하면 우선 그 자리만 피해 보려고 하며 멀리 보지 않는다. 다섯째, 장죽을 피우며 하루 종일 잡담으로 소일한다. 여섯째, 남의 일에 호기심이 많고 구경을 좋아한다. 일곱째, 유교 국가라고 자랑하면서 유교의 도덕과 윤리보다는 형식과 허례허식에만 얽매인다. 여덟째, 의관은 운치가 있지만, 사는 집은 매우 누추하다. 아홉째, 공예품 만드는 솜씨가 뛰어나다. 열째, 관리가 부패하고 착취를 일삼아 지방관이 되면 3대가 부자로 산다고 한다. 열한째, 한국인들은 나태하고 위기를 못 느끼는 무사태평한 민족이다. 열두째, 한국인들은 자기 나라에 대해서도 잘 모르지만 국제 정세에는 더 어둡다.

1913년 러일전쟁을 취재하러 일본을 거쳐 한국에 온 미국 작가 잭 런던의 『조선 사람 엿보기』에는 미국 작가가 본 조선 말기의 모습이 뛰어난 유머 감각으로 그려져 있다. 예컨대 런던은 당시의 조선인들을 평가하면서 "한국인은 섬세한 용모를 갖고 있다. 그러나 중요한 것이 빠져 있는데, 그것은 힘이다. …… 예전에는 용맹을 떨쳤지만 수세기에 걸친 집권층의 부패로 인하여 점차적으로 용맹성을 잃어버리게 된 것이다. 정말로 한국인은 지구상의 그 어떤 민족 중에도 의지와 진취성이 절대적으로 부족한 가장 비능률적인 민족이다."라고 묘사하고 있다. 러시아, 중국,

일본 등 주변 강대국이 자기네 땅에서 각축을 벌이고 있는데도, 여전히 무사태평하고 무기력한 한국인들의 모습이 잭 런던이 보기에는 너무나 한심했던 모양이다. 더구나 근대화된 미국에서 온 런던의 눈에 위생 관념이 부족하고 도로 건설도 안 되어 있는 전근대적 국가인 한국의 이미지가 긍정적으로 비치기는 어려웠을 것이다.

런던의 한국 묘사 중 어떤 것은 지금도 계속되고 있어 웃음을 자아내게 한다. 예컨대, 그는 "한국인들은 그 어떠한 사소한 일이라도 잡담을 30분 정도 나누고 나서야 시작하는데, 만약에 자기들끼리만 그냥 놔둔다면 예비 회담을 하느라 하루를 다 소비할 것이다."라고 쓰고 있다. 그런데 지금도 우리는 회의하러 모여서 정치 가십 같은 잡담을 한참 하고 나서야 비로소 본 회의를 시작하는 경우가 많다. 또 우리는 우리가 성급해서 '빨리빨리'라는 말이 생긴 것으로 알고 있는데, 런던은 반대로 한국인들이 느리기 때문에 재촉하기 위해 생겨난 말이라고 지적한다. "한국인은 무척이나 겁이 많다. 행동에 대한 두려움이 게으른 취미를 낳았다고 볼 수가 있다. …… 속도를 내야 한다는 필요성으로 인해 한국에서는 적어도 스무 개의 단어가 만들어졌는데, 그것들 중 몇 개를 인용한다면 '바삐', '얼른', '속히', '얼핏', '급히', '냉큼', '빨리', '잠깐' 등이다.(41쪽)

런던은 또한 한국인들이 겁이 많으면서도 동시에 호기심도 많아서, 난리가 나면 일단 산으로 도망은 가지만, 곧 군인들을 구경하기 위해 마을로 내려온다고 적고 있다.

오늘날에 있어서 전쟁은 인간사의 마지막 심판자이며 또한 국민성을 최후로 시험하는 관문이다. 이 시험에서 한국인들은 실패했다. 외국 군대가 자기 나라를 통과해 가려고 하자 한국인들은 어려움을 이기지 못하고 모두 도망갔다. 그들은 문짝이며 창문이며 할 것 없이 주워 갈 수 있는 것 모두를 등에 지고 들키지 않을 은신처인 산으로 발길을 돌린 것이다. 그러나 후에 그들은 어쩔 수 없는 호기심에 끌려 구경하기 위해 다시 마을로 내려온다. 하지만 그것은 정말 단순한 호기심 때문이다. 그들은 약간의 위험만 느끼면 언제든지 서둘러 도망칠 준비를 하고 있었다.(윤미기 옮김, 『조선 사람 엿보기』(한울, 1995), 222쪽 ― 이하 쪽수만 밝힘)

　한국인의 특성 가운데 비능률적인 점 다음으로 꼽을 수 있는 두드러진 특성은 호기심이다. 그들은 '기웃거리는 것'을 좋아한다. 한국말로는 '구경'이라고 한다. …… 그것의 아주 큰 이점은 값이 싸다는 것이다. 한국 사람들에게 '구경거리'는 최고의 즐거움이다. 아주 사소한 어떤 사건이라 할지라도 구경거리에 해당되므로 몇 시간이 걸려도 '기웃거리느라고' 서 있거나 구부리고 앉아 있는 것이었다.(107쪽)

런던은 또 한국인들을 비효율적이라고 비판하는데, 그 이유 중 하나는 한국인들이 가볍고 소지하기 쉬운 종이돈을 쓰지 않고 무거운 동전을 사용하기 때문이었다.

　짐 싣는 힘센 말이 미화 50달러에 해당하는 동전을 실을 수 있다. 한나절을 물건을 사는 데 보내려 한다면 동전을 들고 다닐 짐꾼을 두 명은 데리고 다녀야 한다. 이삼천 달러의 빚을 갚으려면 여러 줄의 나귀 행렬이 필요한데, 도둑 한 명이 등에 싣고 훔쳐 가 봐야 얼마 안 되는 것이었다.(96~97쪽)

런던이 한국에서 경험한 또 하나의 이상한 현상은, 사람들이 싸울 때 주먹이나 무기를 쓰지 않고 주로 욕으로 싸움을 한다는 점이었다. 런던은, 한국인들은 싸울 때 "늙은 남자건 젊은 남자건 간에 싸우려는 기색은 없이 욕만 했다."라고 기록하고 있다. 이 점은 혼마도 "한국인들은 욕을 하다가 나중에는 서로의 상투를 잡고 싸우는데, 결국은 찌그러진 갓을 물어내라고 싸운다. 한국에서는 아무도 에도의 사무라이처럼 싸우지 않는다."라고 지적한 바 있다.

혼마처럼 런던 역시 조선 관리들의 부패상과 착취를 지적하고 있어서 구한말 조선의 부패상이 어느 정도였는지를 미루어 짐작할 수 있다. 런던은 이렇게 쓰고 있다.

> 일본군 당국은 식량과 마초를 징집하고 적당한 가격을 매겨 준다. 그러나 그 가격은 한국인 관리들에 의해 조정이 된다. 돈을 빼돌리는 수완에 있어서 그들은 서양인을 능가한다. 그것에 대해 특별한 용어가 있는데 '착취' 한다는 것이다. 백여 년 동안 한국에서 이것은 일종의 수완으로 자리 잡아 왔는데, 한국에서는 착취하는 계급과 착취당하는 두 부류의 계급만이 존재하고 있다.(5쪽)

한국에서는 '착취'가 '수완'으로 자리 잡아 왔다는 혼마의 말은 씁쓸한 웃음을 자아내게 한다. '착취'와 봉이 김선달 식의 '사기'가 우리 사회에서 '수완'으로 여겨져 왔고, 그래서 정당화되었다는 것은 부인할 수 없는 사실이기 때문이다.

한편, 일본 문학이 활발하게 영어로 번역되어 해외로 퍼져 나가면서 일본 문학에 나타난 한국인들의 부정적 이미지가 전 세계로 확산되기도 했다. 예컨대 다니자키 준이치로의 『세설(*The Makioka Sisters*)』에는 일본 천황이 서거해 일본이 슬픔에 잠겼는데 일단의 한국인들이 우에노 공원에서 가무를 즐기고 있어 일본인들의 눈살을 찌푸리게 하는 장면이 나온다. 또 아베 고보의 『모래의 여자(*The Woman in the Dunes*)』에는 "어느 사회주의자가, 자기는 한국인의 영혼은 사랑하지만 한국인의 체취는 좋아하지 않는다고 말한 적이 있었다."라는 주인공의 독백이 나온다.(국내 번역에서는 이 부분이 생략되었다.)

최근에는 북한 때문에 한국인의 이미지가 잔혹한 살인자나 테러리스트로 굳어져 가고 있어 우리를 당혹스럽게 만든다. 예컨대 미국 추리 작가 할런 코벤의 인기 소설 『단 한 번의 시선(Just One Look)』에서는 한국인 에릭 우가 암살자로 나오는데, 독자들은 그가 등장할 때마다 그의 잔인함과 냉혹함에 치를 떤다. 에릭 우는 북한의 정치범 수용소에서 살인 기술을 배운 북한인으로 제시되기는 하지만, 남북한의 차이를 잘 모르는 대부분의 미국인 독자들은 에릭 우를 통해 한국인에 대한 부정적 이미지를 갖게 될 가능성이 많다. 냉혹하고 잔인한 한국인의 이미지는 인기 텔레비전 드라마 「프리즌 브레이크」의 빌 킴을 통해서도 제시되고 있으며, 「CSI 코리아타운 에피소드」에서는 한국인들이 갱단을 조직해 상점 주인들을 갈취하고, 성형수술을 좋아하며, 할머니까지도 경찰에게 총을 휘두르는 거친 사람들로 묘사되고 있다. 리 차일드의 『탈주자』에서는 한국인이 공손하고 예의 바른 세탁소 주인으로 잠시 등장하는데, 이 역시 한국인은 세탁소 경영자 계층이라는 잘못된 이미지를 심어 줄 수 있어 걱정스럽다.

반면 대산문화재단이 주최한 서울국제문학포럼에 참석했다가 한국을 좋아하게 된 영국 작가 마거릿 드래블은 영국으로 돌아가 『붉은 왕세자빈(The Red Queen)』이라는 소설을 집필, 출간했는데, 이 소설은 한국 고전 문학인 혜경궁 홍씨의 『한중록』을 현대판 영국 소설로 다시 쓴 것이다. '트랜스문화적 희비극'이라는 부제가 붙은 이 소설에서 드래블은 17세기 한국 여성의 회고록이 어떻게 21세기 영국 여성 작가의 상상력을 자극하며, 문화의 경계와 시공을 초월해 인간 존재의 의미에 대한 질문을 던지게 해 주는가를 보여 줌으로써 한국에 대한 좋은 이미지를 확산하는 데 크게 기여했다.

그동안 영어권 문학작품에 한국인이 등장하는 경우는 별로 없었다. 그러나 미국 내 한인 사회가 커지고 북한의 횡포가 심해지는 요즘 영미 문학작품이나 영화에 갑자기 한국인들이 자주 등장하기 시작했다. 그중에는 물론 긍정적인 경우도 있지만 아직도 부정적인 요인이 많아서, 앞으로 국제사회에서의 이미지 개선이 우리의 시급한 과제로 부상하고 있다. 문학작품, 특히 영어로 쓰인 영미 문학의 파급 효과는 엄청나고도 강력하다 하겠다.

서양 미디어에 나타난 한국인의 이미지

미국 사회 속 아시아인의 가시성과 불가시성

흑인에 대한 전형화된 시각 때문에 아프리카계 미국인들은 미국 사회에서 '존재는 하지만 보이지는 않는다'는 주제를 다룬 랠프 엘리슨의 『보이지 않는 인간(Invisible Man)』을 읽고 있노라면, 아시아계 미국인들 역시 미국 사회에서 잘 보이지 않는다는 사실을 깨닫게 된다. 아시아인들이 유독 많이 살고 있는 캘리포니아 주를 제외하면, 아시아계 미국인들은 동양인에 대한 미국인들의 전형화로 인해, 미국 사회에서 너무나 눈에 잘 뜨이면서도 동시에 잘 보이지 않는다.

한국계 미국 작가 돈 리는 중편소설 『옐로(Yellow)』에서 미국 사회의 인종적 전형화 문제를 뛰어난 통찰력으로 다루고 있다. 이 소설의 주인공 대니는 한국계이지만 좁은 코와 각진 턱, 그리고 큰 키로 인해 유라시안처럼 보인다. 소설의 화자는 이렇게 말한다. "대니의 외모뿐 아니라, 그의 태도도 백인들에게 혼란을 주었다. 그는 고개를 쳐들고, 서두르지 않으며, 거의 오만할 정도로 우아하게 행동했다. 이와 같은 돈 리의 묘사대로라면, 백인 미국인들은 아시아 사람을, 대개 고개를 푹 숙이고, 황급하게 움직이며, 행동에 우아함이나 자신감이 없는 사람들로 전형화하고 있다는 것을 알 수 있다.

이러한 전형화된 시각 때문에 아시아인들은 미국 사회에서 잘 보이지 않는다. 개인의 존엄성과 특성을 인정받지 못하고, 아시아인으로서만 취급받기 때문이다. 그러나 아이러니하게도 아시아인들은 외모의 차이가 너무나 두드러져서 백인 미국 사회에서 금방 눈에 띈다. 1978년 내가 뉴욕 주립 대학교와 컬럼비아 대학교에서 유학할 때를 돌이켜 보면, 강의실에 아시아인은 나 혼자밖에 없었다. 그래서 나는 단 하루도 마음 놓고 결석을 할 수가 없었다. 내가 자리에 없으면 교수가 금방 눈치채기 때문이었다. 후에 내가 펜실베이니아 주립 대학교에서 가르칠 때에도 아시아계 교수는 거의 없었으며, 내가 사는 아파트 단지에서도 내가 유일한 아시아인이었다. 하루는 내 강의를 듣는 한 여대생이 수줍게 다가오더니 이렇게 말하는 것이었다. "김 교수님, 저는 아시아 사람을 처음 봐요. 저는 해피 밸리에 살고 있는데, 거기엔 아시아인이 한 명도 없거든요. TV에서는 보았지만, 실제로 보는 것은 처음이에요."

나중에 내가 브리검 영 대학교에서 가르칠 때도 상황은 비슷했다. 모르몬교 대학교로서 브리검 영 대학교는 캠퍼스 내에서 술과 담배, 그리고 카페인 음료를 일절 금지했다. 술과 담배는 내게 별문제가 되지 않았지만, 커피와 콜라를 좋아하는 내게 카페인 금지는 문제가 심각했다. 그곳에 체류하는 동안, 나는 브리검 영 대학교가 있는 유타 주 프로보에서는 한 번도 카페에서 커피나 콜라를 주문할 수가 없었는데, 그건 백인들만 살고 있는 그곳에서 아시아인인 내 모습이 너무나 눈에 띄었기 때문이었다. 그래서 내 몸이 강렬하게 카페인 섭취를 원할 때면, 나는 언제나 오럼에 있는 내 아파트로 달려가야만 했다.

미국에서 나는 어디를 가든지 언제나 사람들의 눈에 띄었다. 미국인들은 아마도 내가 주변에는 없는 '진귀한 인종'이어서 그랬는지, 어디에서나 아주 친절하게 잘 대해 주었다. 그러나 나는 자신의 모습이 너무나 드러난다는 사실에 늘 다소간 마음이 불편했다. 5년 전, 캘리포니아의 버클리 대학교에 객원교수로 가서야 비로소 나는 쉽게 다른 사람들 속에 섞일 수 있었다. 거기는 아시아계 교수와 직원, 학생들이 많았기 때문이었다.

학생 시절, 내가 미국 동부에서 공부하고 있을 때, 미국인들은 심지어 내 영어를 들어 보기도 전에 내 외모만 보고 이미 나를 외국인으로 취급했다. 당시 나는 나이아가라폭포가 그리 멀지 않은 뉴욕 주 버펄로에 살았는데, 해마다 여름이면 나이아가라폭포를 보려는 수많은 한국인 방문객이 몰려오곤 했다. 마침 차가 있던 터라, 나는 자주 한국인 관광객을 나이아가라폭포까지 태워다 주었다. 하루는 보통 때처럼 일단의 한국인을 나이아가라폭포로 데려갔는데, 경찰이 다가왔다. 그 경찰은 체구가 커서 마치 거대한 풍차처럼 보였다. 나이아가라폭포는 캐나다 국경과 인접해 있어서, 캐나다로부터 몰래 들어오는 불법 밀입국자들을 감시하기 위해 늘 경찰차들이 순찰을 돌고 있었다.

"여권 좀 봅시다." 거구의 경찰관이 마치 바람에 돌아가는 풍차처럼 으르렁거렸다.

"여권은 없지만, 여기 운전면허증이 있는데요."

그 경찰은 내 뉴욕 주 운전면허증을 유심히 살펴보더니, 이윽고 다시 내게 돌려주며 말했다. "좋습니다. 이 사람들은 가족들인가요?"

"아니오. 관광객들입니다. 난 가이드고요. 다들 여권을 갖고 있지요."

겁에 질린 한국인 관광객들은 모두들 열심히 여권을 꺼내 들고 흔들었다.

"됐습니다. 가도 좋습니다." 순찰차로 돌아가며 그 경찰이 말했다.

셰익스피어의 말대로, 끝이 좋으면 모든 것이 좋은 법이다. 하지만 무엇인가가 나를 괴롭혔다. 갑자기 그 경찰이 내게 "여권 좀 봅시다."라고 말한 것이 생각났다. 그 경찰은 내가 아시아인이었기 때문에, 아마도 나를 아시아인 밀입국자들을 인솔하고 캐나다로부터 들어온 외국인으로 생각했던 것 같았다. 하지만 만일 내가 미국에서 태어난 미국 시민이었다면?

그래서 나는 마치 거대한 풍차에 도전하는 돈키호테처럼 그 경찰을 불러 세워 놓고 항의했다. "실례지만 경관, 만일 내가 백인이었어도 여권을 보자고 했을까요?" 그 풍차 경찰은 머리가 좋았던지, 금방 자기 잘못을 깨닫고 내게 사과했다.

바로 그 순간, 나는 아시아계 미국인들이 미국 사회에서 겪는 숙명적 어려움을 공감할 수 있었다. 요즘도 미국에서 태어난 아시아인들이, 간혹 학교에서 친절한 미국인 친구들에게, "너 영어 참 잘한다. 어디서 배웠니?"라는 칭찬을 듣고 난감해 하는 경우가 있다고 한다. 또는 백인들이 아시아인들을 칭찬할 때에도, 때로는 전형화된, 그래서 당의정이 입혀진 칭찬을 듣는 경우도 있다고 한다. 예컨대 『옐로』에서 주인공 대니가 한국계라는 사실을 알게 된 매기 하트만은 갑자기 수다스러워진다. "한국인 식료품 주인들은 부지런하고 열심히 일하지요. 상점도 잘 정리하고 잘 관리하고요. 송 씨가 없었으면 어쩔 뻔했을까 아찔해요. 한국인들은 정말 부지런한 사람들이에요." 그리고 그녀는 계속 지껄인다. "난 한국인들이 자녀를 위해 희생하는 것을 엄청 존경한답니다. 송 씨의 아들은 뉴욕 대학교에 다니고, 딸은 코넬 대학교에 다니는 것 아시지요? 한국인들은 언제나 공부만 하지요."

서양 국가에서 아시아인들은 눈에 잘 띄면서 동시에 잘 보이지 않는다. 외모가 다르기 때문에 금방 눈에 띄지만, 동양인에 대한 서양인의 전형화 때문에 진정한 개개인의 모습은 보이지 않는다고 할 수 있다. 아마도 그것이 서양에서 살고 있는 모든 아시아인의 숙명적인 비애일지도 모른다.

미국 내 한국인의 이미지, 어떻게 업그레이드할 것인가?

최근 미국을 뒤흔든 북한의 핵 개발 때문에 미국 미디어에서 보여지는 한국인의 이미지는 상당히 부정적이다. 흔히 북한과 남한을 구별하지 못한 채, 미국 영화와 텔레비전 드라마는 한국인이나 한국계 미국인을 전형적인 악당, 즉 냉정한 킬러나 탐욕스러운 위조지폐범으로 묘사하는 경우가 많다.

예컨대 인기 미국 드라마 「프리즌 브레이크」를 좋아했던 한국 팬들은 한국계 악당 빌 킴을 기억할 것이다. 잔혹한 킬러이자 수많은 사람을 죽인 음모의 총지휘자로서 킴은 막강한 정치적 권력을 휘두르며, 무대 뒤에서 사람들을 조종하는 악당으로 등장한다. 비록 드라마에서는 감추어져 있지만, 한국의 성씨인 킴이라는 이름 때문에 대부분의 미국인들은 빌 킴을 무의식적으로 북한의 '친애하는 지도자' 김정일과 연관시킨다. 또 다른 미국 인기 드라마인 「CSI 마이애미」에서는 형사반장 호레이쇼 케인이 한국계 미국인이 경영하는 요트 선상 도박장을 급습하는데, 그 한국계 도박장 주인은 북한을 돕기 위해 수퍼노트 위조지폐를 찍어 내고 있는 악당으로 드러난다.

할리우드 영화에서도 한국인에 대한 묘사는 크게 다르지 않다. 예컨대 「패시파이어」에서 해군 특공대 네이비 실 팀인 셰인 울프는 국방부 비밀 프로젝트를 연구하다가 암살당한 과학자의 집에 가서 아이들을 보호하라는 임무를 부여 받는다. 울프는 그 집 이웃에 살고 있는 한국계 부부가 북한을 위해 그 비밀 프로젝트를 훔치려 한다는 사실을 알아내고, 동양 무술을 잘하는 그 한국계 부부를 물리치고 임무를 완수한다. 이 영화는 이웃집에 한국인이 살고 있는 모든 미국인을 불안케 하는 데 큰 역할을 했다.

「007 제임스 본드」 영화를 패러디한 또 다른 인기 미국 영화 「오스틴 파워스: 인터내셔널 맨 오브 미스터리」에는 악당 주인공 닥터 이블의 한국인 경호원이 치명적 무기인 쇠구두를 던져서 사람을 죽이는 킬러로 나온다. 더욱 당혹스러운 것은, 그 한국인 킬러가 「007 골드 핑거」에서 쇠로 된 모자를 던져서 사람들을 죽이는 일본계 킬러 오드잡의 값싼 패러디라는 점이다.

반대로 일본인의 이미지는 지난 수십 년 동안 상당히 호전되어 왔다. 예전에는 할리우드 영화에서 일본인들을 사무라이 칼을 휘두르는 야쿠자나, 언제나 양복을 입고 있으며 사진을 찍어 대고 계속해서 절을 하며 인솔자의 깃발 아래 몰려다니는 사람들로 묘사되곤 했다. 그러나 최근 할리우드 영화에서 일본의 위상은 많이 달라졌다. 예컨대 「바벨」이라는 영화에서는 일본 10대 소녀의 반항이 3부작 중 하나를 이루고 있다. 「바벨」뿐 아니라, 「라스트 사무라이」나 「게이샤의 추억」에서도 일본 문화는 아주 호의적으로 다루어지고 있어, 오늘날 할리우드 영화에서 일본 문화가 차지하는 위상을 잘 보여 주고 있다. 그것은 텔레비전 드라마의 경우에도 사정은 같아, 예컨대 「히어로즈」의 주요 등장인물 중 하나인 히로 나카무라는 일본인이며, 자신의 초능력으로 세상을 구하는 데 일조한다.

리안 감독의 「와호장룡」이나 장이머우 감독의 「연인」 같은 영화 덕분에 중국인의 이미지도 점점 더 좋아지는 것처럼 보인다. 중국 영화를 보면서 미국인 관객들은 현란한 중국 무술과 화려한 중국의 의상과 춤에 매료된다. 중국 배우 청룽도 유명 미국 배우와 공연한 「상하이 눈」, 「상하이 나이츠」, 「러시 아워」 같은 일련의 인기 영화를 통해 중국의 이미지를 현저하게 업그레이드하는 데 일조했다.

그러나 유감스럽게도 할리우드 영화에 나타나는 한국인의 재현은 아직도 부정적이고 왜곡되어 있다. 문제는 그러한 왜곡된 재현이 국제사회에서 한국의 이미지를 심각하게 실추시키고 있다는 점이다. 한국인들은 할리우드 영화가 '의도적이고 악의적으로 한국을 비하하고 있다'고 불만을 토로한다. 그러나 할리우드 영화에 나타나는 잘못된 한국인의 재현은 '의도적이고 악의적'이라기보다는 미국 사회에 한국인이 잘못 알려졌기 때문이다. 그렇다면 국제사회에 알려져 있는 잘못된 한국인의 이미지에 대한 일차적인 책임은 우리 자신에게 있다고도 볼 수 있다. 그것이 왜 우리가 한국의 이미지 향상을 위해 배전의 노력을 기울여야 하는가 하는 이유다.

한국에서 산 적이 있는 미국인 마이클 알렉산더는 이렇게 지적하고 있다. "한국인들은, 외국인들이 '한국과 한국 문화에 대해 무엇을 아느냐'라는 질문을 받았을 때 그들이 즉시 대답할 수 있도록 강력한 문화적 상징을 갖고 있어야만 한다. 즉 한국은 스스로의 브랜드 가치를 창출해야만 한다는 것이다. 그러기 위해서 한국인들은 우선 스스로의 문화를 세계에 개방해야만 한다. 한국인들은 대체로 폐쇄적이다. 그것은 한국의 소란한 근대사와 지금도 계속되고 있는 주변국과의 갈등을 생각하면 충분히 이해할 만하지만, 그렇더라도 너무 폐쇄적이면 국제사회에 자칫 부정적인 인상을 줄 수 있다.

예컨대 LA에 있는 코리아타운을 보면, 규모는 크지만 닫힌 사회라고 할 수 있다. 거기에 가면 한국 것이라면 무엇이든 다 있다. 대형 한국 백화점도 있고, 한인 수퍼마켓도 있으며, 편의점, 한식당, 패스트푸드점, 소규모 한인 상점도 있다. 하지만 코리아타운을 떠나는 순간, 한국은 사라진다. 다른 지역의 쇼핑몰에는 중국 식당, 몽골 식당, 타일랜드 식당, 일식당, 그리고 베트남 식당까지 있지만, 한식집은 없다. 유니버설 스튜디오나 디즈니랜드도 마찬가지다. 어디에도 한국 식당은 없다. 아마도 중국 음식을 제외하고는 한국의 불고기가 백인들의 식성에 제일 잘 맞을 텐데도 말이다.

나는 전에 LA에 있는 브리스틀 농장에 간 적이 있는데, 그곳에는 세계 각국의 맥주들이 다 있었는데 유독 한국 맥주만 없었다. 오비도 하이트도 카스도 진열되어 있지 않았다. 중국의 진타오 맥주, 타일랜드의 싱가 맥주, 일본의 기린 맥주도 있었는데 유독 한국 맥주만 없었다." 그런 다음 그는 우리가 마음에 담아 두어야 할 말을 했다. "한국은 한국 문화를 세계에 마케팅해야만 한다. 한류는 아시아에만 해당되는 현상이고 단지 한때의 유행일 뿐이다. 할리우드 영화들은 여러 아시아 국가를 영화 촬영 기지로 삼았고, 그 나라의 문화에 의거한 영화를 만들어 왔다. 그러나 한국은 한 번도 거기에 끼지 못했다."

과연 할리우드 영화는 교육받은 해외의 관람객들에게 남북한의 차이를 알리는 좋은 매체가 될 수도 있을 것이다. 그런데도 한국 문화를 다루는 할리우드 영화는 거의 없다. 그렇다면 우리는 왜 미국의 영화 제작자들이 한국에는 관심이 없고, 영화를 촬영하러 한국에 오려고 하지도 않는지 심각하게 생각해 보아야 할 것이다. 현재 서양 사회에 편만해 있는 한국에 대한 전형화와 편견을 불식시키고 우리 문화의 아름다움과 풍요로움을 널리 알리려면 우리의 긍정적인 면을 최대한 부각시켜야 할 것이다.

스크린에 나타난 한국의 이미지: 부정적 측면과 긍정적 측면

　1998년에 개봉한 프랑스 영화「택시」에서 프랑스의 유명한 반한 영화 감독 뤽 베송은 마르세유에서 가난하게 살고 있는 두 한국인 택시 기사를 등장시켜 의도적으로 한국을 비하하고 있다. 그 영화에서 두 사람의 한국인 택시 기사는 24시간 동안 교대로 택시를 운전하며 돈을 버는데, 한 사람이 택시를 운전하는 동안, 다른 사람은 트렁크에서 잠을 잔다. 그 두 사람을 바라보며 역시 택시 기사인 주인공 다니엘은 잠복 근무 중인 형사 에밀리앙에게 "저 사람들은 한국인들인데, 24시간 일하지."라고 말한다. "하지만 인간인데, 잠은 자야 하잖아."라고 에밀리앙이 대답한다. "택시 한 대에 번호판 하나, 허가증 하나에 운전사는 둘이라." 프랑스 택시 기사가 투덜댄다. "믿을 수가 없군!" 에밀리앙이 말한다. 그러자 다니엘이 킥킥대며 말한다. "집 근처에 한국 남자가 하나 살지, 그런데 그자는 요리사래. 상상이 가?"

　2007년에 개봉한「택시 4」에서 뤽 베송은 한국인을 밀입국자로 묘사함으로써, 다시 한 번 한국인을 모욕한다. 아프리카계 흑인 축구선수를 밀입국자로 생각하고 의심스럽게 바라보던 경찰서장 질베르는 에밀리앙 형사에게 자기 경력을 자랑한다. "전에 세관에서 2년간 일한 적이 있지. 그때 밀입국자들을 칼같이 잡아냈더랬어. 1992년에는 한국인 밀입국자들을 일망타진했지." "하지만 저 사람은 한국인이 아니잖아요." 에밀리앙이 아프리카계 운동선수를 가리키며 말하자, 질베르는 이렇게 대답한다. "한국인 맞아. 저 째진 눈을 좀 봐."

　문제는 뤽 베송의「택시」가 세계적인 히트작이어서 수많은 사람이 그 영화를 보았다는 데 있다. 영화의 힘이 얼마나 막강한지 잘 아는 사람 같으면,「택시」가 한국의 이미지를 얼마나 치명적으로 망쳐 놓았는가를 알 수 있을 것이다. 이 프랑스 영화에서 한국은 극빈에 시달리는, 그래서 프랑스에 밀입국이나 하는 가난한 제3세계 국가로 그려지고 있는데, 이는 물론 전혀 사실이 아니다. 역시 한국을 잘못 재현하고 있다고 비판받는 「007 어나더 데이」보다도 「택시」가 훨씬 더 질이 나쁜데, 그 이유는 이 프랑스 영화가 한국을 싫어하는 감독에 의해 악의적으로 한국의 이미지를 비하하고 있기 때문이다.

그런데 이상하게도, 우리나라 사람들은 프랑스 영화 「택시」의 무례한 왜곡에 대해서는 침묵하고 있다. 한때 「007 어나더 데이」를 그렇게도 통렬하게 비판하던 사람들은 다 어디로 갔는가? 미국인 실직자가 LA의 한국인 식료품 상점을 부순다는 이유로 「폴링 다운」을 보이콧했던 그 많은 사람은 또 다 어디로 갔는가? 왜 한국인들은 한국을 폄하는 미국 영화는 가차 없이 비판하면서, 한국을 심각하게 비하하고 있는 프랑스 영화에 대해서는 침묵으로 일관하고 있는가?

다행히도 한국의 이미지를 업그레이드해 주는 영화도 있다. 예컨대 인기 영화 「오션스 13」에서 재벌 회장 마이클 뱅크는 금박으로 된 값비싼 삼성 휴대폰을 갖고 싶어 한다. 같은 영화에서 한 등장인물은 "삼성 회장하고 골프를 쳤지."라고 자랑한다. 「오션스 13」은 삼성을 훌륭한 전자 제품 회사로 전 세계에 알리는 데 큰 역할을 했다.

하지만 기뻐하기에는 아직 이르다. 《국민일보》가 최근 발표한 바에 의하면, 삼성이 한국 기업이라는 것을 아는 외국인은 거의 없다. 미국의 마케팅 컨설팅 회사인 앤더슨 애널리틱스를 인용하면서, 《국민일보》는 미국 대학생 여론 조사 응답자 중 57퍼센트가 삼성이 일본 제품인 줄 알았다고 대답했으며, 9.8퍼센트만 삼성이 한국 상표라는 사실을 알고 있었다고 보도했다. 광고 카피가 'Life is Good'인 LG의 경우에는, LG가 미국 상품인 줄 알았다고 답한 사람이 41.9퍼센트였으며, 일본 제품인 줄 알았다고 대답한 사람이 26퍼센트였다. 단지 8.9퍼센트만 LG가 한국 상품이라는 사실을 알고 있었다. 만일 그 여론 조사가 삼성과 LG에 대한 미국인들의 인지도를 정확하게 파악한 것이라면, 「오션스 13」도 결국은 일본의 이미지만 띄워 준 셈이다.

뤽 베송은 앞으로도 한국인을 비하하는 영화를 만들 것이다. 아마도 그는 아시아인에 대해 고칠 수 없는 편견과 편협한 생각을 갖고 있는 사람인지도 모른다. 「택시 3」에서 다니엘과 에밀리앙은 마르세유에서 중국계 은행 강도들을 뒤쫓는다. 역시 베송이 각색한 「트랜스포터」에서도 아시아인들은 불법 밀수꾼이나 프랑스에 밀입국하려고 노력하는 가난한 사람들로 묘사되어 있다.

한국의 이미지를 업그레이드하는 좋은 방법 중 하나는 할리우드를 설득해 한국에서 영화 촬영을 하고, 한국 문화를 주제로 한 영화를 만들도록 하는 것이다. 아니면 우리가 좋은 영화를 만들어서 할리우드 영화 배급사를 통해 전 세계의 관객을 찾아가는 것이다. 둘 중 어느 방법을 사용해도 국제사회에서 한국의 이미지를 향상시키는 좋은 방법이 될 것이다.

「크래쉬」에 나타난 한국계 미국인의 이미지

폴 해기스의 아카데미 수상작 「크래쉬」는 화려한 아메리칸드림 속에 숨어 있는 은밀한 인종차별주의를 대담하게 폭로한, 그래서 불편하면서도 강렬한 인상을 주는 영화다. 다양한 인종이 모여 서로 충돌하며 자동차 안에 스스로를 고립시키는 도시 LA를 배경으로 「크래쉬」는 비인간적인 현대사회에서 우리가 상실한 따뜻한 인간적 접촉을 그리워하고 슬퍼하는 영화다. 적절하게도 이 영화는 뒤차가 들이받은 차 속에 멕시코계 형사와 같이 앉아 있는 아프리카계 형사의 독백으로 시작된다. "LA에서는 아무도 너를 터치하지 않는다. 우리는 언제나 자동차의 금속과 유리 속에 들어 있기 때문이다. 우리는 그러한 휴먼 터치를 너무나 강렬히 원하기 때문에 무엇인가를 느껴 보려고 자동차 접촉 사고를 내는지도 모른다."

아이러니한 것은, 형사들의 차를 뒤에서 들이받은 차의 주인은 인간적 접촉과는 너무나 거리가 먼 사람이라는 것이다. 엉터리 영어로 경찰에게 마구 대드는 이 거친 여자는 한국계 미국인임이 밝혀진다. 당혹스럽게도, 그 여자는 멕시코인들에 대해 인종차별이 있는 뻔뻔한 여자로 묘사된다. 다음 대사는 그러한 것들을 잘 드러내 주고 있다.

경찰: 진정하세요. 아주머니.
한국계 여자: 난 진정하고 있다고!
경찰: 자동차 등록증과 보험증서 좀 보여 주시지요.
한국계 여자: 왜요? 내 잘못이 아닌데! 저 여자 잘못인데! 저 여자가 내 차 빠가써!
남미계 여자 경찰: 내 잘못이라고요?
한국계 여자: 길 한가운데 갑자기 서짜나! 멕시칸들은 운전 모태! 저 여자가 블레이크를 너무 빨리 발밨어!
남미계 여자 경찰: (한국 여자의 틀린 발음을 흉내 내며) 내가 '블레이크'를 너무 빨리 '발밨다고?' 내 블레이크 라이트를 '모빠따니' 유감이군요.
한국계 여자: 이민국에 전화해서 당신 자바가라고 할 거야. 내 차 뿌서진 거 좀 바!

이 장면은 아무것도 두려워하지 않는 천하무적인 중년 한국 여성의 모습을 잘 묘사하고 있으며, "목소리 큰 사람이 이긴다."라는 한국 속담을 연상시킨다. 왜냐하면 접촉 사고 시에는 뒤차가 책임이 있는데도, 그녀는 큰소리로 억지를 쓰고 있기 때문이다. 더욱이 그 한국 여성은 인종차별적인 비하 발언을 서슴없이 해 댄다. 그녀의 눈에 대부분의 멕시코인들은 불법 체류자들이고 운전을 못하는 사람들이다.

영화 「크래쉬」에서는 인종적 전형화가 도처에서 발견된다. 예컨대 백인들의 눈에 아프리카계와 라틴아메리카계 미국인들은 범법자로만 보일 뿐이고, 이란인 상점 주인은 자주 아랍 테러리스트로 오인된다.(이란인은 페르시아인이지 아랍인이 아니다.) 한국 남자를 차로 친 두 명의 아프리카계 남자들은 그 한국인을 '차이나 맨'이라고 부른다. 그들 눈에는 아시아인들이 모두 똑같이 보이기 때문이다. 「크래쉬」는 바로 그러한 편견이야말로 따뜻한 휴먼 터치와 상호 이해를 불가능하게 만드는 심리적, 인종적 장벽이라고 지적한다.

의심할 바 없이 「크래쉬」는 한국계 미국인들을 심각하게 모욕한 영화다. 처음에 등장해 경찰차를 들이받은 한국계 여성의 남편은 아시아인들을 미국으로 불법 입국시키는 브로커로 등장한다. 이뿐 아니라 두 명의 아프리카계 차 도둑의 차에 치인 후, 중상을 입고 병상에 누워 있으면서도, 그의 일차적인 관심은 오직 돈뿐이다. 상처를 입어 붕대를 감고 있으면서도 그는 부인에게 일이 잘못되기 전에 은행에서 수표를 현찰로 바꾸어 놓으라고 황급히 부탁한다. 한국인 관람객들은 한국계 미국인들에 대한 이러한 부정적 묘사에 당황해 할 것이다. 한 가지 위안이 되는 것은, 영화 속에서 한국인들이 '차이나 맨'이라 불리기 때문에 외국 관객들은 그들이 한국인 부부라는 사실을 잘 모를 것이라는 것이다.

「크래쉬」는 한국계 미국인들이 미국 사회에 남겨 놓은 부정적 이미지가 무엇인가를 잘 보여 주고 있다. 엉터리 영어와 남에게 소리 지르기, 큰 목소리와 공격성, 그리고 돈을 밝히는 물질주의 등이 바로 그것이다.

비단 「크래쉬」뿐 아니라, 「폴링 다운」이나 「LA 탈출」 같은 영화에서도 한국계 미국인들의 이미지는 결코 긍정적이지 않다. 사실은 그러한 전형화된 이미지를 깨뜨리는 좋은 한국계 미국인들도 많이 있겠지만, 이들 영화는 한국인들의 부정적인 측면만 묘사하고 있기 때문에 문제가 된다. 그러나 이들 영화를 탓하기 전에, 우리는 미국 사회에 비친 스스로의 모습을 돌이켜 보고, 한국인의 이미지 개선에 진지한 노력을 기울여야 할 것이다.

「크래쉬」는 자동차 충돌이라는 모티프를 통해, 서로 다른 인종과 문화가 근거 없는 편견 속에 어떻게 서로 충돌하고 있는가를 보여 주는 훌륭한 영화다. 도시가 그렇게 설계되었기에, 거의 모든 사람이 운전을 해야만 하는 LA에서 사람들은 자동차 안에 스스로를 고립시키고 인간적 접촉을 하지 못하며 살고 있다. 그런 의미에서 이 영화는 LA가 아메리카의 상징이라고 암시한다. 그러나 이러한 고립과 충돌 속에서도 아직 희망은 있다는 것이 영화가 주는 메시지다. 만일 우리가 타자를 이해하고 소중하게 여기며, 주위 사람들에게 손을 내밀고 인간적 교류와 접촉을 시도한다면 말이다. 세계의 여러 비인간적인 대도시에서 한국인들은 '정'이라고 하는 특유의 따스한 감정으로 각기 다른 인종과 문화를 화합하는 역할을 해낼 수도 있을 것이다.

동양의 올바른 재현을 위하여

캘리포니아 버클리 대학교의 일레인 킴 명예교수는 얼마 전 서울대학교에서 '할리우드의 아시아 재현'이라는 주제로 강연을 한 적이 있었다. 그 강연에서 킴 교수는 최근에는 미국 사회에서 아시아인들의 불가시성이 많이 사라지긴 했지만, 아시아계는 여전히 백인 미국인들의 전형화로 인해 피해를 보고 있다고 말했다.

과연 할리우드 영화들은 흔히 아시아인들을 마약 밀매자나 불법 이민이나 악당으로 묘사하는 경우가 많다. 일레인 킴 교수에 의하면, 브루스 리의 「용쟁호투」에서도 쇠로 된 갈퀴 손을 달고 있으며, 마약에 중독된 성적 노예들의 하렘을 소유하고 있는 악당은 아시아인이다. 또한 브루스 리의 아들 브랜든 리가 출연하는 「래피드 파이어」에서도 아시아인들은 마피아와 손을 잡고 불법을 저지르는 마약 암거래상으로 묘사되고 있다.

또 다른 영화 「콜래트럴」에서는 암살자 톰 크루즈가 한국계 미국인이 경영하는 LA의 나이트클럽에서 총을 난사해 한국인들을 대량 살상한다. 또 더스틴 호프만이 주연한 「아웃브레이크」에서는 야생동물을 미국으로 밀반입해 에볼라 바이러스를 퍼뜨리는 악당이 한국인 선원으로 제시되고, 그에 따라 한국 배를 수색하게 된다.

할리우드 영화에서는 한국에 대한 편견뿐 아니라 무지도 발견된다. 예컨대 「페어 게임」에서는 전직 KGB 요원들이 아시아 은행을 통해 돈세탁을 하는데, 그중에는 한국은행(The Bank of Korea)도 있다. 아마도 미국의 영화 제작자들은 한국은행이 일반 고객을 상대로 하는 상업은행인 줄 알았을 텐데, 이는 우리나라 사정에 대한 무지의 소치라 할 만하다.

「007 어나더 데이」에서 007 제임스 본드는 서핑을 해서 북한에 상륙한다. 하지만 한국의 바다에는 화면에 나오는 대로 서핑을 할 수 있는 거대한 파도가 이는 해안이 없다. 이뿐 아니라, 영화 마지막에 제임스 본드와 본드 걸은 남북한 경계선에 위치해 있는 것 같은, 조상의 묘를 모신 어느 사당 같은 데서 불경스럽게도 사랑을 나눈다. 그러나 조상들의 묘지에 세워진 사당은 한국 땅 그 어디에도 없다. 아마도 미국의 영화 제작자들은 머나먼 아시아 끝에 위치한 나라의 문화는 잘못 제시해도 큰 문제가 없으리라고 생각했던 것처럼 보인다.

「007 어나더 데이」가 개봉되었을 때, 일단의 친북 한국인들은 북한을 테러 국가로 묘사했다는 이유로 그 영화를 보이콧하기 위해 전국적인 항의 데모를 벌였다. 그러나 그건 핵심을 비켜 간 것이었다. 이 영화의 문제는 북한을 테러 국가로 묘사한 데 있는 것이 아니라, 한반도에 대한 무시와 무지에 있었기 때문이었다.

「007 어나더 데이」를 이데올로기적으로 반대했던 편협한 일부 한국인들과는 달리, 일레인 킴은 이 영화를 보면서 사람들이 놓치기 쉬운, 그러나 진정으로 심오한 문제점을 지적해 보여 주었는데, 바로 북한군 장교가 DNA 이식수술을 통해 영어를 말하는 백인으로 변신한다는 점이었다. "그 결과 북한군 악당은 백인 배우가 그 역을 맡는 백인으로 변했습니다."라고 일레인 킴 교수는 말했다. "이러한 설정에는 '내부의 적'이라는 모티프 외에도 유색인은 백인이 되고 싶어 한다는 편견이 들어 있습니다. 상류층 영어로 말하고 백인의 모습을 한 북한군 악당은 백인 사회의 내부의 적, 즉 동화된 유색인에 대한 은밀한 두려움, 그리고 이민 와서 살고 있는 나라가 아니라, 자신들의 원래 조국에 충성하는 지하 반군으로서의 아시아인에 대한 두려움을 불러일으켜 주고 있습니다." 그러한 지적은 한국의 영화 평론가들도 미처 깨닫지 못한 뛰어난 성찰이다.

할리우드 영화에는 '무지'뿐만 아니라 '오만'도 발견된다. 「왕과 나」는 영국 여성이 전근대 국가인 샴(태국)의 국왕을 문명화시키는 영화인데, 그녀는 왕을 '야만인'이라고 부르기까지 한다. 또 「마지막 황제」에서는 영국인 고문 피터 오툴이 중국 황태자와 왕족을 꾸짖으며 그들을 문명화시키려고 한다.

할리우드는 자타가 공인하는 꿈의 제조 공장이다. 그렇기 때문에 할리우드는 다문화주의 시대에 문화적 편견에 근거한 인종적 전형화를 영화에 재현해서는 안 될 것이다. 그건 꿈이 아니라 악몽이 될 것이기 때문이다.

문학과 심리학의 경계를 넘어서: 영화를 통한 심리적 상처 치유

치유로서의 종교, 문학, 음악, 영화

종교와 문학과 음악이 심리 순화와 치유 기능을 갖고 있다는 것은 이미 잘 알려진 사실이다. 예컨대 종교적 신앙은 '수고하고 무거운 짐 진 자'들의 안식처이자 상처 치유를 위한 탁월한 처방이며, 문학 또한 정신적 상처로 인해 고뇌하고 방황하는 사람을 심리적으로 치유해 주는 뛰어난 힘을 갖고 있다. 또한 음악이 태교에 좋다는 소문과 함께 『모차르트』라는 책이 한때 베스트셀러가 되기도 했으며, 대학에는 음악 치료 대학원이 생길 정도였다.

지난 수년간 힘든 삶을 살아오면서 마음에 상처를 입은 한 여성은 최근 서울대학교 대학원 복학을 희망하면서 나에게 종교와 문학을 통한 치유 가능성에 대해 다음과 같은 이메일을 보내 왔다.

저는 진정한 기독교인으로 거듭나야겠다고 생각하면서 동시에 온갖 지적이고 인간적인 교만함을 버리고 겸손하고 신실하고 따뜻한 인간으로 변화하기 위해서 애썼으며, 비록 정식 영미 문학 정전에는 포함되어 있지 않지만 토니 모리슨의 후기작, 윌리엄 폴 영의 『오두막』, 팀 보울러의 『리버보이』와 『스타시커』, 브라질 작가 파울로 코엘료의 『연금술사』와 『순례』 같은 소설을 읽으면서 용서와 화해와 치유, 정신적이고 영적인 성장, 그리고 인생의 의미와 자아 발견에 관한 문학을 새롭게 발견하기 시작했습니다.

물론 현재로서는 이러한 작품이 논문 주제가 될 만한 것인지는 더 살펴봐야 할 것 같고 교수님들께서도 용서, 치유, 영적인 성장과 같은 다소 감상적이고 나이브하게 들리는 주제를 달갑게 맞아 주실지도 잘 모르겠습니다. 하지만 어쨌거나 저로서는 몇 년 만에 다시 문학에 대한 흥미들이 되살아나고 어쩌면 이런 새로운 주제에 대한 흥미를 바탕으로 영화와, 더 나아가 기독교적인 가치를 가진 문화 연구로까지 나아갈 수는 없을까 하는 막연한 기대를 해 본 것도 사실입니다.

만일 종교와 문학이 이처럼 우리에게 용서와 화해, 그리고 정신적 성장을 가능케 해 준다면, 종교적 신앙과 문학작품은 분명 탁월한 치유 기능이 있다고 할 수 있을 것이다.

종교나 문학이나 음악과 마찬가지로, 영화 또한 훌륭한 심리적 치유 수단이다. 이와 같은 맥락에서, 국내에서는 '한국영상영화치유학회' 회장이자 심리학자인 심영섭, 『프로이트와 영화를 본다면』의 저자인 정신과 의사 김상준, 그리고 『영화로 만나는 치유의 심리학』의 저자인 의사 김준기가 관심을 갖고 활발한 활동을 벌이고 있다. 또한 해외에서도 정신과 의사들이 환자들에게 약을 처방해 주는 대신, 영화 제목을 처방해 주어 영화를 통한 심리 치료를 시도하고 있다. 환자들은 처방전을 받아 들고 극장에 가서 의사가 추천해 준 영화를 보면서, 또는 DVD를 빌려 보면서 자신의 심리적 상처를 치료받는다는 것이다. 개리 솔로몬은 『영화 처방(The Motion Picture Prescription)』에 영화를 통한 심리 치료를 공식화했다. 또한 인터넷에도 『시네마 치료(Cinematherapy)』라는 사이트가 있어서 영화를 통해 마음에 상처를 입은 사람들을 치료하고 있다.

 과연 영화 텍스트도 소설처럼 삶의 온갖 양상을 수많은 등장인물을 통해 다각도로 성찰하고 있다. 영화의 주인공들은 각기 독특한 상황과 그 상황에서 발생하는 다양한 인간관계를 통해 인생의 문제점을 포괄적으로 그려 내고 있어서, 각종 정신적 외상을 입은 사람들은 자신에게 맞는 영화를 선택해 관람함으로써 맞춤형 심리 치유를 경험할 수 있다. 사람은 누구나 좋은 영화를 보았을 때 감동을 받고 영감을 얻으며, 깨달음을 통해 정신적 성장을 경험하게 되기 때문이다. 좋은 영화는 마치 교회에서 감동적인 설교를 들었거나, 학교에서 훌륭한 문학작품을 읽었을 때의 경험과도 같아서, 우리의 마음을 변화시키고 우리의 상처를 치유하는 힘을 갖고 있다. 영화가 치료해 줄 수 있는 증상으로는 '우울증', '상실감', '자신감 상실', '슬픔', '분노', '중독', '어린 시절의 심리적 외상' 같은 다양한 정신적 질병이 있으며, 보다 구체적으로는 '가족 간의 갈등', '남녀 관계', '인종 문제', '과거의 잘못', '전쟁의 후유증' 또는 '황혼기의 외로움' 등이 있을 것이다.

영화 텍스트의 치유 기능

 영화가 치유 기능을 갖고 있다면, 구체적으로 어떻게 심리 치료의 기능을 할 수 있는가를 상처의 종류와 그에 맞는 영화를 병치해 살펴보기로 한다.

사랑의 상실과 마음의 상처

많은 사람들이 아내나 남편, 또는 자녀나 형제와 사별하고 상실감에 괴로워하며, 자신에게 책임이 있다거나 자기만 살아남았다는 죄의식에 시달리고 있다. 그럴 경우, 증세가 심하면 정신과 의사의 치료를 받게 되는데, 그러한 슬픔을 극복하고 용기를 주는 데 도움이 되는 감동적인 영화들이 있다. 예컨대「시애틀의 잠 못 이루는 밤」은 아내와 사별한 후 1년 6개월 동안 어린 아들 조나와 고독하게 살고 있는 샘 볼드윈의 이야기다. 어느 크리스마스이브에 조나는 여성 심리학자가 운영하는 라디오 토크쇼에 전화를 걸어서, 자신이 받고 싶은 크리스마스 선물은 새엄마, 즉 아버지의 새 아내라고 말한다. 운전 중 채널을 돌리다가 우연히 조나의 소박한 소원을 듣게 된 애니 리드는 그 사연에 이끌려 샘을 만나 사랑에 빠지고 둘은 결혼하게 된다.

「시애틀의 잠 못 이루는 밤」은 배우자와 사별한 후, 심리적 상처 속에서 외롭게 살고 있는 모든 사람에게 다시 새로운 사랑을 만나 새로운 삶을 시작할 수 있다는 용기를 불어넣어 주는 마법 같은 힘을 가진 감동적인 영화다. 미국 동부 볼티모어와 워싱턴 간의 도로에서 운전하다가 우연히 그 방송을 듣고 서부의 시애틀까지 날아간 애니의 이야기는, 사랑은 우연히 찾아오는 것이며, 주파수만 맞으면 서로 교감할 수 있고, 아무리 먼 지리적 차이도 극복할 수 있다는 것을 시사하고 있다.

프랑스 영화「남과 여」는 각기 배우자와 사별하고 아이 하나씩을 키우고 있는 두 남녀가 각자 아이들을 데리러 간 기숙학교에서 우연히 만나 사랑에 빠진다는 이야기를 감미로운 주제가와 함께 아름답고 시적인 영상에 담아서 화제가 되었던 영화다. 처음에는 옛 배우자와의 추억을 잊지 못해 괴로워하기도 하지만, 두 남녀는 차츰 마음의 상처를 회복하고 다시 새로운 삶을 되찾는다. 클로드 를루슈 감독은 모노크롬 색상과 컬러를 뒤섞어 주인공들의 과거 회상과 현실 세계를 절묘하게 대조하는 데 성공하고 있다.

배우자를 잃은 슬픔에 빠져 있는 사람들은 이 영화를 보면서 자신들을 두 남녀 주인공과 동일시하게 되고, 차츰 감정이입이 되면서 영화 속 주인공들처럼 자신들도 슬픔을 극복하게 되고 새로운 삶에 대한 희망과 자신감을 갖게 된다. 심리학자들은「남과 여」가 사랑하는 연인과의 사별로 상처 입은 사람들에게 그 어떤 정신과 치료보다도 더 강렬한 치유 효과를 발휘하는 좋은 영화라는 데 의견을 같이한다.

「브로크백 마운틴」은 와이오밍 주의 대자연을 배경으로 두 양치기 카우보이들의 동성애를 다루면서, 동성애자들도 양성애자들과 똑같은 강렬한 애정과 이별, 그리고 상처와 상실감을 경험한다는 사실을 잘 보여 주고 있는 영화다. 그래서 이 영화는 굳이 동성애자가 아니더라도, 누구나 공감하고 감동받을 수 있는 명화라는 평을 받는다.

가족 사이의 갈등과 소통 단절

맞벌이 부부가 늘면서 우리 사회도 점점 가족 간의 의사소통 단절이 사회문제가 되고 있다. 아이들이 학교에서 돌아오면 집에 부모가 없어서 텔레비전이나 컴퓨터게임으로 시간을 보내게 되고, 부모는 아이들이 '나 홀로 집'에서 무엇을 하는지 거의 알지 못하고 있는 것이 오늘날 우리의 현실이다.「나 홀로 집에」는 미국 맞벌이 부부들과 '나 홀로 집에' 남겨진 아이들의 열렬한 환영 속에 대히트를 했던 작품이다. 이 영화는 가족들이 프랑스로 크리스마스 휴가 여행을 떠난 사이에 우연히 집에 남겨진 주인공 케빈이 홀로 겪는 모험을 그렸다. 케빈은 혼자서 수퍼마켓에 가서 쇼핑도 하고 피자도 배달시켜 먹으며 잘 지낸다. 그리고 주거침입을 시도하는 약간은 멍청한 도둑들도 혼자의 힘으로 물리치는 데 성공한다. 이윽고 가족들은 돌아오지만, 그들은 케빈이 그동안 어떻게 지냈으며 무엇을 했는지 전혀 알지 못한다. 이 영화를 보면서 부모들은 비로소 집에 홀로 남겨진 자녀들과의 소통에 문제가 있었음을 깨닫게 되고, 자녀 또한 케빈처럼 홀로서기를 배우며 부모들의 입장을 더 잘 이해하게 된다.

「트와일라잇」은 흡혈귀라는 흔한 소재를 사용하고 있는데도 불구하고 갑자기 화제의 영화로 부상한 영화다. 그 근저에는 미국 사회(또는 현대사회) 특유의 이혼과 가정 파탄으로 인한 자녀들의 외로움이 자리 잡고 있다. 이 영화의 여주인공은 부모가 이혼해서 외롭게 지내는 소녀다. 그녀는 아버지가 보안관으로 근무하는 곳으로 전학을 오지만, 아버지와의 소통은 이루어지지 않는다. 그녀가 외로움의 극에 달해 있는 순간, 또 다른 소외된 존재인 흡혈귀가 나타난다. 그리고 외로운 소녀는 자기에게 따뜻하게 대해 주는 흡혈귀에게 이끌린다. 이 영화를 보는 젊은 관객들은 모두가 여주인공의 외로움에 공감하고 그녀를 동정하게 되며, 부모들은 자녀들의 외로움은 생각하지 않은 채 쉽게 별거하고 이혼하는 자신들을 반성하게 된다.

「인디아나 존스 3」에는 미국 영화 특유의 아버지와 아들 사이의 갈등 문제가 다루어지고 있다. 인디아나 존스가 어렸을 때, 아버지 존스 박사는 고고학 연구에 빠져 어린 인디아나와 같이 놀아 주거나 곁에 있어 주지 못했고, 따라서 인디아나는 아버지에 대해 늘 섭섭한 마음으로 살아왔다. 그러나 자신도 고고학 교수가 되면서, 그리고 아버지와 같이 모험을 겪으면서 인디아나는 점차 아버지를 이해하게 된다. 영화의 마지막에 결국 두 사람은 오랜 갈등을 씻어 내고 화해한다. 이 영화는 아버지와 심리적 갈등을 겪고 있는 사람들의 상처 입은 마음을 치유해 주는 역할을 하고 있다.

「흐르는 강물처럼」에서는 아버지와 아들 문제와 더불어 형제간의 경쟁의식과 우애를 감동적으로 제시하고 있다. 이 영화에서 스코틀랜드계 미국인인 아버지는 낚시질을 통해 아이들을 엄격하게 훈련시키는데, 큰아들 노먼은 아버지의 가르침을 충실하게 따르지만, 둘째 아들 폴은 아버지의 가르침에서 벗어나 자신만의 리듬과 방법을 개척한다. 로버트 레드퍼드가 만든 영화가 다 그렇듯이, 이 영화 역시 부자 관계와 형제간의 우애를 감동적으로 그려 내고 있어서, 가족 간의 갈등으로 인해 고통받고 있는 사람들의 마음의 상처를 따뜻한 휴머니즘으로 치유해 주고 있다.

「레인 맨」역시 아버지와 갈등을 빚고 집을 뛰쳐나온 둘째 아들 이야기를 다루고 있다. 아버지의 자동차를 몰래 타고 나간 자신을 매정하게 경찰에 신고한 아버지가 미워서 가출한 찰스는 캘리포니아에서 자동차 판매상을 하다가, 어느 날 아버지의 부음을 전해 듣고 집으로 돌아간다. 찰스는 갑부인 아버지가 그 많은 재산을 요양소에 기부하고, 자기에게는 그 자동차와 장미 정원만을 유산으로 남겼다는 사실을 알고 분노한다. 그는 요양소에 항의하러 갔다가 우연히 자폐증 환자인 자신의 형 레이먼드가 그곳에 입원해 있다는 사실을 알게 된다. 아버지의 유산을 되돌려받기 위해 형을 납치해 아버지의 차로 서부로 돌아가던 찰스는 형과의 여행 중 비로소 아버지의 숨은 뜻을 깨닫는다. 즉 아버지는 찰스가 자동차로 상징되는 기계와 돈을 추구하는 대신, 장미 정원으로 상징되는 목가적 꿈을 추구하기를 바랐지만, 선택은 아들에게 맡기기 위해 그 두 가지를 아들에게 상징적 유산으로 남겨 주었던 것이다. 찰스는 속세에 때묻지 않은 순진한 형을 좋아하게 되면서, 그동안 잊고 살았던 따뜻한 인간성을 회복하고, 돌아가신 아버지와도 화해한다.

「크레이머 대 크레이머」는 별거 중인 부부가 어린 아들 저스틴의 양육권을 놓고 법정에서 싸우는 이야기를 통해, 이혼 문제와 가정의 소중함을 다룬 감동적인 영화다. 직장 일에 매여 사는 뉴욕의 테드 크레이머는 어느 날 승진해서 집에 돌아오자 아내 조애나에게서 난데없이 헤어지자는 폭탄선언을 듣는다. 조애나는 아들 저스틴을 테드에게 떠넘기고 캘리포니아에 직장을 얻어 떠나간다. 슬픈 상황 속에서도 테드는 모처럼 어린 아들과 돈독해지고 부자 사이에는 강한 유대가 생기게 된다. 그러나 바로 그 순간, 조애나가 다시 돌아와 저스틴의 양육권을 주장해 아이를 빼앗아 간다. 저스틴은 아버지와의 이별을 슬퍼하고 테드는 망연자실한다. 이 영화는 별거 중이거나 이혼 수속 중인 사람들에게 가정의 중요성과 아이들이 입는 상처를 상기시켜 줌으로써, 자신들의 성급한 결정을 다시 한 번 재고할 것을 제안하고 있다. 그리고 아이를 통한 화해와 상처 치유의 가능성도 제시해 주고 있다.

인종적 편견과 차별

미국 작가 하퍼 리의 소설을 영화화한 「앵무새 죽이기」는 우리들이 갖고 있는 편견(예컨대 타 인종, 빈자, 그리고 우리와는 다른 비정상인에 대한 편견)을 어린아이의 시각으로 바라보며 비판한 감동적인 작품이다. 성인들의 치부가 어린아이의 시각으로 드러나기 때문에 어른들을 부끄럽게 만든다. 영화를 본 후 관객들이 앞으로는 타자에 대한 편견을 갖지 않고 살겠다고 다짐하는 것을 보면, 이 영화의 강력한 흡인력과 치유력을 짐작할 수 있다. 인간의 편견도 일종의 마음의 응어리이자 치료를 필요로 하는 상처라고 할 수 있는데, 이 영화는 그러한 응어리를 풀어 주고 반성케 해 준다는 의미에서 치유 능력이 뛰어난 훌륭한 영화라고 할 수 있다.

「미시시피 버닝」은 1960년대에 실제로 미국 남부에서 일어난 사건을 소재로 만든 영화여서 더욱 설득력 있고 감동적이다. 인종차별 폐지 운동을 위해 미시시피 주로 간 '프리덤 라이더스'들인 아프리카계 및 유대계 대학생들이 미시시피 주에서 살해당한 사건을 수사하는 두 FBI 요원의 시각을 통해 이 영화는 인종적 편견의 치부를 드러내 우리를 부끄럽게 한다. 이 영화 역시 굳게 닫힌 우리의 마음의 문을 열어 주며, 우리보다 피부가 좀 더 검은 사람들에 대한 편견으로 인해 상처 입은 우리의 마음을 효과적으로 치유해 준다.

아카데미상을 수상한 「크래쉬」는 다양한 인종이 모여 사는 LA를 배경으로 인간의 인종적 편견을 고발한 작품이다. 이 영화는 흑인에 대한 백인의 편견, 아시아인에 대한 흑인의 편견, 멕시코인에 대한 한국인의 편견, 그리고 아랍인에 대한 미국인의 편견 등을 신랄하게 비판하면서, 동시에 인간이 어떻게 더불어 살아야만 하는가를 여러 일화를 통해 감동적으로 보여 주고 있다. 이 영화의 주인공들은 모두 자신의 편견과 잘못에 대해 눈물겨운 깨달음을 겪는데, 관객들도 같이 따라서 그러한 과정을 겪음으로써 동일한 카타르시스를 느끼게 된다. 비록 한국인을 부정적으로 묘사하기는 했지만, 그래도 이 영화는 우리가 반성해야 할 점을 잘 보여 주고 있다.

타자에 대한 편견과 두려움

비단 인종적 편견뿐 아니라, 우리는 우리와 다른 사람들에 대해 근거 없는 두려움과 편견을 갖고 있다. 「엑스멘」은 우리와는 다른 능력을 지니고 있는 사람들에 대한 편견을 비판한 영화다. 이 영화는 나치의 아우슈비츠 수용소로 시작함으로써 유대인을 열등 인종으로 보고 말살하려 했던 나치즘적 사고방식이 아직도 계속되고 있음을 은유적으로 묘사하고 있다. 미국 변종 인간들을 등록해 통제하는 법안을 제안하는 상원 의원의 모습은 미국 남부의 흑인 분리 정책과 2차 세계대전 시 일본계 미국인을 강제로 집단 수용소에 몰아넣었던 워싱턴의 잘못된 정책을 연상시킨다. 이 영화는 또 자신들을 통제하려는 백인들에 맞서 과격한 투쟁을 벌이는 매그니토 역시 백인들과 똑같은 잘못을 범하고 있다고 비판한다. 이 영화를 보면서 관객들은 우리와는 다른 능력을 지닌 타자에 대한 두려움과 편견은 불식되어야만 하며, 서로의 차이를 인정하고 존중해 주어야만 한다는 사실을 깨닫게 된다.

「디 아더스(The Others)」는 우리가 타자를 귀신이라고 두려워하지만 그들이 볼 때는 우리도 귀신일 수 있다는 것, 그리고 우리가 두려워하는 귀신도 어쩌면 우리를 두려워하고 있는지도 모른다는 깨달음을 주는 탁월한 영화다. 태평양전쟁 때 일본은 '영미 귀축'이라고 해서 영국과 미국을 귀신과 짐승이라고 불렀으며, 중국이나 한국 역시 기독교를 '서양 귀신'이라고 불렀다. 유럽인들 역시 아프리카를 '암흑의 대륙'이라고 불렀고, 아랍인이나 아시아인들을 비기독교도를 '악마'라고 생각했다. 이 영화는 그런 편견이 얼마나 근거 없는 것인가를 한 가족의 감동적인 이야기를 통해 보여 주고 있다.

「아바타」는 백인과 원주민 문제를 모티프로 해서 타자에 대한 편견과 증오와 지배가 얼마나 잘못된 것인가를 잘 보여 주고 있는 영화다. 원주민을 내부에서 분열시키기 위해 원주민의 모습을 한 아바타가 되어 원주민 부락에 침투한 주인공은 원주민 여성과의 사랑을 통해 차츰 원주민의 시각으로 사물을 보게 되고 급기야는 그들의 편에 서서 원주민을 통제하고 지배하려는 백인에 맞서 싸우게 된다. 그리고 마지막에는 원주민이 되어 그들 사이에 남기로 결심한다. '육화(肉化)'를 뜻하는 인도 신화의 개념에서 유래했고, 컴퓨터에서 유저의 화신이 되는 것을 의미하는 '아바타'는 자신을 조종하는 주인에 대한 반발, 주인공의 원주민으로의 변신 등을 상징적으로 잘 나타내 주고 있는 좋은 모티프로서, 관객들에게 큰 깨우침을 준다.

자신감 없는 사람을 위하여

자신이 감당하기 어려운 문제에 봉착할 때 우리는 흔히 자신감을 갖지 못하고 방황한다. 그럴 때 우리에게 자신감을 심어 주는 감동적인 영화가 있다. 도저히 불가능한 것처럼 보이는 일에 주인공이 과감히 도전해서 기어이 성공하고야 마는 내용의 영화가 바로 그러한 범주에 속한다. 예컨대「록키」는 아무리 희망이 없어 보여도 기회는 찾아오며, 최선을 다하면 크게 성공할 수 있다는 메시지를 주는 영화다. 당대 최고의 챔피언과의 시합을 하루 앞둔 전날 밤, 무명의 권투 선수 록키 역시 잠을 못 이루며, "아무래도 자신이 없어. 그래도 시도조차 안 해 볼 수는 없지."라고 말한다. 다음 날, 그는 챔피언을 맞아 놀라울 만한 실력을 보여 관객들을 감탄하게 만든다.

「마이 웨이」는 프랭크 시나트라가 부르는 주제가「마이 웨이」가 배경에 깔리며 진행되는 감동적인 이야기다. 전 올림픽 마라톤 챔피언인 아버지 윌 매독스는 아들들에게 승리가 모든 것이라고 다그치며, 강훈련을 시켜 아들들의 반발을 산다. 그러다가 마라톤 선수였던 아들 하나가 죽고 또 하나는 자동차 사고로 크게 다쳐 시합 출전이 불가능하게 되자, 아버지 윌은 실의에 빠진다. 나머지 아들은 단거리 주자이기 때문에 아버지 윌은 마라톤 출전을 포기하지만, 단거리 선수인 아들은 안 된다는 아버지의 반대를 꺾고 내 길을 가겠다며 마라톤에 출전해 기어이 우승을 차지한다. 이 영화를 보면서 관객들은 누가 뭐라고 해도 '나는 내 길을 가겠다.'라는 결심의 중요성을 깨닫게 되며, 묵묵히 자기 길을 가는 것의 아름다움을 발견하게 된다.

과거의 실수

사람은 누구나 과거의 실수나 잘못을 후회하며 살아간다. 그러나 그러한 태도는 건강하지 못한 것이어서, 우리는 어두운 과거를 잊어버리려고 노력하거나 다른 방식으로 과거의 잘못을 만회해 보려고 시도한다. 미국 영화 속 주인공들은 은퇴하기 전이나 죽기 전에 언제나 과거의 잘못을 바로잡고 극복하려고 노력하는데, 그 방법은 비슷한 상황이 벌어지면 이번에는 제대로 일을 처리하는 것이다.

과거의 실수로 인해 괴로워하는 사람들은 클린트 이스트우드의 「사선에서」를 보면서 과거의 잘못은 얼마든지 바로잡을 수 있다는 사실을 깨닫게 된다. 이 영화의 주인공 프랭크는 케네디 대통령 경호에 실패한 이후, 경호 업무에서 손을 떼고 위조지폐 수사를 담당하고 있는 재무부 소속 비밀 첩보부 요원이다. 과거의 실수로 인해 늘 괴로워하던 그는 은퇴하기 직전 현직 대통령이 암살 위협을 받자, 자원해서 경호를 맡다가 대통령을 향해 날아오는 총알을 몸으로 막아 자신의 임무를 완수한다. 그리고 그는 평온한 마음으로 은퇴한다.

실베스터 스텔론이 주연한 「클리프행어」에서도 로키산맥 구조팀장 게이브 워커는 영화 초반에 친구의 애인을 구하지 못한 죄책감에 구조원 일을 사임한다. 수년 후, 악당들이 로키산맥을 점령하고 사람들을 죽이자 다시 산에 복귀한 게이브는 이번에는 똑같은 상황에 처한 여자를 험준한 산악 절벽에서 구해 내는 데 성공한다. 그러한 과정을 통해 그는 이제 비로소 마음의 상처를 치유하고 과거의 죄의식에서 벗어난다.

케빈 코스트너가 주연한 「보디가드」에서도 주인공 프랭크 파머는 레이건 대통령 저격 사건 당시 모친상을 당해 비번이었음에도 불구하고, 책임감을 느껴 대통령 경호원직을 사임하고 가수 레이철 마론의 개인 보디가드 일을 한다. 그는 레이철의 암살 기도를 성공적으로 막아 냄으로써 과거의 실수를 만회한다. 브루스 윌리스의 「식스 센스」도 자신의 환자들과 진정한 교감을 이루지 못하고 죽은 것을 후회하는 정신과 의사가 죽어서도 저승에 가지 못하고 이승을 떠돌며 자신의 잘못을 만회하는 내용의 감동적인 영화다.

전쟁 후유증

전장에 나갔던 남자들은 심리적 외상에 시달리기 마련이다. 예컨대 이라크 전쟁과 아프가니스탄 전쟁에 투입된 미국 병사 중 1만 2000명이 전쟁 후유증으로 자살을 시도했고, 여덟 명 중 한 명이 정신과 의사의 치료를 받았다. 이렇게 전쟁으로 인해 심리적 상처를 입은 병사들에게 다음 영화는 아주 탁월한 심리적 치유 효과가 있다고 알려져 있다. 예컨대 스필버그 감독이 실화를 바탕으로 제작한 「라이언 일병 구하기」는 우리는 과연 무엇을 위해 전쟁터에 나가는가를 설득력 있게 보여 줌으로써, 우리가 참여한 전쟁의 소중한 가치를 알려 주는 영화다. 이 영화에서 소대원들이 구하러 가는 라이언 일병은 미국이 2차 세계대전 시에 구하려고 싸웠던 '민주주의와 휴머니즘'의 상징이라고 할 수 있다. 라이언 일병을 구하려던 소대원은 한 명만 빼고는 전원 전사한다. 그러나 그들은 치열한 포화 속에서 라이언 일병을 구해 내, 아들 넷을 군대에 보내 이미 그중 셋의 목숨을 나라에 바친 어머니의 품으로 돌려보낸다. 자신이 왜 싸웠으며 무엇 때문에 타인의 생명을 빼앗았는가를 고민하는 병사들에게 이 영화는 보람과 가치를 알려 줌으로써 전쟁 후유증에 시달리는 병사들의 심리적 상처를 치유해 준다.

미국인들은 미국이 승리하지 못한 유일한 전쟁인 베트남전쟁에 대해 콤플렉스를 갖고 있다. 그런 미국인들에게 「람보」는 상처 입은 자존심을 치유해 주는 시원한 영화였다. 일인 군대(One-man Army)로서 람보는 단신으로 베트남(이후 속편에서는 아프가니스탄과 미얀마)에 가서 수많은 적들을 무찌르며 적진을 초토화한다. 마이클 켈너는 『미디어 문화』에서, "미국인들은 종횡무진으로 적을 무찌르는 람보의 활약을 보며 환호했고 열광했으며, 람보 티셔츠와 헤어밴드가 불티나게 팔려 나갔다."라고 '람보 현상'에 대해 쓰고 있다.

정체성 문제

사람은 누구나 정체성의 위기 속에서 살고 있다. 사회적 차별(예컨대 인종적, 계급적, 문화적 차별)이 존재하는 나라일수록 정체성에 대한 고민은 더 커질 수밖에 없다. 「선더 하트」의 주인공 레이는 일부 인디언의 피가 흐르고 있기는 하지만 백인의 외모를 갖고 있고, 따라서 백인 주류 사회에 편입되기를 원하는 FBI 요원이다. 그러나 인디언 마을에서 살인 사건이 발생하자, 그의 보스는 그를 그곳에 파견한다. "자네에게는 인디언 피가 흐르고 있지. 그래서 인디언 문제 해결에 자네가 가면 도움이 될 것 같아서 말이야."라고 보스는 말한다. 레이가 아무리 인디언 혈통을 부인하고 백인이 되고 싶어도, 그가 속한 조직은 그에게 인디언 조상이 있다는 사실을 알고 있고, 또 그래서 인디언 문제가 발생할 때 비로소 그의 효용가치가 극대화된다고 생각한다. 인디언 마을에서 살인 사건을 수사하면서 레이는 비로소 자신의 뿌리를 발견하고, 인디언 편에 서서 백인 압제자들과 싸우며, 자신의 진정한 정체성을 회복한다.

인생의 황혼기 문제

사람은 누구나 늙어 간다. 그리고 늙어 가는 것은 서럽다. 젊은이들이 자신을 소외시키는 것이 느껴지고, 그러다 보니 자꾸만 젊은이들의 눈치를 보게 되기 때문이다. 그래서 사람은 늙어 갈수록 권력을 놓지 않으려 하고, 그러다가 노탐과 노추로 파멸하기도 한다. 예이츠는 「비잔티움으로의 항해」라는 시에서 늙어 감을 슬퍼하면서 이 세상에 "노인들을 위한 나라는 없다."라고 노래했다. 그러나 노인들에게 힘과 용기를 주고 마음의 상처를 치유해 주는 영화들이 있다. 「스페이스 카우보이」는 노인들로 구성된 우주 비행사들의 이야기다. 1958년 최초의 우주 비행사가 될 뻔했다가 침팬지에게 기회를 빼앗긴 젊은 조종사 프랭크 코빈과 세 명의 동료는 2000년에 소련 우주선이 우주에서 문제를 일으키자, 문제를 해결하기 위해 우주로 파견된다. 이제 노인이 된 네 명의 전직 조종사들은 젊은이들의 우려를 불식하고 NASA의 강도 높은 훈련을 견뎌 낸 후, 드디어 우주로 출발해 문제를 해결한다.

「그랜드 토리노」는 자신의 황혼을 값지게 사용하고 세상을 떠난 한 노인의 삶을 감동적으로 보여 주고 있다. 한국전쟁에 참전한 괴팍한 노인 월터 코왈스키는, 자신이 아끼는 차인 1973년형 그랜드 토리노를 갱단 입문식을 위해 훔치려던 아웃집 아시아계 소년 타오와 그의 누나를 만나면서 부드러워진다. 불치병에 걸린 월터는 아시아 갱단이 타오를 폭행하고 그의 누나를 성폭행하자, 아이들의 장래를 위해 얼마 남지 않은 자신의 시한부 목숨을 바치기로 결심한다. 그는 갱단에게 자신을 쏘도록 한 후 총탄에 맞아 쓰러져 죽지만, 덕분에 갱들이 중형을 받도록 함으로써 아이들의 미래를 구해 준다. 월터는 한국전쟁 당시 아이들을 죽여야만 했던 것에 죄의식을 느끼고 있다가, 이번에는 아시아계 아이들을 위해 자신을 희생함으로써 오랜 마음의 빚을 청산하고 세상을 떠난다. 자신이 아끼는 자동차를 타오에게 물려주고, 그의 미래를 위해 죽음을 택하는 이 감동적인 영화를 보면 노인들은 생의 마지막이 보람차고 빛날 수도 있다는 사실을 깨닫게 된다.

좋은 영화 선별의 중요성

심리 치료에 영화 텍스트가 사용되면서, 영화의 효용성과 가치에 대한 인식이 더욱 확대되어 요즘은 영화가 정신과 의사와 심리학자들의 주요 관심사가 되었다. 좋지 않은 영화는 해악을 끼치기도 하지만, 좋은 영화는 우리의 정신을 순화하고, 우리의 심리적 상처를 치유하는 좋은 역할을 한다. 문학작품이 우리에게 어떻게 살아야 하는가를 다양한 등장인물의 삶을 통해 보여 준다면, 영화 역시 똑같은 기능을 하고 있다고 볼 수 있다.

예컨대 「뷰티풀 마인드」는 정신분열증을 극복하고 노벨상을 수상한 과학자의 감동적인 삶을 통해 정신적 질병을 이겨 내도록 도와주고 있다. 또 「초원의 빛」이나 「셸부르의 우산」 같은 아름답고 감동적인 옛 영화는 첫사랑에 실연하고 상처 입은 사람들에게 인생이란 원래 그러한 상처를 극복하고 살아가는 것이라는 따뜻한 메시지를 전해 주고 있다.

활자 매체보다 영상 매체와 전자 매체에 더 익숙한 젊은 세대에게 영화는 소설보다 더 직접적인 영향력을 행사하기 쉽다. 그래서 좋은 영화를 선별해서 보는 것은 중요하다. 그것이 우리에게 올바른 삶의 길을 가르쳐 주고 우리 마음의 상처도 치유해 줄 수 있기 때문이다. 굳이 정신과 의사의 처방이 아니더라도, 좋은 영화를 많이 보는 것은 우리의 정신 건강에도 좋고, 궁극적으로는 보다 더 좋은 사회를 만드는 데에도 기여하게 될 것이다.

변경의 지식인: 피들러, 사이드, 손탁, 맥퍼슨

레슬리 피들러

1960년대 미국의 자유주의 정신을 대표하는 레슬리 피들러는 최초로 대중문화와 장르 문학을 옹호한 문화비평가로 유명하다. 그의 "팝 컬처" 옹호 이론 덕분에 미국의 대중문화와 장르 소설은 저속하고 상업적이라는 비난에서 벗어나, 중요한 의미를 갖는 본격 문화 및 본격문학으로 부상하게 된다. 예컨대 피들러는 고상한 이념으로 시작된 러시아혁명이나 프랑스혁명과는 달리, 미국 혁명은 "보스턴 티 파티"라는 지극히 상업적인 이유로 시작되었고, 따라서 미국 문화는 태생적으로 대중문화이며, 미국의 정신을 가장 잘 드러내 주고 있다고 말한다.

피들러는 1960년대 초에 이미 대중문화를 주도할 전자 매체 시대의 도래와, 거기에 따른 "소설의 죽음"을 선언해서 세계 문화계와 학계에 커다란 충격을 주었다. 그는 귀족적인 고급문화와 순수문학의 시대는 끝이 났고, 이제는 대중문화와 장르 문학 시대가 왔다고 말하며, 그러한 변화가 만들어 낸 새 시대의 문화 및 예술 양식을 "새로운 변종(The New Mutants)"라고 불렀다. 사실 전통주의자들의 눈에 대중문화나 장르 소설은 위험하고 비정상적인 "변종"일 뿐이었다. 그로부터 거의 50년이 지난 지금 뮤턴트의 중요성을 다룬 소설과 영화가 쏟아져 나오는 것을 보면 새삼 피들러의 혜안을 깨닫게 된다.

그는 또 장차 문학 텍스트와 어깨를 나란히 하며 부상하게 될 영화의 중요성과 영상 매체 시대의 도래를 선언해서, 활자 매체와 영상 매체의 제휴를 예시했다. 과연 오늘날 영화 텍스트는 문학 텍스트와 똑같은 비중을 지닌 문화 매체로 인정받고 있으며, 종래에 소설이 하던 일을 대신하고 있다. 요즘 젊은이들은 구세대가 문학을 통해 그랬듯이, 영화를 통해 인생과 세상을 배우고 있기 때문이다. 그런 의미에서 피들러는 시대를 앞서 가는 문화계의 예언자였다.

피들러가 주류 백인 문학과 문화보다, 소수 인종 문학과 다문화주의를 주창했던 것도 바로 그런 맥락에서였다. 피들러는 언제나 중심부의 지배 문화보다는, 주변부의 소외된 피지배 문화의 중요성과 다양성을 인정하고 주장했다. 피들러가 미국 문학과 영화에 나타난 백인 주인공과 유색인 동반자의 모험 모티프를 찾아낸 것도 바로 그런 맥락에서였다. 그는 핌과 인디언 혼혈 더크 피터스(포의 『아서 고든 핌의 모험』), 이스마엘과 폴리네시아인 퀴퀙(멜빌의 『모비 딕』), 허클베리 핀과 흑인 짐(트웨인의 『허클베리 핀의 모험』) 등을 예로 들며, 미국 문학에 나타나는 그러한 패턴의 의미를 신화적/심리적/문화적으로 천착했다. 피들러에 의하면, 미국 작가들은 현실에서는 이루어질 수 없는 인종적 화해의 꿈을 상상 속에서 꾸었으며, 그 꿈이 너무나 절실해서 미국 소설에는 남녀 간의 사랑 대신 인종 간의 사랑이 등장한다는 것이다. 피들러는 미국 소설들이 대부분 아동용 소설로 오해되어 아동의 서가에 꽂혀 있는 이유도 바로 거기에 있다고 말한다. 피들러는 이 이론을 『미국 소설에 나타난 사랑과 죽음』 (1960)이라는 기념비적 저서에서 설득력 있게 펼치고 있다.

더 나아가, 피들러는 미국 영화에서도 그런 패턴을 발견했다. 론 레인저와 인디언 톤토(『론 레인저』), 커크 선장과 외계인 스팍(『스타트랙』), 핸 솔로 선장과 외계인 추바카(『스타워즈』), 맥머피와 인디언 추장(『뻐꾸기 둥지 위를 날아간 새』), 닉 놀테와 흑인 에디 머피(『48시간』), 그리고 멜 깁슨과 흑인 대니 그로버(『레셜 웨펀』) 등, 많은 미국 영화에서 피들러는 백인 주인공과 유색인 동반자의 우정과 모험을 본다. 그런 영화에서 유색인 동반자는 백인 주인공의 든든한 후원자이자 동반자의 역할을 한다.

피들러는 또한 자신의 문학 이론을 자신의 삶으로 가져와 실천한 위대한 비평가였다. 사람들이 입으로만 바른 소리를 할 때, 피들러는 자신의 자녀들을 모두 소수 인종과 결혼시켰고, 그래서 피들러 가족이 모일 때면, 마치 인종박람회처럼 보였다고 한다. 물론 아버지가 그렇게 결혼을 시켰다기보다는, 자녀들이 아버지의 뜻을 따랐다고 보는 것이 더 정확할 것이다. 어찌 되었건, 피들러가 자신의 태도와 이론으로 인해 자녀들의 존경을 받았다는 것은 분명하다.

피들러는 여러 편의 기념비적 글을 발표해 주위를 놀라게 했다. 1948년에는 《파티잔 리뷰》지에 헉 핀과 흑인 짐의 사랑과 우정을 다룬 「헉 핀이여, 다시 뗏목으로 돌아와 다오!(Come back to the Raft, Huck Honey!)」라는 글을 발표해서 미국 문단과 학계에 커다란 파문을 던졌다. 피들러가 뗏목 위에서 벌어지는 백인과 소수 인종 간의 동성애를 시사했다고 오해한 비평가 맥스웰 가이스마는 「레슬리여, 뗏목에서 내려라!(Get Off the Raft, Leslie!)」라는 반박문을 발표하기도 했다. 피들러가 1969년에 쓴 「경계를 넘고, 간극을 좁히며(Cross the Border-Close the Gap)」라는 글은 고급문화와 대중문화 사이의 경계를 허무는 역할을 했던 중요한 글인데, 그는 이 글을 적절하게도 《플레이보이》지에 발표했다. 피들러는 또 1955년에 「양극을 피하는 중간(The Middle Against Both Ends)」이라는 글도 발표해, 미국 문학사상 처음으로 '중간 문학'의 중요성과 필요성을 설파했다.

피들러는 「셰익스피어 속의 이방인(Stranger in Shakespeare)」에서는 셰익스피어 작품 속에 나타난 유대인에 대한 편견을, 「사라져 가는 미국인의 귀환(The Return of the Vanishing American)」에서는 원주민계 미국인의 상황을, 그리고 「순진성의 종식(An End to Innocence)」에서는 미국인의 정치적 순진함에 대한 비판을 제시하고 있다. 그는 또 「우뢰 속의 거부(No In Thunder!)」는 모두가 "그렇다!"라고 말할 때, 홀로 "아니다!"라고 말할 수 있는 지식인의 용기에 대해 쓰고 있고, 「기형인(Freaks)」에서는 기형인에 대한 연구를 통해 소외된 계층의 주변부 문화를 탐색했다. 또 『문학이란 무엇이었는가?(What Was Literature?)』에서는 대중문화 옹호론을 펼쳤으며, 자서전 『체포(Being Busted)』에서는 진보적인 학생 클럽의 지도교수를 하다가 당국의 미움을 받아, 자녀의 마리화나 소지죄(피들러는 FBI가 아들의 방 수색을 하면서 의도적으로 심어 놓은 허위 증거라고 주장했다.)로 입건된 상황과, 자신의 성장 과정 및 삶의 철학을 기록하고 있다. 피들러는 모든 유대계 미국인들이 원자탄 설계도를 소련 스파이에게 넘겨준 혐의로 수감되었던 유대계 로젠버그 부부를 옹호할 때 동참하기를 거부함으로써 유대인들의 신랄한 비판을 받은 용기 있는 인물이었다. 그는 단지 같은 민족이라는 이유만으로 무조건 옹호하는 것은 잘못된 민족주의라고 보았다.

피들러는 타계했지만, 그가 남기고 간 가르침은 우리에게 여전히 많은 깨우침과 깨달음을 주고 있다. 소수 인종과 주변부 문화에 대한 그의 애정과 인정을 통해, 우리는 양극을 피하고 경계를 넘는 포용성과 유연성, 그리고 진정한 1960년대 자유주의 사상의 정수를 배우게 된다.

에드워드 사이드

　불과 40대 초반의 젊은 나이에 『오리엔탈리즘』이라는 저서로 전 세계를 놀라게 한 에드워드 사이드는 평생을 '망명객'과 '변경의 지식인'으로 살았다. 사이드는 팔레스타인 영토였던 예루살렘에서 태어났지만, 1948년 이스라엘의 건국으로 하루아침에 집과 나라를 잃고 가족과 함께 이집트 카이로로 이주했다. 그러나 학교에서 난민이라고 차별과 놀림을 받자 고교 시절 홀로 미국으로 건너온 사이드는 평생 돌아갈 조국과 고향이 없었던 사람이었다. 그는 집에서는 아랍어를 썼지만 대학에서는 영어로 강의하는 영문학 교수였고, 아랍인이었지만 이슬람교도가 아닌 기독교도였으며, 팔레스타인 사람이었지만 무슬림 테러리즘에 대한 신랄한 비판자였다. 그는 또 아라파트에 의해 팔레스타인 망명 국회의원에 임명되었지만 아라파트의 급진 정책을 비판하고 사임했으며, 미국에 몸담고 살았지만 워싱턴의 편파적 중동 정책을 강하게 비판했다. 그는 아랍 세계와 미국, 이슬람과 기독교, 그리고 동양과 서양이라는 두 세계 사이의 외로운 지식인이었으며, 그런 그를 《뉴욕타임스》는 "스스로 선택한 망명객"이라고 불렀다.

　동양에 대한 서양의 편견을 다양한 문헌 분석을 통해 강력하고 설득력 있게 비판한 명저 『오리엔탈리즘』의 서문에서 사이드는, "나로 하여금 이 책을 쓰게 만든 것은, 어린 시절, 두 개의 식민지에서 자라난 동양인으로서의 자각이었다. 팔레스타인과 이집트에서 내가 받은 교육은 서양의 교육이었지만, 어린 시절의 그러한 깨달음은 결코 사라지지 않았다."라고 썼다. 그런 면에서 보면, 사이드에게 글쓰기나 문학비평은 곧 비극적인 자신의 개인사와 그것을 초래한 서양 근대사에 대한 문학적 및 지적 성찰이었다. 그래서 『세상과 텍스트와 비평가』라는 저서에서 사이드는 예술지상주의를 비판하며, 문학비평은 순수해서는 안 되고 현실적이고 세속적이어야 한다고 주장했다. 그는 예술과 현실이 괴리될 때, 한 손으로는 릴케의 시를 읽으며, 다른 손으로는 유대인 학살 승인 서류에 서명한 나치들이 생긴다고 말하며, 예술은 곧 현실의 반영이며, 그것을 산출한 시대적, 사회적 산물이라고 지적했다.

사이드는 또 행동하는 지식인이었다. 그는 프린스턴 대학교 졸업생에 하버드 대학교 박사이자 컬럼비아 대학교의 석좌교수였지만, 중동 방문 시에는 팔레스타인 항의 시위대의 선봉에 서서 이스라엘 진압군에게 돌을 던지기도 했으며, 미국 텔레비전에도 자주 나가 미국의 외교 정책을 비판했다. 사이드는 또 이슬람 옹호자라는 이유로 유대인 급진주의자들의 테러 위협을 받아 평생 자택 주소를 감추고 살아야 했지만, 아이러니하게도 유대계 지식인들로부터는 "지적 테러리스트"라고 불렸다. 그러나 이슬람을 옹호하면서도, 사이드는 사담 후세인을 비판했으며 극단적인 민족주의를 경계했다. 그는 『문화와 제국주의』에서, "방어적이고 보수적이며 심지어는 편집증적인 국수주의가 유감스럽게도 교육 현장에서 어린이들과 청소년들로 하여금 타문화를 비하하고 자신들의 문화만을 숭상하고 찬양하도록 주입되고 있다."라고 탄식했다.

사이드는 평생 아웃사이더로 살다가 저세상으로 갔다. 그러나 『문화와 제국주의』에서 사이드는 "내가 자신을 아웃사이더라고 부를 때, 그것은 슬프거나 박탈당한 것을 의미하지는 않는다. 오히려 제국주의가 나누어 놓은 두 세계에 다 속해 있다는 것은 그만큼 그 두 세계를 더 잘 이해할 수 있다는 것을 의미한다."라고 말했다. 그런 맥락에서 사이드는 12세기 유럽의 성직자 성 빅토르 휴고가 한 말을 좋아한다. "자신이 태어난 나라만 좋아하는 사람은 아직 어린아이와도 같다. 세계 어디를 가도 자기 나라처럼 느끼는 사람은 강한 사람이다. 그러나 이 세상 모든 곳을 다

타국처럼 느끼는 사람이야말로 완벽한 사람이다."

그런 면에서 사이드는 카뮈의 단편 「손님」의 주인공처럼 외로웠겠지만, 반면 "완벽한" 사람이었다. 그러한 그의 태도는 자신의 조국에만 매달리는 한국인들을 부끄럽게 한다. 사이드는 오리엔탈리즘도 나쁘지만, 서양에 대한 편견인 옥시덴탈리즘도 똑같이 나쁘다고 지적한다. 1996년에 서울에 온 사이드는 한국인들은 왜 미국의 제국주의만 비판하고, 중국의 제국주의에 대해서는 침묵하는지 의아해했다.

에드워드 사이드가 쓴 저서들은 전 세계에 지대한 영향을 끼쳤다. 위에 언급한 『오리엔탈리즘』과 『세상과 텍스트와 비평가』, 그리고 『문화와 제국주의』는 사이드의 사상을 읽어 내는 데 필수적인 책들이지만, 그의 자서전 『아웃 오브 플레이스(Out of Place)』는 망명객으로서, 그리고 변경의 지식인으로서 사이드의 삶의 여정을 이해하는 데 필수적인 책이다.

미셸 푸코의 이론을 미국에 처음 본격적으로 소개한 『시작(Beginnings)』이라는 책은 『오리엔탈리즘』이라는 저서가 나오게 된 배경이 되는 이론적 저서이며, 독주회도 가졌던 피아니스트 사이드와 이스라엘의 지휘자 바렌보임의 대담집인 『평행과 역설』은 음악과 사회와 역사가 어떻게 긴밀하게 연결되어 있는가를 탐색하는 과정에서, 동양과 서양, 그리고 아랍과 이스라엘의 화해와 공존을 추구한 사이드의 후기 사상을 잘 드러내 주는 책이다. 국내 학자들의 사이드론을 모은 책인 『에드워드 사이드 다시 읽기』도 사이드의 이해에 도움이 된다.

사이드는 좌파 지식인이었지만 마르크스주의자가 아니었고, 팔레스타인 사람이었지만 결코 이스라엘을 증오하지 않았다. 백혈병에 걸렸을 때도, 사이드는 뉴욕의 유대계 병원인 마운트 사이나이 병원에서 유대계 의사들의 치료를 받으며, "유대인들이 나를 치료하다니 아이러니지."라고 말했다. 또 자기 가족이 살던 예루살렘의 저택이 몰수된 후, 이스라엘의 철학자 마틴 부버에게 주어졌다는 사실을 알게 된 사이드는, "우리 집을 하필 『너와 나』의 저자에게 빼앗긴 것도 대단한 아이러니야."라 말하며 웃곤 했다. 사이드는 갔지만, 그가 남긴 거대한 그림자는 아직도 우리에게 많은 깨우침을 주고 있다.

수전 손탁

수전 손탁은 미국의 자유주의를 대표하는 지성이자 문화평론가로서 한 시대를 풍미했던 천재 여성이었다. 불과 15세에 명문 버클리 대학교에 입학해 주위를 놀라게 한 손탁은 또 다른 명문인 시카고 대학교로 옮겨 당대의 석학이었던 케네스 버크와 리오 스트라우스로부터 문학과 역사와 철학을 배웠다. 이어 하버드 대학원에 입학한 손탁은 문학과 철학과 신학을 전공했으며, 옥스퍼드 대학교와 파리 대학교 유학을 다녀온 후 저명한 교수 및 저술가로 문명을 날렸다.

1964년 손탁은 《파티잔 리뷰》에 「캠프에 대한 단상」이라는 혁신적인 글을 발표해서 문단과 학계의 비상한 주목을 받았다. 58개의 단상으로 이루어진 이 글에서 손탁은 자신이 말하는 캠프는 진지하고 순수한 것을 해체하고, 유희적이고 비순수한 것의 가치를 추구하는 것이라며, 다음과 같은 유명한 말을 했다. "우리는 경박한 것에 대해서도 진지할 수 있고, 진지한 것에 대해서도 경박할 수 있다." 손탁의 이 "비순수의 선언"은 후에 "예술도 상품이 될 수 있고, 상품도 예술이 될 수 있다."라는 포스트모더니즘의 명제로 발전한다. 1960년대 자유주의 정신을 대표하는 또 다른 평론가 레슬리 피들러와 함께 난해한 모더니즘 소설의 죽음을 선언한 손탁은 캠프 이론을 통해 순수문학과 귀족예술에 반기를 들었던 저항의 지식인이었다.

1966년 손탁은 「캠프에 대한 단상」이 포함된, 『해석에 반대하며(Against Interpretation)』라는 기념비적인 저서를 출간해 또 한 번 세계 지성계의 주목을 받았다. 이 책에서 손탁은 현대의 해석 만능주의가 지성을 너무 강조하다가 예술의 초월적인 속성을 간과한다고 비판한다. 그래서 손탁은 "우리가 원하는 것은 해석학이 아니라, 예술의 에로틱스다."라는 유명한 말을 했다. 즉 손탁은 이 책에서 예술작품에 대한 경직된 전통적 해석에 반기를 들며, 문학과 예술만이 갖고 있는 영혼과 유연성과 아름다움의 중요성을 강조한다.

그러한 맥락에서 손탁은 교조주의적인 마르크스주의와 경직된 프로이드주의를 "공격적이고 무례한 사조"라고 비판한다. 손탁은 특히 마오쩌둥의 중국과 스탈린의 소련, 그리고 동유럽의 공산주의를 "인간의 얼굴을 한 파시즘"이라고 비난한다. "공산주의는 파시즘이다. 그러나 우리가 파시즘이라고 부르는 것은 이미 실패했기 때문에 전복이 가능한 폭정의 한 형태이다. …… 공산주의는 인간의 얼굴을 한 파시즘이다." 다만 그녀는 북베트남의 경우는 다르다고 보고, 배우 제인 폰다가 그랬던 것처럼 하노이에 다녀온 다음, 북베트남에 대해서는 호의적인 글을 쓰기도 했다. 물론 그녀의 그런 행동은 워싱턴의 해외 정책에 정면으로 반대하는 저항의 제스처였다.

손탁은 또 직설적인 화법과 돌출 행동으로 반대자들로부터 자주 비판을 받기도 했다. 예컨대, 그녀는 1967년에 《파티잔 리뷰》에 "백인은 인류 역사의 암적인 존재다."라고 썼다가 비난에 휩싸이자, "내가 말을 잘못한 것 같다. 내가 암 환자를 모독하는 말을 한 것 같다."라고 한 술 더 떠서 주위를 웃기기도 했다. 그녀는 또 9·11 직후에, "이것은 문명이나 자유나 휴머니티나 자유세계에 대한 비겁한 공격이 아니라, 스스로 세계의 수퍼 파워라고 주장하는 나라의 독특한 동맹 관계와 행동에 대한 공격이다."라고 말해 미국 보수주의자들의 공분을 샀다. 물론 손탁이 비판한 것은 미국의 오만과 독선과 잘못된 외교 정책이었다.

「해석에 반대하며」에서 손탁은 경직된 이념에서 벗어난 예술과 문화의 유연성을 보여 주면서, 지배 문화를 거스르며 사는 저항 정신을 가르쳐 준다. 1987년에서 1989년까지 미국 펜클럽회장을 맡았을 때는 이란의 호메이니가 살해 명령을 내린 작가 살만 루시디를 적극적으로 옹호하며, 이란의 경직된 이슬람주의를 비판하기도 했다. 손탁은 예리한 문화적 통찰을 통해 작가들과 지식인들에게 과거를 성찰하고, 현재를 조감하며, 다가올 미래를 예시해 주었던 보기 드문 문화 평론가였다. 기존의 문화 전통을 전복하는 비평서 『해석에 반대하며』의 표지에는 저자의 강인한 모습을 담은 흑백사진이 실렸고, 이후 손탁은 "미국 문단의 다크 레이디"로 불렸다.

1977년에 출간한 『사진에 대해서(On Photography)』에서 손탁은 흥미 있는 지적을 한다. 손탁은 미국인이나 일본인이나 독일인같이 끊임없이 일을 하는 사람들은 여행 중에 사진 찍기를 좋아하는데, 이는 그들이 쉬는 동안에도 일 대신 무엇인가를 계속 해야만 하기 때문이라고 말한다. 손탁은 또 사진이 역사와 머나먼 곳을 경험하게 해 주기는 하지만, 이미지에 대한 과도한 의존은 문제를 야기한다고 지적한다. 예컨대 전쟁 사진에서 사람들은 전쟁 이야기가 아니라 사진의 한 장면만을 기억하게 되며, 그런 사진들은 아직 준비도 되기 전에 아이들에게 간접적이기는 하지만 끔찍한 경험을 부여한다는 것이다.

1978년에 쓴 『은유로서의 질병』에서 손탁은 20세기의 대표적 질병인 암을 내향적인 성격 때문에 걸리는 것으로 보고, 심리 치료를 하는 것에 대해 예리하게 비판한다. 그녀는 질병을 그런 메타포로 포장하는 것은 오히려 피해자를 비난함으로써 환자에게 수치심을 준다고 말한다. 2004년에 쓴 마지막 유작『타인의 고통에 대하여』에서 손탁은 다시 한 번 전쟁 사진을 다루면서, 직접 참상을 경험해 보지 않은 사람이 타인의 고통을 과연 얼마나 이해하고 경험할 수 있을는지 의문을 제기하며, 전쟁의 예방이 더 중요하다고 지적한다.

손탁은 네 권의 소설을 썼고 네 편의 영화를 만들었으며, 우디 앨런의 영화「젤리그」에는 직접 출연하기도 했다. 소설 중에는「화산 같은 연인」이 베스트셀러가 되었다. 손탁은 2004년 백혈병으로 타계했지만, 그녀가 남기고 간 반체제적 저항과 진정한 자유주의 정신은 아직도 살아남아, 우리에게 체제에 순응하거나 세태에 휩쓸리지 말고, 경직된 지배 문화의 이데올로기에 "반대하며" 살아야 한다고 가르쳐 주고 있다.

제임스 앨런 맥퍼슨의 작품 세계

아프리카계 미국 문학은 1845년에 나온 프레더릭 더글러스의『프레더릭 더글러스의 자서전』과 1853년에 발간된 윌리엄 웰스 브라운의『클로텔 혹은 대통령의 딸』같은 노예제도에 대한 고발로 시작한다. 그러나 20세기 초 할렘 르네상스 시대에 오면, W. E. B. 듀보이스의『은빛 양털의 추구』(1911), 제임스 웰든 존슨의『한때 흑인이었던 남자의 자서전』(1912), 또는 조라 닐 허스턴의『그들의 눈은 신을 바라보고 있었다』(1937) 같은 흑인성을 추구하는 문학이 등장한다.

경제공황기였던 1930년대와 1940년대에는 리처드 라이트의『톰 아저씨의 후예들』(1938),『네이티브 선』(1940) 같은 사회 저항 소설이 흑인 문학의 주류를 이루었고, 1950년대부터는 랠프 앨리슨의『보이지 않는 인간』(1952), 제임스 볼드윈의 『산에 가서 말하라』(1953)처럼 저항 의식과 예술성을 동시에 추구하는 작품들이 산출되었다.

1960년대는 시대정신에 따라, 맬컴 X의 『자서전』(1965)이나 아미리 바라카(리로이 존스)의 『블랙 매직』(1969)처럼 사회 불평등에 대한 분노를 담은 진보주의적 작품이 나왔지만, 1970년대부터는 이스마엘 리드의 『멈보 점보』(1972)처럼 포스트모던적 시각과 기법을 차용한 작품이 등장했다. 이후 앨리스 워커와 토니 모리슨이 등장하면서 아프리카계 미국 문학은 세계적인 인정도 받고(모리슨의 노벨문학상 수상), 보다 성숙한 단계로 접어든다.

퓰리처상 수상 작가 제임스 앨런 맥퍼슨은 바로 그러한 아프리카계 미국 문학 전통을 이으면서도, 대단히 독창적인 작가로 주목받고 있다. 그는 세계적으로 유명한 아이오와 대학교 작가 워크숍(한국계 미국 작가 리처드 킴을 배출했고, 지금도 매해 한국 작가들이 파견되고 있다.)의 창설자 중 한 사람이다. 맥퍼슨의 특징과 위대함은 그가 굳이 아프리카계 미국 작가라기보다는 더 큰 의미에서 미국 작가이며, 자신의 인종적 배경을 소재로 미국 문학의 폭과 깊이를 확장하는 작가라는 데 있다. 다시 말해, 맥퍼슨에게는 자신의 인종적 배경이 스스로의 문학 세계를 규정하고 제한하는 부정적 요소가 아니라, 오히려 독특한 인종적 경험을 통해 미국 문학의 범위를 넓히는 긍정적 요소가 된다는 것이다.

그래서 맥퍼슨의 작품에는 아프리카계 미국 문학에서 흔히 발견되는 인종차별에 대한 분노나 고발, 또는 불평이나 저항이 없다. 또한 토니 모리슨의 『가장 푸른 눈』처럼, 백인이 되고 싶어 하고 백인 사회를 동경하는 등장인물도 없다. 그의 주인공들은 그냥 미국에서 살고 있는 평범한 미국인이다. 인종차별이나 사회적 불평등 같은 문제는 주인공의 일상생활과 주변 상황에 녹아 있을 뿐, 결코 표면에 드러나지 않는다. 맥퍼슨은 아프리카계 미국인들의 그러한 부조리한 상황을 수준 높은 위트와 블랙 유머로 처리할 뿐, 라이트의 사회 저항 주인공처럼 분노와 폭력으로, 또는 엘리슨의 "보이지 않는" 주인공처럼 실존적인 고뇌나 독백으로 극복하려 하지 않는다.

그래서 맥퍼슨의 소설에는 차별받는 자의 불평이나 분노가 없다. 사실 문학은 단순한 사회 저항이나 고발을 넘어서는 독특한 예술 양식이다. 문학작품이 늘 상징과 은유, 그리고 삶에 대한 성찰과 통찰로 가득 차 있는 이유도 바로 거기에 있다. 예컨대 맥퍼슨 최고의 작품이라는 평을 받는 『죽은 자의 이야기』에서 작가는 빌리 렌츠로의 실패한 인생을 오 헨리 식 유머로 묘사하면서, 단 한 번도 직접적으로 백인 사회를 비난하거나 원망하지 않는다. 대신 맥퍼슨은 흑인에게는 음료를 안 파는 『라임하우스』 에피소드나, 가석방된 빌리를 채무자의 빚을 받아내는 깡패로 고용한 백인 사채업자 딜링햄을 통해, 빌리의 파멸에 대한 책임 소재를 은유적, 간접적으로 드러낸다. 그런 의미에서 맥퍼슨은 아프리카계 미국 문학의 성격과 방향을 과감히 바꾸어 놓은 이 시대의 뛰어난 예술가이자 탁월한 작가다.

보통 아프리카계 미국 작가라면, 흑인 피의자 주인공이 백인으로만 구성된 배심원이나, 편견을 가진 법관으로 인해 부당한 판결을 받는 상황을 작품 속에 묘사해 인종차별을 고발할 것이다. 그러나 맥퍼슨은 정반대의 상황을 다룬 작품을 유머와 위트로 써서 독자들을 즐겁게 한다. 음주 운전으로 조사 받고 있는 『수법상의 문제』의 여주인공 파라고트 부인은 오히려 그와 같은 상황을 교묘히 역이용해 위기에서 벗어난다. 즉 그녀는 경찰이 억울하게 자기를 체포했다고 주장하며, 순진한 백인 국선 변호사 밀퍼드에게 도움을 요청한다. 조사가 시작되자 밀퍼드는 열심히 변호하고, 파라고트 부인은 이렇게 자신을 변호한다. "하지만 누가 내

말을 믿겠어요? 누가 저 경찰관 말을 안 듣고 내 말을 듣겠어요? 저 경찰관은 나보고 죄가 있다고 하는데 나는 결백해요." 백인 조사관 윌슨은 파라고트 부인의 말을 믿고 그녀의 운전면허증을 취소하지 않는다. 조사가 끝난 후에야 변호사 밀퍼드는 파라고트 부인이 사실은 알코올중독이며, 독한 위스키를 마시고 운전을 했다는 사실을 알게 된다.

『나는 미국인입니다』에서 맥퍼슨은 아프리카계 미국인이 유럽에 갔을 때 경험하게 되는 인종적 편견을 아이러니와 위트로 묘사하고 있다. 호텔에서 만난 아시아인들은 주인공 일행에게 "나이지리아 사람"이냐고 묻고, 주인공 일행 또한 그 아시아인들이 한중일 중 어느 나라 사람인지 모른 채, 만날 때마다 중국어로 인사말을 건넨다. 그들은 또한 호텔 종업원 불가리아인을 도둑으로 보는 인종적 전형화의 잘못도 저지른다.

독자는 맥퍼슨의 작품을 읽으며 흑과 백의 경계를 초월하는 작가의 독특한 작품 세계를 발견하며, 그의 주인공들이 멜빌의 이스마엘이나, 트웨인의 헉 핀, 또는 헤밍웨이의 닉 애덤스나 피츠제럴드의 개츠비 같은 낯익은 미국 소설의 주인공들과 닮았다는 사실을 깨닫게 된다. 맥퍼슨은 인종적 차별이나 정체성의 혼란이나 백인 사회로의 동화 같은 오랜 전통적 주제에서 벗어나, 미국인으로서 사는 것 및 소수 인종끼리 모여 사는 것의 문제점, 그리고 거기에서 벗어나 주류 사회의 일원으로 살아가는 문제를 다룬 특이한 소수 인종 작가다. 그런 의미에서 맥퍼슨은 같은 소수 인종 작가로서 비슷한 주제를 탐색한 한국계 미국 작가 단 리와, 원주민계 미국 작가 루이스 어드리치와 비슷하다. 위 세 작가는 모두 두 세계 사이를 넘나드는 변경의 지식인이자 경계를 넘는 소설가들로서, 미국 소수 인종 문학의 새로운 가능성을 열었다는 점에서 주목받고 있다.

5부
문학비평과 문학 기행의 경계를 넘어서

문학이란 삶의 여로이자 지적 편력이라는 것을 내게 처음 가르쳐 준 사람은 헤르만 헤세였다. 고교 시절, 그의 『크눌프』와 『페터 카멘친트』, 『청춘은 아름다워라』, 『싯다르타』, 그리고 『지성과 사랑』을 읽으면서 나는 헤세 주인공들의 낭만적 방랑과 지적 방황에 매료되었다. 인상적이었던 것은, 그들의 정신적 방랑이 단순한 치기나 허영이 아니라 현실과 예술을 바라보는 눈 및 자신들의 삶의 고뇌와 긴밀히 연관되어 있다는 점이었다. 그래서 죽음을 앞둔 방랑자 크눌프와 신의 대화, 고행자 싯다르타의 명상, 그리고 예술가 골드문트의 자유분방한 삶은 곧 문학 지망생이었던 나 자신의 정신적 이정표가 되었다.

대학 시절 빠져들었던 제임스 조이스 또한 내게 문학적 방랑과 망명의식을 가르쳐 준 잊지 못할 작가였다. 그의 『젊은 예술가의 초상』을 읽으면서 나는, 수업 시간에 몰래 세계 지도를 펴 놓고 미지의 세계로 날아가는 꿈을 꾸는 어린 예술가 지망생 스티븐과 나를 동일시하곤 했다.(스티븐의 어린 시절을 다룬 이 소설의 한글 제목은 '젊은 예술가'라기보다는 '어린 예술가'라고 해야 더 적절할 것이다.) 나 또한 스티븐처럼 '조국'과 '민족' 또는 '종교'와 '정치 이데올로기'라는 편협한 틀에서 벗어나, 더 넓고 더 광활한 미지의 세계로 나아가고 싶었고, 문학이란 바로 그런 자유를 추구하는 것이라고 믿었다. 사실 자신을 조건짓는 상황에서 벗어나지 못하는 사람이 어찌 자유혼을 가진 작가가 될 수 있겠는가?

알베르 카뮈의 「이방인」과 「정의의 사람들」, 그리고 「손님」도 내게 문학의 길을 가르쳐 준 길잡이였다. 카뮈의 주인공들은 모두 자신이 속한 사회에서 영원한 이방인이자 나그네였다. 그들은 자신들을 잡아당기는 수많은 관습과 중력으로부터 자유롭고 싶어 하는, 그래서 더욱 고독한, 진정한 자유인들이었다. 그러나 바로 그러한 이유로 해서 그들은 자신이 속한 커뮤니티로부터 배척당한다. 그래서 나는 「손님」의 마지막 구절에 크게 공감했다. "그는 하늘과 고원과 바다까지 뻗어 있어 보이지 않는 머나먼 대지를 바라보았다. 그가 그렇게도 사랑했던 이 광대한 땅에서 그는 외로웠다."

그러다가 나는 영원한 망명객 에드워드 사이드와 레슬리 피들러를 만났으며, 그들은 내게 12세기에 다음과 같은 말을 남긴 선각자 성 빅토르의 휴고의 말을 소개해 주었다. "자신의 조국이 달콤하게 느껴지는 사람은 아직 어린아이와도 같다. 모든 곳이 자신의 조국처럼 느껴지는 사람은 강한 사람이다. 그러나 모든 곳이 외국처럼 느껴지는 사람이야말로 완성된 사람이다."(『디다스칼리콘(*Didascalicon*)』) 위 두 분은 이 세상에서 바로 그와 같은 방랑자의 삶을 살다가 최근 또 다른 세계로 망명의 길을 떠났다.

젊은 시절 내게 문학의 길을 가르쳐 준 작가들과 스승들은 이제 모두 다른 세상으로 떠났다. 그러나 그들의 가르침은 아직도 내 삶의 소중한 이정표가 되고 있다. 그래서인지 나는 한곳에 뿌리내리지 못하고, 여전히 여기저기 부지런히 돌아다닌다. 2005년 말부터 2007년 초까지 나는 샌프란시스코에서 보스턴까지, 또는 버클리에서 하버드까지 미 대륙을 횡단하면서 여러 문학 행사에 참석하고 많은 문학 성지를 방문할 기회가 있었는데, 문득 그 문학적 편력을 글로 써서 남기면 좋겠다는 생각이 들었다. 호메로스는 영원한 방랑자 오디세이를 통해 일찍이 우리에게 문학의 길이 곧 방랑의 길임을 예시해 주었다. 그래서 당시 문학의 근원과 작가들의 발자취를 찾아 여기저기 떠돌면서 썼던 글을 모아 여기에 싣는다.

캘리포니아 버클리와 한국 시

버클리에서 만난 한국 시

샌프란시스코 공항에서 내려 101번 도로를 타고 가다 북쪽에 있는 세계에서 가장 긴 교량인 '베이 브리지'를 건너면 1960년대 미국 진보주의, 자유주의의 중심지였던 버클리가 나온다. 하버드나 스탠퍼드와 더불어 거의 모든 분야에서 미국 대학 랭킹 1, 2위를 석권하고 있는 명문 캘리포니아 버클리 대학교가 있는 이곳에서는 놀랍게도 거리의 '노숙자'들조차도 책을 읽는다. 이러한 말을 이미 들은 바 있지만, 실제로 길거리에 앉아 책을 읽고 있는 '홈리스'들의 모습은 정말 인상적이었다. 어쩌면 이곳은 지구상에서 유일하게 노숙자들도 책을 읽는 곳인지도 모른다. 그것도 앨런 긴즈버그의 『울부짖음』이나 잭 케루악의 『길 위에서』 같은 비트 문학의 경전들을 말이다.

근처의 스탠퍼드 대학교에 가 본 사람은 그 부유함과 정갈함과 단정함에 놀라게 된다. 정문 입구 양쪽에 늘어서 있는 거대한 야자수의 행렬,

그리고 마치 테마 공원같이 꾸며 놓은 아름다운 캠퍼스, 도처에 도열해 있는 아치형의 건축물, 후버 타워에서 내려다보이는 그림엽서 같은 전경, 자전거를 타고 질서정연하게 이동하는 학생들, 그리고 심지어는 대학 캠퍼스와 연결되어 있어 저절로 가 보게 되는 고급 쇼핑센터까지 스탠퍼드의 고상한 분위기는 방문객들의 기를 죽인다. 그래서 이곳의 질서를 어지럽히는 것은 어쩐지 중죄에 해당할 것만 같다.

그러나 무질서하고 제멋대로인 버클리 캠퍼스는 다소 어지럽힌다 해도 별문제될 것이 없어 보인다. 아름답지만 다분히 인위적이고 인공적인 스탠퍼드와는 달리, 버클리 캠퍼스는 대자연의 미를 그대로 살려 놓았기 때문이다. 수백 년 묵은 거대한 나무들이 숲을 이루고 있고, 도처에 개천이 흐르고 있어 하루 종일 물소리가 들리는 곳, 그래서 정장 차림보다는 분명 청바지나 통기타나 장발이 더 어울리는 곳, 그리고 저마다 스타벅스 커피를 들고 강의실을 찾아가는 학생들로 붐비는 곳, 그것이 바로 버클리의 두드러진 특징이다. 버클리 다운타운인 섀턱 애비뉴와 토머스 핀천의 소설 『제49호 품목의 경매』에 등장해 유명해진 텔레그래프 대로 역시 거리의 악사들과 수레에 장신구를 진열해 놓고 파는 상인들로 늘 시끌벅적하다. 그래서 문학을 하는 사람들은, 디즈니랜드처럼 아기자기하게 꾸며 놓은 스탠퍼드보다는 소란하고 자유분방한 버클리를 더 좋아한다. 전자가 잘 다듬어 놓은 산문 같다면, 후자는 즉흥적이고 생동하는 시와도 같기 때문이다.

바로 이곳 버클리에서 2006년 1월 21일 한미 시인들의 시 낭송회가 열렸다. 한국 시단을 대표하여 신경림, 김종해, 오세영, 문정희, 김승희 시인과 이애주 교수가 초대되었고, 미국 시인으로는 전 미국 계관시인 로버트 하스, 서부 해안의 대표 시인 제롬 로텐버그, 샌프란시스코 시인들인 잭 로고, 브렌다 힐먼, 조지 랙코브, 리처드 실버그가 참여했다. 캘리포니아 버클리 대학교 필름 아카이브에서 열린 이 시 낭송회에는 무려 300명이 넘는 청중이 몰려들어 만장의 성황을 이루었다. 버클리 대학교 한국학센터의 객원 작가로 체류하고 있던 이문열도 청중석에 앉아 시종일관 행사를 경청해서 주목을 받았다.

「농무」로 유명한 신경림 시인이 「갈대」를 낭송하면서 시작된 이 행사는 한국 시인들과 미국 시인들이 번갈아 가며 자작시를 낭송해 두 나라의 친교와 우의를 다졌다. 정치인들이 벌려 놓은 두 나라 사이의 상처를 그날 두 나라 문인들이 힘을 합해 봉합하고 있는 광경은 가히 감동적이었다.

> 언제부터인가 갈대는 속으로
> 조용히 울고 있었다.
> 그런 어느 날 밤이었을 것이다. 갈대는
> 그의 온몸이 흔들리고 있는 것을 알았다.
>
> 바람도 달빛도 아닌 것.
> 갈대는 저를 흔드는 것이 제 조용한 울음인 것을
> 까맣게 몰랐다.
> ― 산다는 것은 속으로 이렇게 조용히 울고 있는 것이란 것을
> 그는 몰랐다.
>
> ―「갈대」

갈대를 삶에 비유해 인생에 대한 심오한 성찰을 시도한 신경림 시인의 시 낭송이 끝나자, 화답에 나선 잭 로고 시인은 「스케이트 레슨」을 낭송해 청중을 매료시켰다.

스케이트 링크 둘레로 여섯 살짜리 딸을 끈다.
얼음에 겁먹어
각자 얼마나 조심했던가
노란 파카
파란 벙어리장갑
빨간 캡
사진관 스튜디오 같은
흰 배경 위에서

스케이트를 신은
딸, 내 손을 잡고
옆에서 따라온다
발이 제멋대로 굴러가면
놀라서
힘줘 붙든다.
우리의 스케이트 날은 엇가르며
은줄을 그린다.

바로 어제 말했다, 딸더러
엄마와 헤어진다고……
그러자 딸은
"밉다고 어떻게 써?" 하며
티켓 여백에 몇 줄 써
내게 건네줬다.

그러나 오늘 우리 딸은 내 옆에서

거짓말처럼 스케이트를 탄다. 내 손도 안 잡고

불안하게 첫발을 내밀며

딸은 말한다.

"아빠가 가까이 있으면 아빠가 없다 생각하고

아빠가 곁에 없으면

아빠가 있다고 생각하지."

―「스케이트 레슨」

    이 시는 '스케이트 레슨'이라는 일상적이지만 훌륭한 메타포를 사용해 '이별을 통한 성숙과 독립'과 '붕괴되어 가는 현대의 인간관계와 고립'이라는 주제를 감동적으로 묘사하고 있다. 미끄러지지 않기 위해 위태위태하게 앞으로 나아가는 스케이트 배우기는 인생의 걸음마 배우기와 강렬하게 병치된다. 그리고 차디찬 아이스링크는 싸늘한 삶의 현장을 상징하는 좋은 시적 배경이 된다. 바로 그곳에서 아빠는 어린 딸에게 인생의 교훈을 가르쳐 준다. 어제까지 딸아이는 미끄러지려 할 때마다 겁에 질려 아빠를 꼭 잡고 의지한다. 그러나 엄마와 헤어지게 되었다는 말을 들은 후, 오늘 딸은 갑자기 혼자 스케이트를 탄다. 그것은 이제 곧 딸이 부모에게 의지하지 않고 혼자서 살아가게 되었다는 것을 의미한다.

    어린 딸의 성숙과 성인 입문은 물론 부모의 별거와 이혼이라는 고통을 수반한다. 그럼에도 불구하고, 이제 딸은 비록 불안한 첫걸음이지만 인생의 홀로서기를 시도하고, 또 앞으로 그렇게 홀로 살아갈 것이다. "밉다고 어떻게 써?"라고 묻는 딸 앞에서 아빠는 한없는 부끄러움을 느낀다. 그러면서도 아빠는 아픔을 통해 성숙하고 홀로서기를 배우는 딸의 모습을 바라보며 가슴 뿌듯함을 느낀다. 이 시의 마지막을 장식하는, "아빠가 가까이 있으면 아빠가 없다 생각하고/ 아빠가 곁에 없으면 아빠가 있다고 생각하지."라는 말은 어린 딸을 세파 속으로 떠나보내는 이 세상 모든 아빠의 가슴을 찢어 놓는 애절한 구절이다.

분단 국가의 시인

한편, 분단의 비극적 현실과 모든 남자가 군인이 되어야만 하는 한반도의 상황을 여성의 시각과 심정을 통해 묘사한 문정희 시인의 「군인을 위한 노래」도 오래전 가족들을 한국전에 파병했거나 현재 이라크에 파병하고 있는 미국인들에게 커다란 공감을 불러일으켰다.

> 당신들은 모르실 거예요.
> 이 땅에 태어난 여자들은
> 누구나 한때 군인을 애인으로 갖는답니다.
> 이 땅의 젊은 남자들은
> 누구나 군사분계선으로 가서
> 목숨을 거기 내놓고 한 시절
> 형제라고 부르는 적을 향해 총을 겨누고
> 잘박하게 고통과 그리움을 배운답니다
> 그래서 이 땅의 여자들은
> 소녀 때는 군인들에게 위문편지를 쓰고
> 처녀 때는 군대로 면회를 간답니다.
> 그 시차 속에 가끔 사랑이 엇갈리는 일도 있어
> 어느 중년의 오후

다시 돌아설 수 없는 길목에서
군복 벗은 그를 우연히 만나
서로 어쩔 줄 몰라 하며
속으로 조금 울기도 한답니다.
서로의 생 속에 군사분계선보다 더 녹슨
어떤 선을 발견하고 슬퍼한답니다.
당신들은 모르실 거예요.
이 땅의 여자들은
누구나 한때 군인을 애인으로 갖는답니다.

―「군인을 위한 노래」

　해외 시 낭송 경험이 많은 문정희 시인의 진솔하고 멋진 음성은 많은 청중을 매료시키며, 미국인들에게 분단국가인 한반도의 상황을 알리고 또한 거기에 개입되어 있는 미군 병사들을 통해 우리가 잊고 있는 한미 관계를 새롭게 성찰하도록 해 주었다.
　마치 문정희 시인의 시에 대한 화답인 듯, 대산문화재단이 주최한 제2회 서울 국제문학포럼에 초대받아 판문점에 가 본 퓰리처상 수상 시인 로버트 하스는 단상에 올라 자신의 판문점 방문에 대한 단상과 단시를 낭송했다. 하이쿠를 번역한 적이 있는 그는 '하이분'[1] 형태의 다음과 같은 작품을 발표해 주목을 끌었다.

---

[1] 여행에 대한 산문이나 산문시에 이어 하이쿠가 나오는 일본의 문학 형식.

비무장지대 판문점에서(하이분)

인간의 상상력이란 큰 숫자를 제대로 다루지 못한다. 250만 명 이상이 한국전쟁에서 목숨을 잃었다. 그토록 많은 사람의 목숨을 앗아 가자면 시간이 더 걸렸어야만 할 것 같다. 50만 명의 중공군이 전투에서 혹은 질병으로 죽었다. 100만 명의 남한 사람들이 죽었는데, 그중 5분의 4가 민간인이었다. 110만 명의 북한 사람들이 생명을 잃었다. 물론 이러한 숫자들은 부정확하며 그것에 대해 생각하자면 졸릴 수도 있다. 모든 '남한 사람'이 한국의 남쪽에서 태어난 것은 아니다. 일부는 북쪽에서 태어났지만 나라가 분단될 때 가족, 종교, 혹은 정치적 이유에서 남쪽으로 내려갔다. '북한 사람들' 역시 이와 유사하다. 전쟁을 하는 동안 전국 가옥의 절반이, 그리고 거의 모든 산업 시설과 공공건물이 파괴되었다. 40만 인구의 고향이었던 평양은 도시 내의 1제곱킬로미터당 천 번의 폭탄 세례를 받았다. 2만 6000명의 미군 병사들이 한국전쟁에서 죽었다. 그러나 사람들이 이런 사실을 제대로 알고 있다는 증거는 없다. 그런 사실은 적어도 어떤 공동의 수치감을 자극했어야 마땅하지 않은가. 사망자의 엄청난 숫자는 우리 의식 속에 간직하기 어려운 것일지도 모른다. 아마도 그 때문에 판문점에서 우리가 민간 버스에서 군용 버스로 갈아탈 때 약간의 메스꺼움을 느꼈을 것이다. 젊은 군인들은 임무를 수행하게끔 훈련되어 있었고 5월의 더위 속에서 여름 복장을 한 우리들의 몸뚱이를 정확하고 신속하게 이송했는데, 조금은 연극 같은 데가 있었다. 그들은 젊은이들이었다. 그들은 동경의 대상이 되길 원했다. 그들에 대한 나의 느낌을 묘사하기는 매우 어려웠는데, 그것은 우리가 그들을 도구로 이용했기 때문이다.

경비 초소 사이로

떼 지어 밀려가는 하얀 것은
── 천사들? 피로연? ──
버드나무에 둥우리를 튼
백로의 무리.

──「비무장지대 판문점에서」

하스 시인의 위 낭송은 시종 엄숙한 분위기를 자아냈으며, 다시 한 번 분단국가의 문제점과 거기에 따른 한미 관계의 중요성을 성찰하도록 해 주었다.

시를 통한 교류와 한국문학의 세계화

각각 한국어와 영어로 진행된 그날 행사에서 화제는 단연 '시를 통한 두 나라 사이의 교류가 가능한가?'였는데, 그날 발표된 시들은 국경과 언어와 문화적 차이를 초월해 누구에게나 감동적이었고 그래서 시를 통한 이해와 교감은 얼마든지 가능한 것처럼 보였다. 문제는 시인들이 얼마나 보편적이고 훌륭한 시를 쓰느냐에 달려 있을 것이다.

시 낭송회가 끝나고, 두 나라의 시인들은 시적 교류에 대해 활발한 토론을 벌였다. 먼저 신경림 시인이 "시란 사투리와도 같아서 이해하기 쉽지는 않지만 교류는 가능하다."라는 멋진 말로 발제를 시작하자 김승희 시인은 "시란 사투리이면서도 보편적 언어여서, 상호 텍스트성을 통해 교류와 공감이 가능하다."라고 동의를 표했다. 오세영 시인은 보다 구체적으로 "선불교 사상이나 도교 사상을 통해 동양 시도 서양 시에 영향을 줄 수 있는 만큼, 한국 시도 얼마든지 서양 시와 상호 영향이나 교류가 가능할 것이다."라고 말했다. 그는 그 한 예로 한국에서는 아름다움도 진 선미로 순위를 두는데, 그런 문화적 차이를 통해 한국 시가 서양 시에 영향을 줄 수도 있다는 흥미 있는 이론을 제시하기도 했다. 김종해 시인은, "마치 뿌리는 같아도 줄기에서 피는 잎이나 꽃은 다를 수 있듯이, 시라는 장르의 정체성도 동서양이 서로 같지만. 다만 문화적 특성이 다를 뿐이다."라는 좋은 비유를 들어 주었다. 그렇지만 미국인들이 한국 시에 관심이 적고 따라서 한국 시의 미국 내 번역 출판이 어렵다는 문제점이 지적되기도 했다. 문정희 시인은 한국 시가 서양인들의 관심을 끌고, 또 미국 시나 서양 시에 영향을 끼치려면 우선 좋은 작품이 나와야만 하며, 작품이 좋으면 결국 쉽게 출간되지 않겠느냐며 반성과 가능성, 그리고 자신감을 동시에 표명했으며, 오세영 시인은 "좋은 시란 이데올로기를 벗어나 미학적인 것을 추구하는 시"라고 지적했다.

미국 시인들은 이구동성으로 한국 시가 감동적이고 보편적 호소력이 있다고 칭찬했으며, 한국에는 1만 2000명의 시인들이 있다고 들었는데 그건 미국에서는 불가능한 놀랄 만한 일이라고 감탄하기도 했다. 그들은 또한 시 낭송 막간에 무대에 올려진 이애주 교수의 무속 춤에도 큰 관심을 보였다. 그날 그 축제의 자리에서 한국 시들은 그 자체가 이미 하나의 민속춤이었으며, 이애주의 춤 또한 그 자체가 한 편의 시였다.

한국의 겨울은 이곳 캘리포니아에서는 봄이다. 눈이 내리고 있는 한국과는 달리, 지금 이곳은 목련과 매화가 사방에 피어 있고, 벚꽃과 재스민 또한 여기저기 꽃망울을 터트릴 준비를 하고 있다. 그 상극의 날씨 차이만큼이나 두 나라의 언어나 문화는 서로 다르지만, 그럼에도 불구하고 두 나라의 시인들은 한데 모여 태평양을 잇는 탄탄한 교각을 만들어 내고 있었다.

그래서 그날 오후, 버클리에서는 멀리 떨어진 두 나라 사이의 상호 이해와 우정이 시라는 매체를 통해 꽃처럼 아름답게 피어나고 있었다. 한국문학의 세계화는 바로 그러한 행사를 통해 점차 본격적인 궤도에 오르게 될 것이다. 우리 문인들이 자주 해외에 나가서 작품 발표회를 갖고, 외국 작가들과 활발하게 교류해야 하는 이유도 바로 거기에 있다. 우리 문학을 해외에 알려 인정받도록 하는 사람들은 결국 작가들 자신이기 때문이다. 행사가 끝나고 청중에 둘러싸여 있는 우리의 시인과 소설가를 보며, 한국문학의 미래가 결코 어둡지 않다는 것을 실감했던 사람은 비단 나만은 아니었을 것이다.

버클리와 한국문학: 젊은이여, 동양으로 가라!

버클리와 한국 문화

한국인이 캘리포니아 대학교 버클리에 와서 하는 이야기 중 이곳 사람들이 좋아하는 것 두 가지가 있다. 하나는 호랑이 대신 곰을 선택하는 단군 신화이고, 또 다른 하나는 한국의 반미 감정이다. 이어령 교수의 지적대로, 로마와 독일과 미국은 독수리, 그리고 영국은 사자를 국가의 상징으로 선택했는데, 왜 우리 조상은 호랑이 대신 곰을 선택했을까 하는 문제는 흥미 있는 문화인류학적 논쟁을 유발한다. 예컨대 당시 동북아시아에는 호랑이를 숭배하는 부족과 곰을 숭배하는 부족이 있었는데 후자가 승리했다는 역사적 이론도 있고, 호전적이지 않고 은근과 끈기를 덕목으로 생각했던 한국인의 심성과 연결해 해석하는 문화적 이론도 있다.

그러나 버클리에서 그것은 논쟁의 여지가 없는 당연한 선택이다. 왜냐하면 캘리포니아 대학교 미식축구팀의 상징이 바로 '곰'이기 때문이다. 과연 버클리 캠퍼스에는 커다란 곰의 동상이 자랑스럽게 서 있고, 학생들은 '캘 베어스(Cal Bears)'라고 쓰여 있거나 곰의 그림이 그려진 티셔츠를 입고 다니며, 대학 구내 오솔길에는 '당신은 지금 곰의 영역에 들어와 있습니다.'라는 팻말도 보인다. 한국에서처럼 버클리에서도 곰은 신성한 동물이다.

또 버클리 대학교 학생들에게 "(한국의) 반미 감정에 대해 어떻게 생각하느냐?"라고 물어보면, "그것 좋은 것 아닙니까?"라는 대답을 듣게 된다. 버클리에서 '반미'는 곧 '반부시'를 의미한다. 그러므로 미국에서 가장 진보적인 대학인 버클리 학생들에게 반미는 좋은 것일 수밖에 없다. 캠퍼스 광장인 새더 게이트에서는 날마다 '반부시' 및 반전 시위가 있고, 학생들은 부시 대통령의 얼굴에 사선으로 붉은 줄이 그어진 티셔츠를 입고 다니거나, 버스 정류소의 '버스 스톱'이라는 팻말을 '부시 스톱'으로 바꾸어 놓기도 한다. 1960년대 진보주의와 반전 데모의 전초지였던 버클리 대학교의 전통은 지금도 면면히 흐르고 있어서, 새더 게이트에서 근처 도시인 오클랜드까지 뻗어 있는 텔레그래프 대로에 나가 보면 당시 거리를 가득 채웠던 데모대의 함성과 열기가 지금도 도처에서 되살아나고 있는 것 같은 착각을 하게 된다. 고은 시인은 "1980년, 광주를 입에 올리는 것 자체가 금기였고 모두가 그곳을 경원했던 시절, 오직 버클리만이 광주와 자매 결의를 맺자고 제안했던 진보적인 도시였다."라고 회상했다.

그러나 그들에게 외국에서의 반미란 단순히 '반부시'가 아니라, 흔히 미국인과 미국 문화 전반에 대한 증오라는 것, 그래서 테러리스트들처럼 미국인을 납치해 살해하거나, 한국에서처럼 미국인이 거리에서 위협을 느끼는 형태로 나타나기도 한다는 이야기를 해 주면, 비로소 깜짝 놀라는 사람들이 많다. 순진한 이곳 미국인들은, 많은 외국인이 워싱턴과 아메리카를, 또는 미국 정치가와 일반 미국인을 전혀 구별하지 않는다는 사실을 좀처럼 이해하지 못한다. 미국의 절반이 부시를 싫어하는데, 그리고 미합중국이 50개의 각기 다른 주와 수많은 인종으로 이루어져 있는데 어떻게 하나로 싸잡아 매도하느냐는 것이다. 그럼에도 불구하고, 진보주의적이고 곰과 반미를 좋아한다는 점에서 버클리는 한국인에게 친숙한 곳이다.

김광규 시인의 시 낭송회

2006년 4월 21일과 22일, 두 분의 저명한 한국 시인이 캘리포니아학교 버클리 캠퍼스를 찾았다. 먼저 도착한 김광규 시인은 이번에 자신의 시집을 영역 출간한 서강대 안선재(브라더 앤서니)와 독문학자 정혜영과 함께 뉴욕 주립대학교(버펄로)와 하버드와 버클리에서의 시 낭송회를 위해 미국을 방문했고, 하루 늦게 도착한 고은 시인 역시 자신의 시집을 번역한 클레어 유(버클리 대학교 한국학센터 소장)와 리처드 실버그 시인을 만나 샌프란시스코와 버클리 일원에서 강연과 시 낭송회를 갖기 위해 찾아왔다.

내가 김광규 시인을 처음 만난 것은 그가 김수영 문학상을 수상했던 1984년 민음사에서였다. 그는 시인답게 예리한 지성과 뛰어난 감수성을 가졌으면서도 학자답게 단아했고 겸허했다. 나는 불필요하게 난해하지 않으면서도 풍부한 상징과 무거운 의미를 갖고 다가오는 그의 지적인 시들이 좋았다. 그는 누구나 겪는 일상을 소재로 시를 쓰지만, 보통 사람들은 깨닫지 못하는 현실의 모순과 의미를 드러내 보여 주며, 우리가 놓치기 쉬운 삶의 진리를 깨우쳐 준다. 현실에 대해 비판적이기에 다소 비관적인 것처럼 보이기도 하지만, 그의 시들은 탁월한 위트와 아이러니, 그리고 블랙 유머와 패러독스로 늘 웃음을 유발하며, 궁극적으로는 삶에 대한 희망을 갖게 해 준다.

  내가 김광규 시인을 좋아한 또 하나의 이유는 그가 이데올로기에 경직되지 않은 유연하고 용기 있는 시인이기 때문이었다. 암울했던 독재 정권 시절 그가 썼던 시들은 바로 그의 그러한 용기와 신념, 그리고 인간의 존엄성과 자유에 대한 열정을 잘 보여 주고 있다. 그중에서도 나는 특히 「안개의 나라」라는 시를 좋아했는데, 버클리에서 김광규 시인은 바로 그 시를 낭송해 좌중을 매료했다.

> 언제나 안개가 짙은
> 안개의 나라에는
> 아무 일도 일어나지 않는다.
> 어떤 일이 일어나도
> 안개 때문에
> 아무것도 보이지 않으므로
> 안개 속에 사노라면
> 안개에 익숙해져
> 아무것도 보려고 하지 않는다.
> 안개의 나라에서는 그러므로
> 보려고 하지 말고
> 들어야 한다.
> 듣지 않으면 살 수 없으므로
> 귀는 자꾸 커진다.
> 하얀 안개의 귀를 가진 토끼 같은 사람들이
> 안개의 나라에 산다.
>
> ──「안개의 나라」 전문

1980년대를 한국에서 살아 본 사람이면 누구나 이 시가 얼마나 당대의 상황을 절실하게 묘사하고 있는지를 안다. 당시 독재 정권의 진실 은폐로 인해 한반도는 안개로 뒤덮여 확실하거나 분명한 것은 아무것도 없었고, 뿌연 안개 속에서 사람들은 토끼 귀를 한 채, 오직 유언비어(나중에 언제나 진실로 드러나는)만 듣고 살았다. 이 시는 당시 한국의 독재 정권에 대해 비판적이었던 독일에서 큰 반향을 불러일으켰다.

자유를 억압하던 군사정권에 대한 시인의 저항과, 조국의 미래에 대한 암울함과 포기할 수 없는 희망은 그가 버클리에서 낭송했던 다음 시에서도 잘 드러나고 있다.

어미를 따라 잡힌
어린 게 한 마리

큰 게들이 새끼줄에 묶여
거품을 뿜으며 헛발질할 때
게 장수의 구럭을 빠져나와
옆으로 옆으로 아스팔트를 기어간다.
개펄에서 숨바꼭질하던 시절
바다의 자유는 어디 있을까
눈을 세워 사방을 두리번거리다
달려오는 군용 트럭에 깔려
길바닥에 터져 죽는다.
먼지 속에 썩어 가는 어린 게의 시체
아무도 보지 않는 찬란한 빛

——「어린 게의 죽음」 전문

위 시에서 어린 게는 비록 군용 트럭에 압사하고 말지만, 시인은 어린 게의 죽음에서 '아무도 보지 않는 찬란한 빛'을 본다. 그러나 시인은 독재 정권뿐 아니라, 마르크스주의 이론으로 경직된 운동권 학생들에게도 유연함의 중요성을 깨우쳐 준다.

> 여보게 젊은 친구
> 역사란 그런 것이 아니라네
> 자네가 생각하듯 그렇게
> 변증법적으로 발전하는 것이 아니라네
> 문학도 그런 것이 아니라네
> ……
> 자네는 젊어
> 아직은 몰라도 되네
> 그러나 역사와 문학이 바로
> 그런 것이 아니라고 깨달을 때쯤
> 자네는 고쳐 살 수
> 없는 나이에 이를지도 모르지
> 여보게 젊은 친구
> 머릿속의 이데올로기는
> 가슴속의 사랑이 될 수 없다네
> ……
> 여보게 젊은 친구
> 마음이 먼저 굳어지지 않도록
> 조심하게.
>
> ―「늙은 마르크스」 부분

모름지기 제대로 된 시인이나 지식인이라면, 이념에 경직된 젊은이들에게 이런 충고를 해 주어야만 할 것이다. 시인 김광규의 궁극적인 관심은 물론 이념적 투쟁이 아니라, 한국 같은 극한 상황에서 발생하는 인간의 존엄성 상실과 삶의 부조리이다. 그가 다음의 시를 낭송할 때 버클리의 청중은 척박한 현대인의 삶에 대한 시인의 심오한 성찰에 매료되었다.

작아진다
자꾸만 작아진다
성장을 멈추기 전에 그들은 벌써 작아지기 시작했다
첫사랑을 알기 전에 이미 전쟁을 헤아리며 작아지기 시작했다
그들은 나이를 먹을수록 자꾸만 작아진다
하품을 하다가 뚝 그치며 작아지고
노크 소리가 날 때마다 깜짝 놀라 작아지고
푸른 신호등 앞에서도 주춤하다 작아진다
그들은 어서 빨리 늙지 않음을 한탄하며 작아진다
얼굴 가리고 신문을 보며 세상이 너무나 평온하여 작아진다
넥타이를 매고 보기 좋게 일렬로 서서 작아지고
모두가 장사를 해 돈 벌 생각을 하며 작아지고
들리지 않는 명령에 귀 기울이며 작아지고
제복처럼 같은 말을 되풀이하며 작아지고
보이지 않는 적과 싸우며 작아지고
수많은 모임을 갖고 박수를 치며 작아지고
권력의 점심을 먹고 이를 쑤시며 작아지고
배가 나와 열심히 골프를 치며 작아지고

이제는 너무 커진 아내를 안으며 작아진다.

—「작은 사내들」 부분

　김수영의「어느 날 고궁을 나오면서」를 연상시키는 이 시는 질곡의 현대사 속에서 살아온 우리의 삶이 얼마나 소시민적으로 축소되었는지를 새삼 느끼게 해 준다.
　김광규 시인이 한국어로 낭송하면, 이어 명시「스케이트 레슨」으로 잘 알려진 미국 시인 잭 로고가 영어로 읽어 내려갔는데, 한국과 미국 두 시인의 시적 앙상블은 감동적이었다. 시 낭송이 끝나고 이어진 시인과의 대화도 좋았고, 특히 청중에 독일인이 있어 김광규가 자신의 시 세계를 독일어로 설명해 준 것도 좋았다.(미국인들은 동양인이 프랑스어나 독어를 하면 크게 존경하는 경향이 있다.) 김광규의 버클리 방문은 한국 시의 높은 지적 수준을 보여 준 좋은 계기가 되었다.

고은의 시 낭송회

　버클리 대학교 중앙도서관 모리슨 홀에서 열린 시인 고은의 시 낭송회는 한국 시에 스며 있는 동양 사상으로 미국 청중을 매료시킨 경우였다. 이곳에 이미 잘 알려진 시인답게 많은 청중이 모여 대성황을 이룬 이 모임은 버클리 대학교 영문과 교수이자, 전 미국 계관시인 로버트 하스의 고은 소개로 시작되었고, 이어 고은 특유의 유머와 제스처가 동반된 열정적인 시 낭송이 있었다. 고은이 한국어로 낭송하면, 그의 번역자이자 미국 시인인 리처드 실버그가 영어 번역을 낭송했는데, 실버그 역시 고은 못지않게 열정적으로 한국 시를 읽어 내려갔다.

오랫동안 그는 시인이었다
어린이들도
아낙들도
그를 시인이라고 불렀다
과연 누구보다도
그는 시인이었다
돼지와 멧돼지들도
그를 시인이라고 꿀꿀 말하였다

그가 멀리 떠나오는 길에 죽었다
그의 오막살이에는 시 한 편 남겨져 있지 않았다
시를 쓰지 않는 시인이었던가
그래서 한 시인이
그의 시 한 편을 대신 썼다
쓰자마자
그 시조차 바람에 휙 날아갔다

그러자 몇 천 년 동안의 수많은 동서고금의 시들도 너도나도 덩달아 휘익 날아가 버렸다.

—「그 시인」 전문

미국 청중은 시인 고은의 승려 경력과 그의 시에서 발견되는 선불교 사상에 특히 매료되었으며, 그의 시를 들으며 바로 그러한 동양적 사상을 찾았다. 시 「그 시인」에서도 미국인들은 선불교 사상인 '비어 있음〔空〕'과 '없음〔無〕'의 철학적 의미를 '인생'과 '시 쓰기'와 연결해 성찰하는 것처럼 보였다.

선불교 사상을 갖고 있는 시인이 이데올로기에 경직될 수는 없을 것이다. 시인은 「참여시」에서도 정치 이데올로기가 끝난 후의 '텅 빈 광장'의 의미를 명상한다. "그동안 나는 바람 부는 서울에서 광주에서/ 부산에서/ 한반도 휴전선 언저리에서/ 이 몸뚱어리 한 개로/ 하염없는 즉흥 참여시를 노래하였습니다……/ 오늘 후드득 날아오르는 것은/ 잘 길들여진/ 비둘기 몇 백 마리뿐/ 텅 빈 광장은/ 언제 그곳이 그토록 거룩한 곳이었던가를 통 모르고 있습니다." 그래서 그가 버클리에서 정치적 이념으로부터의 떨어져 나온 '혼자만의 자유'를 노래했을 때, 미국 독자들은 큰 공감을 표했다.

    오늘 오후 눈이 오다가 말았다 개들이 내달렸다

    조국을 사랑하지 않아도 되는 때가
    언제 온단 말인가
    내가 갈망하는 건
    조국이 아니라
    조국을 사랑하지 않는 그 자유임
    다시 눈이 오기 시작했다

    술 싫다
    책 싫다

—「어느 날 혼자」 전문

시인이 진정 원하는 것은 '조국을 사랑하는 것'이 아니라 '조국을 사랑하지 않는 자유'라는 시인의 노래에, 극단적 정치 이념이나 맹목적인 애국심이나 편협한 민족주의를 싫어하는 진보적인(사실 그런 것이야말로 바로 '진보적'인 것이 아니겠는가.) 버클리 대학생들은 열렬한 박수를 보냈다.

이어 고은은, 안나푸르나의 정상에서 벌거벗은 자신의 모습과 대면하고, 거기에서 다시 한 번 '비어 있음'과 '없음'을 발견하는 내적 성찰을 차분한 목소리로 서양 독자들에게 펼쳐 보여 주었다.

> 내가 안나푸르나에게 간다
> 최근의 일로는
> 약 1천5백 년 전쯤의
> 내가 미리 가 있다가
> 이제야
> 그곳으로 가는 나를 열렬하게 맞이하여
> 마침내 두 개의 내가 부딪친다
> 눈부신 파괴
> 어떤 글자도 용납하지 않는
> 눈부신 파괴
> 그리하여 안나푸르나 밑 일자무식의 어둠이 된다
> 이제야 내가 없다
> 너무나 오랫동안 때로는 거지였고 때로는 속임수였던 나!
> ─「안나푸르나」 전문

근처 캘리포니아 대학교 데이비스 캠퍼스에 살고 있는 미국 시인 게리 스나이더는 부인의 병 수발 때문에 이번에 참석하지는 못했지만, "고은 시인은 외국에 가장 잘 알려져 있고, 그의 작품 또한 서양 독자들에게 호소력이 있어서, 아마 한국 최초의 노벨상 수상자가 되리라 생각한다."
라고 말한 적이 있다. 고은 시인의 시 낭송회가 끝나자, 200명 가까이 되는 청중은 모두가 일어서서 기립 박수로 노시인에게 경의를 표했다.

젊은이여, 동양으로 가라!

시인 김광규와 고은의 이번 방문은 미국 사회에 한국 시를 알리는 데 크게 공헌했다. 특히 미국에서 가장 동양적인 버클리에 울려 퍼진 한국 시는 그 반향이 길고도 오래 지속되었다. 시의 거리로 알려진 버클리의 애디슨 가에는 마치 할리우드 거리의 명예의 전당처럼 길바닥에 시들이 깔려 있어 산책하면서 시를 읽을 수 있다. 그중 하나에서 소설가이자 시인인 이스마엘 리드는 이렇게 버클리를 노래하고 있다.

> 다른 곳에서는
> 어린아이들의 첫 말이
> 엄마, 엄마, 또는 아빠, 아빠지만
> 버클리에서
> 아이들은 연꽃 위에서 태어난다
> 그리고 그들의 첫 말은
> '업보'.
> 버클리에는
> 티벳보다 더 많은 불교 신자들이 살고 있다
> 그중 일부는 티벳에서도 왔지만
> 대다수는 브루클린에서 왔다

조지 버클리 주교여

여기선 "젊은이여, 서부로 가라"가 정반대가 되었소

여기선 "젊은이여, 동쪽으로 가라! 동쪽으로 가라!"가 되었소.

―「동쪽으로 가다」 전문

  이 시에서 동쪽은 물론 미국의 동부가 아니고, 불교의 원산지 동양을 의미한다. 그리고 그것은 그만큼 버클리가 동양적인 것을 좋아한다는 것을 의미한다. 한국 시를 가져온 두 분의 시인에게 최대의 찬사를 보내는 버클리를 보며, 이곳을 한국문학 홍보의 메카로 삼으면 좋으리라는 생각이 들었던 사람이 비단 나 혼자만은 아니었을 것이다.

비트 문학의 메카 샌프란시스코

샌프란시스코는 꿈꾸는 사람들의 도시다. 1849년 금이 발견되자 일확천금의 꿈을 안고 서부로 달려온 사람들의 종착지. 그리하여 '꿈을 추구하는 자들'이라는 뜻의 '포티 나이너스(Forty-Niners)'라는 단어가 생겨난 곳. 그래서인지 이곳에는 금이나 꿈과 연관된 명칭들이 많다. '골든 스테이트'라는 캘리포니아 주의 별명이 그렇고, '골든게이트 브리지'가 그러하며, '포티 나이너스'라는 샌프란시스코 미식축구팀의 명칭이 그러하다.

샌프란시스코는 또 아메리칸드림을 찾아 미국에 온 중국인들이 처음 정착한 곳이기도 하다. 비록 미국 대륙을 횡단하는 철로를 놓은 '쿨리'로 전락하긴 했지만, 당시 보다 나은 삶과 꿈을 찾아 미국에 온 중국인들은 오늘날 샌프란시스코에 세계적으로 유명한 관광지 '차이나타운'을 세워 놓았다. 샌프란시스코는 아마도 미국 백화점들이 중국계 미국인을 위해 '구정 세일'을 하는 유일한 곳일 것이다. 중국인들은 이곳 '샌프란시스코 만'에서 자신들의 꿈을 이룬 셈이다.

"꿈은 우리가 눈을 감을 때만 찾아온다. 꿈은 어둠 속에서만 피어난다."라는 말이 있다. 과연 밝은 현실 세계에서는 꿈을 꿀 수 없다. 오직 우리가 눈을 감고 또 다른 세계로 들어갈 때, 꿈은 비로소 찾아온다. 꿈은 어둠을 밝히는 오색찬란한 빛과도 같다. 그런 의미에서 샌프란시스코의 별명이 '빛의 도시(city of lights)'라는 사실은 적절한 은유다.

꿈은 또 문학을 잉태시키고 작가들을 고무시킨다. 문학은 어두운 곳에서 꿈을 추구해 빛을 가져다주는 예술 양식이기 때문이다. 그래서 샌프란시스코에는 오래 체류했거나 잠시 다녀갔던 수많은 작가의 흔적과 체취가 아직도 진하게 묻어 있다. 19세기 초, 하버드 대학교를 중퇴하고 캘리포니아 해안에서 선원 노릇을 한 경험을 토대로 쓴 소설 『돛대 앞에서의 2년』으로 유명해진 리처드 헨리 대나, 샌프란시스코 교외의 오클랜드 시장 선거에도 출마했던 『야성의 부름』의 저자 잭 런던, 서부 변경 소설을 썼던 브레트 하트, 헤밍웨이의 정신적 스승이었던 윌리엄 사로이언, 『허클베리 핀의 모험』의 작가 마크 트웨인, 그리고 미국 추리소설의 대가 대실 해미트 등 많은 주요 작가가 샌프란시스코와 인연을 맺었다.

그러나 무엇보다도 샌프란시스코를 문학적으로 빛낸 사람들은 1950년대 비트 세대 운동을 주도했던 비트 작가들이었다. 1950년대 샌프란시스코의 노스 비치는 전국에서 모여든 비트 작가들의 본거지였다. 2차 세계대전 이후 냉전 시대와 매카시즘 시대로 접어들면서 미국 사회는 보수적이고 비정치적이며 체제 순응적이 되어 갔는데, 이를 시인 로버트 로웰은 "진정제를 맞은 시대(the tranquilized age)"라고 비판했고, 비평가 어빙 하우는 "순응의 시대(this age of conformity)"라고 개탄했다. 샌프란시스코는 그러한 시대적 분위기에 환멸을 느낀 보헤미안 기질의 저항 작가들이 모여 일으켰던 비트 문학의 본산지였다.

당시 샌프란시스코에서 비트 운동을 주도했던 작가 중에는 앨런 긴즈버그, 게리 스나이더, 로런스 펄링게티, 그레고리 코르소, 케네스 렉스로스, 로버트 크릴리, 마이클 맥클류 같은 시인과, 잭 케루악 같은 소설가가 있었지만, 이제 그들 대부분은 타계하고 비트 문학 역시 역사 속으로 사라져 갔다. 그러나 샌프란시스코 근교에는 아직도 퓰리처상 수상 시인 게리 스나이더가 살고 있고, 시내에 있는 시티 라이츠 서점에 가면 아직도 서점 주인인 로런스 펄링게티를 만나 볼 수 있다. 잭 케루악은 1949년 닐 캐시디와 같이 자동차로 대륙 횡단을 한 후 샌프란시스코에 잠시 체류했으며, 자신의 여행기를 토대로 쓴 유명한 비트 소설 『길 위에서(On the Road)』의 출간 무렵인 1955~1956년에는 샌프란시스코에 장기 체류하기도 했다.

발레호 거리에 있는 유명한 '카페 트리스테'의 야외 테이블에 앉아 에스프레소나 카푸치노를 마시며 거리를 바라보노라면 지금도 봉고가 내는 비트 리듬이 들려오는 듯하고, 샌프란시스코 해변 거리를 거닐어 보면 아직도 비트 작가들의 삶의 흔적을 사방에서 찾아볼 수 있다. 또 마리나 지역에 있는 식스 갤러리에 가 보면「울부짖음」을 낭송했던 긴즈버그의 낭랑한 목소리가 지금도 들려오는 것 같은 착각을 불러일으킨다.

미국의 비트 운동은 시인 앨런 긴즈버그에 의해 시작되었다. 1955년 긴즈버그는 오랜 침체에서 벗어나 타자기 앞에 앉아 단숨에 장시「울부짖음」을 써 내려갔는데, 이 시는 곧 미국 비트 문학의 선언문이 되었으며, 미국 문학사에 한 획을 긋는 기념비적 작품으로 남게 되었다. 1955년 10월 13일 밤, 카센터를 개조한 '식스 갤러리'라는 곳에 약 100명의 히피들이 그날 밤 무슨 일이 일어날지 전혀 모른 채 모여들었다. 돈을 추렴해 술을 마련해 한 순배씩 돌리자, 이윽고 긴즈버그가 나타나 장시「울부짖음」을 낭송하기 시작했다. "나는 이 시대 최고의 지성들이 굶주리고 히스테리컬하고 벌거벗은 채/ 새벽녘 마약을 찾아 흑인 거리를 헤매며

광기에 의해 파멸해 가는 것을 보았다." 청중은 "그래, 맞아!"라고 소리 질러 호응했으며, 일부는 눈물을 흘리기도 했다. 바야흐로 비트 문학이 탄생하는 순간이었다.

비트 문학은 이후 전 미국으로 퍼져 나갔다. 뉴욕의 가난한 보헤미안이었던 다이앤 디 프리마는 『어느 비트닉의 회고』에서 긴즈버그의 「울부짖음」을 처음 손에 넣은 날을 회상하며, "당시 앨런 긴즈버그가 누구인지는 몰랐지만, 난 그가 역사의 새 장을 열었다는 사실을 깨달았다. 집에 돌아와 저녁 식탁에서 나는 그 시를 모두에게 낭송해 주었다. 새로운 시대가 시작되고 있었다."라고 썼다. 미국의 비트 운동은 비단 미국뿐 아니라, 영국의 '성난 젊은이들(Angry Young Men)' 운동을 부추기며, 전 세계로 확산되었다.

「울부짖음」은 펄링게티의 "시티 라이츠 출판사'에서 출판되자마자 삽시간에 5만 부가 팔려 나갔다. 1957년 「울부짖음」의 2쇄가 미 세관에 의해 압수되자, 펄링게티는 음란물 판매 혐의로 체포되어 재판을 받게 되었다. 미국의 저명한 문인들이 변호에 나섰고, 드디어 판사는 「울부짖음」에 대해 무죄판결을 내렸다. 이 판결은 후에 D. H. 로런스의 『채털리 부인의 연인』과 헨리 밀러의 『북회귀선』이 무죄판결을 받는 좋은 선례가 되었다. 오늘날 「울부짖음」은 100만 부가 팔려 나간 베스트셀러가 되었다.

긴즈버그가 시를 통해 비트 문학을 선언했다면, 소설을 통해 비트 시대의 도래를 알린 사람은 샌프란시스코에 체류하다가 1956년에 동부로 돌아간 『길 위에서』의 저자 잭 케루악이었다. '문단의 제임스 딘'이라고 불렸던 반항아 케루악이 샐 패러다이스라는 주인공을 통해 1인칭으로써 내려간 이 로드 픽션은 즉시 베스트셀러가 되었고 수개 국어로 번역되어, 기성세대에 저항하고 방랑을 꿈꾸던 세계 젊은이들의 바이블이 되었다.

비트 운동에 참여한 사람을 지칭하는 '비트닉'이라는 용어는《샌프란시스코 크로니클》의 칼럼니스트 허브 카엔이 만들어 낸 용어로, 곧 전 세계로 퍼져 나갔다. 갓 볶아 낸 구수한 향기의 원두커피 한잔을 사 들고, 한때 비트닉들의 성지였던 샌프란시스코의 콜럼버스 애비뉴에 있는 '시티 라이츠 서점이'나 필모어 가에 있는 '식스 갤러리'를 찾아 가노라면, 지금도 비트닉들의 낭만적 꿈과 저항 정신이 느껴진다.

긴즈버그가 특히 그랬지만, 비트 작가들은 한때 선불교에 심취했다. 서양 문명에 염증을 느낀 그들이 대안으로 모색했던 것은 자연과 친화적이고 초월주의적인 동양적 사고방식이었다. 일본에서 수련을 받은 게리 스나이더는 선사의 타이틀까지 받았으며, 스나이더는 오늘날 비트에서 한 걸음 더 나아가 생태주의 시인이 되었다. 비트 작가와 생태주의 작가들은 사실 모두 문명의 자연 파괴적 성향을 싫어한다. 그래서 비트 운동은 사라지지 않고 오늘날에도 생태주의 속에 여전히 살아 숨 쉬고 있다.

비트 문학의 산실 샌프란시스코

샌프란시스코와 인연을 맺은 것은 비단 비트 작가들뿐은 아니었다. 예컨대 리처드 브라우티건의 유명한 생태주의 소설 『미국의 송어 낚시』는 샌프란시스코의 워싱턴 광장에 대한 다음과 같은 묘사로 시작된다.

『미국의 송어 낚시』의 표지는 오후 늦게 찍은, 샌프란시스코의 워싱턴 광장에 있는 벤저민 프랭클린 동상의 사진이다. 그 동상의 아래쪽에는 사방을 향해 네 단어가 새겨져 있었는데, 동쪽에도 '환영한다', 서쪽에도 '환영한다', 남쪽에도 '환영한다', 그리고 북쪽에도 '환영한다.'라고 쓰여 있었다. 1956년에 애들라이 스티븐스는 바로 여기에서 4만 명의 청중을 모아 놓고 연설했었다.

『미국의 송어 낚시』의 표지에 오후 5시가 되면, 배고픈 사람들이 광장에 모여든다. 가난한 사람들에게 교회에서 샌드위치를 나누어 주는 시간이기 때문이다. 하지만 그들은 교회에서 오라고 신호를 하기 전에는 길을 건너갈 수 없다. 이윽고 신호가 오면 그들은 길 건너 교회로 달려가 신문지에 싼 샌드위치를 받는다. 그리고 다시 공원으로 돌아가 포장을 열고 샌드위치에 무엇이 들어 있는지를 본다.

어느 날 오후, 내 친구가 샌드위치 포장을 열고 보니 거기에는 단지 시금치 잎 하나만 달랑 들어 있었다. 그것뿐이었다.

벤저민 프랭클린의 자서전을 읽고 미국에 대해 배운 사람은 카프카였던가? 카프카는 말했지. "나는 건전하고 낙천적이어서 미국인들이 좋다."

위 첫 페이지에서 작가는 정직, 성실, 절제, 근면하면 누구나 성공하고 잘살 수 있다는 벤저민 프랭클린식의 아메리칸드림을 통렬히 비판한다. 그는 빈곤층 타파를 주장했던 민주당의 애들라이 스티븐슨 대신, 전후의 안정을 내세웠던 공화당의 아이젠하워를 선택함으로써 빈자들을 외면한 미국의 보수층과, 빈자들에 대한 형식적인 지원에 그치고 있는 교회에 대해서도 신랄한 비판을 가한다. 그리고 부조리 문학의 대가 카프카에 대한 패러디를 통해 미국 사회의 부조리를 고발한다. 이 작품에서 작가는 현대가 상실한 목가적인 꿈의 상징인 송어 하천을 찾아 샌프란시스코를 시발점으로 하는 탐색 여행을 떠난다. 그러나 미국 서부에서 작가가 발견하는 것은 물론 말라 버린 하천과 죽어 버린 송어들뿐이다.

또 다른 미국 작가 토머스 핀천의 소설 『제49호 품목의 경매』 역시 샌프란시스코를 배경으로 하고 있다. 전형적인 미국 중산층 주부인 여주인공 에디파 마스는 샌프란시스코 근교에 있는 캘리포니아 대학교 버클리를 방문해 그 자유분방함과 반체제적 분위기에 놀란다. 1950년대 정치적 순응의 시대에 반공 이데올로기에 세뇌당하고 체제에 순종하도록 교육받은 그녀는 1960년대 반문화의 본산지인 버클리에 와서 비로소 이 세상에는 자신이 모르는 또 다른 세상이 있다는 사실을 발견한다. 캘리포니아 버클리 대학교 새더 게이트에서 오클랜드 쪽으로 끝없이 뻗어 있는 텔레그래프 대로를 운전하며 그녀는 자신을 혼란스럽게 하는 이 새로운 세상의 정체를 추적한다. 그러면서 두 개의 서로 다른 세계에서 살고 있는 미국인들이 과연 텔레그래프라는 거리의 이름이 상징하듯 진정으로 교류하고 있는지 의문을 갖는다.

버클리를 떠난 그녀는 베이 브리지를 건너 샌프란시스코 시내로 들어가, 노스 비치에 있는 게이 바인 '그리스식'이라는 술집, 차이나타운, 그리고 골든게이트 공원 등을 방랑하며 밤을 보낸다. 동성애자들의 술집에서 그녀는 교류 단절과 사랑의 결핍으로 고통받는 사람들을 만나고, 밤거리의 차이나타운에서는 공식적인 아메리칸드림에서 소외된 사람들의 표시인 '소음기가 부착된 나팔' 그림을 발견하며, 골든게이트 공원에서는 한밤중 부모가 잠든 사이에 몰래 빠져나와 또 다른 세계에서 놀고 있는 밤의 아이들을 만난다. 또 24번가의 싸구려 멕시코 식당에서는 낙원을 기다리며 혁명을 꿈꾸는 헤수스 아라발이라는 멕시코 망명객을 만나 소외된 사람들의 지하조직에 대한 이야기를 듣고, 밤거리에서는 야간 근무 교대를 위해 버스를 타고 출근하는 피로에 젖은 흑인들을 목격한다.

샌프란시스코의 밤거리를 버스를 타고 다니면서 에디파는 도처에서 소외된 사람들을 만난다. 꿈의 도시 샌프란시스코에서 그녀는 꿈을 상실한 채 고립되어 살고 있는 가난한 용접공, 야간 경비원, 노숙자, 유산을 거듭하는 흑인 여자, 홀로 사는 늙은 선원, 그리고 버려진 기차 칸에서 살고 있는 멕시코인들을 발견한다. 그들은 모두 미합중국의 공식적인 우편제도를 거부하고 자기들만의 지하조직망을 통해 은밀히 교류하고 있었다. 샌프란시스코에서의 탐색 여행을 통해 에디파는 바로 그러한 사람들이 살고 있는 또 다른 세계와 그들의 지하 우편 조직을 발견하게 된다.

많은 작가의 상상력을 자극했던 자유주의 도시 샌프란시스코에서는 조지 W. 부시에 반대하는 데모가 늘 열렸다. 부시 집권시 시의회에서 부시를 탄핵하는 발의안을 가결시킬 만큼, 샌프란시스코는 주민 정서가 자유주의적이고 반체제적인 도시이다. 그래서 샌프란시스코는 모든 자유주의자들의 사랑을 받는 꿈과 낭만의 도시라고 불린다. 그것이 왜 토니 베넷의 유명한 노래, 「난 샌프란시스코에 내 마음을 두고 왔지(I Left My Heart In San Francisco)」이라는 노래처럼, 샌프란시스코를 떠난 사람들이 이 해변의 도시를 잊지 못하고 자꾸만 다시 돌아오는가 하는 이유일 것이다.

> 파리의 아름다움도 어쩐지 슬퍼 보이고
> 로마의 광휘도 이젠 지나간 일이네.
> 맨해튼에서 난 너무나 외롭고 잊혀진 존재였네.
> 난 이제 만(滿)이 있는 내 고향 도시로 돌아갈 거야.
>
> 난 샌프란시스코에 내 마음을 두고 왔지
> 높은 언덕 위의 도시가 날 부르는 곳
> 작은 케이블카가 별을 향해 허공을 올라가고 있는 언덕 위의 도시
> 아침 안개가 대기를 싸늘하게 적셔도
> 난 조금도 개의치 않네.

> 샌프란시스코에서는 내 사랑이 나를 기다리고 있으니까
> 바람 부는 푸른 바다 위에서
> 샌프란시스코여, 내가 네게로 돌아갈 때
> 네 금빛 햇살은 날 위해 반짝여 주겠지.

샌프란시스코의 거리를 방랑하거나 금문교를 걷노라면 언제나 파리를 노래한 베를렌의 시를 연상시키는 위 노래의 가사가 자꾸만 생각난다. 모든 자유혼을 가진 사람들의 사랑을 받는 도시 샌프란시스코. 그곳을 떠날 때 사람들은 모두 마음을 남겨 놓고 몸만 떠난다. 그러고는 자기를 기다리는 마음을 되찾으러 언젠가는 다시 샌프란시스코로 돌아오게 된다. 꿈과 낭만의 도시 샌프란시스코의 매력은 바로 거기에 있다.

미국 내 아시아 문화: 두 도시 이야기

차이나타운, 저팬타운, 코리아타운

샌프란시스코는 꿈의 도시, 그리고 반체제 자유주의자들과 비트 작가들의 도시이면서 동시에 아시아계 미국인들의 도시다. 과연 샌프란시스코의 번화가 마켓 스트리트를 거닐다 보면, 도처에서 아시아인들과 마주치게 된다. 중국인 아니면 일본인, 그것도 아니면 한국인임에 틀림없는 그들 사이를 지나 다운타운 근처 그랜트 애비뉴와 부시 스트리트가 만나는 곳에 이르면 미국 전역에서 가장 크고 유명한 샌프란시스코 차이나타운이 나온다. 관광객들은 차이나타운 입구에 서 있는 게이트웨이를 올려다보며 화려하고 이국적인 중국 건축물을 카메라에 담기에 바쁘다. 이윽고 차이나타운 안으로 들어서면, 중국 전통 공예품이 산더미처럼 쌓여 있는 상점들이 끝없이 줄지어 서 있고, 넓지 않은 거리 또한 중국 문화로 가득 차 있어서 마치 중국의 도시에 들어와 있는 느낌을 준다. 차이나타운의 끝인 콜럼버스 애비뉴 근처에 오면 샛길에 여기저기 중국 음식점들이 있어 쉬고 싶은 관광객들의 발길을 잡아끈다.

샌프란시스코에는 일본인들의 마을인 저팬타운도 있다. 웹스터와 라구나 사이의 포스트 스트리트에 있는 저팬타운에 가면 가부키 극장과 가부키 온천이 있고, 일본 상품을 파는 수많은 상점이 입주해 있는 저팬센터가 있어서 관광객들에게 일본을 알리고 있다. 또한 4월에는 벚꽃 축제를 열어, 「라스트 사무라이」나 「게이샤의 추억」 같은 영화들로 인해 일본 문화에 대한 관심이 고조되어 있는 전 세계 관광객들을 불러 모은다.

샌프란시스코에는 코리아타운이 없다. LA에 가면 코리아타운을 볼 수 있지만, 유감스럽게도 차이나타운이나 저팬타운에 비하면 문화 콘텐츠가 심각하게 결여되어 있다. LA 코리아타운에 들어서면 맨 먼저 눈에 띄는 것은 한국 관광객들에게 향수를 불러일으키는 수많은 한국어 간판들이다. 대부분은 생필품 가게들이지만, 그중에서도 많은 것은 단연 한국 식당과 식료품점, 그리고 귀국하는 한국인들을 위한 선물 가게들이다. 그러므로 코리아타운은 외국 관광객들에게 한국 문화를 알리는 곳이라기보다는, 그냥 한국 교포들이 모여서 한국 가게를 운영하고 있는 곳이라고 할 수 있다. 바로 그 점에서 코리아타운은 차이나타운이나 저팬타운과 다르다.

샌프란시스코에도 물론 한국인 교포들이 많이 살고 있다. 특히 항만 타운인 오클랜드(이곳 부두에서는 한진 컨테이너들을 많이 볼 수 있다.)에는 '코리아나 플라자'가 있고, 그 근처에는 서울곰탕, 옛날짜장, 포장마차 등 온통 한글 간판들이 즐비하게 늘어서 있어서 한국에서 찾아간 나그네의 향수를 달래 준다. 아쉬운 것은 늘 외국인들로 가득 차 있는 중국 음식점이나 일본 음식점과는 달리 한국 음식점에는 주로 한국인들이 찾아온다는 점이다. 미국에 살고 있는 교포들 역시 '우리끼리'의 의식구조에서 크게 벗어나지 못해서일까? 아니면 우리 음식이 세계화되기에는 너무 개성적

이어서일까?

　오늘날 아시아 음식은 '에스닉 푸드(ethnic food)' 붐을 타고 미국 전역으로 확산되고 있다. 그래서 요즘 웬만한 곳이면 페르시아 식당, 인도 파키스탄 식당, 타일랜드 식당, 베트남 식당, 말레이시아 식당 등이 다 들어가 있는데, 그들의 주요 고객은 물론 자국인이 아닌 외국인들이다. 그러나 한국인들을 주 고객으로 하는 한국 식당은 한국인들이 없는 곳에서는 찾아보기 어렵다. 한국 음식은 강렬한 양념이 들어간 맵고 짠 음식과 탕 종류가 많아서 그런지 배달도 어렵고 다른 나라 음식과의 경쟁에서도 불리한 경우가 많다. 다만 뉴욕 맨해튼에는 다양한 산채 나물을 주로 하는 뷔페식 퓨전 한식집이 인기인데, 이는 '웰빙' 건강식을 찾는 미국인들의 기호에 부합하기 때문인 것으로 보인다.

　그러나 우리 상품 중 일부는 미국 시장에서 크게 각광받고 있어 고무적이다. 현대 소나타는 도요타 캠리나 혼다 어코드의 미국 내 인기가 워낙 막강해서, 그리고 현대 그랜저 역시 TV 광고에서 하필 BMW를 경쟁 상대로 골라서 아직 그 진가를 발휘하지 못하고 있지만, LCD TV나 PDP TV 분야에서는 삼성과 LG가 이미 정상에 올라 있다고 해도 과언이 아니다. 미국 대형 전자 제품 판매점에 가 보면 삼성과 LG 상표가 붙어 있는 벽걸이 TV가 가장 눈에 띄는 곳에 진열되어 있고, 그다음으로 소니와 파나소닉, 그리고 필립스와 도시바가 놓여 있는 경우가 많다. 미국 폴라로이드사 TV는 아예 경쟁이 안 되어 그저 저렴한 가격으로 선보이고 있지만 찾는 사람은 그리 많지 않아 보인다. 휴대폰 대리점에 가 보아도 역시 삼성이나 LG 휴대폰이 가장 인기리에 팔리고 있다. 그에 비하면 한국의 국가 지명도는 아직도 매우 낮아, 삼성이나 LG가 한국산이라는 사실을 모르는 미국인도 많다. 그런데도 한국에서는 안타깝게도 삼성과 현대가 늘 수사 대상이 되어 그동안 쌓아 올린 이미지를 실추시키고 있다.

자랑스러운 것 중 또 하나는 한국 교포들이 미국의 일류 대학에서 두각을 나타내고 있다는 점이다. 예컨대 오클랜드와 붙어 있는 버클리에는 캘리포니아 주립 대학교 중 가장 들어가기 어렵다고 알려진 명문 캘리포니아 버클리 대학교가 있는데, 많은 한국 교포들이 입학해 공부하고 있다. 또 버클리 대학교 한국학센터에도 늘 스무 명 정도의 한국인 방문 학자들이 와서 활발하게 한국학을 연구하고 있다. 또 동부의 아이비리그 대학교에도 아시아계 학생들이 평균 15퍼센트에서 20퍼센트쯤 되는데, 그중 상당수가 한국인으로 알려져 있다.

샌프란시스코: 아시아계 미국 문학의 본산지

오랫동안 아시아인들의 활동 무대였던 샌프란시스코는 그동안 많은 아시아계 작가를 배출해 냈고, 아시아계 미국 문학의 꽃을 피웠다.『여인무사』(1976)로 일약 중국계 미국 문학을 본격적인 궤도에 올려놓은 맥신 홍 킹스턴도 1962년 캘리포니아 대학교 버클리를 졸업했고,『조이럭 클럽』(1989)으로 유명한 에이미 탄도 옆 동네 오클랜드 출신이다. 특히 킹스턴의 세 번째 작품『트립매스터 몽키』는 배경이 샌프란시스코인데, 자살을 꿈꾸는 중국계 미국인인 주인공이 샌프란시스코 시내를 방황하며 도시의 풍물을 생생하게 전해 주고 있다. 그는 골든게이트 브리지 옆 골든게이트 공원을 배회하며 새로 도착한 이민자 가족들과 만나기도 하고, 베트남전 참전을 피하기 위해 '코잇 타워(Coit Tower)'에서 즉석 결혼도 올린다.

또『귀향』의 작가 김기충도 캘리포니아 버클리 대학교에서 학위를 받았으며, 샌프란시스코 주립 대학교 교수였다가 지금은 뉴욕 주립 대학교

(버펄로) 영문과로 초빙되어 간 한국계 미국 시인 김명미도 샌프란시스코 출신이다. 또 이곳에서는 아시아 관련 학회들도 자주 열린다. 2004년에는 국제비교한국학회(IACKS)가 버클리 한국학센터에서 열려 한국 문화에 대한 관심을 크게 고조시켰으며, 2006년 4월 6일부터 9일까지는 샌프란시스코의 메리엇 호텔에서 2006년도 아시아학 학회(AAS)가 열려 세계 각국에서 아시아학을 연구하는 학자들이 모여 학술 대회를 열었다. 샌프란시스코에서 아시아 문화는 이제 전혀 낯설지 않은 미국 문화의 일부가 되었다.

아시아학 전공 학자들의 학회인 이 대규모 컨퍼런스에는 아시아학 관련 서적을 출간하는 출판사들이 참여해 부스를 세우고 행사 기간 중 20퍼센트 할인 서비스를 제공했는데, 여기에는 100개가 넘는 출판사들이 참여했다. 부스 119에는 '코리언 보이스' 시리즈를 갖고 있는 '화이트 파인 프레스'가 나와 있었고, 그 옆 부스에는 한국문학번역원에서 나와 그동안 출간된 한국문학 번역서들을 진열해 놓고 있었는데, 특히 한국문학번역원의 참가는 한국문학 전공자들의 시선을 끌었다. 비록 일본과 중국 부스에 사람들이 많이 몰렸지만, 그래도 한국문학을 알리는 부스가 당당하게 자리 잡고 있는 것은 보기 좋았다.

샌프란시스코와 캘리포니아 버클리 대학교에는 한국 작가들도 많이 다녀갔다. 수년 전에는 시인 고은이 와서 체류하며 로버트 하스(전 미국 계관시인)와 게리 스나이더(퓰리처상 수상 시인)같이 저명한 미국 시인들과 교류했고, 2002년에는 소설가 황석영, 시인 강은교, 김승희도 다녀갔으며, 2006년 1월에는 신경림, 김종해, 오세영, 문정희, 김승희가 시 낭송회를 위해 다녀갔다. 또 2006년 4월 21일에는 시인 김광규와 번역 문학가 안선재가 와서 시집 출간 홍보 모임을 가졌다. 2006년에는 소설가 이문열이 1년간 체류하면서, 《세계의 문학》과 《동아일보》 연재소설을 마무리

하는 한편, 버클리 대학교에서 영어 공부를 했다. 외국 작가 및 출판인들과 영어로 교류하게 되면, 이문열은 앞으로 미국 문단과 학계에도 널리 알려지게 될 것이다.

버클리 대학교 체류 중, 저녁을 같이하자는 연락을 받고 버클리 대학교 앞 일식집에서 만난 이문열의 표정은 밝고 환했다. 무엇보다도 이곳에서 여유 있고 자유롭게 집필하는 것이 마음에 드는 것 같았다. 오래전, 미 국무성 초청으로 미국 여행을 할 때, 제물낚시(fly fishing)를 해 보기 위해 일부러 몬태나에 들렀다는 그는 당시 송어는 끝내 못 잡고 말았다고 아쉬워했다. 아마도 로버트 레드퍼드의 「흐르는 강물처럼」이라는 영화를 보고 제물낚시의 매력에 빠져들었는지도 모르겠지만, 낚시질을 하는 작가 이문열의 모습은 어쩐지 듬직한 체구의 낚시꾼 작가 헤밍웨이를 연상시켰다. 이후 2007년부터 이문열은 하버드로 옮겨 가서 2년을 체류했다.

캘리포니아 버클리 대학교에서 아시아계 미국 문학 연구를 주도하고 있는 학자 중 가장 유명한 사람은 단연 일레인 김이다. 『아시아계 미국 문학』, 『아시아계 미국 문학 개관: 사회적 개관』, 『비단 날개: 활동하는 아시아계 미국 여성 작가들』, 『더 많은 웨이브 만들기: 아시아계 미국 문학』의 저자로, 그리고 컬럼비아 대학교에서 발간된 『컬럼비아 미국 문학사』에서 아시아계 문학 챕터를 집필한 필자로, 또 『위험한 여자들: 젠더와 한국의 민족주의』의 편집자로서 일레인 김의 명성은 이미 세계적으로 알려져 있으며, 그녀가 속해 있는 '인종학과(Ethnic Studies)' 역시 미국 대학 랭킹 1위로 평가받고 있다.

저녁 초대를 받고 가 본 그녀의 집은 그야말로 노래에 나오는 '언덕 위의 하얀 집'이었다. 평창동 이어령 교수 댁과 김우창 교수 댁을 연상시키는 일레인 김의 저택에는 네 마리의 잘생기고 커다란, 그러나 너무나

순한 개들이 있었고, 벽은 온통 동양적인 그림과 조각들로 장식되어 있었으며, 거실에서는 샌프란시스코의 휘황찬란한 야경과 밤바다가 내려다보였다. 반지하에 꾸며 놓은 서재에서도 시내의 야경이 창밖으로 펼쳐져 있었다. 평생을 미국 내 소수 인종을 사회학적 시각으로 연구해 온 학자답게 그녀는 중심에서 밀려나 주변부에 위치한 비주류 문화에 대해 동정적이고 우호적이었다. 그런 의미에서 그녀가 소수 인종의 도시인 샌프란시스코에 살고 있는 것은 적절한 은유처럼 보였다.

시애틀: 일본계 미국 문학의 요람

　미국 서부 워싱턴 주 시애틀은 1년 중 절반이 비가 내린다고 알려진 우수의 도시다. 비가 자주 오는 도시에서는 사람들이 우울증에 잘 걸리고 따라서 자살률이 높은데, 시애틀도 예외가 아니다.「X파일」의 제작자 크리스 카터가 만든 후속타「밀레니엄」은 세기말적인 문명의 퇴폐와 지구의 종말을 배경으로 일어나는 엽기적인 살인 사건을 다루고 있는 텔레비전 드라마인데, 그 배경 역시 적절하게도 시애틀이다.

　시애틀은 또한 요절한 영화배우 브루스 리가 대학 시절을 보낸 워싱턴 대학교가 있는 곳이고,『별사』라는 한국 여성 작가 작품집을 출간한 실 출판사 있었던 곳이며, 그 책을 번역한 브루스 풀턴이 살았던 곳이다.(풀턴은 지금 캐나다 브리티시 컬럼비아 대학교의 한국문학 교수가 되었다.) 워싱턴 대학교는 한국학을 가르치는 클락 소렌슨 교수가 있고, 또 춘원 이광수의 손녀 앤 리 교수가 얼마 전까지 한국문학을 가르쳤던 곳이다.

　이곳 시애틀이 배출한 일본계 미국 문학 중 가장 유명한 것은 가즈코 모니카 소네의『니세이 딸』(즉 이민 2세 딸)이다.『니세이 딸』은 일본계 미국인 이민 2세가 쓴 최초의 자서전이자, 아시아계 미국인의 동화 문제를 연구할 때 늘 언급되고 인용되는 책 중 하나이다. 이 책의 전반부는 1920년대 워싱턴 주 시애틀에 거주하고 있는 일본계 미국 이민 이토이가(家)에서 성장한 모니카 소네 이토이의 이야기로 되어 있다. 모니카 소네의 유년 시절은 정체성에 대한 막연한 혼란으로 점철되어 있다. 그녀는 백인인 줄만 알았던 자신이 일본계라는 사실을 어머니에게서 전해 듣고 마치 '두 개의 머리를 가진 것처럼' 혼란을 느꼈다고 회상하고 있다.

『니세이 딸』의 후반부는 2차 세계대전의 발발과 함께 시작된 일본계 미국인들의 강제 집단 수용과 그로 인한 가족 간의 갈등에 초점이 모아지고 있다. 진주만 공습이 발발하고 미국이 일본과 전쟁을 시작하자, 미 합중국 정부는 국가 안보를 이유로 무려 11만 명에 달하는 일본계 미국인들을 강제 수용소에 수용했다. 그러한 와중에서 이민 1세대인 부모들은 일본 편을 들고, 이민 2세인 자녀들은 미국 편을 들면서 가족 간에 가치관의 충돌이 생겨나게 되었는데, 이 책은 그러한 과정을 충실히 묘사하고 있다. 1943년에 모니카 소네를 비롯한 이민 2세대는 중서부에서 대학을 다닐 수 있도록 석방되지만, 부모들은 여전히 수용소에서 나오지 못한다. 이 책 마지막에 소네는 수용소의 부모를 방문한다. 이 책은 소네가 드디어 정체성의 갈등을 극복하고 두 문화에 속한 채, 미국 사회에 성공적으로 동화되는 것으로 끝난다.

그렇다고 해서『니세이 딸』이 단순히 미국 사회로의 동화를 고무하거나 찬양하는 것은 결코 아니다. 이 책은 사실 그러한 과정에서 일어나는 여러 가지 문제점과 백인 사회의 편견을 적나라하게 드러내 비판하고 있다. 저자는 2차 세계대전 때 미국 정부가 시행했던 일본계 미국인들의 강제 수용 문제를 생생하게 다루면서, 아시아계 미국인들에 대한 백인 미국 사회의 편견을 상징적, 우회적으로 비판하고 있다. 그리고 그 과정에서 소네는 타 인종에게는 차별적인 미국식 민주주의의 문제점을 예리하게 지적해 고발하고 있다.

모니카 소네의 『니세이 딸』을 읽노라면, 소수 인종 이민자가 어떻게 문화적 경계를 넘어 두 세계에 속할 수 있는가 하는 문제를 생각해 보게 된다. 비평가 에드워드 사이드는 『문화와 제국주의』에서 "소수 인종 망명객의 축복은 바로 그가 두 문화에 속할 수 있는 것"이라는 유명한 말을 남겼다. 그런 면에서 『니세이 딸』은 사이드가 말하는 '문화의 겹치는 영역'이 갖는 새로운 의미와 가능성을 보여 주는 책이라고 할 수 있다.

모니카 소네의 『니세이 딸』은 태평양전쟁 시 수용소에 격리 수용했던 일본인들에 대한 보상 논의가 시작되던 1979년에 재판이 출간되어, 피해자들에 대한 보상 절차와 결과에 커다란 영향을 끼쳤다. 이는 하나의 문학작품이 얼마나 중요한 사회적 기능을 할 수 있는가를 잘 보여 주는 사례이다. 그런 면에서 노라 옥자 켈너의 『종군 위안부』와 더불어 모니카 소네의 『니세이 딸』은 주변부 소수 인종에 대한 전시 사회의 폭력과 억압, 그리고 착취와 감금 문제에 대한 사회적 관심을 불러일으킨 뛰어난 문학작품으로 기억될 것이다.

아시아계 이민자들에게 미국 주류 사회와의 화해와 문화적 동화의 문제는 사실 대단히 절실하고 절박한 문제이다. 이민 1세대는 비록 주변부의 소외된 그룹으로 존재했지만, 이민 2세대부터는 '미국 사회로의 동화 문제'가 자신의 뿌리 찾기보다 점점 더 시급한 당면 문제가 되기 때문이다. 자신이 평생 살아온 뉴욕을 망명객의 도시라고 불렀던 사이드처럼, 모니카 소네 역시 자신에게 두 문화에 속하도록 해 주었던 시애틀을 망명객의 도시라 불렀다. 시애틀과 샌프란시스코, 이 두 도시는 아시아계 미국 문학의 요람으로서, 지금도 아시아계 미국 작가들에게 무한한 문학적 상상력을 제공해 주고 있다.

존 스타인벡의 몬터레이와 살리나스

　히피들의 도시 캘리포니아 버클리에서 880번 프리웨이를 타고 62킬로미터쯤 내려가다가 101번 사우스로 들어서서 83킬로미터, 그리고 다시 1번 사우스를 타고 25킬로미터가량 남쪽으로 내려가니, 멀리 유명한 해변 도시 몬터레이가 보였다. 도시보다도 도시를 둘러싸고 있는 탁 트인 바다가 먼저 시야에 들어오는 해변의 휴양지, 1년 내내 겨울이 없는 봄 날씨에 아름다운 바다로 인해 사철 관광객들로 붐비는 몬터레이는 도시 자체가 손님을 맞기 위한 거대한 호텔 단지처럼 보였다. 줄줄이 늘어서 있는 호텔 중 하나에 여장을 풀고, 옆방에 묵고 있는 독일인 관광객 부부와 인사를 나누었다. 어린 두 딸과 아들을 데리고, 머나먼 길을 찾아온 그들의 관심사 역시 몬터레이를 둘러싸고 있는 아름다운 태평양 해변이었다.
　눈부신 햇빛에 반사되어 바닷물의 색이 층층이 다른 몬터레이 해변은 정말 보석처럼 아름다웠다. '어부의 부두'에 늘어서 있는 상점과 해산물 식당도 좋았고(해변의 가장 깨끗하고 큰 스시 레스토랑에 들어갔더니, 뜻밖에도 한국인이 주인이었다.) 유명한 드라이브 코스인 '17마일 드라이브'를 운전해 수정처럼 물이 맑은 '페블 비치'에 가서 기묘한 자갈들을 밟으며 해변을 산책하는 것도 좋았다. 몬터레이에는 또 해외 파견 명령을 받은 미군들에게 (한국어를 포함해) 그 나라의 언어를 가르치는 미 국방부 언어 학교도 있었다.

그러나 나 같은 문학도가 이곳을 찾는 이유는 몬터레이와 인근 마을 살리나스에서 보내며, 이곳을 배경으로 많은 소설을 썼던 미국 작가 존 스타인벡의 문학적 자취를 찾아보고 싶기 때문이다. 몬터레이와 살리나스는 어린 시절, 내가 너무도 가슴 아프게 읽었던 『빨간 망아지』와 『생쥐와 인간』, 그리고 감동적인 서사시적 소설 『분노의 포도』와 『불만의 겨울』, 또 빈민가 사람들의 애환과 비애를 그린 『통조림 공장 거리』, 가인과 아벨의 모티프를 이용해 가족 간의 갈등을 그린 성장소설 『에덴의 동쪽』, 그리고 무엇보다도 내가 끔찍이도 좋아했던 작가의 미국 횡단 여행기 『찰리와의 여행』의 저자 존 스타인벡의 문학적 성지였다.

1962년 존 스타인벡이 노벨 문학상을 수상했을 때, 많은 평론가들은 작가로서의 기교 부족을 이유로 그의 수상에 이의를 제기했다. 즉 포크너나 헤밍웨이와는 달리 스타인벡은 기교가 세련되지 못한 거친 서부의 레드 넥이었다는 것이다. 그러나 스타인벡이 기교가 없는 것은 아니었다. 예컨대, 『분노의 포도』는 첫 장이 사실주의적 사건 전개라면, 다음 장은 자연에 대한 묘사의 패턴이 반복되는 식으로 구성되어 있는데, 이는 사실 고도의 글쓰기 기교라고 할 수 있다. 스타인벡의 소설은 기교가 다소 부족할지 몰라도, 대신 다른 작가들에게서 찾아볼 수 없는 따뜻한 휴머니즘과 진한 인간애, 그리고 삶에 대한 긍정이 깃들어 있다. 예컨대 윤리적 논란의 대상이 되긴 했지만, 굶주려 죽어 가는 떠돌이 남자를 살리기 위해 여자가 자신의 젖을 먹이는 『분노의 포도』의 한 장면은 그 대표적인 경우일 것이다. 보통 사람들 같으면 외설로만 볼 수도 있는 그 장면을 통해, 스타인벡은 인간의 생명을 살리는 숭고한 휴머니즘의 정수를 보여 주고 있다.

존 스타인벡의 작품 세계

스타인벡의 따뜻한 인간애가 가장 잘 드러나는 소설 중 하나는 단연 『빨간 망아지』일 것이다. 스타인벡의 고향 살리나스에는 지금도 말을 사육하는 목장이 많아서, 어미를 따라 뛰노는 귀여운 빨간 망아지들을 여기저기에서 볼 수 있었다. 말을 좋아하는 주인공 소년 조디는 아버지에게 빨간 망아지를 선물로 받고 무척 좋아하며, 이후 따뜻한 애정으로 망아지를 돌본다. 그런 주인공 소년과 망아지 사이에는 따뜻한 유대가 형성된다. 그러던 어느 날, 폭풍우에 노출된 후 망아지는 그만 안타깝게도 병에 걸려 죽고, 소년은 갑자기 찾아온 극도의 허무감과 상실감에 괴로워한다. 삶과 죽음, 그리고 어린 시절의 기대와 좌절을 통한 인간 성장의 과정을 그린 이 작품을 우리말로 번역하면서 전 서울대학교 총장 김종운 교수는 "인생에 선물이란 없다."는 것이 이 소설의 메시지 중 하나라고 해설했다. 우리가 너무나 좋아하고 사랑해서 신의 선물이라고 생각하는 소중한 것들을 신은 오래지 않아 도로 가져가 버린다는 것이다.

스타인벡의 또 다른 작품 『생쥐와 인간』은 언젠가는 정착할 집을 마련해 낙원처럼 살고 싶다는 꿈을 꾸며 살리나스 계곡을 방랑하는 조지 밀턴과 레니 스몰이라는 두 친구의 가슴 아픈 우정을 그린 이야기다. '밀턴'이 『실낙원』의 저자라는 점과, 거구인 레니의 이름이 '스몰'이라는 점은 아이러니하다. 체구가 크고 힘은 세지만 순박한 지진아인 레니는 쥐나 토끼처럼 부드러운 것을 만지기를 좋아한다. 그러나 자신의 힘을 조절하지 못하는 레니는 귀여워하다가 실수로 부드럽고 연약한 동물들을 죽이곤 한다.

　레니의 실수 때문에 늘 도망 다녀야만 하는 조지와 레니는 어느 목장에 일자리를 구하게 된다. 그러자 틈만 나면 목장 일꾼들을 유혹하는 목장 주인 아들 컬리의 아내가 레니에게 접근해 자신의 부드러운 머리를 만지게 한다. 순박한 레니에게 여자의 부드러운 머리칼을 만지는 것은 쥐나 토끼의 부드러운 털을 애무하는 것과 다름이 없다. 여자의 머리칼을 레니가 너무 세게 만지자 여자는 소리 지르며 반항하게 되고, 이에 놀란 레니는 당황한 나머지 실수로 여자의 목을 부러뜨려 죽게 만든다. 화가 난 컬리는 레니를 잡아 린치를 가한 후, 참혹하게 죽이려 한다. 린치를 말리던 조지는 자신의 노력이 아무 소용없게 되자, 그들이 오기 전에 레니를 총으로 쏘아 죽인다. 그게 레니를 고통에서 구해 주는 유일한 길이기 때문이다. 순진한 레니는 아무것도 모른 채 죽는다. 돈을 벌어 집을 구해 낙원에서처럼 살아 보려던 두 사람의 꿈은 사라진다. 그러나 두 사람의 따뜻한 인간애와 진한 우정은 영원히 살아남아 독자들을 감동시킨다.

　『생쥐와 인간』에서 스타인벡이 제시했던 경험(조지)과 순진(레니)의 주제는 이후 미국 문학과 영화에서 부단히 반복되는 주요 주제가 되었다. 예컨대 프랜시스 포드 코폴라 감독이 초기에 만들었던 페미니즘 계열의 문제작 「레인 피플」이라는 영화에서도 레니와 똑같은 이미지의 순진하고 아이 같은 거대한 체구의 인물이 등장해 주인공 여자를 보호해 준다. 대학 시절 미식축구 선수였던 이 거구의 사나이(제임스 칸)는 경기 중 머리를 다쳐 풋볼 스타의 꿈을 접은 사람으로, 레니처럼 순진성의 상징으로 등장한다. 물론 거친 현실은 그러한 순수한 사람들을 그냥 두지 않고 괴롭히며 끝내 다치게 만든다.

『생쥐와 인간』이라는 표현은 스코틀랜드 시인 로버트 번스의 시에서 빌려 온 것이다. 물론 이때 생쥐(mouse)라는 말은 긍정적이다. 영어에서 쥐(rat)는 부정적이지만, 마우스는 부드럽고 귀여운 생쥐를 의미한다. 번스는 이 시에서, 부드럽고 순진한 생쥐에게 인간이 행한 잘못, 즉 자연의 순수성을 파괴하는 인간의 잘못을 은유적으로 지적하고 있다. 스타인벡의 소설에서 레니는 어떤 의미에서 인간에 의해 집을 잃고 쫓겨나 결국은 죽임을 당하는 생쥐와 같은 존재인지도 모른다.

1930년 경제 공황기를 배경으로 하고 있는『생쥐와 인간』이나 『분노의 포도』에서 볼 수 있는 것처럼 스타인벡은 사회로부터 소외당하고 버림받은 농부나 노동자, 그리고 떠돌이들의 삶에 남다른 관심을 보였다. 1945년에 출간된『통조림 공장 거리』 또한 어려운 시절 몬터레이 해변가, 빈민촌 사람들의 애환과 비참한 삶을 그리고 있다. 스타인벡의 소설로 유명해진 몬터레이의 '통조림 공장 거리'는 원래 몬터레이 해변에서 잡히는 생선들(특히 정어리)을 통조림으로 가공하는 공장들이 밀집한 빈민가였는데, 지금은 스타인벡 덕분에 세계 각처에서 관광객들이 몰려드는 유명한 관광지가 되었다. 그리고 아이러니하게도 몬터레이는 예전의 빈민가를 이용해 관광 수입에 의존해 운영되는 도시가 되었다. 스타인벡 뮤지엄과 스타인벡 동상을 둘러본 다음, 나는 '통조림 공장 거리'에 있는 스타벅스에 들러 커피를 마시며 벽에 붙어 있는 닉 놀테와 데보라 윙거가 주연했던 1982년 영화「통조림 공장 거리」의 포스터를 감상했다.

『통조림 공장 거리』에서 스타인벡은 하층민들의 삶 속에 피어나는 우정과 따뜻한 인간관계에 대한 묘사를 통해, 빈민가라 할지라도 삶의 가치에 따라 얼마든지 지상낙원이 될 수 있음을 암시하고 있다. 예컨대 그가 창조한 인물인 식료품점 주인 리 정, 해양 생물학자 닥, 젊은이들의 정신적 지도자 맥 등은 모두 어려운 상황 가운데에서도 따뜻하고 넉넉한 마음을 가진 사람들로 제시된다. 비즈니스가 잘 안 되어 텅 빈 통조림 공장 거리에서도 이들은 서로 의지하며 삶의 가치를 추구한다. 경제 공황과 2차 세계대전이라는 암울한 상황을 배경으로 하면서도 스타인벡은 끝내 인간의 존엄성과 휴머니즘을 잃지 않았던 인간 승리의 작가였다.

스타인벡의 인간 긍정 철학은 그의 대표작 『분노의 포도』에서도 그대로 구현된다. 1939년에 발표되어 1940년 퓰리처상을 수상한 이 소설은 1930년대 미 대륙을 강타한 모래 폭풍이라는 자연재해와, 대자본에 의한 농지 잠식, 그리고 농기구의 현대화로 인해 경작할 땅을 빼앗긴 가난한 농사꾼 조드 일가가 오클라호마를 떠나, 캘리포니아의 비옥한 토지를 찾아 이주해 가는 여정을 그린 소설이다. 온갖 시련과 고생 끝에 그들은 꿈에도 그리던 캘리포니아에 도착한다. 그러나 캘리포니아 역시 낙원은 아니었다. 그곳에서 그들을 기다리고 있는 것은 착취와 저임금, 그리고 굶주림이었다. 주인공 톰은 파업에 가담하게 되고, 결국 본의 아니게 살인 사건에 연루된다. 끝없는 시련에도 불구하고, 대지와도 같은 강인한 어머니 '마'는 가족들에게 절망하지 않고 긍정적인 사고방식으로 살아갈 것을 권고한다. 스타인벡은 서로 돕고 의지하는 가난한 사람들의 따뜻한 인간애에서 늘 삶의 새로운 가능성을 본다. 몬터레이의 여러 곳에 젊은 헨리 폰다가 주연한 흑백영화 「분노의 포도」 영화 포스터가 붙어 있는 것도, 스타인벡의 바로 그런 메시지를 높이 사서일 것이다.

스타인벡의 소설은 대부분 영화화되었는데, 그중 유명한 작품 중 하나가 바로 「에덴의 동쪽」이다. 제임스 딘이 반항아로 출연해 화제를 모았던 이 영화는 엘리아 카잔 감독의 터치가 가미되어, 심도 있는 심리극이자 사회 풍자극이 되었다. 살리나스에 정착해 살고 있는 해밀턴 일가와 트라스크 일가의 이야기인 이 소설의 제목은 성서의 가인과 아벨의 불화와 비극적 결말에서 빌려 온 것이다. 구약 성서 「창세기」에 의하면, 가인은 질투로 동생 아벨을 죽인 후, 에덴의 동쪽으로 쫓겨나 방랑자가 된다. 「에덴의 동쪽」 역시 형제간의 갈등을 모티프로 해서, 증오와 반목 속에 살면서 낙원을 잃어버린 현대인들의 모습을 고도의 심리 분석적 수법으로 보여 주고 있다. 이 소설에서도 스타인벡의 메시지는 물론 애정의 회복과 상호 이해를 통한 인간 교류의 승리이다.

스타인벡은 『통조림 공장 거리』와 『에덴의 동쪽』 같은 소설에서 중국인을 등장시키고 있는데, 아시아인에 대한 그의 우호적 태도를 짐작할 수 있다. 예컨대 전자에서는 중국인이 관대한 식료품점 주인으로 나오고, 후자에서는 중국인이 성실한 성경 연구가로 등장한다. 물론 캘리포니아에서는 중국인이 전통적으로 상점 주인이나 하인으로 일을 하곤 했지만, 스타인벡은 그들의 장점과 능력을 인정했고 작품 속에서 대단히 긍정적인 인물로 묘사했다.

『찰리와의 여행』: 아메리카의 의미를 찾아서

개인적으로 나는 스타인벡 최대의 걸작 중 하나가 바로 그의 미국 여행기 『찰리와의 여행』이라고 생각한다. 1959년 50대 후반이었던 스타인벡에게 경미한 뇌졸중이 찾아왔다. 그 와중에서 그는 『불만의 겨울』을 집필해 출간했다. 민주당 대통령 후보였던 애들라이 스티븐슨을 비롯한 친구들은 스타인벡에게 건강도 회복할 겸 미국 횡단 여행을 권하며 나중에 여행기를 써 보라고 했다.

좋은 충고라고 생각한 스타인벡은 차 안에서 숙식을 해결할 수 있도록 특별 주문 제작한 트럭 캠퍼를 타고 드디어 거대한 아메리카 대륙을 횡단하는 모험 여행을 떠났다. 스타인벡은 그 캠핑용 트럭의 이름을 돈키호테가 타고 모험을 떠난 말의 이름을 빌려 '로시난테'라고 지었고, 찰리라는 충실한 푸들 개를 여행의 동반자로 삼았다.

1960년 9월 23일 스타인벡은 로시난테를 몰고 무려 1만 6000킬로미터가 넘는 대장정의 모험을 떠났다. 뉴욕 주 롱아일랜드에서 출발한 그는 북쪽 해안을 따라 메인 주까지 올라갔으며, 그곳에서 다시 서쪽으로 여행해 뉴욕 주 버펄로에 있는 나이아가라폭포에 들른 다음, 미네소타 주를 거쳐 자신의 고향인 캘리포니아 살리나스까지 갔다. 그러고는 다시 남쪽으로 차를 몰아 텍사스 주까지 가서 아내 일레인과 친척들을 만나 그들과 추수감사절을 같이 보낸 후, 남부를 횡단해 1961년 1월에 다시 뉴욕으로 돌아왔다. 여행을 마친 후, 스타인벡은 서인도 제도로 가서 자신의 문학적 오디세이를 책으로 내기 위한 원고를 집필했다. 1961년 여름, 드디어 스타인벡은 미국 횡단 모험기 『찰리와의 여행』을 출간했는데, 아이러니하게도 이 여행기는 자신의 소설보다도 더 많이 팔리는 베스트셀러가 되었다. 『찰리와의 여행』이라는 제목은 스타인벡의 부인 일레인이 붙였는데, 이는 영국 작가 로버트 루이스 스티븐슨의 『당나귀와의 여행』(1878)에서 빌려 온 것이다.

『찰리와의 여행』 서두에서 스타인벡은 떠돌아다니기 좋아하는 자신의 방랑벽을 이렇게 기록하고 있다. "내가 성인이 되어서도 방랑벽을 고치지 못하자, 사람들은 중년이 되면 그런 버릇은 사라질 것이라고 말했다. 내가 중년이 되어도 여전하자, 사람들은 늙으면 내 버릇이 고쳐질 것이라고 말했다. 그러나 쉰여덟 살이 된 지금도 변하지 않고 있으니, 아마도 노망이 들어야 그 버릇이 고쳐질 듯하다. 아무것도 내 방랑벽을 고치지는 못했다." 그런 의미에서 『찰리와의 여행』은 이 시대 모든 방랑자들의 호기심을 충족시켜 주고, 아메리카를 알고 싶어 하는 사람들에게 풍부한 현장 지식과 커다란 즐거움을 주는 책이다.

『찰리와의 여행』에서 가장 감명 깊은 부분은 남부를 여행하면서 경험하는 인종차별에 대한 스타인벡의 비판적 태도이다. 뉴올리언스에 접어들면서부터 스타인벡은 남부 백인들의 뿌리 깊은 인종적 편견을 경험하고 크게 실망한다. 너무나 실망한 그는 문화적 유적지마저도 둘러보지 않고 서둘러 남부를 빠져나간다. 남부의 한 도로에서 스타인벡은 백인 히치하이커 하나를 차에 태워 주는데, 그가 인종차별주의자임이 드러난다. 그 남자가 계속해서 흑인들을 비난하자, 스타인벡은 흑인을 옹호한다. 그러자 그 남자가 스타인벡을 비난하며 "당신은 흑인을 사랑하는 자인가?"라고 비난한다. 스타인벡은 말없이 도로 한가운데에 차를 세운다. 그러고는 "내려!" 하고 말한다. "뭐라고요?"라고 어리둥절해서 반문하는 그 백인에게 스타인벡은 "차에서 내리란 말이야!"라고 명령한다. 그 남자를 고속도로에 내려놓고 스타인벡은 말없이 그 자리를 떠난다. 아, 얼마나 멋진 모습인가!

『찰리와의 여행』에서 스타인벡은 인종차별에 대해 독자들에게 진부한 도덕적 설교를 하는 대신 용기 있는 행동으로 자신의 신념을 보여 주고 있다. 아메리카를 알고 싶어 떠났던 대륙 횡단 여행을 하면 할수록 스타인벡은 점점 더 미국이 알 수 없는 나라임을 깨닫게 된다. 그는 서둘러 여행을 종료하고 자신이 살고 있는 출발지 뉴욕으로 돌아온다. 그러나 뉴욕에서 스타인벡은 그만 길을 잃는다. 그는 "나는 자신이 살던 곳에서 길을 잃었다."라고 말하고 있다. 그것은 곧 미국을 발견하기 위한 그의 여행이 꼭 성공적인 것만은 아니었다는 사실을 은유적으로 암시하고 있다.

몬터레이와 살리나스를 떠나면서, 나는 새삼 존 스타인벡의 휴머니즘과 따뜻한 인간애에 경의를 표하고 싶었다. 어린 시절 살리나스 계곡에서 빨간 망아지와 뛰어놀던 소년, 망아지의 갑작스러운 죽음에 실망하고, 통조림 공장 거리의 가난한 사람들을 좋아하던 소년은 나중에 커서 인종차별과 인간의 편견에 반대하는 따뜻한 심성의 작가가 되었다. 스타인벡은 비인간적인 기계와 물질이 지배하는 이 시대에 녹색혁명과 인간성의 회복을 염원했던 휴머니즘 문학의 주창자로 오래도록 독자들의 기억에 살아남을 것이다.

마크 트웨인과 시인 김명미의 도시: 뉴욕 주 버펄로

자유주의, 진보주의의 도시 버펄로

세계에서 가장 큰 나라로 사람들은 러시아와 캐나다와 아메리카를 꼽는다. 그중에서도 아시아 대륙만큼이나 큰 미국은 사철 얼음으로 덮여 있는 알래스카가 있는가 하면, 또 1년 내내 여름인 하와이와 플로리다와 캘리포니아가 공존하고 있는 특이한 나라다. 시간대만 해도 서부 캘리포니아와 동부 뉴욕이 3시간이나 차이가 나고, 동북부 메인 주 넘어서부터는 다시 시간대가 바뀐다. 거기다 서쪽의 하와이까지 넣으면 시간대의 차이도 지역마다 서로 엄청나게 다르다. 재미있는 이야기지만, 미국은 외국의 보병 부대가 침략해도 그 넓은 대륙을 도저히 다 점령할 수 없는 거대한 나라로 알려져 있다. 예컨대 태평양전쟁에서 일본이 승리해 미국을 점령했다 해도, 당시 일본 인구로는 미국의 도시들에 겨우 세 명씩만 보낼 수 있었다고 하니, 가히 그 크기를 짐작할 수 있다.

버클리에서 같이 지내던 이문열 선생과 작별 인사를 나누고, 샌프란시스코 공항에서 유나이티드 에어를 탄 것은 오전 10시, 시카고 오헤어 공항까지 가서 다시 비행기를 갈아탄 다음 뉴욕 주 버펄로에 도착하니 어느새 밤 9시가 되었다. 3시간의 시차를 감안하더라도, 서부에서 동부로 여행하는 데 거의 하루 종일 걸린 셈이다. 새삼 아메리카 대륙의 광활함에 놀라지 않을 수 없었다. 공항에는 오랜 친구인 교포 사업가 장인우 사장과 김수원 목사가 나와 주었다. 멀리 떨어져 살고 있는 옛 친구를 다시 만나는 것보다 더 즐거운 일이 어디 있으랴. 우리는 어느새 연륜으로 패인 주름살이 늘어나 있었고, 갓난아이들이었던 우리의 자녀들은 훌쩍 성장해 어느덧 거뭇거뭇한 수염까지 난 어른이 되어 있었다. 1978년 미국에 처음 도착해 내 젊은 시절의 한때를 보냈던 곳, 내게 제2의 고향 같은 버펄로에서 나는 고향을 찾아온 헤세의 소설 『페터 카멘친트』의 주인공처럼 잠시 향수에 젖었고, 또 성장한 아이들과 변해 버린 도시의 모습에 낯설어했다.

오랜만에 찾은 나이아가라폭포 또한 여전했다. 폭포의 웅장한 자태와 포효는 수십 년 전이나 지금이나 조금도 변함이 없었다. 문득 예전에 범대순 시인과 함께 나이아가라에 왔을 때, "이건 사건이군!"이라며 감탄하시던 생각이 났다. 시인의 눈에는 나이아가라가 단순한 경치라기보다는 하나의 사건으로 보였으리라. 그 '사건'을 보러 오는 사람들로 나이아가라는 언제나 붐빈다. 버펄로에 사는 즐거움 중 하나는 언제나 타 주 번호판이 붙은 자동차를 많이 볼 수 있다는 점이다. 나라가 워낙 크다 보니 미국인들 중에도 평생 나이아가라폭포에 가 보지 못하는 사람들도 많아 단체 관광버스가 줄을 이어 몰려들기도 하고, 각종 회의나 모임도 이곳에서 많이 열린다.

그러한 상황 때문일까? 버펄로는 자유주의, 진보주의의 본산지로도 유명하다. 버펄로는 또한 1960년대에 캘리포니아 버클리와 더불어 반정부 시위와 반전 데모가 가장 심했던 곳으로 유명하다. 당시 이곳에서는 학생들뿐 아니라, 교수들도 항의 데모에 참가했다. 진보적 문학평론가였던 레슬리 피들러는 이곳에서 마리화나 옹호 혐의로 체포당했고, 당시 버펄로 소재 뉴욕 주립 대학교 교수였던 소설가 존 바스는「고갈의 문학」이라는 유명한 에세이에서, 정치적 격동기에 느끼는 작가의 무력함을 피력한 적이 있다. "당시 나는 계시록적인 시대에 계시록적인 장소에 살고 있었다. 최루탄을 쏘는 경찰과 최루탄에 쫓기는 학생들을 날마다 뉴욕 주립 대학교 연구실 창문을 통해 바라보며 작가의 슬럼프에 빠져 있었으며, 다운타운의 피스 브리지에서는 '이제 활자 매체 시대는 끝났다.'라는 마셜 맥루한의 예지적 선언이 캐나다로부터 들려오고 있었다."

버펄로의 자랑 중 하나는 미국 대통령을 두 사람이나 배출했다는 것이다. 13대 대통령이었던 밀러드 필모어와 22대 대통령을 역임한 다음, 3년 후 다시 24대 대통령으로 당선된 그로버 클리블랜드는 비록 출생지는 다르지만, 둘 다 버펄로에서 성장하고 변호사로 활동하다가 후에 백악관에 입성한 사람들이다. 버펄로는 또 토머스 에디슨이 처음 전기로 불을 밝힌 곳으로도 유명하다. 당시 나이아가라폭포에서만 대형 수력 발전이 가능했기 때문에 에디슨이 버펄로를 실험 장소로 삼았고, 그래서 그 후 버펄로의 별명은 '빛의 도시(city of lights)'가 되었다. 에디슨의 성공적인 실험으로 버펄로는 번영의 도시로 각광받았으나, 그로부터 불과 며칠 후, 25대 대통령 윌리엄 매킨리가 버펄로에서 암살당하자 버펄로는 좋지 않은 평판 속에 쇠락의 길을 걷게 되었다.

마크 트웨인의 도시 버펄로

버펄로의 또 하나의 자랑은 작가 마크 트웨인이 살았던 도시라는 데 있다. 그래서 이곳 뉴욕 주립 대학교 영문과를 대표했던 평론가 레슬리 피들러는 타계하기 전에 마크 트웨인의 본명인 새뮤얼 클레멘스 석좌 교수라는 타이틀을 갖고 있었고, 뉴욕 주립 대학교는 트웨인 연구의 본 산지가 되기도 했다. 트웨인은 주요 일간지 《버펄로 익스프레스》의 공동 발행인으로서 버펄로에서 2년 정도 살다가, 후에 자신의 출판사가 있는 코네티컷 주 하트퍼드로 이사했다. 트웨인이 경영하던 《버펄로 익스프레스》는 후에 《커리어 익스프레스》로 이름을 바꾸었다가, 경쟁지였던 《버펄로 뉴스》에게 자리를 내주고 지금은 역사의 뒤안길로 사라졌다.

버펄로 다운타운 쪽 델라웨어가에 가면, 오래전 마크 트웨인이 살았던 집이 있어 지나가는 과객들의 시선을 끈다. 트웨인이 떠난 후, 레스토랑이 들어서서 관광객들의 발길을 붙잡았던 이곳은 이제 레스토랑도 문을 닫은 채, 그냥 일반인이 거주하는 개인 집이 되었다. 굳이 그 집을 관광지로 보존하지 않은 이유는, 아마도 작가의 생가도 아니고 어린 시절을 보내거나 집필 생활을 오래 한 곳이 아니기 때문일 것이다. 아니면 트웨인이 팔고 떠난 그 집이 개인 집이 되어 버렸기 때문인지도 모른다. 지금도 잘 보존되어 있는 코네티컷 주 하트퍼드의 트웨인 하우스에 비하면, 버펄로의 트웨인 하우스는 다소 잊혀 가고 있다는 느낌을 받는다.

버펄로에서 트웨인은 행복한 신혼 생활을 보냈다. 아들 랭던이 태어났으며, 처가가 있는 뉴욕 주 엘마이라도 멀지 않았고, 신문 경영도 잘되었으며, 《갤럭시》라는 잡지에 '메모랜다'라는 유머난을 맡아 상당한 수입도 올릴 수 있었다. 그러나 행복한 시절은 그리 오래가지 못했다. 부친이 죽은 후 아내 리비의 건강이 극도로 약해졌고, 아들 랭던의 건강도 나

빠졌으며,《버펄로 익스프레스》의 수익도 떨어지기 시작했다. 마음이 괴로운데, 매달 잡지의 유머난을 채우는 것이 고통스러웠던 트웨인은 잡지 일을 그만두고, 신문사도 손해 보고 판 다음, 버펄로를 떠나 자신의 출판사 근처 코네티컷 주 하트퍼드로 이사 갔다.

　마크 트웨인은 늘 두 세계 사이의 경계를 넘나들며 살았던, 시대를 앞서 가는 선구자적 작가였다. 그는 노예주였던 미주리 주에서 태어났지만 노예제에 비판적이었고, 낭만주의 시대에 태어났지만 리얼리즘의 꽃을 피웠으며, 유머의 대가였지만 비관적인 세계관을 갖고 있었다. 그는 또 목가적 꿈을 상실한 19세기 기계문명에 대해 비판적이었지만, 동시에 증기 엔진을 좋아해 미시시피 강을 오가는 증기선의 수로 안내인 일을 하기도 했고, 금속활자 사업에 적극 투자하는 등 새로운 테크놀로지에 대한 강한 희망도 품고 있었다. 『아서 왕 궁전의 코네티컷 양키』(1889)에서도 잘 드러나듯이 트웨인은 영국의 귀족주의적 속물근성에 대해서 비판적이었으나, 옥스퍼드 대학교에서 수여하는 명예박사 학위를 수락했다. 심지어는 이름도 새뮤얼 클레멘스라는 본명과 마크 트웨인이라는 필명을 동시에 사용했다. 이는 곧 트웨인이 한 세계에 고정되어 있지 않은 열린 작가였다는 것을 의미한다.

　마크 트웨인이라는 필명은 작가가 미시시피 강을 운항하는 증기선의 수로 안내인 견습으로 일할 때 늘 들었던 수심을 재는 용어에서 빌려 온 것이다. 배가 수심이 얕은 곳으로 잘못 들어가면 안 되기 때문에, 수로 안내인과 수심 측량인은 늘 뱃길과 물의 깊이에 신경을 썼는데, 줄에 추를 달아 수심을 재는 과정에서 작가가 가장 많이 들었던 말이 '마크 트웨인!('수심 두 자를 표시하라!'의 의미로, '트웨인'은 'two'의 고어이다.)'이었고, 이에 우리의 이상이 그랬던 것처럼 새뮤얼 클레멘스 역시 비슷한 상황에서 마크 트웨인을 자신의 필명으로 택했다.

그런 의미에서 마크 트웨인이라는 이름은 미국이라는 나라를 위한 길잡이이자 도덕적 안전에 대한 잣대를 의미하는 상징적 이름이라고도 볼 수 있다. 1835년에 태어난 트웨인은 미국이라는 나라가 내전의 상처를 극복하고 영국의 문화적 종속으로부터 벗어나 국제사회의 강국으로 부상하는 것을 지켜보았으며, 서부 개척을 끝내고 산업사회로 진입하며 테크놀로지의 혁명을 경험하는 것을 목격했다. 그는 그러한 과정에서 미국이 얻은 것과 잃은 것은 무엇이고, 또 미국이 나아갈 길은 과연 어디인가를 진지하게 고민하고 예시해 주었던 중요한 작가였다.

그의 대표작 『허클베리 핀의 모험』은 작가의 바로 그러한 성찰을 담은 뛰어난 소설이다. 그가 창조한 뗏목(백인 소년 허크와 흑인 도망자 노예 짐이 타고 우정을 나누며 자유주를 찾아 미시시피 강을 여행하는 뗏목)은 레오 마르크스의 지적처럼 "아메리칸드림을 싣고 항해하는 미국의 상징"이다. 그러나 연약한 뗏목처럼(애초에 뗏목은 항해용이 아니다.) 허크와 짐이 강 위에서 꾸었던 낭만적 꿈은 급류나 증기선을 만나면 산산조각으로 부서질 수밖에 없는 깨지기 쉬운 꿈일 뿐이다. 그래도 트웨인은 끝내 희망을 포기하지 않았으며, 부단히 그 불가능한 꿈을 추구했던 '꿈꾸는 작가'였다.

그런 트웨인이 단지 작품 속에 흑인에 대한 비속어를 사용했다는 이유만으로, 최근 학계의 세력을 잡은 급진적인 흑인 비평가들로부터 인종차별주의자라는 비난을 받는 것은 안타까운 일이다. 시대적 상황(19세기에는 그런 비속어가 일상적으로 사용되었다.)은 전혀 고려하지 않은 채, 평생 흑인들을 옹호했던 트웨인이나 포크너를 단지 백인 작가라는 이유만으로 인종차별주의자로 몰아 비판하는 오늘날 미국의 상황은 우리의 과거사조사위원회가 조심해야 할 것이 무엇인가를 암시하는 좋은 교훈이 된다.

한국인들이 19세기 미국 작가 마크 트웨인을 처음 만나게 되는 것은 대개 『톰 소여의 모험』(1876)이나 『허클베리 핀의 모험』(1885) 또는 『왕자와 거지』(1882) 같은 아동소설을 통해서다. 그래서 사람들은 자칫 트웨인을 단순한 아동문학 작가로 생각하기 쉽다.

물론 트웨인의 소설들이 어린이들의 서가에 많이 꽂혀 있고, 내용 또한 어린이들이 즐겨 읽을 만한 것이라는 데에는 의심의 여지가 없다. 그러나 트웨인은 결코 아동문학 작가가 아니라 19세기 본격 미국 문학을 대표하는 주요 작가였으며, 영국의 디킨스처럼 국민들의 사랑을 한 몸에 받았던 미국의 국민 작가였다.

디킨스가 『올리버 트위스트』 같은 작품 속에서 소년 주인공을 통해 19세기 영국 사회를 비판했듯이, 트웨인 역시 자신의 소설에서 어린아이들의 순진한 시각을 통해 19세기 미국 사회를 유머러스하게, 그러나 신랄하게 비판했다. 예컨대 그는 『톰 소여』에서는 학교나 교회나 가정 같은 문명 제도의 위선과 억압을, 그리고 『허클베리 핀』에서는 당시 미국인들의 맹목적 유럽 숭배, 속물적 귀족주의, 종교적 편견, 그리고 도덕적 부패 등을 아이들의 눈을 통해 예리하게 풍자하고 있다. 그러므로 트웨인의 이들 작품은 아동소설의 형식을 빌린 사회 비판 소설이라고 할 수 있다.

트웨인은 비단 미국 사회만 비판한 것이 아니라, 당시 전통과 교양과 고급문화를 내세우며 미국을 무시했던 유럽인들의 위선과 속물주의도 비판함으로써, 미국인들에게 자국 문화에 대한 자부심을 심어 주는 데 중요한 역할을 했다. 예컨대 그는 『왕자와 거지』에서는 영국 황실 및 귀족 사회의 독재와 부패를, 그리고 『아서왕 궁전의 코네티컷 양키』에서는 영국 기사도와 기독교의 위선을 폭로하고 있다.

트웨인의 초기작 역시 국내에는 별로 알려져 있지 않지만 예리한 서양 문명 비판서라고 할 수 있다. 처녀작인 『해외로 나간 순진한 사람들』(1869)은 미국인의 유럽 견문 및 비판서로, 그리고 『불편한 생활』(1872)은 미국 서부 견문 및 비판서로, 그리고 『미시시피 강에서의 생활』(1883)은 미국을 남북으로 관통하는 미시시피 강의 탐구서로 읽을 수 있다. 결국 트웨인은 평생 '미국이란 무엇인가?' 하는 문제를 천착하고 탐색했던 가장 미국적인 작가였다고 볼 수 있다.

트웨인의 소설은 사회 비판적이면서도 해학과 풍자로 가득 차 있어 읽는 이들을 즐겁게 하는 것이 특징이다. 그래서 그동안 트웨인은 유머 감각이 뛰어난 낙관주의자로만 알려져 왔다. 그러나 트웨인은 사실 인간과 인류 문명 모두에 대해 암울한 비관적 견해를 지니고 있었다. 예컨대 후기작인 『바보 윌슨』(1894), 『이상한 나그네』(1916), 『인간이란 무엇인가』(1906) 등은 모두 그의 비관주의를 표출하고 있는 저서들이다. 최근 미국의 어느 학자는 새로 발견된 편지의 내용 등을 근거로, 후기 트웨인이 사실은 그렇게 비관적인 것은 아니었다고 주장해 주목을 끌기도 했지만, 아내와 딸의 때 이른 죽음과 인쇄 사업의 실패, 그리고 인간에 대한 실망 등이 말년의 그를 비관주의자로 만들었다고 그의 전기 작가들은 전한다.

국내에는 잘 알려져 있지 않지만, 자신의 비관주의적 인간관을 드러내고 있는 대표작 『바보 윌슨』에서 트웨인은 최초로 지문을 이용해 범인을 찾아내는 추리소설 기법을 문학에 도입했다. 피부색이 비슷해서 어렸을 때 뒤바뀐 백인 농장주의 아들과 흑인 노예의 아들이 어떻게 각각 비겁한 노예와 잔인한 백인 주인으로 성장하는가를 추적하는 이 소설에서 트웨인은 인간과 인간의 제도에 대한 자신의 뿌리 깊은 불신을 드러내 보여 주고 있다. 그래서인지 이 소설에는 "아메리카를 발견한 것은 좋은 일이었다. 그러나 발견하지 않았더라면 훨씬 더 좋았을 뻔했다."라는 유명한 구절이 나온다.

트웨인은 이렇게 일반에게는 잘 알려지지 않은 또 하나의 면모를 가진 복합적인 작가였다. 예컨대 그는 목가주의를 주창한 문명 비판자였지만, 19세기에 등장한 기계문명에 대해서는 상당한 희망과 기대를 갖고 있었다. 증기선이나 활판인쇄에 대한 그의 비상한 관심은 한 좋은 예이다. 그는 또 웃음과 울음, 그리고 미소와 눈물을 동시에 갖고 있었던 이중 비전의 작가였으며, 모든 위대한 작가가 다 그렇듯이 양극을 피하고 양쪽을 다 포용했던 '복합성'과 '모호성'의 작가였다.

시인 김명미의 도시 버펄로

미국 문학이 강한 뉴욕 주립 대학교 영문과 덕분에 버펄로에는 유명한 시인들이 많이 찾아왔고, 또 거주했다. 찰스 올슨과 더불어 투사시 운동을 주도했던 시인 로버트 크릴리는 평생을 버펄로와 뉴멕시코를 오가며 살다가 2005년 타계했으며, 찰스 번스틴과 수전 하우 같은 언어시 운동을 대표하는 시인도 이곳에 와서 살았더랬다. 그 외에도 버펄로에는 앨런 긴즈버그, 로버트 던컨, 존 애슈베리, 리처드 윌버, 이스마엘 리드, 로런스 펄링게티, 마이클 맥클류, 마거릿 애투드, 마이클 온다체 같은 시인들이 자주 찾아오곤 했다.

현재 버펄로에는 샌프란시스코 주립 대학교로부터 뉴욕 주립 대학교로 옮겨 온 교포 시인 김명미가 살고 있다. 트웨인 하우스가 있는 델라웨어가와 베드포드가가 만나는 곳에 자리 잡은 시인 김명미의 자택은 아담하고 아늑했다. 1991년 「깃발 아래서」로 미국 문단의 비상한 주목을 받으며 부상한 김명미는 이주민들의 디아스포라 경험을 소재로 심도 있는 시를 쓴다는 점에서 『딕테』의 요절 작가 테레사 학경 차를 연상시킨다. 이민자의 언어 경험을, 모국어가 있어도 사용하지 못하며 제국의 언어가 곧 권력을 의미하는 식민지 상황에 비유했던 교포 학자 테레사 차처럼, 김명미 또한 포스트식민주의의 입장에서 지배 언어인 영어와 주변부 언어가 되어 버린 모국어, 그리고 미국 사회의 현실과 과거 한국에 대한 파편적인 기억 사이에서 망명객으로 살아가고 있는 뿌리 뽑힌 사람들의 심리 상태를 고도로 상징적인 언어로 묘사하고 있다. 김명미 시인의 시에서 파편적인 시어들이 자주 발견되고, 식민지 역사, 한국전쟁, 민족 이산이 자주 중요한 메타포로 등장하는 이유도 바로 거기에 있다.

"한국계 미국 작가라고 불리기보다는 그냥 미국 작가라는 타이틀을 선호하는 교포 작가들도 있는데, 김명미 시인의 경우는 어떠신지요?"라는 질문에 그는 "한국계 미국 작가라는 사실을 굳이 부인할 필요는 없지요. 그건 우리의 태생적 상황이니까요. 그리고 우리 문학 세계의 특징도 거기에 있고요. 그러나 그와 동시에 작가들은 바로 그런 경계를 초월해 보편성을 획득해야만 합니다."라고 거침없이 대답했다.

문득 2001년 뉴욕 주립 대학교에서 김명미 시인의 시 낭송회가 있었을 때의 질의응답이 생각났다. 청중석에서 "당신은 미국 문화 속의 타자로서, 한국성을 주장할 것인가, 아니면 영문학 속에 안주할 것인가?"라는 질문이 나오자, 김명미 시인은 자신의 시에서는 그 두 가지가 다 불가능하다고 대답했다.(쥬 샤오징, 「불가능한 위치에서의 가능성: 김명미의 '깃발 아래」 참조) 그것은 곧 하나의 고정된 민족적 정체성을 주장할 수도 없고, 그렇다고 지배 문화에 완전히 동화될 수도 없다는 것을 의미한다. 그래서 김명미 시인에게, 시를 쓴다는 것은 언어를 통해 사회적, 정치적, 문화적 심미적 문제에 참여하는 행위가 되며, 또한 국가적, 민족적 경계를 초월해 지배 권력에 의문을 제기하고, 동화에 저항하는 담론을 만들어 내는 행위가 된다.

자신의 초기 시에서 김명미 시인은 디아스포라 경험을 통해 주변부 언어와 지배 언어, 그리고 소수 인종 문화와 백인 중심 문화의 갈등과 동화 문제를 심도 있게 성찰하고 심문하며, 거기에 수반되는 언어와 권력의 문제, 그리고 문화적, 민족적 정체성 문제에 대해 예리한 의문을 제기한다. 미국 시민이 되기 위한 필수 조건인 유창한 영어와 이민들의 서투른 모국어 억양의 영어, 그리고 충성을 맹세해야 하는 성조기와 충성을 포기해야만 하는 모국 국기 사이의 갈등은 곧 지배 문화와 주변부 문화 사이의 헤게모니 다툼의 상징이 된다.

그러므로 김명미의 시에서 어느 한 세계에 속한다는 것은 불가능한 일이 된다. 시인은 문화적, 민족적 경계를 초월해 부단히 새롭고 복합적인 정체성을 추구해야 한다고 말한다. 그리고 그 과정에서 고국에 대한 파편적인 기억과 새로운 곳에서의 경험, 모국어와 영어, 그리고 충성이 나뉘는 두 나라의 깃발은 서로 부단히 뒤섞인다. 그와 같은 상황에서 김명미 시인은 제3의 새로운 가능성을 추구한다. 그래서 김명미의 시는 언제나 논리적 표현이 불가능한 것을 표현하려는 노력이 되고, 뿌리 들림에서 새로운 자리매김의 시도가 되며, 무정형에 대한 형태 부여가 된다. 그리고 그 과정에서 그는 지워진 기억을 다시 복원해 내고, 침묵당한 소리들을 다시 들리도록 해 주며, 번역할 수 없는 의미를 번역해 준다.

김명미 시인은 궁극적으로 우리 모두가 인종적, 민족적, 문화적, 지리적 경계를 넘어, 그 모든 것을 포용하는 새로운 정체성을 가질 것을 제안한다. 그래서 김명미는 '이것 아니면 저것'의 선택을 부정하고, 두 문화와 두 언어를 다 포용하는 복합적인 다문화주의 정체성을 주창한다. 하나의 조국, 하나의 언어, 또는 하나의 문화만을 강요하는 단일 문화, 단일 민족 개념에 반기를 들고, 문화적, 민족적 헤게모니와 위계질서에 도전하는 김명미는 예다 모리슨과의 대담에서 자신의 디아스포라는 곧 "인간 커뮤니티의 잡종화"를 의미한다고 말한 적이 있다. 하와이의 캐시

송과 더불어 한국계 미국 시단을 대표하는 김명미와 작별하고 나오면서, 나는 김명미 시인이 다문화주의와 자유주의의 대표적 도시인 버펄로에 얼마나 잘 어울리는 시인인가를 새삼 절감할 수 있었다.

미국 문학의 요람: 보스턴과 뉴욕

미국 역사 속의 보스턴과 하버드

미국 동북부에 위치한 보스턴은 역사적으로 유서 깊은 고도(古都)다. 1620년에는 메이플라워호에 승선해 대서양을 건넌 필그림 파더스들이 처음 신대륙에 상륙했고, 1673년에는 영국이 식민지에 부과한 과도한 차(茶) 관세에 저항해 이른바 '보스턴 차(茶) 사건'을 일으켜 미국독립전쟁의 단초를 제공했던 곳이 바로 보스턴이다. 그래서 보스턴은 미국 문명과 미국 역사의 발상지와도 같은 곳이다.

보스턴은 또 독립전쟁 당시 영국군과 미국 민병대가 격전을 벌였던 곳이었으며, 남북전쟁 때는 최초의 흑인 부대인 매사추세츠 54연대가 결성되어 그중 절반이 전사한 곳이기도 하다. 쇼 대령이 지휘했던 이 흑인 연대의 용기와 장렬한 산화는 「글로리」라는 영화로도 만들어졌으며, 보스턴 출신 시인인 로버트 로웰의 유명한 시 「죽은 북군을 위해」를 통해 미국인들의 기억에 남아 있다.

그래서인지 보스턴 사람들의 자부심은 대단해 보인다. 예컨대 보스턴 로건 국제공항에 내려 주차장으로 나가면, 매사추세츠 주 자동차 번호판에 자랑스럽게 붙어 있는 '미국의 정신(The Spirit of America)'이라는 문구가 맨 먼저 시야에 들어온다. 과연 보스턴에는 도처에 독립전쟁과 남북전쟁 기념 동상이 서 있고, 또 근처의 플리머스 해변에는 복원된 메이플라워호가 전시되어 있으며, 배에서 내린 청교도들이 처음 밟았다는 바위도 기념비처럼 보존되어 있다.

보스턴은 또 1630년 아라벨라호를 타고 보스턴에 도착한 초대 매사추세츠 주 총독 존 윈스럽의 도시이기도 하다. 윈스럽은 배를 타고 대서양을 건너오면서 유명한 선상 설교를 했는데, 그는 "신대륙에 '언덕 위의 도시(a city upon a hill)' 즉, 모두가 우러러보는 새 예루살렘을 세워야 하며, 우리에게는 다른 나라도 그렇게 해 주어야 할 신성한 십자군의 의무가 있다."라고 말했다. 윈스럽이 주창했던 미국의 그러한 건국이념은 오늘날까지도 워싱턴 외교정책의 근간이 되고 있다. 즉 미국이 다른 나라(독재국가)의 내정에 끊임없이 간섭하는 것은, 미국 정치인들이 백악관에 입성하면서 갖게 되는 바로 그러한 십자군적 사명감 때문이라고 볼 수 있다는 것이다.(조지 부시의 연설에 '십자군(crusade)'이라는 단어가 자주 등장하는 역사적 이유도 바로 거기에 있다.)

그런 맥락에서 보면, 9·11테러를 일으킨 테러범들이 보스턴발 비행기들을 납치한 것은 다분히 상징적이라고 할 수 있다. 즉 미국 문명은 시작부터 잘못되었기 때문에, 그 시발지인 보스턴을 출발하는 비행기를 무기 삼아 미국 경제의 상징인 뉴욕의 세계 무역 센터와, 미국 정치와 군사력의 상징인 워싱턴의 펜타곤을 공격하겠다는 의도로도 볼 수 있다는 것이다. 덕분에 보스턴 로건 공항은 9·11 이후, 미국에서 가장 보안이 철저한 곳 중의 하나로 승객들이 불편을 겪는 곳이 되었다.

그러나 보스턴은 초기 미국 문학을 꽃피웠던 곳으로, 미국 문학을 공부하는 사람들에게는 문학적 메카와도 같은 곳이다. 예컨대 보스턴의 대표적 시인이었던 하버드 대학교 교수 롱펠로가 살던 롱펠로 하우스, 보스턴 근교 콩코드에 있는 에머슨 하우스, 그리고 소로가 문명을 피해 근처 숲 속 오두막에서 살았던 월든 호수 등은 미국 문학도들이 필수적으로 찾아가는 명소가 되었다. 또 마녀재판으로 유명한 세일럼과 그곳에 자리 잡고 있는 『주홍 글자』의 작가 너새니얼 호손의 소설에 나오는 '일곱 박공의 집' 또한 미국 문학도들이 즐겨 찾는 곳이다. 보스턴의 또 다른 자랑은 찰스 강변에 자리 잡고 있는 하버드와 MIT일 것이다. 공항에서 지하철을 타고 도심으로 들어가 '다운타운 크로싱'역에서 내려, 레드 라인으로 갈아타면 찰스 강을 건너자마자 곧 MIT역과 하버드역이 나온다. 하버드 지하역에서 지상으로 올라오면 종일 사람들로 붐비는 하버드 스퀘어가 펼쳐진다. 하버드역의 뉴스스탠드에 서서 주위를 살펴보면, 바로 길 건너에 하버드 스퀘어의 명물인 '오봉팽' 야외 카페가 보이고, 다른 쪽으로는 하버드 북 스토어 및 하버드 로고가 새겨진 기념품을 파는 하버드 쿱(coop)이 있으며, 또 다른 쪽으로는 하버드의 교정인 하버드 야드가 보인다. 진보주의와 보수주의의 대립과 갈등을 그린 영화 「러브 스토리」에서 라이언 오닐과 알리 맥그로가 슬픈 사랑을 나누던 하버드 야드는 지금도 여전히 고풍스러운 건물과 고목나무들, 그리고 아기자기한 잔디밭으로 캠퍼스의 낭만적 분위기를 효과적으로 연출해 내고 있다.(진보와 보수의 대립이 불행히도 곧 좌파와 우파의 정치적 대립이 되는 우리나라와는 달리, 미국의 경우는 그것이 낭만주의와 현실주의, 또는 순수주의와 속물주의, 그리고 저항 문화와 전통문화 사이의 갈등을 의미한다.)

하버드는 그동안 많은 인재를 배출했으며, 자랑스럽게 그들의 이름을 거리와 건물에 붙여 그들을 기념하고 있다. 예컨대 존 F. 케네디 거리와 존 F. 케네디 스쿨, 엘리엇 거리와 엘리엇 하우스, 그리고 윈스럽 하우스, 로웰 하우스, 에머슨 홀은 그 대표적인 예라고 할 수 있는데, 그들은 모두 나름대로 새로운 것을 창조함으로써 미국 역사에 커다란 획을 그었다. 예컨대 뉴프런티어 정신을 주창해 새로운 시대를 열었던 케네디는 아일랜드 이민 출신으로, 아일랜드계 가톨릭으로서는 처음 미국 대통령이 되었다.

본국의 기근과 열악한 생활환경으로 인해 1840년대부터 신대륙으로 이민을 오기 시작했던 아일랜드인들은 프로테스탄트 국가인 아메리카에 가톨릭을 들여왔고, 그것은 개신교 국가인 미국에 불안감을 심어 주었다. 아직 그 숫자는 많지 않았지만, 이탈리아 이민들 역시 가톨릭을 확산시키고 있었으며, 가톨릭의 유입은 자연스럽게 이탈리아 문화의 유입으로 이어졌다. 그 결과 19세기 중반 미국은 신대륙에 뿌리를 내리려는 가톨릭과, 그에 저항하는 보수적 개신교도, 그리고 서유럽 전통문화를 옹호하려는 보수적 학자들과 이탈리아 문화를 소개하려는 진보적 학자들의 대립으로 몸살을 앓고 있었다.

『단테 클럽』의 도시 보스턴과 케임브리지

매튜 펄의 처녀 소설 『단테 클럽』은 바로 그 시점을 배경으로 현재의 분열된 미국과 분열된 세계를 비판하고 있는 주목할 만한 역사소설이다. 이 소설은 19세기 중반, 미국 문단을 주도하던 실존 문인을 등장시켜 보스턴 연쇄살인 사건을 추리소설 기법으로 풀어 가는 과정에서, 스스로 옳다고 확신하는 인간의 어리석음과 편견이 초래하는 비극적 파멸을 경고하는 뛰어난 문학작품이다. 그러면서도 이 소설은 궁극적으로는 오늘날 블루 스테이트와 레드 스테이트로 분열된 미국, 그리고 기독교 문명과 이슬람 문명(그리고 유교 문명)으로 분열된 세계를 간접적으로 비춰 주는 도덕적 거울의 역할을 훌륭하게 수행해 내고 있다.

때는 남북전쟁이 막 끝난 1865년, 미국이 내전의 상처로 혼란과 분열 속에 빠져 있었고 남부의 담론을 무력으로 침묵시킨 북부의 담론이 절대적 진리와 지배 문화로 떠오르던 시절, 매사추세츠 주 대법원 판사가 자기 집에서 산 채로 이상한 벌레의 유충에게 내장을 파먹혀 처참하게 살해당한다. 이어 보스턴에서는 범행 동기와 이유를 알 수 없는 끔찍한 연쇄살인 사건이 일어난다. 예컨대 거꾸로 땅에 박혀 발에 불이 붙은 채 살해당한 시체가 발견되고, 곧이어 산 채로 몸이 절반으로 잘려 죽은 시체도 발견된다. 더욱 끔찍한 것은, 그들이 산 채로 고통을 겪으며 죽어 갔다는 점이다.

당시 하버드 대학교가 있는 케임브리지에서는 보스턴을 대표하는 문인들이 모여 '단테 클럽'을 결성하고 단테의 『신곡』 번역을 추진하고 있었다. 대부 격인 시인 롱펠로를 주축으로 모여 단테의 번역과 출간을 준비했던 사람들은 시인이자 의사인 올리버 웬들 홈스(영국의 추리 작가 코넌 도일이 창조한 탐정 셜록 홈스의 모델이기도 하다.), 시인 제임스 러셀 로웰, 그리고 역사학자 조지 워싱턴 그린과 영향력 있는 편집자 제임스 토머스 필즈였다. 그들은 살해 수법과, 살해당한 사람들의 죄명이 바로 자신들이 번역하고 있는 단테의 『신곡』을 흉내 낸 것이라는 사실을 깨닫고 위기감 속에서 수사에 착수한다. 그 살인 사건이 단테의 미국 유입에 반대하는 하버드의 보수주의자들에게 좋은 빌미를 줄 수 있기 때문이다.

당시 보수주의적인 하버드 대학교 운영위원회의 재정관인 매닝과 그의 추종자들은 단테 클럽 회원들에게 압력을 가해 단테의 영어 번역을 막으려 노력하고 있었다. 그에게 단테의 『신곡』은 정통 고전문학이 아닌 비도덕적인 문학 텍스트였고, 개신교 문학이 아니라 가톨릭 문학이었으며, 따라서 하버드 대학교 강의실에서 교재로 사용할 만한 것이 못되었다. 그러므로 만일 보스턴의 엽기적 연쇄살인 사건이 단테의 『신곡』에서 아이디어를 빌린 것이라면, 이는 매닝의 확신을 강화시켜 그가 '금서'가 되어야 한다고 주장하는 『신곡』의 번역 출간이 중단될 수도 있는 일이었다.

문제는 살인 사건이 단테의 『신곡』을 번역하는 순서대로 살인이 벌어졌다는 점이었다. 즉 번역자들 외에는 알 수 없는 내용을 살인범이 알고 있는 불가사의한 일이 벌어진 것이다. 대법원 판사 힐리는 정의를 말해야 할 때 침묵하고 '중간'에 선 죄(그는 도망 노예를 구할 수 있는데도 중립자의 위치에 섰다.)를 지었고, 목사 톨벗은 성직자로서 '뇌물'을 받은 죄, 그리고 제니슨은 단테 클럽과 매닝의 양쪽에 다 붙어 이중 행위를 한 '분열'의 죄로 죽임을 당한다. 처음에 그들은 하버드에서 이탈리아어를 가르치다가 해임된 이탈리아어 강사를 의심하지만, 곧 그는 혐의가 없음이 드러난다.

결국 그들은 단테 클럽 회원인 조지 워싱턴 그린이 자신의 설교 자료로 번역자들이 논의한 『신곡』의 내용을 사용했으며, 그 설교를 들은 한 내성적이고 순진한 사람이 정의감에 사로잡혀 연쇄살인을 저질렀다는 사실을 밝혀내게 된다. 적과 아군, 옳고 그름이 분명한 전쟁터에서 자신이 악으로 규정한 인간을 죽이는 데에 익숙해진 이 제대 군인은 혼란스러운 현실 속에서 전쟁의 법칙을 실천하기로 결심한다. 그는 스스로의 정의로움에 취해, 자신이 직접 죄인들을 처단하기로 하고, 단테가 『신곡』에서 묘사한 형벌을 하나씩 실천에 옮긴다. 심지어 그는 단테 클럽 회원들의 이야기를 엿듣다가, 단테 클럽 회원들 사이에도 반목이 일어난 것으로 오해하고 이번에는 '배신죄'로 단테 클럽 회원까지도 처형하려

하며, 하버드 대학교의 매닝까지 살해하려다가 단테 클럽 회원들의 추적을 받아 드디어 종말을 맞게 된다.

매튜 펄이 『단테 클럽』에서 정확하고 생생하게 묘사한 19세기 중반의 케임브리지와 보스턴의 거리는 오늘날에도 대부분 그대로 남아 있다. 그가 묘사한 거리를 거니노라면, 작가가 비판하고자 하는 것이 곧 혼란스러운 21세기 우리의 현실임을 문득 깨닫게 된다. 지금 미국은 부시 지지자들과 부시 반대자들, 그리고 전쟁 지지자들과 전쟁 반대자들로 분열되어 있으며, 세계 또한 기독교 문명과 이슬람 문명, 또는 테러 응징자들과 테러리스트들로 분열되어 서로 반목하고 대립하고 있다.(자본주의와 공산주의의 철 지난 대립은 지구상에서 이제 우리나라나 쿠바가 거의 유일한 경우일 것이다.)

『단테 클럽』은 두 가지 부정적 유형의 인간상을 제시하고 있는데, 그 중 하나는 물론 살인범 단 틸이다. 단 틸은 자신이 옳으며 자신이 신을 대신해 정의를 집행하고 있다는 데 추호의 의심도 없는 확신에 찬 인물이다. 그는 결코 악한이 아니다. 그러나 단 틸의 문제점은 그가 도덕적 우월감과 확신에 가득 차 있다는 점이다. 문제는 그 '도덕적 우월감'과 '확신'이 끔찍한 살인까지도 서슴없이 저지르도록 만든다는 데 있다. 그래서 단 틸은 자신의 살인에 전혀 양심의 가책을 느끼지 않을 뿐 아니라, 오히려 자신이 신의 뜻을 대행한다는 자부심까지 느낀다. 오늘날 워싱턴과 서울의 정치인들이 얼마나 단 틸을 닮았는지를 깨닫는 것은 그리 어려운 일이 아니다. 도덕적 우월감으로 인한 확신에 찬 그들의 얼굴과, 거리낌 없이 남을 정죄하는 행위에서 우리는 단 틸의 모습을 본다. 그러나 중세 종교재판이 그 대표적인 예이지만, 나는 옳고 타인은 틀렸다는 확신은 그동안 정의와 진리의 이름으로 헤아릴 수 없이 수많은 사람의 목숨을 앗아 갔다. 확신에 차 있는 사람, 그래서 스스로 회의하지 않는 사람은 단순한 법이다. 단 틸 역시 단순한 사람이었다. 그러나 단순한 것은 곧 고집과 바보스러움을 뜻한다.

『단테 클럽』이 제시하고 있는 두 번째 유형의 악한은 하버드 대학교의 매닝이다. 그는 고전과 전통과 정통을 앞세워 스스로를 진리라고 착각하고, 타자를 비도덕적이고 저속한 비진리로 매도한다. 그는 자신이 금서를 지명할 권리가 있다고 생각하며, 대중이 읽어야 할 책과 읽어서는 안 되는 책을 결정할 수 있다고 확신한다. 그는 자신이 판단하기에 비도덕적이고 저급한 단테의 『신곡』이야말로 대표적인 금서가 되어야 한다고 확신하며(그러나 단테의 『신곡』은 아이러니하게도 오늘날 고전 중의 고전이 되었다.) 『신곡』의 번역 출간을 적극 저지하려 한다.

오늘날 미국과 한국의 대학에도 매닝 같은 사람들은 도처에서 발견된다. 오직 고전만을 숭상하며, 학생들이 읽어야 할 것과 읽어서는 안 되는 것을 확신에 차서 결정하고, 그것을 곧 진리라고 믿는 사람들, 시대의 변화를 전혀 감지하지 못하고 아직도 철 지난 것에만 매달리는 사람들, 그리고 학문의 경계 해체와 타자의 포용보다는, 문학과 학문의 오염을 걱정하며 순수의 옹호자를 자처하는 매닝 같은 사람들은 아직도 우리 주위에서 많이 발견된다. 문제는, 비록 직접 살인을 저지르지 않을 뿐 매닝 역시 궁극적으로는 단 틸과 비슷한 인물이라는 데 있다.

매닝과 비슷한 생각을 가진 사람들은 베스트셀러라는 이유 하나만으로 『단테 클럽』을 대중소설이나 추리소설로 폄하할지도 모른다. 그러나 『단테 클럽』은 역사소설과 추리소설의 기법을 빌렸을 뿐, 세계의 여러 평론가가 순수문학임을 인정한 문학성 높은 작품이다. 재미있게 읽히면서도 엄청난 정보와 지식, 그리고 깨달음과 깨우침을 주는 것, 그것이 바로 『단테 클럽』의 가장 큰 장점 중 하나이다.

포의 도시 뉴욕과 볼티모어

『단테 클럽』은 미국 문학이 보스턴 중심에서 뉴욕으로 넘어가기 직전을 배경으로 하고 있다. 당시 보스턴에는 케임브리지의 롱펠로를 비롯해서, 콩코드의 에머슨과 소로, 그리고 세일럼의 너새니얼 호손 등이 미국 문학을 이끌어 가고 있었으며, 뉴욕에는 에드거 앨런 포와 허먼 멜빌, 월트 휘트먼 등이 미국 낭만주의 운동을 주도하며 부상하고 있었다. 그중에서 포는 1809년 보스턴에서 태어났지만, 부모가 죽은 뒤 숙부에게 입양되어 버지니아 주 리치먼드에서 살았으며, 뉴욕과 필라델피아와 볼티모어에서 언론인과 작가로서 활동했다.

천재 작가 포는 편집자와 문학 이론가로서도 뛰어난 능력을 발휘했지만, 추리소설이라는 장르를 처음으로 발명했고, 오귀스트 뒤팽이라는 문학사상 최초의 탐정을 만들어 냈다. 뒤팽 탐정의 활약을 옆에서 관찰하고 독자들에게 소개해 주는 사람은 그의 익명의 친구인데, 후에 영국의 추리 작가 코넌 도일은 추리소설의 원조인 포의 주인공을 모델로 해서 유명한 탐정 셜록 홈스와 그의 친구 왓슨을 만들어 내기도 했다. 뒤팽은 프랑스인이어서, 포의 살인 사건은 늘 파리에서 일어난다. 또 포의 괴기소설과 공포 소설들은 당시 프랑스 상징주의의 대가 보들레르에게도 영향을 주어, 포는 미국에서보다 오히려 프랑스에서 더 큰 환영을 받았다.

1849년 포는 볼티모어의 거리에서 인사불성으로 쓰러져 있다가, 친구에 의해 발견되어 병원으로 실려 갔지만, 끝내 의식을 회복하지 못하고 죽고 만다. 이후 그의 전기 작가인 루퍼스 그리스월드는 포가 알코올 중독으로 죽었다고 씀으로써, 마치 포가 술에 취해 죽은 것처럼 악의적으로 포를 폄하했다. 그리스월드는 포가 한때 자기 글에 대해 혹평한 것에 원한을 품고 있다가 포가 죽은 후 전기를 통해 복수했다고 알려져 있다. 그러나 포의 죽음은 그동안 많은 논쟁의 대상이 되어 왔다. 그를 맨 처음 치료했던 의사 스노드그라스는 포의 사인을 알코올중독으로 보았으나, 또 다른 의사 존 모건은 포에게서 전혀 술 냄새가 나지 않았다고 증언했다. 제기된 여러 가능성 중에는 포가 당시 유행했던 콜레라나 광견병에 걸리지 않았을까 하는 추정도 있다.

매튜 펄은 최근에 나온 두 번째 소설 『포의 그림자(The Poe Shadow)』에서, 포가 살해되었으리라 가정하고 살인 사건의 실마리를 추적함으로써, 또 하나의 훌륭한 역사 추리소설을 써내고 있다. 이 소설의 화자인 볼티모어의 변호사 퀜틴 클라크는 사람들이 거의 찾아오지 않아 쓸쓸하게 진행되는 포의 장례식을 보고, 이 천재 작가의 죽음에 얽힌 미스터리를 풀어 그의 명예를 회복해 주어야겠다고 결심한다. 사건을 해결하기 위해 그는 포가 창조한 탐정 오귀스트 뒤팽의 실제 모델로 알려진 오귀스트 뒤퐁트를 찾아 파리로 간다. 그런 다음, 그는 뒤퐁트의 활약을 관찰하고 기록하는 친구(뒤팽의 친구나 셜록 홈스의 왓슨처럼)의 역할을 맡으며, 포의 마지막 며칠 동안의 행적을 하나씩 추적해 나간다.

재미있는 것은, 포의 죽음의 실마리를 찾아가는 과정에서 작가 매튜 펄이 포의 작품들을 새로운 시각으로 다시 읽어 나간다는 점이다. 예컨대 펄은 파리에서 일어난 엽기적 살인 사건을 다룬 『모르그가의 살인 사건』을 프랑스 작가인 조르주 상드와 알렉상드르 뒤마에 대한 패러디로 다시 읽는데, 그 기발한 착상에 독자들은 감탄하게 된다. 역사소설과 추리소설, 그리고 문학적 전기를 혼합해 새로운 소설 장르를 만들어 냈다는 평을 받고 있는 매튜 펄은 하버드 대학교에서 영문학을 전공했고, 예일 대학교에서 법학을 전공했다. 영문학에 실제 등장하는 미국 작가들을 탐정이나 피해자로 만들어 살인 사건을 설정하고 범인을 추적하도록 함으로써, 매튜 펄은 문학과 법학을 절묘하게 결합하는 데 성공하고 있다.

『단테 클럽』과 『포의 그림자』의 경우는 작가의 각기 다른 전공이 어떻게 창작에 도움이 되는지, 도시와 문학의 관계는 무엇인지, 그리고 소설이 위기에 처한 이 시점에 다시 소설을 소생시킬 수 있는 방법은 과연 무엇인지를 생각하게 해 주는 좋은 경우이다.

프로스트와 샐린저의 뉴햄프셔 주

로버트 프로스트의 도시: 뉴햄프셔 주 해노버

보스턴에서 고속도로 93번 노스(North)를 타고 한 시간가량 올라오다가, 뉴햄프셔 주 맨체스터에서 89번 노스로 바꿔 타고 다시 한 시간 정도 달리면 명문 아이비리그 중 하나인 다트머스 대학교가 있는 유럽풍의 도시 해노버가 나온다. 해노버는 관광객이 없는 것을 제외하고는, 영국의 옥스퍼드나 케임브리지 타운과 분위기가 비슷한 곳이다. 대학 캠퍼스를 끼고 흐르는 코네티컷 강에서는 늘 다트머스 학부생들의 조정 경기 연습이 한창이고, 하버드와의 아이비리그 풋볼 경기 포스터가 여기저기 붙어 있으며, 다운타운에는 영국식 좁은 길에 아기자기한 상점들이 늘어서 있다. 하버드도 그렇지만, 이곳 역시 패스트푸드 체인점을 허용하지 않아, 근처에 맥도널드나 피자헛이나 KFC는 찾아볼 수 없다.

해노버는 명문 다트머스 대학교로 인해 뉴햄프셔 주가 자랑하는 도시다. 영국의 햄프셔에서 그 이름을 빌려 온 뉴햄프셔에는 아직도 영국적 분위기가 많이 남아 있는데, 거기에는 특별한 이유가 있다. 17세기 초, 신대륙의 다른 주들은 존 스미스 같은 영국 선장이나 청교도들이 상륙해 식민지를 건설했지만, 뉴햄프셔만큼은 당시 영국의 조지 왕이 직접 파견한 다트머스 백작이 영국을 위해 건설한 특이한 주였기 때문이다. 그러므로 뉴햄프셔에는 뉴런던처럼 기존의 영국 지명에 '뉴' 자를 붙인 타운이 많고, 해노버나 해노버 스트리트처럼 아예 영국 지명을 그대로 가져온 경우도 눈에 띈다. 물론 영국을 상기시키는 식민지풍 건축물도 그대로 남아 있어, 옛 정취를 느끼게 해 준다.

뉴햄프셔는 독립전쟁 중에도 전투가 한 번도 없었던 평화스러운 곳이었다. 그러나 뉴햄프셔의 유명한 관광지 화이트 마운틴 국립공원에 가면, 산 정상의 화강암 바위가 독립전쟁의 영웅 조지 워싱턴을 닮았다고 해서, 뉴햄프셔 주민들은 워싱턴 마운틴이라고 이름 짓고 워싱턴의 정신을 기리고 있다. 일설에 의하면, 너새니얼 호손이 에머슨을 모델로 썼다고 알려진 단편 「큰 바위 얼굴」의 소재도 바로 화이트 마운틴의 조지 워싱턴 바위 얼굴에서 빌려 온 것이라고 한다.

또 뉴햄프셔 자동차의 번호판에는 "자유롭게 살지 못한다면 차라리 죽음을(Live Free or Die)"이라는 다소 살벌한 문구가 적혀 있는데, 이 역시 뉴햄프셔 출신이자 독립전쟁의 영웅 존 스탁 장군이 1809년 베닝턴 전투 기념식에 참석하지 못하는 대신 보낸 축하 메시지를 1945년 뉴햄프셔 주가 주(州) 모토로 채택한 것이다. 그 문구는 1971년부터 뉴햄프셔의 모든 자동차 번호판에 넣게 되었는데, 한 여호와의 증인 교인이 "차라리 죽음을"이라는 부분을 가리고 다니다가 경찰에 적발된 사건이 발생했다. 그 교인은 미합중국 연방 대법원에 항소했고, 1977년 미 연방 대법원은 뉴햄프셔의 차량 번호판 문구에 문제가 있다고 보고, 번호판 문구의 일부를 가려도 경찰이 적발할 수 없다는 판결을 내렸다.

뉴햄프셔 주에서 살았던 유명 인사로는 미국 14대 대통령인 프랭클린 피어스(그는 너새니얼 호손과 대학 동창이어서, 호손은 그 덕분에 세일럼 세관의 고위 관리로 근무했다.), 유명한 정치가 대니얼 웹스터와 시인 로버트 프로스트가 있다. 그중 미국의 국민 시인으로 추앙받고 있는 로버트 프로스트는 서부 샌프란시스코에서 태어났지만, 동부로 이주해 와 뉴잉글랜드의 대표 시인이 되었다. 프로스트는 하버드를 2년 다니기 전, 잠시 다트머스 대학교를 다녔는데, 그를 기념해 다트머스 대학교 캠퍼스 숲 속에는 대자연 속에 앉아서 시를 쓰고 있는 로버트 프로스트의 동상이 세워져 있다. 프로스트의 동상에 대체 무엇이 쓰여 있는지 가까이 가 보니, 거기에는 스스로 담을 쌓아 타자와의 교류를 막고 있는 완고한 사람들을 비판적으로 바라본 시「담장 고치기(Mending Wall)」의 첫 줄이 새겨져 있었다. 프로스트는 다트머스 대학교와 이웃해 있는 버몬트 주의 숲 속에서 평생을 살면서 삶에 대한 명상을 담은 주옥같은 전원시를 썼다. 우울한 뉴잉글랜드의 날씨, 그리고 낙엽 지는 가을과 눈 내리는 겨울날 뉴햄프셔 주(경치가 좋아 별명이 '시닉 스테이트', 여왕처럼 아름답다고 해서 '퀸 스테이트', 그리고 화강암이 많아 '그래닛 스테이트'다.)와 버모튼 주(숲이 많아 별명이 '그린 스테이트'다.)의 숲 속을 거닐다 보면, 왜 프로스트가 그런 시를 썼으며, 왜 그를 뉴잉글랜드의 대표 시인이라고 부르는지 비로소 이해가 간다. 프로스트가 뉴잉글랜드의 숲에서 쓴 다음 두 시는 오늘날 전 세계인의 애송시가 되었다.

　　노란 숲 속에 길이 두 갈래로 갈라져 있네.
　　나그네는 하나라 두 길을 다 갈 수는 없기에
　　나는 오랫동안 혼자 서서
　　한 길을 가능한 한 멀리까지 바라보았네.
　　덤불 숲 속으로 구부러진 곳까지

그러곤 똑같이 예뻐 보이는 다른 길을 택했네.
더 푸르고 덜 닳은 것 같아
더 좋아 보이는 길을.
닳은 것으로만 보면
사실 두 길은 별 차이 없었지만

그날 아침, 두 길은 똑같이
아직 사람들이 밟지 않은 나뭇잎 위로 나 있었네.
오, 다른 길은 이다음에 가 보기로 했지.
하지만 길은 늘 또 다른 길로 이어지는 것이기에
나는 다시는 되돌아올 수 없음을 알고 있었네.

먼 훗날, 나는 한숨을 쉬며 말하게 되리라.
숲 속에 두 갈래길이 나 있어
나는 사람들이 덜 간 길을 택했노라고.
그리고 그것이 내 삶을 완전히 바꾸어 놓았노라고.
―「가지 않은 길」

뉴잉글랜드의 숲을 걷다 보면 두 갈래로 갈라진 길이 수없이 많이 나타난다. 수많은 사람이 어느 길로 갈까 망설이면서도 미처 생각해 보지 못한 인생의 진리를 프로스트는 시인답게 파악하고 성찰해 독자들로 하여금 무릎을 치게 하고 있다. 과연 인생은 여행과도 같고, 인생의 여정을 가는 나그네는 수많은 선택의 기로에 서게 된다. 학교나 직장의 선택이 그렇고, 배우자의 선택이 그러하다. 인간은 결코 두 길을 다 갈 수는 없고 그중 하나를 선택해야만 하는데, 우리가 선택한 길은 결국 우리의 삶을 완전히 바꾸어 놓는다.

　뉴잉글랜드에는 또한 겨울에 눈이 많이 와서 겨울이면 숲과 산들을 온통 하얗게 내리덮는다. 겨울은 인생의 종점과도 같아, 시인은 눈 오는 저녁 숲가에 서서 인생의 황혼을 관조한다. 그러나 시인은 삶의 여정을 포기하지 않는다. 그래서 마지막 연에서 시인은 아직 마치지 못한 일을 다 하기 위해, 죽기 전까지는 삶의 여정을 계속하려는 강한 의지를 보여 주고 있다.

　　이 숲이 누구 것인지 알 것만 같다.
　　그의 집은 마을에 있어
　　내가 지금 여기 멈춰 서서
　　눈 덮인 자기 숲을 보고 있다는 것을 모르겠지.

　　내 조랑말은 이상하게 생각한다.
　　근처에 농가도 없는데
　　일 년 중 가장 어두운 저녁
　　숲과 얼어붙은 호수 사이에 왜 가지 않고 서 있는지.

　　말은 짤랑거리는 소리를 내며
　　뭐가 잘못된 건지 물어본다.
　　다른 소리라곤 부드러운 바람 소리와 사뿐히 내려앉는 눈송이 소리뿐.

　　숲은 아름답고, 어둡고, 깊다.
　　하지만 난 지켜야 할 약속이 있어
　　잠들기 전 여러 마일을 더 가야만 한다.

> 잠들기 전 여러 마일을 더 가야만 한다.
>
> ──「눈 오는 저녁, 숲가에 서서」

    뉴잉글랜드는 또 메이플 나무에서 채취하는 메이플 시럽과 애플 사이다를 만드는 사과 재배로도 유명하다. 고로쇠나무의 수액처럼 받아 내어 만드는 메이플 시럽과 강렬하고 특이한 맛의 뉴잉글랜드의 사과는 전국적으로 유명한데, 이곳에서 흔히 볼 수 있는 사과 따기를 구경하노라면, 역시 사과의 수확을 바라보며 인생의 의미를 관조한 프로스트의 유명한 시 「사과 딴 후」가 생각난다.

    1912년 프로스트는 런던으로 가서 1913년 『소년의 의지』라는 시집을 내면서 시인으로 등단했고, 이후 미국으로 돌아와 본격적인 시작 활동을 시작했다. 영국에서 프로스트를 시인으로 추천해 준 사람은 선배 시인 에즈라 파운드였다. 당시 런던에서 이미지즘 운동을 주도하고 있던 파운드는 시인 지망생 프로스트의 시를 읽어 보고는 비록 자신과는 시풍이 전혀 달랐지만 그 재능을 인정해 출판사에 추천해 주었다. 프로스트는 평생 그 신세를 잊지 않고 있다가, 나중에 1차 세계대전 직후, 파운드가 이적 행위로 체포되어 사형당할 위기에 처하자 이에 적극 개입해 파운드를 죽음으로부터 구해 준다. 당시 유명한 시인으로서 영향력이 대단했던 프로스트는 파운드를 정신병원으로 보내도록 조치함으로써 그에게 입은 은혜를 갚는다.

    프로스트와 인연을 맺은 또 다른 사람은 존 F. 케네디였다. 뉴잉글랜드 출신의 케네디는 당시 국민 시인으로 추앙받던 프로스트를 자신의 대통령 취임식에 초대해 축시를 낭송해 달라고 부탁했고, 프로스트의 수락을 받아 내는 데 성공했다. 프로스트는 취임식을 축하하기 위해 「헌시」라는 장시를 들고 단상에 올랐는데, 그날 그만 햇빛이 눈부시게 반사되어, 시력이 약한 노시인은 도저히 원고를 읽을 수가 없었다. 하여 대신 자신이 외우고 있던 다른 시「더 기프트 아웃라이트」를 낭송했다.

파운드와 엘리엇이 현학적이고 지적인 모더니즘 시를 쓰고 있던 모더니즘 시대에, 프로스트는 대자연 속에서 삶의 정수를 성찰하는 맑은 영혼의 시와 전원시와 명상시를 썼다. 당대의 시류에 반해, 자신만의 시 세계를 구축했던 프로스트는 오늘날 전 세계 독자들의 사랑을 받는 미국의 시인으로 기억되고 있다. 동시대 시인이었던 T. S. 엘리엇이 가장 과대평가된 시인으로 선정되는 등 모더니즘의 몰락과 더불어 평가절하되었지만, 대자연 속에서 삶의 의미를 성찰하고 관조했던 프로스트의 시 세계는 문예사조나 정치적 요인과는 상관없이 여전히 살아남아 애송되고 칭송받고 있다.

샐린저가 은둔했던 뉴햄프셔 주

뉴잉글랜드 북부의 메인 주에 살고 있는 스티븐 킹의 소설에는 버몬트 주와 뉴햄프셔 주가 자주 등장한다. 그만큼 이 세 주는 산과 숲이 많고, 외부와 고립된 마을들이 많이 있다. 스티븐 킹의 소설에 늘 등장하는 메인 주 데리와 런던데리라는 마을 이름 역시 보스턴 북쪽 뉴햄프셔 주에 있는 마을의 이름이다.

뉴햄프셔 주는 또 『호밀밭의 파수꾼』(1951)의 작가 J. D. 샐린저가 죽기 전인 2010년까지 은둔해 있던 곳이다. 그래서 당시 다트머스 대학원 학생들은 내게, 혹시 돌아다니다 보면 샐린저를 만날 수 있을는지도 모른다고 농담을 던지기로 했다. 언젠가는 슈퍼마켓에 쇼핑 나온 샐린저를 누군가가 사진 찍어서 엄청난 돈을 받고 《타임》에 넘겼다는 뉴스가 나오기도 했다. 그러다가 샐린저는 드디어 2010년 1월 은둔지에서 타계했다.

『호밀밭의 파수꾼』으로 미국 문단에 커다란 파문을 일으킨 샐린저가 갑자기 사회로부터 사라져 은둔하기 시작한 것은 1965년부터였다. 1970년 샐린저는 앞으로는 더는 작품 출간을 하지 않겠다고 공언했다. 그렇다고 해서 그가 절필한 채, 아예 글을 쓰지 않았던 것은 아니었을 것이다. 사실 작가가 글을 쓰지 않으면 무엇을 하고 살겠는가? 아마도 샐린저는 날마다 소설을 썼는지도 모른다. 그가 써 놓은 작품 원고들은 그 자체가 엄청난 금전적 가치를 지니고 있어서, 만일 나중에 출판사에 넘긴다면 가족들은 그의 사후에도 경제적 걱정 없이 풍족한 생활을 할 수 있을 것이다. 아마도 샐린저는 출판사나 언론 매체의 속물주의와 상업주의가 싫었는지도 모른다.

『호밀밭의 파수꾼』은 그동안 수많은 외국어로 번역되었고 300만 부 이상이 팔려 나갔다. 또한 30여 권의 연구서와 헤아릴 수 없이 많은 박사학위 논문을 배출했다. 비평가들은 그와 같은 샐린저 열기를 '샐린저 현상' 또는 '샐린저 인더스트리'라고 불렀다. '샐린저 현상'은 특히 기성세대를 불신하며 반문화를 주창하는 반항적인 젊은이들에게 막강한 영향을 끼쳤으며, 앨런 긴즈버그나 잭 케루악에 의해 1950년대 중반에 등장한 비트 문학의 형성에도 중요한 역할을 했다. 할리우드 영화계에서는 「이유 없는 반항」과 「자이언트」, 그리고 「에덴의 동쪽」에 출연했던 반항아 제임스 딘이 샐린저의 주인공 홀든 콜필드의 정신을 이어받았으며, 나중에는 「허드」, 「허슬러」, 「폭력 탈옥」에서 반항아로 열연한 폴 뉴먼에 의해 계승되었다는 평을 받는다.

『호밀밭의 파수꾼』이 대단한 반향을 불러일으킨 이유 중 하나는, 이 소설이 미국의 보수주의 시대인 1951년에 출간되었다는 점 때문이다.

당시 극우 보수주의를 지향하던 사회 분위기 때문에, 작가들이 점잖은 전통을 추구하고 평단에서는 비정치적인 작가들인 헨리 제임스와 윌리엄 포크너가 재발견되어 재평가받고 있던 시절, 샐린저는 갑자기 점잖은 문화의 위선을 폭로하는 폭탄 같은 저항 소설을 써낸 것이다.『호밀밭의 파수꾼』이 당대의 대학생들이 들고 다니는 바이블이 되고, 반항적인 주인공 홀든 콜필드가 기성세대의 위선과 보수주의에 식상해 있던 당시 젊은이들의 우상이 된 것은 너무나 자연스러운 일이었다.

그러나 이제 샐린저도 기성세대를 거쳐 타계했다. 만일 지금의 젊은 세대가 그를 보수주의적인 기성세대라고 비난한다면 무덤 속의 샐린저의 반응은 과연 어떠할까? 평생을 자유주의와 진보주의의 기수로 살아온 평론가 레슬리 피들러는 타계하기 전에 찾아간 내게 "믿을 수가 없어. 이제는 젊은 세대가 나를 보수주의적이라고 비판해."라고 어처구니없어했다. 피들러의 억울한 상황을 보면서, 나는 문득 젊은 세대로부터 어느 날 갑자기 보수주의자로 낙인찍힌 한국의 지식인이나 작가들을 생각했다. 지식인들이나 작가들은 본질적으로 자유주의적이고 진보주의적인데, 단지 나이가 들었다는 이유만으로, 그리고 좌파가 아니라는 이유만으로 억울하게 보수주의자로 몰리는 한국적 정치 상황이 한심스럽기만 했다.

만일 은둔하고 있던 샐린저가 생전에 다시 세상으로 나왔다면 과연 어떤 일이 벌어졌을까?「포레스터를 찾아서」는 바로 그 문제를 성찰하고 있는 영화로 알려져 있다. 샐린저를 모델로 했다는 그 영화에서 작가는 그동안 칩거하던 아파트에서 나와, 처음으로 운동 경기장에 가 보지만, 시끄러운 소음과 정신없는 소란 속에서 현기증과 구토증을 느껴 비틀거리다가 다시 집으로 돌아온다. 그가 은둔해 있는 사이에, 현실은 무섭게 변했고, 그는 그 변화를 따라가기 힘들어한다. 모두가 자동차를 타고 다니는 시대에 그는 자전거를 타는 사람이었던 것이다.

어쩌면 은둔 당시 샐린저도 타자기가 아닌 컴퓨터로 소설을 썼을지도 모른다. 그러나 그가 과연 인터넷과 이메일과 가상현실을 비롯한 그동안 변해 버린 놀라운 문화 현상에 익숙해 있는지는 알 수 없다. 숲 속에 외딴집들이 수없이 많은 뉴햄프셔 주는 은둔자가 칩거하기에는 거의 완벽한 곳이라고 할 수 있다. 그러나 그러한 한적하고 고립된 곳에서 과연 바깥세상의 현실을 잘 알 수 있을 것인지, 또 작가의 사회적 책임을 다할 수 있을는지는 아직 미지수로 남는다.

스웨덴 스톡홀름과 한국문학

2000년대 초, 한국문학번역원은 한국문학을 유럽에 알리기 위해 한국 작가단을 스웨덴에 파견했다. 때는 마침 스웨덴 예테보리에서 국제 북페어가 열리고 있었기 때문에, 유럽에서 온 여러 나라에게 한국문학을 알릴 수 있는 좋은 기회가 될 수도 있었기 때문이었다. 시인 고은과 황지우, 소설가 오정희, 그리고 평론가 김성곤이 각 장르를 대표해 선발되었고, 우리는 유럽인들에게 한국 전통음악을 선보일 국악단과 함께 프랑크푸르트행 비행기에 올랐다.

재미있었던 것은, 작가들이란 원래 개인주의적이고 혼자 있는 것을 좋아해서 그런지, 우리가 나란히 앉아서 가지 않고 각기 다른 자리에 앉아서 갔다는 점이다. 열 몇 시간을 날아서 드디어 독일 프랑크푸르트 공항에 도착하니 어느새 저녁이었다. 거기서 스웨덴 스톡홀름으로 가는 조그만 회사의 비행기로 갈아타도록 되어 있었다. 작가들이 다 나이가 들어서인지, 국악단의 젊은 여성이 우리 티켓을 모아서 카운터로 갔다. 짐은 이미 서울에서 스톡홀름으로 바로 부쳤으니, 탑승권만 받아 오면 되는 상황이었다. 그런데 그 여성 국악인이 가져온 탑승권을 얼핏 보니, 아뿔싸 좌석 번호가 없었다. 내가 그것을 지적하자, 모두가 자신들의 탑승권을 보며 이게 어떻게 된 일인지, 왜 입석을 주었는지 당혹감을 감추지 못하며 내 얼굴만 쳐다보는 것이었다.

내가 탑승권 열 장을 다시 모아서 카운터로 가져간 다음 해명을 요구하자, 남자 담당자는 오늘 밤 오버부킹되어 좌석이 부족하기 때문에 열 명이나 되는 단체 손님은 다음 비행기로 가도록 하려 했다고 고백하는 것이었다. 그래서 내가 우리는 행사를 위해 스웨덴에 가는 국가 대표 작가단이며, 지금 스톡홀름 공항에 한국 대사관에서 나와 영접을 준비하고 있는데, 외교 문제로 확대되기를 바라느냐고 다분히 위협적인 저음으로 말했다. 그러자 당황한 그 담당자는 즉시 좌석 번호가 찍힌 탑승권 열 장을 다시 발권해 주며 정중하게 사과하는 것이었다. 아마 영어도 못하는 여성이 단체 탑승권을 받으러 오자, 다음 비행기로 보내려고 생각했던 모양이다. 하마터면 그날 밤 우리는 스톡홀름에 가지 못한 채 공항에서 잠을 잘 뻔했다. 열 명이나 되는 우리 때문에 그날 탑승하지 못한 다른 승객들에게는 미안했지만, 우리는 그날 스톡홀름에 도착하지 않으면 안 될 상황이었다.

스톡홀름 공항에는 대사관의 고위 외교관들이 마중 나와 있었다. 그들의 차로 우리 일행은 호텔로 이동해 여장을 풀었고, 다음 날의 행사를 위해 피로를 풀었다. 현지에 도착해 보니 부자 나라여서 그런지 물가를 비롯해 호텔 숙박료도 엄청 비쌌다. 여러 날 체류해야 하는데, 호텔비가 하룻밤에 200달러가 넘었고, 이는 번역원에서 지급한 경비를 초과하는 것이었다. 문제는 번역원이 국가기관이기 때문에, 부조리한 공무원 출장비 책정에 얽매어 있다는 점이었다. 그래도 그렇지, 조국을 위한 출장인데, 우리 사재를 털어 비용을 댈 수는 없었다. 우리는 반은 장난으로 즉

시 노조를 결성했고, 소설가 오정희 여사가 노조 위원장으로 선출되었다. 소문에 의하면, 오정희 여사는 여고 시절 유명한 여걸이었다고 하는데, 그렇게 단아하고 예쁘게 생긴 분이 어떻게 여장부 노릇을 하셨는지 처음에는 의아해했지만, 곧 그 소문을 믿게 되었다. 당시는 젠틀맨 독문학자 박환덕 교수께서 번역원장이셨고, 가톨릭 대학교 김정희 교수가 번역원에서 영어권을 담당하셨을 때였는데, 우리가 아무리 부탁해도 비용 증액은 안 된다고 하시던 두 분을 오정희 위원장께서 만나 담판하시더니 대뜸 문제를 해결하고 오셔서 우리를 놀라게 했다. 그래서 우리는 고마운 마음으로 오정희 여사를 내내 여맹 위원장 동지라고 불렀다. 같이 간 국악인 일행이 모두 여성들이었기 때문이다.

워낙 여걸을 좋아하는 나는 오정희 여사와 금방 친해졌고, 고은 시인과도 가까워졌다. 문단에 떠도는 말로 "고은 시인은 도저히 미워할 수 없는 분이다."라는 말이 있는데, 나는 고은 시인과 같이 다니면서 그 말이 옳다는 것을 실감했다. 황지우 시인과는 이미 오래전부터 잘 아는 사이였지만, 고은 시인과 오정희 여사는 사실 스웨덴에 가면서 처음 만났고 친해진 분들이다. 그래서 스웨덴 여행은 내게 소중한 추억으로 남아 있다. 우리는 가끔 호텔 방에 모여 국악인들이 준비해 온 햅쌀로 밥을 하거나 라면을 끓여서 먹었는데, 그때마다 고은 시인께서는 "문인들은 도대체 쓸모가 없어. 준비도 안 해 온 주제에 얻어먹기만 하니 말이야. 국악인들이 문인들보다 훨씬 나아."라고 말씀하시곤 했고, 우리는 모두 그 말씀에 공감했다.

주 스웨덴 대사께서 다음 날 저녁 대사관저에서 만찬을 대접해 주셨는데, 그 자리에서 나는 잘 아는 두 사람의 한국인 외교관을 만나 오랜 회포를 풀었다. 서기관 한 사람은 오래전 내가 외교안보연구원 외래 교수 시절에 가르쳤던 제자였고, 또 한 사람은 컬럼비아 대학교 시절 친구였던 정치학 박사 출신 외교관이었다. 대사관에서 마련해 준 스톡홀름 문학 행사는 성공적이었다. 스웨덴의 유명 작가들과 기자들이 와 주었고 (이런 경우 대사관 측의 노고가 크다.), 시와 소설 낭독도 빛났고, 국악 공연도 일품이었다. 고은, 황지우 시인은 시를 낭송했고, 오정희 여사는 자신의 소설 일부를 낭독했으며, 나는 한국 문화에 대해 강연했다. 장고춤과 가야금 산조가 포함된 국악 공연 시에는 황지우 시인이 자주 "얼쑤 좋다!"라고 장단을 맞추어 주었는데 사정을 모르는, 스웨덴 관객들은 관중석에서 누가 소음을 내는 것으로 오해하고 당혹스러워했다. 나중에 내가 한국에서는 전통적으로 관객들이 공연에 같이 참여해 흥을 돋우어 주는 관습이 있어서, 서양의 오픈 시어터나 리빙 시어터보다 관객 참여가 훨씬 앞서 갔다고 설명해 주자, 비로소 납득하며 큰 흥미를 표명했다.

이어 우리는 북페어가 열리는 예테보리로 이동했다. 예테보리에서 시인들은 시를 낭송하고, 오정희 여사와 나는 강연을 하게 되어 있었다. 고은 시인의 시 낭송은 내가 통역을 맡았는데, 그렇게 신나고 재미있는 통역은 생전 처음이었다. 무대에 선 고은 시인은 특유의 열정과 제스처로 서양 청중을 매료시켰다. 그에게는 영어가 필요 없었다. 무대에서는 그의 표정과 손짓 자체가 국제어였다. 갑자기 그가 한국의 민속 애국가를 부르겠다고 하면서, 아리랑을 부르기 시작했다. 아리랑은 번역이나 통역이 필요 없는 세계어였다. 노래 자체가 국제어였기 때문이었다. 더구나 아리랑의 서글픈 곡조는 유럽인들까지도 숙연하게 만들 만큼 매력적이었다. 그래서인지 고은 시인은 해외에서 시 낭송회를 할 때면 늘 아리랑을 부른다.

오정희 여사의 강연은 아침 9시였고, 내 강연은 10시부터였다. 「한국문학에 나타난 여성과 페미니즘」이라는 오정희 여사의 강연에는 수많은 스웨덴 기자와 청중이 몰려왔다. 나는 내심 기뻤다. 이렇게 많은 외국인 청중을 놓고 강연하게 되다니, 오정희 여사에게 감사한 마음 그지없었다. 그러나 웬걸, 10시가 되어 내가 단상에 올라가기도 전에 청중이 썰물처럼 빠져나가는 것이었다. 나중에야 안 사실이지만, 유럽인들은 한국의 여성 문제나 페미니즘에는 관심이 많지만, 한국의 민족주의나 민중문학에서는 전혀 관심이 없었다. 그런데 내 강연 제목은 불행히도 '한국의 민족 문학과 민중문학'이었다. 유럽에서는 민족주의가 극우파 이데올로기이기 때문에, 아마도 그들은 나를 히틀러나 무솔리니의 추종자쯤으로 보았을 것이다. 유럽인들에게 민족주의는 곧 나치즘이나 파시즘을 연상시킨다는 것을 나는 그때만 해도 잘 몰랐다.

한국문학이 노벨상을 아직도 받지 못하고 있는 이유는 로비의 부족 때문은 아닐 것이다. 오히려 로비는 자칫 역효과를 불러올 수도 있다. 어설픈 로비보다는 좋은 번역으로 좋은 작품을 스웨덴과 세계에 널리 알리는 것이 선행되어야 할 것이다. 줄과 돈만 있으면 대부분 다 해결되는 우리와는 달리, 서양에서는 우선 실력과 자격이 갖추어진 다음에야 로비가 통하기 때문이다. 한국 작가가 노벨상을 받지 못하고 있는 또 다른 이유는 국가의 지명도와 국력이 받쳐 주지 못하기 때문이다. 거기에는 물론 우리의 민도가 아직 선진국 수준에는 이르지 못하고 있다는 점, 북한 때문에라도 코리아의 이미지가 별로 좋지 않다는 점 등도 부정적 요인으로 작용하고 있을 것이다. 그리고 아직 우리 문학이 세계문학과 동등하게 대화를 나눌 만큼 보편적이지 못하고, 공통의 관심사를 갖고 있지 못한 것도 불리한 이유 중 하나일 것이다. 물론 우리에게도 고은, 황석영, 이문열처럼 충분히 노벨상을 받을 만한 작가가 있다. 문제는 시기일 것이다. 조급하게 재촉하지 말고 느긋하게 기다리다 보면 머지않아 한국 작가들도 노벨 문학상을 받을 날이 꼭 오게 될 것이다.

호놀룰루 하와이 대학교와 한국문학

　대산문화재단이 주최한 '미국 서부 지역 대학 순회 한국 작가 작품 낭독회(2002년 9월 29일 10월 10일)'는 한국 작가들을 세계에 알리고 한국문학을 세계화하는 데 지대한 공헌을 한 의미 깊은 행사였다. 한국 작가단이 하와이 대학교, 애리조나 주립 대학교, 버클리 대학교, 캘리포니아 로스앤젤레스 대학교, 그리고 서던캘리포니아 대학교를 순방해 연 이번 행사에는 강은교와 김승희(시인), 황석영(소설가), 김성곤(평론가), 최재봉(《한겨레신문》 문화부장), 곽효환(시인, 대산문화재단 문화사업국장)이 참가했는데, 무엇보다도 국내 문화 재단이 한국학 프로그램을 마련하고 있는 미국 현지 대학들과 공동으로 벌인 최초의 작가 파견 행사였다는 점에서 그 의의가 컸다.

　그래서인지 미국 대학들의 관심과 환영은 대단했으며, 교포 사회의 열기 또한 대단했다. 미국 내 한국학의 메카이자 센터인 하와이 대학교에 도착하자 현지 교포 신문과 방송사의 인터뷰와 취재 요청이 쇄도해, 그중 시간이 많이 걸리는 방송 출연은 아예 사양할 수밖에 없었다. 그러나 하와이 대학교 동아시아어문학과 학생들과의 간담회와 그 후 이어졌던 하와이 교포들과의 좌담에서는 한국문학에 대한 진지한 질문과 열띤 논의가 진행되었으며, 그러한 논의는 하와이문학동인회와 '문스 북클럽' 회원들이 마련한 디너 리셉션에서도 계속되었다.

그중에서도 인상적이었던 것은 문학에 대한 한국의 열기에 관한 질문과 작가들의 답변이었다. 소설가 황석영은 문학의 독자들과 유능한 작가 지망생들이 영상 매체 쪽으로 이동하는 현실은 인정하면서도, 여전히 100만 권의 시집이 팔릴 만큼 한국에는 만만치 않은 문학 인구가 있다고 다소 낙관적인 견해를 표명했다. 반면, 시인 강은교는 한국에서 시집이나 소설이 잘 팔리는 이유가 사실은 작품은 읽지도 않으면서 유명 작가들의 작품을 수집하려는, 또는 언론에 뜨니까 너도나도 사고 싶어 하는 '명품 의식' 때문일 수도 있다는 설득력 있는 지적을 했다. 과연 최근 텔레비전의 책 관련 프로그램으로 인해 갑자기 베스트셀러가 되는 책들은 바로 그런 이유 때문일 수도 있겠다는 생각이 들었다. 나는 시란 기본적으로 노래 가사이기 때문에, 전 국민이 가수라고 할 만큼 노래를 좋아하는 한국인들의 기질과 정서에 부합될 수밖에 없다고, 그래서 가수가 아니면 좀처럼 노래를 하지 않는 미국에서는 시가 이미 오래전에 사라지게 된 것이라고 말했다. 청중은 이민들이 교포문학회를 만들 만큼 문학을 사랑하는 나라는 아마 한국을 제외하고는 찾아보기 어려울 것이라는 데 의견을 같이했다.

하와이 대학교의 준비와 환대는 대단했다. 중앙 도서관은 참가 작가들의 번역 작품을 전시하고 있었고, 한국학연구소의 에드워드 슐츠 소장과 한국문학 담당 김영희 교수는 행사 내내 발로 뛰어 준비에 만전을 기했으며, 한국학 프로그램의 손호민 교수와 이동재 교수도 행사마다 참석해 자리를 빛내 주었다. 영문과 교수인 조 오밀리 학장도 10월 1일

열린 작품 낭독회에 참석했으며, 그날 저녁에는 환영 리셉션까지 열어 주었다.

작품 낭송을 하는 주 행사는 전통적인 한국 건물인 하와이 대학교 한국학연구소에서 열렸다. 참가 작가들은 행사장에서는 자신들의 작품을 낭독했지만, 미리 현지에 보낸 책자에는 '나의 삶, 나의 문학'이라는 주제의 짧은 글을 한글과 영문으로 써서 청중에게 배부함으로써 자신들의 문학 세계를 알렸다. 그런데 일견 서로 다른 문학 세계를 지니고 있는 것처럼 보이는 세 작가들은 놀랍게도 다음과 같은 공통점으로 미국 청중의 관심을 끌었다.

> 초기의 『허무집』에도 그랬고, '사회와 나와의 만남'이 '바리데기의 꿈'과 합쳐져야 한다고 생각했던 두 번째 시집 『빈자일기(貧者日記)』에서도 그랬다. 80년대 정치적으로 독재가 우리의 삶을 어렵게 하고 있던 소위 유신(維新) 독재 시절, 그 시절에 출간되었던 나의 시집의 제목을 『소리집』이라고 불렀던 이유는 한국의 시는 바로 한국의 모든 삶 속에 들어 있던 '억눌린 모든 소리'를 꺼내는 그런 것이어야 한다고 생각했기 때문이었다.
> ─ 강은교, 「은빛 소리 꺼내기」

> 제2시집 『왼손을 위한 협주곡』(1983) 속에는 두 개의 모티프가 작용하고 있다. 하나는 1980년 내 고향 광주에서 일어난 학살로 인해 내가 갖게 된 죽음에 대한 강박 증세와 또 하나는 결혼과 더불어 내가 발견한 여성 현실, 그 두 가지 모티프다. 죽음과 여성. 이것들은 둘 다 왼손의 세계에 속한 것이었으며 오른손이 상징하는 삶의 세계에 대한 반항, 부정성의 세계였다.
> ─ 김승희, 「왼손과 달걀과 빗자루와 검은 웃음」

나는 원래가 왼손잡이였다. 교육열이 대단한 모친에게서 왼손의 사용은 잘못이라는 가르침을 받았고(동양 사회에서 왼손은 바르지 않은 그릇된 손이다.) 왼손을 사용할 때마다 호되게 얻어맞았다. 그래서 오늘날 글씨 쓰는 것과 밥 먹는 것만은 오른손으로 익숙하게 해낸다. 하지만 공 던지기며 싸울 때 주먹이 나가는 것이며 뜀박질을 하려면 왼쪽이 본능적으로 익숙하다. 교육은 받았으나 그것은 일종의 억압이었다. 나는 천성적으로 억압과 제한에는 저항한다.

―황석영, 「나의 삶과 글쓰기」

위 인용문에서 드러나듯이, 강은교의 '억눌린 모든 소리 꺼내기'와, 김승희의 관습적 세계에 대한 부정인 '왼손 찬양,' 그리고 황석영의 사회 관습과 교육 제도를 통한 '왼손잡이 억압론'은 모두 한국 근대사에 대한 새로운 조명과 더불어 우리 문학과 작가들이 지향해 온 문학 세계를 상징적으로 잘 보여 주고 있었다. 즉 한국의 대표적인 세 작가들이 공통적으로 보여 주고 있는 것은 억압적인 지배 문화로부터의 일탈, 또 다른 세계의 탐색, 그리고 소외된 주변부의 새로운 가능성 조명이었으며, 미국 청중은 그 점을 대단히 중요하게 생각했다.

그러한 맥락에서 보면, 강은교는 자신의 표현을 인용하면, '숨어 있는 소리를 꺼내는 시'와 '세상을 보이게 하는 시'를 써 온 셈이고, 날지 못하는 수많은 영혼의 '나비들을 꺼내어 하늘을 날게 하는' 작업을 해 온 셈이다. 그녀의 시집 『시간은 은빛 별 하나 주머니에 넣고 다녔다』 또한 바로 그러한 탐색 작업의 연장이자, 보다 성숙해진 시인의 시 세계를 보여 주고 있다고 느껴졌다.

왼손을 위한 협주곡을 연주해 온 김승희 역시 마녀처럼 빗자루를 타고 메두사의 검은 웃음을 웃으며 오른손만을 강요해 온 기존 세계에 대해 모반을 꿈꾸어 온 시인이다. 그러나 그녀는 푸코의 지적처럼 사람이 "자기 존재의 껍질(사회적, 문화적 속박)을 완전히 떠날 수는 없다."라고 말한다. 그래서 김승희에게 시인이란 "흰자위와 노른자위가 합쳐져 언제나 눈부신 새로 태어날 것을 꿈꾸는" 몽상가이며, "산초 판자와 돈키호테가 한 몸에 합쳐진 샴 쌍둥이"가 된다. 그런 의미에서 그녀의 말대로 모든 시인은 "조금은 리얼리스트이고 또 조금은 몽상가"라고 할 수 있을 것이다.

왼손과 오른손의 조화는 황석영이 추구하는 문학 세계에서도 발견된다. 정치적으로 어려웠던 시절, 북한과 남한의 경계를 넘나들며 또 독일과 미국에서 망명 생활을 하며, 작가 황석영은 좌우 이데올로기와 동서 문화의 경계를 넘나드는 폭넓은 사유의 세계를 보여 주었다. 그런 면에서 그가 왼손과 오른손을 다 쓸 수 있는 작가라는 점은 대단히 상징적이다. 황석영은 그 두 세계의 조화를 '사랑'이라고 부르며, "사람들의 삶이 보다 넉넉하고 자유로워지기를 바라고 서로를 존중하고 사랑이 마르지 않게 되기를 바란다."라고 말한다. 그래서 그에게 글 쓰는 일은 궁극적으로 "사랑을 확인하는 작업"이 된다. 만해 문학상을 수상한 그의 소설 『무기의 그늘(The Shadow of Arms)』의 영문 제목이 마치 헤밍웨이의 『무기여 잘 있거라(A Farewell to Arms)』의 경우처럼, 폭력적이고 남성적인 '무기(Arms)'와 모든 갈등을 포용하는 여성적인 '포근한 품(Arms)'이라는 이중의 의미를 가질 수 있는 것도 바로 그런 맥락에서이다.

미국인 청중과 한인 교포들은 강은교에게서는 한국의 전통적인 유려한 서정시와 산문시의 조화, 개인과 사회의 화해, 그리고 침묵의 세계와 소리의 세계 사이를 넘나드는 포용력을 보았고, 김승희에게서는 시대의 아픔과 존재의 고뇌 사이를 오가는 상처 입은 뮤즈, 냉장고의 달걀처럼 유폐된 현대인들에게 다시 한 번 부화의 꿈과 난생 설화를 깨우쳐 주는 선각자, 그리고 왼손과 여성에 대한 억압에 대항해 빗자루를 타고 날며 검은 웃음을 웃는 강인한 한국 여성의 모습을 보았다.

그리고 그들은 황석영으로부터는 파란만장한 한국의 근대사를 보았다. 예컨대 서양이 주도한 근대화와 서양 제국주의의 아시아 전쟁 개입을 신랄하게 비판한 그의 《조선일보》 신춘문예 당선작 「탑」, 산업화와 도시화로 인해 돌아갈 곳을 잃어버린 제외되고 소외된 주변부 인물을 다룬 「객지」와 「삼포 가는 길」, 17세기 조선 민중의 눈뜸과 깨어남을 다룬 『장길산』 그리고 이데올로기로 인한 한국 근대사의 비극을 그린 「오래된 정원」과 「손님」의 폭넓은 해석을 통해 미국 청중은 한국 근대사의 질곡을 이해하고 파악했다. 즉 황석영은 한 작가와 문학작품이 외국인들에게 그 나라의 역사를 얼마나 설득력 있게 해석해 제시해 줄 수 있는가를 보여 주는 좋은 경우였다. 그리고 그러한 과정을 통해 그동안 리얼리즘의 대가로만 알려져 온 황석영은 미국 대학에서 한국을 대표하는 포스트식민주의 작가로 재평가받았다.

이 한국문학 해외 홍보 행사는 한국문학과 문화를 외국에 널리 알렸다는 점에서 훈장을 받을 만한 대산문화재단의 쾌거이며, 이러한 행사가 한국문학과 작가들을 세계에 알리는 데 얼마나 중요한 역할을 할 수 있는지를 잘 보여 준 좋은 본보기로 남을 것이다.

경계를 넘어 문학은 어디로 가고 있는가?

얼마 전부터 어린아이들에게는 아이패드가 책이 되었다. 침을 묻혀 책장을 넘기던 시대에서 이제는 스크린 터치로 전자책의 페이지를 넘기는 시대가 된 것이다. 아이패드로만 책을 읽던 어린아이에게 종이 책을 주자, 종이 책의 표지를 스크린으로 생각해 자꾸만 터치하는 장면의 동영상(이어령 교수가 2013년 국제펜대회 기조 강연에서 보여 주었던)은 책의 개념에 대해 시사하는 바가 크다. 즉 전자책인 아이패드의 보급으로 인해 이제는 더 이상 종이 책만 책이라고 주장할 수는 없게 된 것이다. 즉 오랜 세월을 풍미했던 구텐베르크 시대가 전자 시대로 패러다임이 바뀌면서 이제 서서히 종말을 향해 가고 있는 것이다.

마찬가지로, 이제는 문학도 종이 위에 문자로 쓰여 있는 것만 문학이라고 주장할 수는 없는 시대가 되었다. 문학의 본질이야 변하지 않겠지만, 문학의 형태는 얼마든지 변할 수 있기 때문이다. 예컨대 하이퍼 픽션, 비주얼 노블, 테크노 픽션 등은 컴퓨터 화면과 인터넷으로 쓰는 소설이며, 활자 문학과는 달리 그림과 음향도 가능하고, 스토리의 경로와 결말도 다양한 형태로 존재하는 새로운 형태의 소설 장르이다. 컴퓨터 스크린에 쓰고 읽는 이러한 형태의 소설은 어려서부터 종이 책보다 컴퓨터 화면에 익숙한 세대에게 호소력이 있어 많이 읽히는 장점이 있다. 또 그래픽 노블은 종이를 사용하기는 하지만, 글과 그림이 혼합해서 만들어내는 새로운 형태의 소설이며, 어린 시절부터 만화와 애니메이션을 좋아하고, 만화 그림과 만화 서사에 익숙한 세대에게 강한 호소력이 있다.

또한 요즘 세대는 컴퓨터게임을 워낙 좋아하기 때문에, 앞으로는 문학도 게임과 결합해 새로운 형태의 소설을 만들어 낼 수 있을지도 모른다. 사실 추리소설이나 판타지 소설, 또는 SF 소설은 기본적으로 게임과 유사하지만, 사실 모든 소설은 다소간 게임과 유사한 속성이다. 예컨대 『해리 포터』 시리즈는 그 자체가 하나의 게임이라고 할 수 있으며, 이청준이나 포나 나보코프의 소설도 흔히 체스 게임과 긴밀한 연관을 보여준다. 놀라운 것은, 「대장금」이 왜 인기였느냐는 질문에 게임하고 전개가 비슷해서라고 대답한 젊은이가 많았다는 점이다. 그래서 문학과 게임이 잘 결합해 수준 높은 작품을 만들어 낼 수만 있다면, 종이 책이나 문학작품을 읽지 않는 젊은이들을 문학에 심취하게 만들 수도 있을 것이다. 이미 북유럽 신화나 켈트 신화, 그리고 그리스·로마 신화는 게임으로 많이 제작되어 있는데, 한국의 고전 설화도 게임으로 만들면 우리 문화의 특성과 우리 고대사를 해외에 알리는 데에도 큰 도움이 될 것이다.

오늘날에는 영상 매체가 젊은 세대에게 큰 영향력을 행사하고 있기 때문에 문학과 영상 매체의 제휴도 문학의 활성화를 위한 좋은 방법이 될 수 있을 것이다. 예컨대 로버트 쿠버는 소설 『영화 보는 밤』에서, 그리고 토머스 핀천은 『중력의 무지개』에서 각각 영화 기법으로 소설을 써나감으로써, 문학과 영화의 조화와 제휴 가능성을 탐색하고 있다. 영화를 문학의 적으로 간주하는 사람들도 있지만, 사실 아무도 읽지 않는 문학작품이 영화의 성공과 맞물려 출간되면 갑자기 베스트셀러가 되는 경우도 많다. 또 『장미의 이름』이나 『참을 수 없는 존재의 가벼움』, 또는 『앵무새 죽이기』나 『휴먼 스테인』이 그런 경우지만, 사람들이 영화를 보고 좋아서 원작을 찾아서 읽는 경우도 많아서, 문학과 영화는 상호 적대적이라기보다는 상호 보충적인 경우가 많다. 텔레비전 드라마도 영화와 마찬가지로, 문학작품을 읽게 만드는 촉매제의 역할을 하는 때가 많다.

자신의 경계를 넘어 다른 영역으로 들어가면 모든 것이 낯설고 불안해 새로운 환경에 쉽게 적응하기 어렵다. 그러나 타자와의 교류를 외면하고 자신의 영역에만 웅크리고 있으면 새로운 변화나 발전을 이루기 어렵다. 문학은 이제 과감히 스스로의 경계를 넘어서, 다른 것들과 섞이고 교류하며 새로운 형태의 문학을 창출해 내야만 한다. 문학이 앞으로 어떤 모습으로 바뀌어 우리 앞에 그 모습을 드러낼지는 알 수 없다. 그러나 문학이 그 영역을 확장하고 발전하며, 새로운 세대에게 호소력이 있는 형태를 갖추기 위해서는 우선 스스로의 경계를 넘어 다른 분야와 다른 문화 양식, 그리고 다른 예술 형식과 과감히 교류하고 제휴해야만 할 것이다. 그것이 왜 모든 것의 경계가 소멸해 가고 있는 이 시대에 문학도 스스로의 경계를 넘어서야만 하는가 하는 이유다.

| 찾아보기 |

ㄱ

가상현실 37, 41~43, 93, 393
가오싱젠(高行健) 53~56
「가장 위험한 사냥감」 27
개스, 윌리엄(Gass, William) 156
「경계를 넘고 간극을 메우며」 138~141
골딩, 윌리엄(Golding, William) 140
구하, 라나지트(Guha, Ranajit) 19
『권력의 이동』 98
『굿바이 콜럼버스』 198, 199
「그것」 59
그래픽 노블 94, 95, 97, 104, 181, 406
그리샴, 존(John Grisham) 183
긴즈버그, 앨런(Ginsberg, Allen) 308, 333~336, 369, 391
『길 위에서』 140, 308, 334, 335
길 잃은 세대 153
김민영 46

ㄴ

『나는 공산주의자와 결혼했다』 198, 199, 200
『나는 전설이다』 108~111
나보코프, 블라디미르(Nabokov, Vladimir) 39, 142, 156, 168, 174, 406
『나사의 회전』 39
『내 이름은 빨강』 122
『넥스트』 26, 95, 106, 140, 183, 241, 242
『노인을 위한 나라는 없다』 111
『니세이 딸』 348~350

ㄷ

『다빈치 코드』 28, 99, 101, 103, 140, 178, 179
『단 한 번의 시선』 255
『단테 클럽』 99, 102, 103, 106, 122, 140, 179, 376~383
『당신들의 조국』 116, 182
대중문학 184~219
더글러스, 프레더릭(Douglass, Frederick) 299
던컨, 로버트(Duncan, Robert) 369

409

「돌하우스」 26
뒤마, 알렉상드르(Dumas, Alexandre) 382
『드라큘라』 28, 105, 107, 140
드래블, 마거릿(Drabble, Margaret) 255
디버, 제프리(Deaver, Jeffrey) 45, 98, 99, 182
디지털 인문학 230~231
디지털휴머니즘 230~231
디포, 대니얼(Defoe, Daniel) 43, 69, 70
딕, 필립(Dick, Philip) 43, 50
『때로 그들은 돌아온다』 195

ㄹ

라이트, 리처드 64, 299
런던, 잭(London, Jack) 251~254, 333
「레인 맨」 27, 279
「레인 피플」 354, 279
『레인보우 식스』 98, 116, 119, 183
렉스로스, 케네스(Rexroth, Kenneth) 334
로고, 잭(Rogow, Zack) 309, 310, 326, 375
로런스, D. H.(Lawrence, D. H.) 24, 335
로브그리예, 알랭(Robbe-Grillet, Alain) 170
로빈슨, 메릴린(Robinson, Marilynne) 184

『로빈슨 크루소』 69~71
로스, 필립(Roth, Philip) 27
로웰, 로버트(Lowell, Robert) 102, 333, 373, 376, 377
『롤리타』 142, 156, 174, 178
롤링, 조앤(Rowling, Joan K.) 29, 175, 178
루벤펠드, 제드(Rubenfeld, Jed) 112
루이스, C. S.(Lewis, C. S.) 29, 107, 180
루카치, 죄르지(Lukács, György) 154
르 클레지오, 장마리구스타브(Le Clézio, Jean-Marie-Gustave)
리, 하퍼(Lee, Harper) 30, 104, 217, 280
리드, 이스마엘(Reed, Ishmael) 330, 369
리안〔李安〕 262

ㅁ

「마녀의 빵」 27
마르케스, 가브리엘 가르시아(Márquez, Gabriel García) 156
마르크스, 리오(Marx, Leo) 26, 159
「마몬과 궁수」 26
만, 토마스(Mann, Thomas) 139
매드슨, 리처드(Matheson, Richard) 108, 111
매카시, 코맥(McCarthy, Cormac) 111, 194
맥도널드, 드와이트(MacDonald,

Dwight) 136, 137, 384
맥퍼슨, 제임스 앨런(James Macpherson) 289, 299, 300~302
「맨츄리안 캔디데이트」 61
『멋진 신세계』 29
메이스필드, 존(Masefield, John) 86
멜빌, 허먼(Melville, herman) 81, 85, 101, 290, 302, 381
메타픽션 29, 156, 169
모더니티 148~159
「모던 타임스」 27
『모비 딕』 81~85, 101, 290
모션, 앤드루(Motion, Andrew) 49, 50, 100, 234, 235, 244
몸, 서머싯(Maugham, William Somerset) 27
『무기여 잘 있거라』 403
『무기의 그늘』 403
무라카미 하루키(村上春樹) 145
「문라이트」 28
문학 기행 305~404
문학과 게임 37~52
문학과 심리학 273~288
문학과 이념 53~67
문학과 이데올로기 53~67
문학과 정치 121~135
문화 연구(cultural studies) 18, 20, 35, 37, 93, 94, 157, 224, 232, 274
『문화 제국주의』 25, 93

「뮌헨」 66
『미로에서 길을 잃고』 160~172, 167, 170, 172
『미국 고전문학 연구』 24
「미국 농민의 편지」 24
『미국 문학에 나타난 사랑과 죽음』 217
「미국인은 누구인가」 24
『미디어 문화』 25, 285
「미스터 노올」 27
민스키, 마빈(Minsky, Marvin) 227
밀러, 헨리(Miller, Henry) 174, 335

ㅂ

「바다를 향한 그리움」 86
「바빌론 재방」 65
바셀미, 도널드(Barthelme, Donald) 157
바스, 존(Barth, John) 99, 156, 160~172, 363
『바이센테니얼 맨』 25, 26, 49, 105, 234, 242, 244
『밤바다 여행』 164, 165
버로스, 에드거 라이스(Burroughs, Edgar Rice) 140
벅, 펄(Buck, Pearl) 249
번스, 로버트(Burns, Robert) 355, 369
베스트, 스티븐(Best, Steven) 46
베스트셀러 173~183
베케트, 사뮈엘(Beckett, Samuel) 156,

168
보네거트, 커트(Vonnegut, Kurt) 26,
　　38, 99, 105, 142, 156, 175
보드리야르, 장(Baudrillard, Jean) 231
「보디 에일리언」 60
보르헤스, 호르헤 루이스(Borges, Jorge
　　Luis) 51, 156, 160, 168~170
『본 콜렉터』 98, 182
『분노의 포도』 352, 355, 356
『북회귀선』 174, 335
「붉은 추장의 몸값」 27
브라우티건, 리처드(Brautigan, Richard)
　　156, 175, 336
브라운, 댄(Brown, Dan) 28, 42,
　　99~102, 106, 122, 140, 178, 229
『브로큰 윈도』 45
『브이』 65, 156, 242
「브이 포 벤데타」 26, 94
『브이를 찾아서』 4, 5
『블레이드 러너』 43, 50, 241~243
『빨간 망아지』 352, 353, 360
『뻐꾸기 둥지 위로 날아간 새』 29, 30,
　　140, 217, 242

ㅅ

「사선에서」 65, 284
사이드, 에드워드 7, 18, 68, 73, 121,
　　218, 219, 289, 293~296, 306, 350

『사자, 마녀 그리고 옷장』 29
『산 루이스 레이의 다리』 213~216
『살아 있는 갈대』 249
『살인의 해석』 112~115
상드, 조르주(Sand, George) 382
샐린저, J. D.(Salinger, J. D.) 140, 156,
　　173, 174, 217, 384, 390~393
『생쥐와 인간』 352~355
셰익스피어, 윌리엄(Shakespeare,
　　William) 38, 71, 218, 259, 292
셸리, 메리(Shelley, Mary) 140, 244
소네, 모니카(Sone, Monica) 348~350
소로, 헨리 데이비드(Thoreau, Henry
　　David) 205~213
소잉카, 월레(Soyinka, Wole) 19
손탁, 수전(Sontag, Susan) 289,
　　296~299
순수문학 91~120, 184~219
슐체, 잉고(Schulze, Ingo) 58, 59
스나이더, 게리(Snyder, Gary) 329,
　　334~336, 345
스미스, 알리(Smith, Ali) 201
스코브맨드, 마이클(Skovmand,
　　Michael) 25
스콜스, 로버트(Scholes, Robert) 29
스타인벡, 존(Steinbeck, John)
　　351~360
스토, 해리엇(Stowe, Harriet) 140
스토커, 브람(Stoker, Bram) 28

스티븐슨, 로버트 루이스(Stevenson, Robert Louis) 140, 358
스티븐슨, 애들라이(Stevenson, Adlai) 28, 194, 337, 357
스펜더, 스티븐 64
스필버그, 스티븐 38, 66, 285
시겔, 돈 60
『시인』 98
『시인의 계곡』 98
『실패한 신』 64
심리적 상처 치유 273~288
「심스」 39

ㅇ

『아메리카의 목가』 199, 200
「아바타」 95, 96, 282
『아서 고든 핌의 모험』 77~80, 290
『아서왕 궁전의 코네티컷 양키』 367
아시모프, 아이작(Asimov, Isaac) 25, 26, 49, 105, 234, 242, 244
아주마, 로널드(Azuma, Ronald) 42
『아크엔젤』 115, 140, 182
『아프간』 66, 98, 116, 117
『안드로이드는 전기 양을 꿈꾸는가?』 50, 242
『암흑의 핵심』 74~77, 86
애슈베리, 존(Ashbery, John) 369
애트우드, 마거릿(Atwood, Margaret) 369

『앵무새 죽이기』 30, 105, 140, 141, 217, 280, 407
『야성의 부름』 87, 333
「어느 바쁜 주식 중개인의 로맨스」 27
『어벤저』 28, 106, 117, 121~128, 135, 140
에코, 움베르토(Eco, Umberto) 114, 122, 156, 158, 179, 203, 217
「엑스맨」 26, 94, 95, 281
엘리슨, 랠프(Ellison, Ralph) 256, 301
엘리엇, 토머스 스턴스(Eliot, Thomas Stearns) 138, 154, 155, 207, 208, 209, 211, 376, 390
『연초 도매상』 170
「여섯 번째 날」 26, 232, 241
『염소 소년 자일스』 171
오웰, 조지(Orwell, George) 29
오 헨리(O Henry) 27, 141, 301
『오리엔탈리즘』 18, 68, 73, 217, 218, 293, 295
온다체, 마이클(Ondaatje, Michael) 369
올트먼, 로버트(Altman, Robert) 156
와일더, 손턴(Wilder, Thornton) 137, 213~216
외국 문학 연구 15~36
『우연한 방문객』 201~205
「우주의 침입자」 60
『우즈 버너』 205~207, 212
울프, 버지니아(Woolf, Virginia) 136,

152, 230, 381
『원티드 맨』 98, 106, 116, 118
『월든』 205, 206, 210~212, 375
윈스럽, 존 24, 374, 376
웨스트, 너대니얼(West, Nathanael) 137
웰스, 허버트 조지(Wells, Herbert George) 244
『율리시즈』 104, 105, 152
「유니버설 솔저」 26
융합 시대의 문학 238~245
『이니그마』 182
이문열 56, 57, 121~123, 128~134, 143, 310, 345, 346, 361, 398
「이퀄리브리엄」 26
「인디언 부락」 47
「인베이젼」 60, 62
『임페리움』 115, 182
「임포스터」 61

ㅈ

장르 문학 91~120
『장미의 이름』 103, 114, 115, 122, 156, 158, 179, 203, 217, 218, 407
장이머우(張藝謀) 262
『젊은 예술가의 초상』 154, 163, 305
『정원 속의 기계』 26, 159
『제49호 품목의 경매』 4, 65, 66, 194,

242, 309, 337
제국주의 68~87
제임스, 헨리(Henry James) 39
조이스, 제임스(Joyce, James) 104, 105, 152, 154, 305
『조선 사람 엿보기』 251~254
『주라기 공원』 105, 183, 241
『종군 위안부』 350
중간 문학 136~147
『중력의 무지개』 6, 65, 406
증강 현실 38, 41~43
지드, 앙드레(Gide, Andre) 64

ㅊ

차일드, 리(Child, Lee) 120, 255
『참을 수 없는 존재의 가벼움』 122, 175, 407
『찰리와의 여행』 352, 357~359
채플린, 찰리(Charlie Chaplin) 27
『1984』 29, 321
『천사와 악마』 28, 99~101, 103, 106, 122, 140, 178
청룽(成龙) 262
추리소설 38, 97, 99~104, 106, 107, 112~116, 120, 134, 141, 142
『추운 나라에서 돌아온 스파이』 117

ㅋ

카레, 존 르(Carré, John Le) 98, 106, 117
카뮈, 알베르(Camus, Albert) 306
카프카, 프란츠(Kafka, Franz) 153, 157
칼비노, 이탈로(Calvino, Italo) 156
케루악, 잭(Kerouac, Jack) 140, 308, 334, 335, 391
켈너, 더글러스(Kellner, Douglas) 25, 46, 299
코널리, 마이클(Connelly, Michael) 98
코넬, 리처드(Richard Connell) 27, 259
코델, 토머스(Thomas Caudell) 42
코르소, 그레고리(Corso, Gregory) 334
코벤, 할랜(Coben, Harlan) 255
콘래드, 조셉(Conrad, Joseph) 74, 86, 87
『콜드 마운틴』 65, 177, 178
쿠버, 로버트(Coover, Robert) 39, 99, 156, 406
쿳시, 존(Coetzee, John) 71
쿤데라, 밀란(Kundera, Milan) 122, 175
크라이턴, 마이클(Crichton, Michael) 26, 95, 105, 140, 183, 242
크러치, 조지프 우드(Krutch, Joseph Wood) 211
크레브쾨르, 장 드(Crèvecoeur, John de) 24
크릴리, 로버트(Creeley, Robert) 334, 369
클랜시, 톰(Clancy, Tom) 98, 119, 141, 183
키마이라(Chimera) 171, 172
키지, 켄(Kesey, Ken) 29, 140, 217, 242
킹, 스티븐(King, Stephen) 28, 46, 141, 142, 181, 195, 390

ㅌ

『탈주자』 116, 120, 255
『태풍』 71~74
『터미널』 24
「터미네이터」 26, 51, 232, 233, 235, 241, 243
테러 소설 116
「텔레폰」 61
톨킨, 존 로널드(Tolkien, John Ronald) 107, 140, 180
톰린슨, 존(Tomlinson, John) 25
『통조림 공장 거리』 352, 355~357, 360
「트랜스포머」 51, 243
트랜스휴머니즘 223~237
「트와일라잇」 28, 180, 278

ㅍ

파묵, 오르한(Orhan Pamuk) 122
파운드, 에즈라(Pound, Ezra) 154, 389
파워스, 리처드(Powers, Richard) 242, 261
팔란티어 46
패소스, 존 도스(Passos, John Dos) 152, 153
「패컬티」 62
《펀치》 136
펄, 매튜(Pearl, Matthew) 99, 102, 103, 106, 122, 140, 179, 376, 379, 382
펄링게티, 로런스(Ferlinghetti, Lawrence) 334, 335, 369
펄프 픽션 104, 107
「펜듈럼」 27
『편지들』 172
『포』
『포의 그림자』 140, 382, 383
포, 에드거 앨런(Poe, Edgar Allan) 38, 77, 381
포사이스, 프레더릭(Forsyth, Frederick) 28, 66, 98, 106, 117, 121~126, 128, 134, 140
포스트모더니즘 160~172
포스트모더니티 148~159
포스트휴머니즘 223~237
포크너, 윌리엄(Faulkner, William)

137, 152, 154, 203, 352, 366, 392
『포트노이의 병』 198, 199
『폼페이』 115, 182
『푸코의 진자』 122,
풀먼, 필립(Pullman, Philip) 29, 103, 104, 122, 140
프레이저, 찰스(Frazier, Charles) 65, 177
프로스트, 로버트 61, 384, 386, 387, 389, 390
프루스트, 마르셀(Proust, Marcel) 152
플린, 빈스(Flynn, Vince) 27, 98
『피네건의 경야』 140
피들러, 레슬리(Fiedler, Leslie) 7, 17, 24, 25, 30, 104, 137~142, 146, 190, 218, 219, 223, 289, 290~292, 296, 306, 363, 364, 392
피츠제럴드, F. 스콧(Fitzgerald, Francis Scott Key) 65, 137, 302
피타고라스(Pythagoras) 244
핀천, 토머스(Pynchon, Thomas) 4, 6, 46, 47, 65, 66, 99, 156, 194, 195, 197, 242, 309, 337, 406
핍킨, 존(Pipkin, John) 205~207, 212

ㅎ

하스, 로버트(Hass, Robert) 309, 314, 326, 345

해리스, 로버트(Harris, Robert) 114~116, 140, 182
「해리슨 버저론」 26, 105
『해리 포터』 95, 106, 178, 180, 406
『해리 포터와 마법사의 돌』 175
『해리 포터와 아즈카반의 죄수』 29
해미트, 대실(Hammett, Dashiell) 333
해양소설 68~87
『허클베리 핀의 모험』 16, 17, 84, 219, 290, 333, 366
헉슬리, 올더스(Huxley, Aldous) 29, 227
헤밍웨이, 어니스트(Hemingway, Ernest) 47, 137, 152, 153, 155, 302, 333, 346, 352, 403

호러 픽션 108
『호모 엑세쿠탄스』 121, 123, 128~135
『호밀밭의 파수꾼』 140, 156, 173, 174, 178, 195, 217, 390~392
『호박색 망원경』 103
호손, 너새니얼(Hawthorne, Nathaniel) 375, 381, 385, 386
『홈』 184~197
『황금나침반』 29
『황무지』 154
『휴먼 스테인』 27, 198, 199, 407
「흐르는 강물처럼」 27, 279, 346

경계를
넘어서는
문학

1판 1쇄 찍음 2013년 11월 30일
1판 1쇄 펴냄 2013년 12월 13일

지은이 김성곤
옮긴이 박상준
발행인 박근섭·박상준
편집인 장은수
펴낸곳 (주)민음사

출판등록 1966. 5. 19. 제16-490호
주소   (135-887) 서울시 강남구 신사동 506번지
         강남출판문화센터 5층
대표전화 515-2000 | 팩시밀리 515-2007
홈페이지 www.minumsa.com

ⓒ 김성곤, 2013. Printed in Seoul, Korea

*이 책은 2007년 교육과학기술부의 재원으로 한국연구재단의 지원을 받아 수행된
연구(NRF-2007-361-AL0016)입니다.

ISBN 978-89-374-8877-1 (03800)